유아교사를 위한

아동문학교육

김은심 · 유지안 · 문선영 공저

Children's Literature Education for Early Childhood Teacher

학지사

이 저서는 2022년도 강릉원주대학교 학술연구조성비 지원에 의하여 수행되었음("This book was supported by 2022 Academic Research Support Program in Gangneung-Wonju National University")

머리말

미국의 대표적인 흑인 페미니스트 벨 훅스(Bell Hooks)는 "나는 삶을 변화시키는 아이디어를 항상 책에서 얻었다(Life-transforming ideas have always come to me through books)."라고 하였습니다. 이 책『유아교사를 위한 아동문학교육』은 이 말이 의미하는 바를 교육의 맥락에서 심도 있게 탐구합니다. 특히 그림책이라는 매체에 주목하여, 텍스트와 이미지, 그리고 파라텍스트가 어떻게 아동의 발달에 긍정적인 영향을 미칠 수 있는지 자세히 살펴보았습니다. 이는 그림책이 단순한 독서 활동 매체를 넘어서 아동의 인지적·정서적 성장을 촉진하는 중요한 교육 도구임을 강조하기 위함입니다.

유아교육 전문가로서, 우리 세 명의 저자는 아동문학이 유아교육에서 가지는 중요성을 깊이 인식하고 있습니다. 아동문학은 단순한 이야기 이상의 힘을 가지고 있으며, 아이들의 상상력과 창의력을 자극하고, 도덕적 가치와 사회적 규범을 자연스럽게 학습할 수 있는 기회를 제공합니다. 이 책은 이러한 아동문학의 교육적 가치를 최대한 활용할 수 있도록 돕기 위해 집필되었습니다.

이 책은 아동문학을 활용한 교육방법론을 제시함으로써, 교사들이 아동의 다양한 발달단계에 맞추어 효과적인 교육을 설계할 수 있도록 돕습니다. 구체적으로 제1부에서는 아동문학의 이론적 기초를 다루며, 문학이 아동발달에 미치는 영향에 대한 최신 연구 결과를 담았습니다. 제2부는 창의적 사고와 사회적 상호작용을 촉진하는 문학교육의 구체적 전략을 탐구합니다. 특히 유아의 비판적 사고력을 향상시키는 문학경험을 제공하는 다양한 방법을 제시하였습니다. 또한 최근 유아교육기관에서 활발하게 활용되고 있는 디지털 기기를 문학활동에 도입하기 위한 방법을 살펴보았습니다. 문학경험을 제공한 후 영유아들이 나타내는 반응을 발달에 적합한 방식으로 살펴보기 위해 음성언어로 반응하기, 글로 반응하기,

책 만들기, 극놀이로 반응하기로 나누어 소개하였습니다. 제3부에서는 이론을 실천으로 옮기는 다양한 사례를 통해, 교사들이 교실 내외에서 문학을 교육적 맥락에 어떻게 통합할 수 있는지를 살펴볼 수 있습니다. 부록에서는 유아교육기관과 가정 문해 환경 평가 문항, 월별 그림책 목록과 글자그림책 그리고 국가별 대표 그림책 작가 등을 추가로 다루었습니다. 모든 장에서는 글이 설명하고 있는 실제 사례들을 사진과 함께 제시하여 독자들이 쉽게 접근하여 보다 풍부한 문학적 아이디어를 만들어 갈 수 있도록 도움을 주고자 하였습니다.

이 책의 집필 과정에서 저자들은 다음과 같은 점을 고려했습니다.

첫째, 유아문학교육을 어려워하거나 낯설어할 예비유아교사들을 위해 그림책과 관련된 다양한 사례를 영상으로 접할 수 있도록 QR코드를 삽입하여 이해를 도왔습니다. 둘째, 개요, 학습 목표, 주요용어 등을 기술하여 각 장에서 학습해야 할 내용들을 명확하게 제시하였습니다. 셋째, '궁금해요' '알아 두세요'와 같은 활동을 통해 예비유아교사가 수업 중 실제로 활동해 보면서 문학을 익히고 경험할 수 있도록 하였습니다. 넷째, '생각해 보아요' '읽어 보아요'의 활동과 부록을 통해 문학에 대한 상식이나 흥미 있는 요소들을 재미나게 풀어 제시하였습니다. 다섯째, 0~5세까지 모든 연령대의 영유아를 대상으로 하는 문학 놀이와 활동 사례를 다양하게 제시하였습니다. 이를 통해 예비유아교사들이 이론 습득에만 그치는 것이 아니라, 실제 유아교육현장에서 어떻게 문학 놀이와 활동이 이루어지는지, 이때 필요한 교사의 지원방안에는 어떠한 것들이 있는지, 문학 놀이와 활동을 즐기는 유아의 모습은 어떠한지 살펴볼 수 있도록 하였습니다.

집필 과정에서 저자들은 아동문학의 모든 측면을 심도 있게 다루려 노력했으나 부족한 부분이 있을 것입니다. 특히 다양한 문화적 배경을 가진 아동문학에 더 많은 주목을 기울일 필요가 있다고 느꼈습니다. 향후 계속해서 최신 연구 결과와 데이터를 반영하여 내용을 업데이트하고, 독자들에게 최신 정보를 제공하겠습니다. 현장에서의 실제 사례나 경험을 더 많이 포함하여, 독자들이 실질적으로 적용할 수 있도록 하겠습니다. 그리고 독자들로부터 받은 귀중한 피드백을 반영하여 좀 더 나은 책이 될 수 있도록 노력하겠습니다.

이 책이 예비유아교사들과 현장의 교사들에게 유용한 도구가 되기를 바랍니다. 무엇보다 아동문학을 통해 아이들의 마음을 열고, 그들의 꿈과 상상력을 키워 주는 데 이 책이 작은 도움이 되기를 바랍니다. 이 책의 완성에 도움을 주신 모든 분에게 깊은 감사를 표합니다. 연구와 글쓰기 과정에서 우리의 지식과 경험을 풍부하게 해 준 동료 교수님들, 꼼꼼한 피드백을 제공해 주신 편집자들, 그리고 무엇보다 이 책의 집필을 격려하고 지지해 준 가족에게 진심으로 감사드립니다. 특별히 그림책을 읽고, 반응하며, 독창적인 생각을 가감 없이 표현하여 이 책의 많은 부분을 아름답게 완성해 준 유아들에게 감사의 마음을 전합니다.

이 책이 교육현장에서 아동문학의 힘을 재발견하고, 아동의 전인적 성장을 지원하는 교육 실천으로 이어지기를 바랍니다. 또한 아동문학의 깊이와 다양성을 탐구하는 귀중한 자원이 되길 희망하며, 우리 모두의 교육적 여정에 영감을 주는 작은 지침서가 되기를 기대합니다.

2025년 1월

저자를 대표하여 김은심

차례

제2부
아동문학교육의 방법

제3부
아동문학교육의 실제

제1부

아동문학교육의
이해

겁먹을 필요는 없어.
책 속에서 많은 사람을 만나고
새로운 세계를 발견할 테니까

-『세상에서 가장 멋진 책』(릴라 알렉산더 글·그림, 2018, 도미솔) 중에서-

아동문학교육의 기초

#아동문학 #아동문학교육 #아동문학교육의 필요성

개요

아동문학과 아동문학교육의 개념 및 교육적 의의에 대해 살펴본다.

학습 목표

1. 아동문학의 개념에 대해 알아본다.
2. 아동문학교육의 개념, 필요성 및 교육적 의의에 대해 알아본다.

이 장에서는 아동문학과 아동문학교육의 정의 및 중요성을 다루고 있다. 아동문학은 언어를 매체로 사용하여 인간의 사상과 정서를 표현하는 예술의 한 장르로, 0세부터 8세까지의 유아를 주 독자층으로 한다. 아동문학은 유아의 감정, 경험, 상상력을 발달시키며 교육적 요소를 포함한다. 한편, 아동문학교육은 유아가 문학을 통해 다양한 삶의 현상을 배우도록 돕는 교육활동이다. 이는 유아의 독서 취향과 언어 발달을 촉진하며, 효과적인 교육 프로그램과 능력 있는 교사의 역할이 중요하다. 문학과 문학교육은 상호 보완적인 관계에 있으며, 좋은 문학작품과 계획된 교육은 유아의 전인적 발달을 촉진한다. 이러한 요소들이 결합되어 유아가 문학을 통해 성장하고 풍부한 상상력을 기르도록 도움을 준다. 다음에서 이에 대해 좀 더 자세히 살펴보겠다.

1. 아동문학과 아동문학교육

1) 아동문학의 정의

문학은 미술, 음악, 무용 등과 함께 예술의 여러 장르 중 하나이다. 문학은 인간의 사상과 정서를 작가의 언어적 상상력으로 표현한다는 점에서 다른 예술과 구별되며, 예술이라는 점에서는 다른 언어 활동과 차별화된다. '문학(文學)'이라는 용어의 '문(文)'은 글을 의미하고, '학(學)'은 학문을 지칭한다. 따라서 용어의 어원에 따르면, 문학은 글과 관련된 지식을 체계적으로 모은 것 또는 문자로 기록된 모든 것을 포괄적으로 지칭한다. 그러나 글이 아닌 말로 전해 내려오는 문학도 있으며, 이를 구술 문학이라 한다. 설화, 민요, 속담, 판소리, 민속극, 수수께끼 등이 이에 해당한다. 말로 이루어졌든 글로 이루어졌든 언어로 표현된 예술은 모두 문학에 포함되지만, 문학에 대한 비평과 연구는 오랫동안 글로 적힌 문학에 중점을 두었다. 이로 인해 문학 용어에 이러한 경향이 반영된 것이다(네이버 지식백과, 2023년 11월 1일 인출).

문학은 언어를 사용하여 표현하려는 예술적 노력의 한 형태로, 시, 소설, 드라마, 수필 등 다양한 형태와 스타일을 포함한다. 작가는 상상력과 창의성을 발휘하여 새로운 이야기와 세계를 창조하며, 이를 통해 독자는 인간의 삶, 경험, 감정, 사상을 공감하고 이해할 수 있다. 모든 문학은 본질적으로 인간을 탐구하는 예술이며, 문학의 관심 사항은 결국 인간을 탐구하여 인간 보편의 진리인 진선미를 찾아내는 데 있다.

이런 문학의 정의는 아동문학에도 똑같이 적용된다. 아동문학을 본질적 개념에서 벗어난 하위 문학이나 특수한 대상을 위한 문학 영역으로 보는 것은 적절하지 않다. 아동문학이란 "영유아기, 아동기라는 대상의 성장발달과 초기단계의 특수성을 강하게 의식하며 사용된 문학"을 의미한다. 그러므로 "아동문학은 문학이 지니는 본질적 특성을 지니고 있으면서 아동이라는 독자 대상의 특성과 요구에 부응할 수 있도록 쓰였거나 아동에게 적합한 것으로 선택되고 받아들여진 문학"(고선옥, 국은순, 신리행, 백연희, 2021)이다. 아동문학은 일반적으로 대상 연령을 출생에서부터 15세까지로 보는 것이 가장 보편적이다. 그러나 우리나라에서는 아동문학의 대상을 출생에서 8세까지의 유아기를 대상으로 하고 있다(이상금, 장영희, 2007). 고선옥 등(2021)은 아동문학을 "어린이를 위해 쓰이거나 문학 중에서 어린이와 어린이를 위해 수용된 문학으로, 아동이라는 대상의 특성에 적합한 특수 목적 집단 문학"이라고 정의한 바 있다. 석용원(1982)은 동심을 간직한 성인 작가가 아동이나 동심으로 돌아가고 싶어 하는 어른에게 읽힐 것을 목적으로 동심의 세계를 창조한 시, 동화, 소설, 희곡 등의 총칭이라고 아동문학을 정의하였다. 이러한 내용을 토대로 여기에서는 문학이 지니는 본질적 특성을 지니고 있으면서, 출생에서 8세까지 유아를 주 독자층으로 하여 그들의 이해 수준, 감성, 관심사에 맞추어 창작된 문학작품을 아동문학으로 정의한다.

다음 장에서 자세히 살펴보겠지만, 이 연령대의 유아들은 언어 및 인지 능력이 제한적일 수 있으므로, 작품 선정에 특별한 고려가 필요하다. 0세에서 8세 유아를 위한 문학의 개념과 범위는 다음과 같다.

- 간단한 텍스트와 그림: 이 연령대의 유아들은 글을 읽거나 이해하기 어려우므로, 간단한 텍스트와 풍부한 그림이 있는 작품을 선정하는 것이 좋다. 글을 읽지 못하는 유아도 그림을 통해 이야기를 이해하고 시각적인 흥미를 끌 수 있다.
- 감정과 경험 표현: 0세에서 8세 유아를 위한 문학은 유아의 감정과 일상적인 경험을 주로 다룬다. 이 시기의 유아들은 자신의 감정을 이해하고 다른 사람의 감정을 인식하는 데 도움을 주는 이야기를 좋아한다.
- 상상력과 창의력 계발: 문학을 통해 유아의 상상력과 창의력을 자극하는 작품이 포함된다. 판타지 동화는 유아들이 상상할 수 있는 세계를 넓히는 데 도움이 된다.
- 교육적 요소: 0세에서 8세 유아를 위한 문학에는 교육적 요소가 고려되어야 한다. 예를 들어, 색상, 모양, 숫자, 글자를 알려 주는 책을 들 수 있다.
- 가족과의 공감과 연결: 유아는 가족 관계를 이해하고 공감하는 데 도움을 주는 이야기

를 좋아한다. 가족 구성원 간의 상호작용이나 역할 모델링에 관한 이야기가 포함될 수 있다.

0세에서 8세 유아를 위한 문학은 유아의 발달 수준과 특성을 고려하여 작성된 텍스트와 그림을 결합한 작품으로, 유아의 감정, 경험, 상상력, 교육적 요소 등을 다루며, 가족 관계를 강화하고 유아의 문학에 대한 관심을 자극하는 데 중점을 두어야 한다.

2) 아동문학교육의 정의

문학교육은 유아들이 문학작품을 통해 다양한 현상과 인간관계, 삶의 태도를 배우고, 주변 환경을 이해하도록 돕는 교육활동이다. 문학교육은 유아의 독서 취향과 태도 형성, 간접경험 제공, 현실에서의 갈등 해소, 기본적인 요구 충족, 상상력 증진, 언어발달, 심미적 감상력 발달을 돕는 데 큰 가치를 지닌다. 이러한 가치를 지향하는 아동문학은 단순히 언어의 의미 전달을 넘어 문학적 상상력에 기초한 심미적 경험으로 재구성되어야 한다.

이상금과 장영희(2007)는 문학교육의 목적이 유아들에게 특정 능력을 갖추게 하기보다는 그들에게 의미 있는 영향을 주는 것과 관련이 깊다고 하였다. 즉, 지식이나 기술보다는 태도 및 감상과 더 밀접한 관계가 있으며, 문학작품에서 즐거움을 느끼고 그 속에 숨겨진 의미를 깨닫는 것이 유아를 위한 문학교육의 일차적 목적이 되어야 한다.

로버트 화이트헤드(1994)는 아동들에게 문학을 사랑하는 마음을 갖게 하는 것이 중요하다고 강조하였다. 유아들이 문학을 사랑하는 마음을 갖게 하려면 무엇이 필요할까? 화이트헤드는 좋은 책과 효과적으로 계획된 문학교육 프로그램, 능력 있는 교사를 꼽았다. 우선 유아의 흥미를 자극하는 좋은 이야기가 담긴 책을 접하게 하는 것이 중요하다. 아동문학의 대부분은 그림책이 차지하고 있으며, 영유아가 처음 접하는 책이 그림책이다(서정숙, 남규, 2015). 그림책은 글과 그림으로 이루어진 매체로서 문학작품이자 예술작품으로 평가받는다(현은자, 김세희, 2005; Nikolajeva & Scott, 2011; Schwarcz, 1982). 그림책은 다양한 연령층을 대상으로 하며, 성인과 어린이가 함께 즐길 수 있다(Scott, 1999: 김수미, 현은자, 2010에서 재인용). 최근에는 훌륭한 이야기와 눈길을 끄는 그림이 어우러진 좋은 책들이 많이 출간되고 있어 다행스러운 일이다. 앞으로 좋은 그림책에 대해 더 깊이 살펴볼 것이다.

다음으로 중요한 것은 효과적으로 계획된 문학교육 프로그램이다. 유아의 흥미를 자극하는 이야기나 책을 접하게 하고, 더 많이 읽도록 동기를 부여하며, 새로운 관심사와 문제의식을 불어넣어 주는 문학교육 프로그램이 필요하다.

마지막으로 중요한 것은 능력 있는 교사이다. '능력'은 일을 감당해 내는 힘을 의미한다. 유아에게 문학을 사랑하는 마음을 갖게 하는 교사는 책을 가까이하고 좋은 책을 많이 알고 있어야 하며, 유아들에게 적합한 책을 선정할 수 있어야 한다. 즉, 연령에 따라 유아들이 좋아할 만한 이야기와 책의 특성을 잘 알고 있어야 한다. 교사는 유아들과 그들이 읽은 책, 문학을 가르치는 방법에 대해 충분한 지식을 가지고 이를 적절히 활용할 줄 알아야 한다.

문학과 문학교육은 밀접한 관련이 있지만, 몇 가지 중요한 차이점이 있다. 문학은 예술적 표현의 한 형태로, 글쓰기, 시, 소설, 드라마, 수필 등을 포함한다. 문학은 작가의 상상력과 예술적 목적을 표현하거나 독자에게 감동을 주기 위해 사용된다. 반면, 문학교육은 학습자가 문학작품을 이해하고 분석하고 평가하는 데 도움을 주는 교육활동이다. 문학교육은 문

〈표 1-1〉 **문학과 문학교육의 차이**

	문학	문학교육
개념	문학은 언어를 사용하여 이야기, 시, 소설, 드라마 등의 형태로 다양한 주제와 감정을 표현하는 예술 형식이다. 문학은 작가의 창의성과 상상력을 통해 독자나 청취자에게 다양한 경험과 감정을 전달하고 공감을 일으킨다.	문학교육은 문학을 학습하고 가르치는 과정과 활동이다. 이는 학교 교육과정에서 문학 과목의 일부로 이루어질 수도 있으며, 독서, 문학 분석, 작품 비평, 문학사 연구 등을 포함한다.
목적과 목표	문학의 주요 목적은 예술적 표현, 엔터테인먼트, 인간의 내면 탐구, 문화 전달 등이다. 문학은 교육 목적이 없으며, 자유로운 예술 영역에 속한다. 문학의 주요 목표는 예술적 표현, 감동, 인간 경험의 공유이다.	문학교육은 학생들에게 문학작품을 이해하고 해석하는 능력을 키우는 것이다. 또한 문학을 통해 문화, 역사, 사회적 문제 등을 이해하고 사고력과 의사소통 능력을 향상하는 것이다. 문학교육의 주요 목표는 비판적 사고, 문학 이해, 문학적 분석 능력을 개발하는 것이다.
형태	문학은 다양한 형태와 스타일을 가질 수 있으며, 작가의 창의성과 예술적 비전에 따라 다양한 형식으로 나타난다.	문학교육은 교사의 지도로 학습자에게 문학작품을 소개하고 해석하는 다양한 방법을 포함한다. 이는 교과과정, 수업 계획, 독서 목록, 토론, 글 쓰기 등을 통해 이루어진다.
주체	작가가 주체이다. 작가는 자기 아이디어, 감정, 경험 등을 작품으로 표현하고, 독자나 청취자에게 전달한다.	학습자, 즉 학생들이 주체이다. 학생들은 문학작품을 읽고 분석하며, 자신의 이해와 해석을 개발한다.
형식	문학은 다양한 형식과 스타일을 가진다. 작가는 자신만의 스타일과 목적을 자유롭게 선택한다.	문학교육은 일반적으로 구조화된 교육활동을 통해 이루어진다. 학생들은 문학작품의 분석 및 해석 지침을 따르며 학습한다.

학작품의 내용, 구조, 스타일, 문화적 맥락 등을 다룬다. 문학교육의 목적은 학습자들이 문학을 깊이 이해하고 문학적 분석 및 비평 능력을 개발하는 데 있다. 문학과 문학교육의 차이를 〈표 1-1〉에서 확인해 볼 수 있다.

문학과 문학교육은 서로 다른 개념이지만, 서로 밀접하게 연결되어 있다. 문학은 예술적 표현의 한 형태로, 작가의 상상력과 예술적 목적을 담고 있으며, 독자에게 감동과 공감을 불러일으킨다. 반면, 문학교육은 학습자가 문학작품을 이해하고 분석하며, 이를 통해 비판적 사고와 감상 능력을 개발하도록 돕는 교육활동이다. 문학교육은 문학의 심미적 경험을 더욱 깊이 이해하고, 이를 통해 학습자의 전인적 발달을 촉진하는 데 중요한 역할을 한다.

이처럼 문학과 문학교육은 상호 보완적인 관계에 있으며, 문학을 사랑하는 마음을 키우기 위해서는 좋은 문학작품, 효과적으로 계획된 문학교육 프로그램, 그리고 능력 있는 교사가 필요하다. 이러한 요소들이 결합되어 유아들이 문학을 통해 성장하고, 다양한 삶의 경험을 이해하며, 풍부한 상상력을 기를 수 있도록 도와야 한다.

2. 아동문학교육의 필요성

문학교육은 유아에게 언어 능력을 향상시킴은 물론 정서발달, 인지발달과 사회적 기술을 발달시키며 문화적 이해와 감수성 증진을 향상시킨다. 이에 대해 구체적으로 살펴보면 다음과 같다.

1) 문학은 언어 능력을 향상시킨다

그림책을 통해 유아는 다양한 어휘와 문장 구조를 접하면서 언어 능력을 향상시킬 수 있다. 읽기와 듣기를 통합적으로 경험하는 문학 활동은 유아의 전반적인 언어발달에 큰 도움을 준다. 예를 들어,『갈색 곰아, 갈색 곰아, 무얼 바라보니?』(빌 마틴 주니어 글, 에릭 칼 그림, 2022, 시공주니어)를 읽으며, 유아들은 책 속의 반복적인 문장 구조와 다양한 동물 이름을 익히며 자연스럽게 어휘력을 늘리고, 스스로 이야기를 따라 말하면서 언어 표현 능력을 키울 수 있다.

그림책 『갈색 곰아, 갈색 곰아, 무얼 바라보니?』

유아들은 그림책 『갈색 곰아, 갈색 곰아, 무얼 바라보니?』를 보며, 그림책에 반복적으로 등장하는 대사인 "○○아, 무얼 바라보니?" "나를 바라보는 ○○을 바라봐."를 따라 말하며 다양한 언어 능력을 기른다.

2) 문학은 정서 발달을 촉진한다

아동문학교육은 유아가 다양한 감정을 경험하고 표현하는 능력을 기르는 데 도움을 준다. 그림책을 통해 유아는 감정을 간접적으로 체험하고, 이를 통해 자신의 감정을 이해하며 적절하게 표현할 수 있다. 예를 들어, 『내 마음은』(코리나 루켄 글·그림, 2019, 나는별)을 읽고 자신이 느끼는 감정을 표현해 보며, 서로의 감정을 나눌 수 있다.

3) 문학은 인지발달을 증진시킨다

그림책은 유아의 사고력과 문제 해결 능력을 기르는 데 효과적이다. 이야기의 전개 과정을 이해하고, 인물의 행동을 분석하며, 사건의 원인과 결과를 추론하는 과정에서 유아는 논리적 사고와 비판적 사고를 발전시킬 수 있다. 예를 들어, 『초록양은 어디로 갔을까?』(멤 폭스 글, 쥬디 호라섹 그림, 2006, 풀과바람)를 읽고, 유아들과 초록양이 어디로 갔는지 추측해 보고 다양한 결말을 상상하고 이야기 나누며 논리적 사고와 추론 능력을 기를 수 있다.

4) 문학은 사회적 기술을 발달시킨다

그림책 속 다양한 인물과 상황을 통해 유아는 사회적 규범과 가치관을 학습하게 된다. 이를 통해 협력, 배려, 책임감 등의 사회적 덕목을 자연스럽게 익히고, 대인 관계에서 필요한 사회적 기술을 습득할 수 있다. 예를 들어, 다양한 색깔의 점들이 친구가 되는 과정이 나타나는 『일(One)』(캐드린 오토시 글ㆍ그림, 이향순 역, 2016, 우리아이들)을 읽으며, 서로 협력하고 배려하는 방법을 익힐 수 있다.

 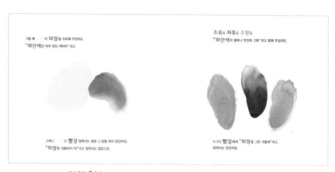

그림책 『일』

5) 문학은 문화적 이해와 감수성을 증진시킨다

다양한 문화적 배경을 가진 그림책을 통해 유아는 문화적 다양성을 이해하고 존중하는 태도를 기를 수 있다. 이는 글로벌 사회에서 중요한 자질로, 유아가 다문화 사회에서 적응하고 타인과 원활히 소통하는 데 도움을 준다. 예를 들어, 『내 이름이 담긴 병』(최양숙 글ㆍ그림, 2002, 마루벌)과 『마일로가 상상한 세상』(맷 데 라 페냐 글, 크리스티안 로빈슨 그림, 김지은 역, 2022, 씨드북)을 읽으며, 유아들은 책 속에 등장하는 이야기를 통해 서로의 문화를 이해하고 존중하는 법을 배우고, 편견에 대해 생각해 볼 수 있다.

그림책 『내 이름이 담긴 병』

그림책 『마일로가 상상한 세상』

3. 아동문학교육의 목적

아동문학교육의 목적은 우리나라 국가수준 교육과정인 2019 개정 누리과정과 제4차 표준보육과정의 내용과 자연스럽게 통합될 수 있다. 다음에서는 아동문학교육의 목적과 국가수준 교육과정의 핵심 목표 및 내용 관련성을 살펴본다.

1) 전인적 발달 지원

아동문학교육은 신체, 정서, 사회성, 인지, 언어 등 유아의 전인적 발달을 지원하는 것을 목표로 유아의 균형 잡힌 성장을 돕는 데 중점을 둔다. 2019 개정 누리과정의 5개 영역과 제4차 표준보육과정의 6개 영역은 다양한 문학활동과 자연스럽게 통합되어 문학교육의 목적을 달성할 수 있을 것이다.

- 기본생활습관: 아동문학을 통해 다양한 기본생활 활동을 연계할 수 있다. 영유아기에는 건강하고 안전한 일상생활을 경험해야 한다. 예를 들어, 이야기를 통해 신체의 청결과 위생, 즐거운 식사, 편안한 수면, 휴식과 배변 경험 등을 통해 건강한 일상을 경험할 수 있다.

『팬티야 반가워』(우에다 시게코 글·그림, 2023, 주니어RHK)
기저귀를 떼고 처음 팬티를 입기 시작한 영아들을 위한 그림책이다.

『쿨쿨 쌔근쌔근 내가 잠이 들면』(라주 글, 세베 마사유키 그림, 2022, 바둑이하우스)
잠자는 동안 일어나는 일들을 그린 그림책이다.

『엉덩이 친구랑 응가 퐁!』(정호선 글·그림, 2017, 푸른숲주니어)
변기에 배변할 수 있도록 돕는 그림책이다.

- 신체운동·건강: 아동문학을 통해 다양한 신체 활동을 연계할 수 있다. 예를 들어, 이야기 속 인물의 동작을 따라 하면서 신체 발달을 돕는다.

『엄마랑 아빠랑 판다 체조』(이리야마 사토시 글·그림, 2019, 북극곰)
엄마 아빠와 함께 체조하는 판다의 모습을 보면서 유아들이 함께 체조를 해 볼 수 있다.

『몸의 기분』(마송 글·그림, 2021, 피포)
다양한 몸 동작을 단순한 그림으로 표현하고 있는 그림책이다.

『춤춰요』(장순녀 글·그림, 2023, 소원나무)
잠에서 깬 아기가 노랫소리에 맞춰 율동하는 모습을 담은 그림책으로 장면을 보고 움직임을 따라할 수 있다.

- 의사소통: 문학작품을 통해 풍부한 어휘와 다양한 문장 구조를 접하게 하여, 언어 능력
  과 의사소통 능력을 향상시킨다.

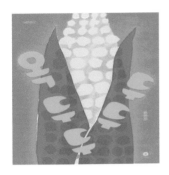

『옥두두두두』(한연진 글·그림, 2022, 향출판사)
옥수수가 익어 가는 과정을 재미있는 말놀이로 표현하고 있다.

『모모모모모』(밤코 글·그림, 2022, 향출판사)
모를 심고 벼를 수확하는 과정을 재미있는 의성어·의태어로 표현하고 있다.

『우리 아가, 어디 갔지?』(김성범 글, 오승민 그림, 2020, 소원나무)
등장인물들의 "우리 아가, 못 봤어요?"라는 반복적인 대사로 리듬감을 주는 영아그림책이다.

- 사회관계: 이야기 속 다양한 인물과 상황을 통해 아동이 사회적 규범과 가치를 이해하
  고, 협력과 배려, 책임감을 배울 수 있도록 한다.

『엄마는 우리 반 말썽쟁이』(모린 퍼거스 글, 마이크 로워리 그림, 2013, 키즈엠)
유치원에 처음 간 엄마의 말썽 행동을 통해 질서 지키기 등 일상 속에서 지켜야 할 규칙을 알려 주는 그림책이다.

『정정당당 무당벌레 올림픽』(하위도 판 헤네흐턴 글·그림, 2024, 책속물고기)
각자의 경기에서 최선을 다하는 무당벌레 선수들을 통해 노력과 성취, 협력 등을 배울 수 있다.

『내 뼈다귀야!』(니콜라스 모르드비노프 글·그림, 2001, 시공주니어)
친구들과 서로 나누어 가지는 일이 마음에 행복을 줄 수 있음을 보여 주는 그림책이다.

- 예술경험: 문학작품을 바탕으로 신체로 표현하기, 그림 그리기, 동극 등 창의적 표현 활동을 통해 예술적 경험을 증진시킨다.

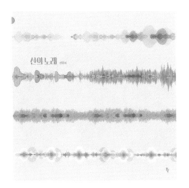

『산의 노래』(신유미 글 · 그림, 2022, 반달)
물에 비치는 자연의 모습, 혹은 음악의 파장을 떠올리게 하는 그림책의 그림을 감상하고 유아들은 데칼코마니, 마블링 스퀴지아트 등의 미술 놀이를 할 수 있다. 내지에는 피아노 연주를 들을 수 있는 QR코드가 들어 있어 음악을 감상하면서 그림책을 감상해 볼 수 있으며, 스카프 등의 소도구를 활용하여 신체표현놀이도 할 수 있다.

『이런 것도 예술이 되나요?』(제프 맥 글 · 그림, 2024, 국민서관)
예술이란 무엇일까? 예술은 완벽해야 하는 걸까? 아무 것도 그리지 않아도 예술이라 할 수 있을까? 예술작품은 꼭 예뻐야 할까? 괴상하면 안 되는 걸까? 소재는 어디서 찾을 수 있을까? 꼬리에 꼬리를 무는 질문에서 예술의 진정한 의미에 대해 유아 스스로 생각해 볼 수 있게 하는 그림책이다.

- 자연탐구: 다양한 주제를 다루는 문학작품을 통해 아동의 호기심을 자극하고, 자연과 과학 그리고 수학적 상황에 대한 탐구심을 키운다.

『앗, 바뀌었어!』(박정선 글, 장경혜 그림, 2014, 비룡소)
달걀, 옥수수, 껌, 찰흙, 물 등의 물질이 열이나 압력에 의해 다른 모습으로 변화하는 과정을 흥미롭게 제시하고 있다.

『자꾸자꾸 초인종이 울리네』(팻 허친즈 글 · 그림, 2006, 보물창고)
엄마가 만든 열두 개의 과자를 나누어 먹으려는 순간마다 자꾸자꾸 초인종이 울린다. 어떻게 하면 똑같이 나눠 먹을 수 있을지 함께 고민하며 나눗셈에 대해 알 수 있다.

2) 언어 능력 및 의사소통 능력 증진

아동문학교육은 유아의 언어 능력과 의사소통 능력을 증진시키는 것을 목표로 한다. 이는 유아가 다양한 어휘와 문장 구조를 익히고, 이를 통해 자신의 생각과 감정을 효과적으로 표현할 수 있도록 돕는다.

- 의사소통: 문학작품을 통해 풍부한 어휘와 문장 구조를 접하고, 읽기와 듣기를 통해 언어 표현 능력을 기른다. 그림책을 읽고 난 후 이야기 나누기와 토론을 통해 의사소통 능력을 향상시킨다.
- 책과 이야기 즐기기: 다양한 이야기와 책을 통해 독서의 즐거움을 경험하게 하고, 이를 통해 지속적인 독서 습관을 형성할 수 있도록 한다.

3) 사회적 기술 및 공동체 의식 함양

아동문학교육은 유아가 사회적 기술을 습득하고 공동체 의식을 함양하는 것을 목표로 한다. 이는 유아가 다른 사람과 협력하고 배려하며, 사회적 규범과 가치를 이해하고 실천하는 능력을 기르는 데 중점을 둔다.

- 더불어 생활하기: 문학작품 속 다양한 인물과 상황을 통해 유아가 사회적 규범과 가치를 학습하고, 타인과 협력하고 배려하는 태도를 기른다.
- 사회적 관계 맺기: 이야기 속 갈등 상황을 분석하고 해결하는 활동을 통해 사회적 기술을 기른다. 역할극이나 동극을 통해 실제 사회적 상황에서의 대처 능력을 배운다.

4) 창의적 사고와 표현 능력 개발

아동문학교육은 유아의 창의적 사고와 표현 능력을 개발하는 것을 목표로 한다. 이는 유아가 문학작품을 통해 상상력을 자극받고, 이를 바탕으로 창의적으로 사고하고 표현하는 능력을 기르는 데 중점을 둔다.

- 창의적으로 표현하기: 다양한 문학작품을 읽고, 그 내용을 바탕으로 그림 그리기, 이야

기 재구성하기, 역할극 등 창의적 표현 활동을 통해 유아의 창의력을 발달시킨다.
- 자기 표현과 존중: 문학작품을 통해 유아가 자신의 생각과 감정을 자유롭게 표현하고, 이를 존중받는 경험을 통해 자기 존중감을 형성한다.

아동문학교육의 목적은 2019 개정 누리과정과 제4차 표준보육과정의 목표와 내용을 자연스럽게 통합하여, 유아의 전인적 발달을 지원하고, 언어 능력과 의사소통 능력, 사회적 기술과 공동체 의식, 창의적 사고와 표현 능력을 증진시키는 데 중점을 둔다. 이러한 교육 목적을 바탕으로 유아교육기관에서는 아동문학교육을 적극적으로 실천하여 유아가 건강하고 균형 있게 성장할 수 있도록 지원해야 한다.

4. 아동문학교육의 교육적 의의

아동문학교육의 교육적 의의는 유아의 전인적 발달을 도모하는 것을 넘어, 유아의 학습 및 사회적 맥락에서의 중요한 역할과 가치를 포함한다. 이는 아동문학교육이 유아의 인격 형성, 사회적 소통, 문화적 이해, 창의적 표현을 통합적으로 다루는 중요한 교육적 접근임을 나타낸다. 다음에서 아동문학교육의 교육적 의의를 살펴본다.

- 인격 형성의 기초 마련: 아동문학교육은 유아가 자신과 타인을 이해하고 존중하는 인격을 형성하는 데 중요한 역할을 한다. 문학작품을 통해 다양한 인물과 상황을 접하면서 유아는 도덕적 가치관과 윤리적 판단력을 기를 수 있다. 이는 유아가 성인이 되어서도 올바른 인격을 갖추고 사회에 긍정적으로 기여하는 바탕이 된다.
- 사회적 상호작용 능력 배양: 아동문학교육은 유아가 사회적 상호작용을 통해 협력하고 소통하는 능력을 배양하는 데 중요한 역할을 한다. 이야기 속 인물들의 상호작용을 관찰하고 분석함으로써 유아는 다양한 사회적 상황에서의 대처법을 배우며 실제 사회에서 원활한 대인 관계를 맺고, 협력하며, 갈등을 해결하는 능력을 키운다.
- 문화적 감수성 함양: 아동문학교육은 다양한 문화적 배경을 가진 문학작품을 통해 유아가 문화적 다양성을 이해하고 존중하는 문화적 감수성을 기르는 데 기여한다. 이는 유아가 다문화 사회에서 열린 마음으로 타인과 소통하고, 글로벌 시민으로서의 자질을 갖추는 데 중요한 역할을 한다. 문화적 감수성은 사회 통합과 평화로운 공존을 위한 필

수적인 요소이다.

- 창의적 사고와 표현력 증진: 아동문학교육은 유아의 창의적 사고와 표현력을 증진시키는 데 중요한 교육적 의의를 가진다. 문학작품을 통해 유아는 상상력과 창의력을 발휘하게 되며, 이는 창의적인 문제 해결 능력과 독창적인 아이디어를 형성하는 데 기여한다. 또한 문학적 표현을 통해 자신의 생각과 감정을 효과적으로 전달하는 능력을 키울 수 있다.

- 학습 동기 유발과 지속적인 독서 습관 형성: 아동문학교육은 유아가 학습에 대한 긍정적인 태도를 가지게 하고, 지속적인 독서 습관을 형성하는 데 중요한 역할을 한다. 흥미로운 문학작품을 접함으로써 유아는 학습의 즐거움을 경험하고, 자발적으로 독서를 지속하는 습관을 기르게 된다. 이는 전반적인 학업 성취도 향상과 평생 학습의 기초를 마련하는 데 기여한다.

- 비판적 사고와 자기 성찰 능력 강화: 아동문학교육은 유아가 비판적 사고를 기르고, 자기 성찰을 통해 성장하는 데 중요한 역할을 한다. 문학작품을 읽고 토론하는 과정에서 유아는 다양한 관점에서 사건을 분석하고, 자신의 생각을 정리하며, 타당한 결론을 도출하는 능력을 배운다. 이는 유아가 자기 주도적으로 사고하고, 자신의 행동과 선택을 반성하며 발전하는 데 기여한다.

아동문학교육은 단순한 발달 촉진을 넘어, 인격 형성, 사회적 상호작용 능력 배양, 문화적 감수성 함양, 창의적 사고와 표현력 증진, 학습 동기 유발, 비판적 사고와 자기 성찰 능력 강화 등 다양한 교육적 의의를 지닌다. 이러한 의의를 바탕으로 유아교육기관과 가정에서는 아동문학교육을 적극적으로 실천하여, 유아가 건강하고 균형 있게 성장할 수 있도록 지원해야 한다.

📖 읽어 보아요

유아들의 마음을 읽어 주는 그림책을 소개합니다.

기뻤다가, 슬펐다가, 부끄러웠다가, 또 행복해지는 유아들! 자랄수록 점점 더 많은 감정을 느끼는 유아들이지만, 자신의 감정을 있는 그대로 표현하는 것에는 서투르답니다. 여기 유아들의 마음을 읽어 주는 그림책을 소개합니다. 교실에서 유아들과 함께 감정에 대한 이야기를 나누어 보세요.

『내 마음을 보여 줄까?』

우리가 느끼는 감정을 어떻게 표현하면 좋을지 그림책을 통해 알아보고 친구들과 둥그렇게 앉아서 주사위를 굴려 우리의 감정도 표현해 보아요!
"내 마음 주사위를 던져 보자!"

"게임을 모두 끝냈을 때 내 마음이 꽃처럼 피었어."
"나는 지금 말할 때 떨려서 얼음 둥둥 떠 있는 것 같아!"

『용기 모자』

겁이 많은 주인공이 용기 모자를 쓰고 용감해지는 내용의 그림책이에요. 용기 모자를 만들어 보고 겁이 났던 경험을 친구들과 이야기해 볼 수 있어요.
"멋지고 예쁜 용기 모자를 만들어 보자!"

"내 용기 모자 어때? 여기 용기를 얻을 수 있도록 글씨도 썼어."
"밤에 무서운 꿈 꿨을 때 용기 모자를 쓰고 자야 겠다!"

참고: 그림책 『내 마음을 보여 줄까?』(윤진현 글, 그림, 2010, 웅진주니어), 그림책 『용기 모자』(리사 데이크스트라 글, 마크얀센 그림, 천미나 역, 2014, 책과콩나무)

제2장

아동발달과 문학

#연령별 발달특징과 문학 #발달이론과 아동문학 #문학이론과 아동문학 #교육이론과 아동문학

개요

영유아기의 연령별 발달특징을 알아보고, 발달이론과 아동문학교육과의 관련성, 문학이론과 아동문학교육과의 관련성을 간단하게 살펴본다.

학습 목표

1. 영유아의 발달특징에 따른 그림책 선정에 대해 안다.
2. 발달이론과 아동문학교육과의 관련성을 이해한다.
3. 아동문학교육에 문학이론을 적용하는 방법을 이해한다.

유아기는 신체 · 운동, 인지 · 언어, 사회 · 정서 등 여러 발달 영역에서 빠른 성장이 이루어지는 중요한 시기이다. 이 시기의 교육은 유아의 발달적 특성과 요구를 이해하고 이에 맞는 경험과 상호작용을 제공하는 것이 중요하며, 교육 목표와 내용, 방법, 매체 선택에 있어서도 이를 고려해야 한다. 이 장에서는 유아기의 발달특징을 연령별로 살펴보고, 발달 이론과 아동문학교육과의 관련성을 탐구할 것이다. 구체적으로, 매슬로의 욕구 이론, 에릭슨의 성격 발달 이론, 콜버그의 도덕성 발달 이론, 피아제의 인지발달 이론 및 비고츠키의 사회문화적 이론을 검토하고, 이를 통해 유아에게 적합한 교육적 접근법을 모색하겠다. 또한 로젠블렛의 독자 반응 이론과 총체적 언어 접근법을 통해 유아 문학교육의 중요성과 방법을 탐색한다. 이러한 이론들은 유아발달을 이해하고 유아에게 적합한 문학 경험을 제공하는 데 도움이 될 것이다. 이를 바탕으로 아동문학이 유아의 발달에 긍정적인 영향을 미치는 방식을 심층적으로 이해할 수 있을 것이다.

1. 유아의 연령별 발달특징과 문학

1) 영아기의 발달특징과 그림책

영아기는 출생 후 24개월 혹은 36개월 미만까지의 비교적 짧은 기간이지만, 인간의 일생 중 급속한 발달과 변화가 이루어지는 시기로 이후 성장과 발달에 큰 영향을 미친다. 이 시기에는 양육자와의 애착 형성, 걸음마 시작, 초보적인 언어 사용 등 중요한 발달이 이루어진다. 또한 기쁨, 분노, 울음, 공포, 애정, 웃음 등의 2차 정서가 나타나며, 점차 정서가 세분화된다. 발달은 일정한 순서와 방향을 따르므로, 이전의 발달이 다음 발달에 기초가 되면서 점차 높은 단계로 이어진다.

그림과 글이 결합된 그림책은 영아기의 중요한 문학 경험을 제공한다. 이 시기의 아이는 글자만으로 이야기 내용을 이해하기 어렵기 때문에, 글을 이해하는 데 도움이 되는 그림을 통해 이야기를 시각화한다(이대균, 백경순, 송정원, 이현정, 2005). 영아 그림책은 두꺼운 종이로 만들어져 쉽게 찢어지지 않는 보드북 형태가 많으며, 영아는 이를 직접 만지고 조작하면서 책과 상호작용한다. 또한 영아 그림책은 판타지나 문학적인 요소보다는 색, 크기, 모양, 물건과 동식물의 이름 등의 개념책과 일상생활을 간결한 언어로 표현한 정보책이 주를 이룬다(현은자, 김세희, 2005).

특히 토이북(toy book)은 영아 그림책의 독특한 형태로, 오감을 통해 경험할 수 있도록 제작되어 영아의 흥미와 관심을 끌어내기 쉽다. 헝겊책, 팝업북, 플랩북, 사운드북, 비닐책 등은 대표적인 토이북의 예이다. 이러한 책들은 영아들이 직접 조작하고 감각적으로 탐색할 수 있도록 도와준다. 다음에서 영아의 발달특징을 좀 더 구체적으로 살펴보고, 영아의 발달에 적합한 그림책 선정에 대해서도 알아본다.

(1) 영아의 발달특징

① 신체 · 운동 발달

0세부터 2세까지의 영아는 신체적 · 운동적으로 빠르게 발달한다. 출생 직후, 영아는 복잡한 감각과 운동 능력을 가지고 태어나며, 주로 선천적인 반사 행동으로 나타나는 빨기, 삼키기, 하품하기, 눈 깜빡이기, 배설하기 등의 운동 활동을 보인다. 이후 첫 한 달 동안 신경 시스템이 성숙해지면서 목적 있는 행동이 시작되고, 생후 1년이 지나면 영아는 팔로 버틴 채 머리와 상체를 들 수 있게 된다. 이 시기에는 영아가 건강할 경우 키는 약 1.5배, 체중은 3배 정도 증가하며, 몸을 조절하기 시작하여 점차 자신의 몸을 제어하게 된다.

1세가 되면 영아는 소근육 발달로 블록을 쌓거나, 컵을 사용할 수 있게 되며, 혼자서 음식을 먹기 시작한다. 이때부터는 감각기관과 운동 능력 간의 협응이 발달하여 다른 사람의 도움 없이 혼자서 서거나 앉을 수 있게 되며, 계단을 오르내릴 수도 있다. 또한 24개월에서 29개월 사이는 대소변 훈련을 시작할 수 있는 최적의 시기로 배변 활동에 관심을 갖고 적절한 지원을 제공해야 한다.

2세가 되면 대근육의 조절 능력이 향상되어 영아는 속도를 바꿔 가며 뛰거나, 장애물을 피하고, 세발자전거를 탈 수 있게 된다. 소근육 발달 또한 뚜렷해져서 단추를 풀거나 음식을 흘리지 않고 혼자 잘 먹을 수 있게 된다. 이와 같은 발달 과정을 통해 영아는 다양하고 새로운 시도를 거듭하며 비약적인 발전을 이룬다.

② 인지 · 언어발달

인지는 인간의 정신적 사고 과정을 의미하는 광범위한 개념으로, 생물학적 성숙과 경험의 영향을 받는다. 영아기에 인지적 성장은 급속도로 이루어진다. 피아제에 따르면, 신생아는 자극에 자동으로 반응하는 '반사적 유기체'에서 점차 사고할 수 있는 '생각하는 유기체'로 변화한다. 영아는 출생 후 1개월에서 4개월 사이에 사물을 주의 깊게 관찰하고, 4개월에서 8개월 사이에는 소리가 나는 방향을 알아차리며 간단한 동작을 흉내 낸다.

이 시기에 영아는 숨겨진 물체의 존재를 인식하는 대상 영속성과 깊이 지각 능력이 발달하며, 2세경에는 크기와 모양 변별 능력의 향상으로 큰 퍼즐 조각을 맞출 수 있다. 인지발달은 적절한 환경과의 상호작용을 통해 이루어지므로, 교사는 영아의 발달 수준에 맞는 지원을 제공해야 한다. 영아기에는 시각적·청각적 자극과 함께 언어적 상호작용이 매우 중요하다.

언어는 인지발달과 밀접하게 연관되어 있으며, 영아가 언어를 습득하는 과정에는 음운론적·형태론적·구문론적·의미론적·화용론적 발달이 포함된다. 언어발달은 영아기 후반에 더 체계적인 놀이 활동을 가능하게 하며, 영아는 친구와의 놀이를 통해 또래와의 상호작용을 경험하며 성장한다.

③ 사회·정서 발달

영아는 사회적으로 자신의 정체성을 인식하며 서서히 타인과의 차이를 이해하게 된다. 다른 사람과의 접촉과 상호작용을 통해 사회의 규칙과 기본적인 상호작용 기술을 익힌다. 영아의 사회성 발달은 출생 직후 주로 양육자와의 관계에서 시작되며, 애착이라는 친밀한 정서적 유대를 형성하는 것이 중요하다. 영아의 기질과 부모의 특성, 양육의 질이 애착 형성에 영향을 미친다.

영아는 타고난 학습 능력을 가지고 있으며, 이는 사회적 상호작용을 통해 발휘된다. 초기에는 주로 가까운 성인이나 형제와 놀면서 사회성을 확장한다. 이 시기에 영아는 감정 변화가 자주 나타나며 스스로 하고자 하는 욕구와 성인에게 의존하고자 하는 욕구 사이에서 갈등을 겪기도 한다. 자아개념이 강해지면서 성별에 따른 놀잇감 선택 등 성별 개념도 형성된다.

영아는 태어날 때 기본적인 감정을 가지고 있지만, 나이가 들면서 정서는 점점 더 분화되고, 다른 사람의 정서를 이해할 수 있는 능력도 발달한다. 이는 대인관계에서 상대방의 행동을 예측하고 적절히 대응할 수 있는 능력으로 연결되어, 사회적 관계 형성에 도움을 준다. 18~24개월 영아는 주로 혼자 놀이를 하지만, 24개월이 지나면서 점차 다른 사람을 인식하고 병행놀이 단계로 이동하며, 다른 사람의 행동을 모방하고 감정을 이해하기 시작한다.

(2) 영아를 위한 그림책 선정

0세부터 2세 영아를 위한 그림책 선택 시, 영아의 시각적 발달과 집중력을 고려해야 한다. 이 시기 영아는 출생 직후 흑백으로 세상을 인식하며, 몇 주 후에는 밝은 색상을 구분하기 시작한다. 생후 몇 달이 지나면서 빨강, 주황, 노랑, 초록 등의 색상을 인식하고, 점차 모든 색상을 볼 수 있게 된다. 1세가 되면 거의 성인과 같은 시각적 인식을 하게 된다. 따라서 영아를 위한 그림책은 선명하고 밝은 색상의 그림을 사용하고, 배경은 단순해야 한다. 또한 영아가 쉽게 들고 볼 수 있도록 두꺼운 판지로 만들어진 보드북 형식이 적합하다. 영아를 위한 책은 개념책(concept books)이라고 불리는 짧고, 줄거리가 없는 아이디어 책(idea books)이 대부분이다. 개념책은 주로 영아의 일상(씻기, 먹기, 잠자기 등)과 친숙한 물건(공, 곰인형, 자동차, 숟가락, 포크 등)에 관한 것을 다룬다.

『표정으로 말해요!(블루 『눈 · 코 · 입』(백주희 글 · 『또 누구게?』(최정선 글. 『무엇일까. 무엇? 음식』(에
래빗 편집부 글 · 그림.   그림. 2017, 보림)   이혜리 그림 2017, 보림)   릭 칼 글 · 그림. 2023, 시
2023, 블루래빗)   공주니어)

보드북의 예

영아의 언어발달을 지원하기 위해 동요의 운율과 리듬을 포함한 책 또한 좋은 선택이 될 수 있다. 예를 들어, 『도리도리 짝짜꿍』이나 『북을 치자! 둥둥!』 같은 그림책은 운율과 리듬에 따라 읽어 주기에 적합하다. 상호작용을 촉진하는 책들, 예를 들어 『자동차 뒤에 누구?』 『춤을 출 거야!』처럼 영아가 책의 일부를 만지거나 조작할 수 있도록 설계된 책도 유용하다.

『도리도리 짝짜꿍』(구전 놀이노래, 정순희 그림, 2009, 다섯수레)

『북을 치자! 둥둥!』(기쿠치 치키 글 · 그림, 2024, 길벗어린이)

운율과 리듬이 담긴 그림책의 예

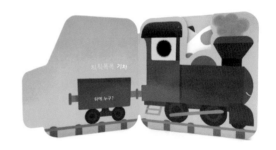

『자동차 뒤에 누구?』(뱅상 마티 글 · 그림, 박대진 역, 2017, 보림)

『춤을 출 거야!』(강낭콩 글, 에밀리 라페르 그림, 2020, 블루래빗)

상호작용 그림책의 예

이러한 그림책들은 영아가 언어와 문학을 자연스럽게 접하고, 어휘를 풍부하게 하며, 양육자와의 상호작용을 통해 사회적 기술을 발달시키는 데 중요한 역할을 한다. 그림책을 통한 읽기 활동은 영아에게 풍부한 언어 환경을 제공하고, 어휘 발달에 큰 도움이 된다.

2) 유아기의 발달특징과 그림책

유아기는 생후 초기의 영아기를 벗어나 초등학교 입학 전까지의 시기로, 3세부터 만 5세까지의 아이들이 누리과정을 통해 체계적인 교육을 받는다. 이 시기의 유아는 신체적·인지적·사회적·정서적 발달이 급격히 이루어지는 중요한 시점으로, 각 발달 영역에서 매우 뚜렷한 진전을 보인다. 유아는 유연한 몸과 강한 호기심, 모험심을 지니고 있으며, 감수성이 예민해지는 시기로, 신체, 인지·언어, 사회성·정서 발달이 가장 활발하게 이루어진다.

유아기에는 아직 글자만으로 이야기를 완전히 이해하기 어려우므로, 그림이 중요한 역할을 한다. 그림과 함께 제공되는 간결한 언어는 이야기의 내용을 이해하고 즐기는 데 큰 도움이 된다. 이 시기에는 일상 생활을 사실적으로 묘사한 그림책, 정보를 제공하는 그림책, 환상적 요소가 가미된 동화 등 다양한 종류의 그림책을 제공할 수 있다(박선희, 김현희, 2015). 이 시기 유아의 언어 능력은 빠르게 성장하며, 시각적 감수성도 급속히 발달하여 형태와 크기에 대한 이해력이 높아진다. 3세경 자기 주장이 뚜렷해져 반항 의식이 싹트고, 호기심과 조작 능력이 성장한다. 따라서 이 시기에는 좀 더 복잡한 그래픽과 풍부한 색상이 포함된 그림책을 통해 상호작용의 수준을 높이는 것이 중요하다(LST Publishing House, 2017: 이현아, 2021에서 재인용).

〈표 2-1〉 LST Publishing House(2017: 이현아, 2021, p. 12)

연령	발달단계의 특징	그래픽 디자인의 특징
0~2	• 자기 인식을 보임 • 언어능력 형성 • 손과 입으로 세상을 느낌	• 밝은 색상 • 단순한 그래픽 • 친근한 촉감 • 안전한 재료
3~5	• 언어능력과 시각적 감수성의 급속한 성장 • 폭넓어진 관심사 • 호기심의 성장 • 조작 능력의 발달	• 다양한 색상 • 복잡한 구성 • 재미있는 이야기 • 상호작용하는 읽기 경험

〈표 2-1〉에 제시된 것처럼, 3~5세 유아의 그림책의 그래픽 디자인 특성은 0~2세 유아의 그림책과 차이가 있다. 특히 색상이나 구성, 줄거리에 있어 더욱 다양하고 복잡한 특징을 지닌다.

(1) 유아의 발달특징

① 신체 발달

유아기는 영아기보다 신장과 체중의 성장 속도가 점차 완만해진다. 이 시기에는 대근육 운동과 소근육 운동능력이 발달하며, 행동량이 급속히 증가한다. 유아기는 뼈가 아직 경골화 되지 않아 다양한 운동기술을 쉽게 습득하며, 신체와 운동기능 발달이 가장 활발한 시기이다. 걷기, 달리기와 같은 이동 동작과 구부리기, 펴기와 같은 비이동 동작, 던지기, 치기와 같은 조작적 동작을 유아기에 습득해야 한다. 3세 유아는 영아보다 더 유연하게 움직이기 시작하며, 5세가 되면 대부분의 조작적 동작과 이동 및 비이동 동작 기술을 수행한다. 유아는 자신만의 발달 이정표에 따라 대근육 운동 기술을 습득한다. 그러나 유아가 이런 기술을 완벽하게 수행할 수는 없다. 유아는 불완전하고 개별적인 방법으로 새로운 기술을 완수하므로, 교사는 유아가 오랜 시간 연습해도 기술 숙달에 진전이 없는 경우를 제외하고는 걱정할 필요가 없다.

영아기에 급속도로 발달하는 뇌는 두 돌 무렵에 성인 뇌무게의 3/4에 이르며, 5세경에는 90%에 달한다. 뇌의 발달 속도는 영아기만큼 빠르지는 않지만 유아기에도 계속 성장한다. 대뇌피질은 뇌구조 중 가장 많은 뉴런과 시냅스를 가지며 계속적으로 성장한다. 대뇌피질은 전두엽, 후두엽, 측두엽, 두정엽으로 구분되어 각각의 기능을 담당한다. 전두엽은 사고와 운동기능을, 후두엽은 시각을, 측두엽은 청각을, 두정엽은 신체감각을 관장한다. 대뇌피질의 발달 순서는 영아기에 나타나는 여러 가지 능력과 일치한다. 예를 들어, 시각과 청각을 담당하는 피질의 시냅스 성장과 미엘린 형성은 출생 후 3~4개월에 시작하여 첫돌까지 계속된다(Johnson, 1998: 정옥분, 2005에서 재인용). 언어를 담당하는 피질은 영아가 언어를 습득하는 영아기 후기에서 학령 전기까지 급속도로 발달한다(Thatcher, 1991: 정옥분, 2017에서 재인용). 시냅스의 연결과 미엘린의 형성이 가장 늦게 이루어지는 부분은 사고와 행동을 통제하는 전두엽으로, 출생 시 미성숙 상태인 전두엽은 영아기 후반부터 효율적으로 기능하기 시작하여 청년기를 지나 성인기까지 성장을 계속한다.

② 인지 · 언어발달

유아기는 피아제의 인지발달 두 번째 단계인 전조작기에 해당한다. 이 시기에는 유아의
언어가 급격히 발달하고, 상징적 사고 능력도 향상된다. 전조작기의 사고는 상징놀이, 자기
중심적 사고, 물활론, 직관적 사고 등을 포함한다(정옥분, 2017). 유아의 호기심이 증가하는
이 시기에 4세 유아는 '왜' '어떻게'로 시작하는 질문을 많이 하며, 사물의 움직임과 성장에
대해 관심을 보인다. 문자와 숫자 같은 상징과 학문적 주제에도 관심을 갖기 시작한다. 3세
유아는 위치를 나타내는 공간 개념을 영아보다 잘 이해하고, 4세 유아는 공간과 시간 관련
개념을, 5세 유아는 일주일, 한 달, 계절 등의 시간 개념을 이해하게 된다.

유아기는 단어 획득과 문법 숙달로 의사소통이 보다 효율적으로 이루어지는 시기이다(정
옥분, 2005). 그러나 자기중심적 사고로 인해 언어도 자기중심적 특성을 보인다. 유아기 말경
에는 타인과의 소통 방법을 배우며, 자기 표현력이 향상된다. 3~4세 유아는 대명사, 조사,
형용사, 부사를 포함하는 복합문장을 사용하게 되고, 4~5세 유아는 문법적으로 정확한 문장
을 사용하며 기본 언어 규칙을 습득해 문장 사용이 용이해진다. 3~4세 동안 이미 얻은 기술
을 정교화하고 발달시키며, 4세경에는 언어 습득이 완성되지만, 세부적인 언어 기술은 그 이
후에도 계속 발달한다(김은심, 조정숙, 2021). 4세 유아는 우스운 단어에 매료되며, 주의 집중
시간이 급속도로 증가한다. 3세 유아는 단순한 이야기를 따라 하고, 4세 유아는 이야기, 노
래, 손유희를 반복할 수 있으며, 5세 유아는 올바른 순서로 이야기를 다시 말할 수 있게 된다.

③ 사회성 · 정서 발달

사회성 발달은 타인과의 상호 호혜적인 상호작용을 할 수 있는 기술을 습득하고 적절한
상황에서 그 기술들을 사용할 수 있는 능력을 의미한다. 유아기 사회성 발달의 주요 특징은
주도성이 강화되며 독립심과 자신감이 증가하는 것이다. 유아기에 '나'에 대한 의식이 강해
지고 자기 능력에 대한 자신감도 커지며, 관심의 대상이 가족에서 또래로 바뀌면서 경험의
폭도 넓어진다(권하나, 2009).

유아기 동안 자아 인식, 자아 존중감, 자기 통제감이 지속해서 성장한다. 유아는 서로에
대한 관심이 증가하며, 차례를 지키고, 공유하며 협동하는 것을 배운다. 3세 유아는 4~5세
유아와 협동적으로 놀이하며, 평행놀이에서 협동놀이로 전환한다. 이 시기 유아는 성인을
기쁘게 하려 하고, 칭찬에 민감하다. 4세 유아는 성인의 인정을 받으려 하고, 5세 유아는 교
사에게 특별한 애정을 보인다.

유아기 동안 규칙의 의미가 더욱 커진다. 3세 유아는 간단한 규칙들을 배울 수 있지만

대부분 자신의 해석에 따른다. 4세 유아는 규칙에 관심이 많고, 5세 유아는 자신을 충분히 통제할 수 있어 많은 규칙이 필요하지 않으나, 규칙을 세우고 따르는 것을 즐긴다(김은심, 2015). 유아는 경쟁보다 협동을 선호하며, 성 정체성이 이러한 선호에 영향을 미친다. 여아는 경쟁에 흥미가 없으며, 남아는 자신의 성과를 다른 친구들과 비교하는 데 관심이 많다. 이는 사회ㆍ문화적 차이에서 기인할 수 있다.

정서는 사회적 상황에서 중요한 역할을 하는데, 이는 정서를 표현하고, 이해하고, 조절하고, 반응하는 능력을 포함한다(정옥분, 2005). 유아는 사회적으로 중요한 정서 상태인 공포, 분노, 호기심을 표현한다. 정서 표현에 대해 많은 것을 이해하고, 또한 그것을 조절하는 능력이 유아기에 증가한다. 다른 사람 앞에서 부정적 정서 표현을 자제하는 능력은 3세경에 나타난다(권하나, 2009). 정서능력이 뛰어난 유아는 자신과 타인의 정서를 올바르게 인식하고 적합하게 표현하며, 부적절한 정서 표현을 잘 조절함으로써 또래와의 상호작용에서 사교적이고 친사회적 행동을 많이 하며, 또래 활동에 주도적으로 참여한다(박화윤, 안라리, 2006). 유아는 역할놀이를 좋아하며, 3세 유아는 혼자 또는 다른 사람들과 함께, 4세 유아는 단순한 것에서부터 보다 발전적인 형태까지 다양한 형태의 역할놀이를 한다. 5세 유아의 역할놀이는 상당히 정교해진다.

(2) 유아를 위한 그림책 선정

3세에서 4세 유아에게 적합한 그림책은 일상적인 사물과 경험을 주제로 한다. 이 그림책들은 간단한 줄거리, 아름다운 삽화, 그리고 유머러스한 인물과 상황을 포함한다. 이 책들은 유아들이 쉽게 동일시할 수 있도록 일상에서 성취할 수 있는 신체적 기술을 대행하는 등장인물을 보여 준다. 셜리 휴즈의 『앨피가 일등이에요』가 좋은 예이다.

『앨피가 일등이에요』(셜리 휴즈 글ㆍ그림, 조은숙 역, 2019, 보림)

이 시기 유아들은 주의 집중 시간이 길어지고, 자신이 본 것을 신체로 따라 하며, 서사의 시간성과 그림의 정지된 순간 사이의 상호작용을 통해 이야기를 체험한다. 그림책을 통한 이러한 활동은 유아의 언어발달과 사회적 인식을 향상시킨다. 그림책의 서사는 시간성을 가지고 흘러가지만 그림은 정지되어 있는 한 순간을 표현한다. 유아들은 그림책의 이야기를 들으며 자신의 신체를 이용하여 움직임을 표현하기도 하고, 또 그림을 보며 등장인물이 되어 모습을 흉내 내기도 한다(전진영, 2021). 예를 들면, 다른 사람의 동작이나 모습을 정확하게 모방하거나, 음악의 템포, 음향, 음조(음의 고저)와 같은 특정한 부분에 집중할 수 있게 되어 각 부분에 따라 신체를 다르게 움직일 수도 있다(김은심, 2010). 이 시기 유아는 언어의 아름다움을 감상할 수 있는 단어에 매력을 느낀다. 3세에서 4세 유아들은 언어의 아름다움을 느낄 수 있는 단어에 매료되며, 동요 그림책, 손유희, 시, 노래를 포함한 그림책이 효과적이다. 유아에게 다른 사람들의 관점을 이해할 수 있는 그림책을 제공하는 것도 중요하다.

개념책은 유아가 자신의 세계를 이해하는 데 도움을 주며, 숫자, 글자, 반대 개념을 포함할 수 있다. 예를 들어, 『반대말』과 『가나다는 맛있다』는 사물의 행위에 이름을 붙이는 명명하기를 촉진하며 일상생활과 관련된 언어 능력 발달에 도움을 준다.

『반대말』(최정선 글, 안윤모 그림, 2010, 보림)

『가나다는 맛있다』(우지영 글, 김은재 그림, 2016, 책읽는곰)

　　또한 이 시기 유아들은 민담을 통해 반복적인 구조와 선과 악이라는 명확한 도덕적 대비를 즐긴다. 『팥죽 할멈과 호랑이』 『빨간 모자』와 같은 민담은 이 나이 또래의 유아들이 아주 좋아하는 책이다.

『팥죽 할멈과 호랑이』(박윤규 글, 백희나 그림, 2006, 시공주니어)

『빨간 모자』(김미혜 글, 요안나 콘세이요 그림, 2016, 비룡소)

　　4세에서 6세 유아들의 문학 경험의 중심은 그림책이다. 그림책은 유창하게 읽을 수 있는 성인이 유아들에게 소리 내어 읽어 주는 방식으로 활용된다. 유아들은 좋아하는 그림책을 선택하여 반복해서 듣고, 본문을 외우며, 동극활동을 통해 그림책을 즐긴다. 이 시기에 유아들은 기초적인 읽기 기술을 습득하는데, 예컨대 이야기와 이야기에 사용된 단어들이 의미를 담고 있다는 개념, 글자와 소리의 관계, 페이지의 글자가 왼쪽에서 오른쪽, 위에서 아래로 진행된다는 것을 이해하게 된다.

　　민담은 강한 운율과 리듬을 가지고 있어 이야기 들려주기와 소리 내어 읽기에 적합하다. 쉬운 책은 읽기 학습에 대한 유아들의 의욕을 격려해 준다. 민담이나 쉬운 책은 친숙한 단어, 단어 패턴, 정보를 제공하는 삽화, 그리고 경우에 따라 텍스트를 예측 가능하게 만들기 위해 운율을 사용한다. 예를 들어, 『로지의 산책』 『배고픈 애벌레』 『곰 사냥을 떠나자』가 있다.

『로지의 산책』(팻 허친즈 글·그림, 2020, 도서출판 봄볕)

『배고픈 애벌레』(에릭 칼 글·그림, 2007, 더큰)

『곰 사냥을 떠나자』(마이클 로젠 글, 헬린 옥슨버리 그림, 2001, 시공주니어)

이 시기 유아들은 신체적으로 성장하고 독립성이 증가하며, 성인보다 또래 친구들과 더 많이 교류하고 집 밖에서 더 많은 시간을 보내며 학업을 시작한다. 이러한 내용의 이야기를 다루는 그림책이 4~6세 유아들에게 적합하다. 예를 들어, 『용기』 『난 내 이름이 참 좋아!』 『우리는 언제나 새콤달콤』 등이 있다.

『용기』(버나드 와버 글·그림, 2004, 반디출판사)

『난 내 이름이 참 좋아!』(케빈 헹크스 글·그림, 2008, 비룡소)

『우리는 언제나 새콤달콤』(구울림 그림, 2024, 책읽는곰)

또한 이 시기 유아들은 자기 주변 세상과 세상이 어떻게 돌아가는지 알아내기 위해 매우 적극적이다. 이러한 관심은 초보 독자를 위한 정보책을 통해 충족되고 자극될 수 있다. 예를 들어, 물의 순환 과정을 알려 주는 『안녕, 물!』, 달의 변화에 대하여 다룬 『달케이크』가 있다.

『안녕, 물!』(앙트아네트 포티스 글·그림, 2019, 행복한그림책)

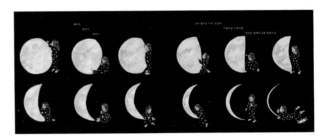

『달케이크』(그레이스 린 글·그림, 2019, 보물창고)

문학을 많이 접한 아이들은 대개 책읽기를 좋아하며 능숙해진다. 이런 능력은 사고력을 향상시켜 다양하고 새로운 이야기를 받아들이는 데 큰 도움이 된다. 이제 이들은 다른 사람들의 생각을 이해하고 수용할 준비가 되었으며, 단순한 그림책뿐만 아니라 좀 더 복잡한 그림책과 조금 긴 글의 책도 즐길 수 있다. 이 시기 아이들을 위해 단순하고 직관적인 내용, 쉬운 문체의 책을 소개하는 것이 좋다. 예를 들어, 『책이 좋은 걸 어떡해』 『책을 읽을 때』 『울렁울렁 맞춤법』 등이 있다.

『책이 좋은 걸 어떡해』(루시아나 데 루카 글·그림, 2021, 산하)   『책을 읽을 때』(리 호지킨슨 글·그림, 2017, 키즈엠)   『울렁울렁 맞춤법』(서정해 글, 이송현 그림, 2015, 살림어린이)

독서에 필요한 전문적 능력이 서서히 갖춰지는 발달상 변화는 학교가 아닌 요람에서 시작된다. 부모나 그 밖의 사랑하는 사람들이 읽어 주는 책의 이야기를 들으면서 보낸 시간의 양이 성장 후 독서 능력을 예언해 주는 가장 좋은 도구 중 하나이다(메리언 울프, 2017). 읽기를 배우는 아이들은 자주 같은 책을 반복해서 읽어 달라고 하거나 반복해서 읽는다. 성인들은 이를 부정적으로 볼 수 있으나, 세 살 전까지는 몇 권의 책을 반복해서 읽어 주는 것이 많은 책을 건성으로 읽어 주는 것보다 낫다. 되풀이해서 읽어 주는 것이 성인에게는 지루하겠지만, 아이에게는 절대적으로 중요한 일이다. 아이는 자꾸 반복해 들음으로써 언어를 익힌다. 같은 읽기를 반복해서 듣는 것이야말로 가장 확실하게 언어의 바다에 풍덩 빠지는 것이다(짐 트렐리즈, 2008). 실제로 익숙한 책을 반복해서 다시 읽는 것은 아이들에게 유익하다. 익숙한 텍스트는 안정감을 제공하기 때문이다. 민담은 7세 아이들 사이에서 특히 인기가 많으며, 7세 때 절정에 이르고 8세가 되면서 흥미가 줄어들기 시작한다는 연구 결과도 있다. 이 시기 아이들은 점차로 더 사실적인 이야기나 시에 관심을 갖기 시작한다. 계속해서 8~9세 아이들은 독립적인 활동에 관심이 많아진다. 예를 들어, 혼자 자전거를 타거나 친구들과 캠핑을 즐긴다. 이 시기의 책은 아이들이 자신의 이웃과 공동체에서 겪는 모험을 다룬 내용이 바람직하다. 또한 이 나이대에 적합한 챕터북은 복잡한 이야기 구조와 정교한 글쓰기를 특징으로 하여 교실에서 함께 읽거나 아이가 혼자 읽기에 적합하다. 예를 들어, 윌리엄 스타이그의 『당나귀 실베스터와 요술 조약돌』과 『멋진 뼈다귀』 같은 그림책은 이 연령대 아이들이 읽기에 좋은 책이다.

『당나귀 실베스터와 요술 조약돌』(윌리엄 스타이그 글·그림, 2017, 비룡소)

『멋진 뼈다귀』(윌리엄 스타이그 글 · 그림, 2017, 비룡소)

2. 발달이론과 아동문학

　　다양한 이론은 아동발달의 여러 측면을 설명하려고 시도하지만, 모든 측면을 포괄하는 단일 이론은 아직 존재하지 않는다. 각 이론은 아동발달을 이해하는 데 중요한 기여를 하고 있다. 예를 들어, 매슬로(Abraham H. Maslow)의 욕구 이론은 아동이 기본적인 생리적 요구를 충족한 후 고차원적인 발달을 이룰 수 있음을 밝히며, 에릭슨(Erik H. Erikson)의 성격 발달 이론은 아동이 특정 시기마다 마주하는 심리사회적 도전을 강조한다. 콜버그(Lawrence Kohlberg)의 도덕성 발달 이론은 아동의 도덕적 판단 능력의 발달을, 피아제(Jean Piaget)는 아동의 사고 과정과 지식 습득을 단계적으로 설명하고, 비고츠키(Lev S. Vygotsky)의 사회문화적 이론은 사회적 상호작용이 아동의 인지발달에 중요하다고 주장한다.

　　유아들이 선호하는 책의 종류가 각 발달 단계마다 변하기 때문에, 이러한 이론들을 활용하여 적절한 책을 선택할 수 있다. 예를 들어, 매슬로 이론에 따라 기본적인 안전과 소속감을 제공하는 이야기들을 제공하거나, 에릭슨 이론을 통해 자율성을 촉진하는 이야기를 선택할 수 있다. 피아제 이론에 따르면, 논리적 사고를 자극하는 이야기들이 구체적 조작 단계의 유아들에게 유용하다. 이러한 이론적 접근을 통해 교사와 부모는 유아들이 문학을 통해 더 깊은 즐거움과 학습을 경험하도록 도울 수 있으며, 아동의 발달 단계에 맞는 문학적 경험을 제공하는 데 유용한 지침을 얻을 수 있다. 다음에서 이에 대해 좀 더 자세히 알아본다.

1) 유아의 욕구와 그림책

매슬로는 인간의 성장과 발달을 욕구 충족의 과정으로 설명하였다. 인간이 한 수준의 욕구를 충족시키면 다음 수준의 욕구를 만족시키고자 하며, 이 과정은 가장 높은 욕구의 단계에 도달할 때까지 계속된다고 하였다. 욕구의 위계는 생리적 욕구, 안전의 욕구, 소속감과 사랑의 욕구, 존중의 욕구, 자아실현의 욕구이다(정옥분, 2017). 각 욕구의 특징과 이를 충족시킬 수 있는 그림책의 예는 다음과 같다.

(1) 생리적 욕구

생리적 욕구는 인간의 가장 기본적인 욕구로서, 선천적이고 본능적인 것과 관련이 된다. 공기, 음식, 음료, 수면, 배설, 성에 대한 욕구가 포함된다. 『응가하자, 끙끙』은 배설의 기쁨이 담겨 있고, 『모두 잠잘 시간이야』는 혼자 잠자기 무서워하는 아이들에게 읽어 주면 좋은 그림책이다. 『네가 숨 쉴 때』는 들이마시고 내쉬는 호흡이라는 모든 생명의 근본을 통해 삶의 소중함과 대자연의 경이를 나타내며, 『엄마가 알을 낳았대!』는 아이들이 자라면서 자연스럽게 갖게 되는 성에 관한 질문에 재미나고 사실적인 그림으로 대답한다.

『응가하자, 끙끙』(최민오 글·그림, 2004, 보림) 『모두 잠잘 시간이야』(셜리 패런토 글, 데이비드 워커 그림, 이상희 역, 2021, 비룡소) 『네가 숨 쉴 때』(빌리 렌클 글, 다이애나 파리드 그림, 김여진 역, 2022, 웅진주니어) 『엄마가 알을 낳았대!』(배빗콜 글·그림, 고정아 역, 2001, 보림)

(2) 안전의 욕구

안전의 욕구는 공포, 불안, 무질서, 전쟁, 질병, 천재지변의 위기에서 벗어나려는 욕구이다. 『겁쟁이 빌리』에는 걱정 많은 빌리가 등장한다. 빌리는 할머니께서 주신 과테말라 걱정인형 덕분에 잠을 자게 된다. 『걱정 마, 걱정사우르스』는 소풍을 앞두고 걱정 나비 한 마리가 뱃속으로 들어온 걱정사우르스가 여러 일들을 겪으며 걱정 나비를 잠재우고 즐겁게 소풍을 다녀오는 이야기이다. 『넌 할 수 있을 거야』는 척박한 강바닥에 씨앗을 심은 소녀가 온갖 역경을 딛고 울창한 생태계가 자라라는 것을 지켜 보는 이야기로 환경오염과 천재지변 속에서도 희망과 낙관을 그리고 있다. 『행복한 고양이 아저씨』는 10여 년째 계속되고 있는 시리아 내전 속에서 고향 알레포에 남아 고양이들을 돌본 '고양이 아저씨' 알라 알자렐의 실제 이야기를 담은 그림책으로 전쟁의 비극과 생명의 소중함을 전한다.

『겁쟁이 빌리』(앤서니 브라운 글 · 그림, 김경미 역, 2006, 비룡소)

『걱정 마, 걱정사우르스』(레이첼 브라이트 글, 크리스 채터턴 그림, 김여진 역, 2023, 웅진주니어)

『넌 할 수 있을 거야』(이모겐 팍스웰 글, 아나 쿠냐 그림, 신형건 역, 2023, 보물창고)

『행복한 고양이 아저씨』(아이린 래섬, 카림 샴시−바샤 글, 시미즈 유코 그림, 정회성 역, 2021, 비룡소)

(3) 소속감과 사랑의 욕구

소속감과 사랑의 욕구는 가족, 친구 등으로부터 제공되는 애정과 친밀감을 추구하는 욕구이다. 『내가 아빠를 얼마나 사랑하는지 아세요?』는 아빠의 사랑을 확인하고 싶어 하는 아이들의 욕구를 충족시켜 줄 수 있는 그림책이고, 『할머니 무릎』은 무릎이 고장 나 수시로 아프지만 손주를 위해서라면 언제든 기꺼이 내어 주는 할머니의 사랑을 어린 손주의 눈으로 그려 낸 따뜻한 그림책이다. 『친구에게』는 기쁜 일이 있을 때 함께 즐거워할 수 있고, 슬픈 일이 있을 때 함께 마음을 나눌 수 있는 사람은 바로 내 곁에 있어 주는 친구임을 OHP 필름을 이용한 독특한 형식으로 그려 낸다. 『친구랑 함께라면!』은 적극적인 아이와 소극적인 성

『내가 아빠를 얼마나 사랑하는지 아세요?』(샘 맥브래트니 글, 아니타 제람 그림, 김서정 역, 1997, 베틀북)

『할머니 무릎』(한영진 글, 박성은 그림, 2023, 책고래출판사)

『친구에게』(김윤정 글 · 그림, 2016, 국민서관)

『친구랑 함께라면!』(레베카 콥 글 · 그림, 최현경 역, 2021, 사파리)

격의 아이가 친구가 되어가는 과정을 그린 그림책으로 우정의 온도를 맞춰 가는 순수한 아이들의 이야기가 담겨 있다.

(4) 존중의 욕구

존중의 욕구는 다른 사람으로부터 존중받고자 하는 욕구와 자기 존중의 욕구이다. 다른 사람으로부터의 존중의 욕구는 지위, 명성, 인정, 관심에 대한 욕구이고, 자기 존중의 욕구는 자신감, 유능감, 자기 신뢰, 성취감, 독립심, 자유 같은 것을 포함하는 욕구이다. 이 욕구가 충족되지 못하면 좌절감이나 열등감 혹은 자기 비하를 초래한다.『내 귀는 짝짝이』는 한쪽 귀가 처진 토끼가 남들과 다른 자기 모습에 실망하다가 마침내 자기 귀는 남들과 좀 다를 뿐이라는 점을 알게 되는 이야기이다. 이 이야기를 통해 유아들은 남들과 다른 자기 모습을 받아들이며 자신을 존중하게 될 것이다.『치킨 마스크』는 자신감이 없던 치킨 마스크에게 어느 날 평소 부러워하던 친구들의 마스크를 쓸 수 있는 기회가 생기지만, "치킨 마스크야, 다른 마스크가 되지 마! 너는 너다운 게 가장 좋아!"라는 칭찬과 격려를 통해 자신의 빛나는 부문을 찾아가는 과정을 담고 있다.『우리 모두 슈퍼히어로』는 슈퍼히어로가 되고 싶은 주인공이 진짜 슈퍼히어로는 서투르고 실수해도 실망하거나 포기하지 않고 잘할 수 있을 때까지 노력하는 사람이라는 사실을 알게 되는 과정을 팝업과 플랩북의 형식으로 그리고 있다.『내가 할 거야』는 무엇이든 혼자 하고 싶어 "아니 아니, 내가 내가"를 외치는 미운 세 살의 이야기가 담긴 그림책으로 혼자만의 시도를 즐기는 유아들의 첫 독립을 응원하고 지지할 수 있다.

『내 귀는 짝짝이』(히도 반 헤네흐텐 글·그림, 장미란 역, 1999, 웅진출판) 『치킨 마스크』(우쓰기 미호 글·그림, 장지현 역, 2008, 책읽는곰) 『우리 모두 슈퍼히어로』(산티 베아스코아 글, 에드가 플랜즈 그림, 문주선 역, 2022, 웅진주니어) 『내가 할 거야』(장선환 글·그림, 2020, 딸기책방)

(5) 자아실현의 욕구

자아실현의 욕구는 '자신의 본질에 진실하기 위해 자기 능력에 알맞은 일을 한다'는 감각을 갖추고자 하는 욕구이다.『프레드릭』에서 다른 들쥐들은 식량을 모으지만, 프레드릭은 햇살과 색깔, 이야기를 모은다. 추운 겨울이 되어 식량이 떨어지자 프레드릭은 그동안 모아 둔 햇살과 색깔, 이야기를 다른 쥐들에게 나눠 주었고, 다른 들쥐들은 프레드릭을 시인이라 부른다. 『이슬이의 첫 심부름』은 다섯 살이 되어 혼자서 처음으로 엄마 심부름을 가게 된 이슬이의 이야기가 담겨 있고, 『꼬마 다람쥐 얼』은 엄마의 도움 없이 혼자서 도토리를 찾으러 떠나는 꼬마 다람쥐의 도전과 용기, 자아실현을 그리고 있다. 『말라깽이 챔피언』은 힘센 세 오빠들 사이에서 홀로 집안일을 떠맡으며 남자 중심의 집에서 자신의 권리를 찾기 위해 피아노를 그만두고 권투를 시작하는 파블리나의 도전기를 그린다. 이 책을 접하는 유아들은 모차르트를 연주하던 손은 빨갛게 퉁퉁 부었고, 무서워서 가슴이 콱 막혔지만 도전을 계속하고 마침내 자신의 위치를 찾게 되는 주인공의 이야기를 통해 진정한 자아실현을 위해서는 용기가 필요하다는 사실을 깨달을 수 있다.

『프레드릭』(레오 리오니 글·그림, 최순희 역, 1997, 시공주니어)

『이슬이의 첫 심부름』(쓰쓰이 요리코 글, 하야시 아키코 그림, 이영준 역, 2000, 한림출판사)

『꼬마 다람쥐 얼』(돈 프리먼 글·그림, 햇살과나무꾼 역, 2010, 논장)

『말라깽이 챔피언』(레미 쿠르종 글·그림, 권지현 역, 2016, 씨드북)

2) 유아 성격 발달과 그림책

에릭슨은 1902년 독일의 프랑크푸르트에서 태어났으며, 심리학에 입문하기 전까지 미술을 공부했다. 그는 프로이트(Sigmund Freud)의 딸인 안나(Anna Freud)와 함께 정신분석학을 공부하였으며, 발달의 사회적 맥락을 강조함으로써 프로이트의 심리성적 발달(psychosexual development)의 5단계를 확장하여 8단계 이론을 정립하였다. 에릭슨은 젖을 빠는 영아부터 죽음을 앞둔 노인에 이르기까지 인간은 자아의 완성을 향해 끝없는 여정을 한다고 보았다. 에릭슨은 이를 인간 발달 8단계로 제시하였으며, 이 과정에서 우리가 겪는 혼란과 불안을 '정체성의 위기'라는 개념으로 정의하였다(Erikson, 1985/2020).

각 단계는 신뢰감 대 불신감, 자율성 대 수치심과 회의감, 주도성 대 죄책감, 근면성 대 열등감, 정체감 대 역할 혼미, 친밀감 대 고립감, 생산성 대 침체성, 자아 통합 대 절망감의 양극적 측면으로 이루어져 있다. 즉, 여덟 개의 발달 단계마다 나름의 갈등이 있으며, 그 갈등은 양극의 결과를 초래할 수 있다. 이들 갈등의 성공적인 해결은 반드시 긍정적인 측면만을 의미하는 것은 아니다. 최상의 해결책은 긍정적인 측면과 부정적인 측면이 균형을 이루는 것이다(정옥분, 2017; Erikson, 1985/2020). 에릭슨의 이론에 따르면, 각 발달 단계에서의 갈등 해결은 이후 단계에서의 성격 발달과 사회적 적응에 중요한 영향을 미친다. 다음에서는 에릭슨의 심리·사회적 발달 중 처음 세 단계에서 성취해야 할 발달 과업과 극복해야 할 위기, 그리고 관련 그림책을 살펴보도록 하겠다.

(1) 1단계: 신뢰감 대 불신감(Trust vs. Mistrust)

제1단계는 프로이트의 구강기로, 출생에서 약 1세까지의 시기를 말한다. 이 시기의 주된 발달 위기는 영아가 세상을 신뢰할 수 있느냐에 달려 있으며, 주 양육자인 어머니의 역할이 중요하다. 영아의 신체적·심리적 욕구가 잘 충족되면 신뢰감을 형성하고, 그렇지 않으면 불신감을 경험한다.

이상적으로는 영아의 기본적인 욕구가 일관되게 충족되는 안전한 환경에서 성장하는 것이다. 그러나 에릭슨은 완전한 신뢰감만이 바람직한 것은 아니라고 보았다. 오히려 건강한 자아 발달을 위해서는 신뢰와 불신 사이의 적절한 균형이 필요하다고 주장하였다. 이 단계에서 형성된 신뢰감은 아이의 모든 사회적 관계의 기초가 되며, 신뢰감이 잘 형성되면 아이는 자신감 있고 긍정적인 태도로 세상과 상호작용할 수 있다. 반면, 불신감이 형성되면 세상에 대한 두려움과 불안을 갖게 되어 발달에 부정적 영향을 미칠 수 있다.

관련 그림책으로는 『사랑해 사랑해 사랑해』가 있으며, 이 책은 부모와 아이의 사랑을 다루어 신뢰감 형성에 도움을 준다. 『블록사랑』은 다양한 동물 가족들이 사랑을 나누는 모습

『사랑해 사랑해 사랑해』 (버나뎃 로제티 슈스탁 글, 캐롤라인 제인 처치 그림, 2006, 보물창고)

『블록사랑』(크리스토퍼 프랜시스첼리 글, 페스키 스튜디오 그림, 김영선 역, 2023, 보림)

『뒤집으면』(김종진 글, 김소라 그림, 2022, 소원나무)

『잘한다 자란다』(김수정 글, 연두콩 그림, 2021, 빨간콩)

을 보여 주는 재미난 보드북이고, 『뒤집으면』과 『잘한다 자란다』는 각각 아기의 호기심과 자립을 격려하는 내용으로, 세상이 안전하고 신뢰할 만한 곳임을 아이들에게 알려 준다.

(2) 2단계: 자율성 대 수치심과 회의감(Autonomy vs. Shame and Doubt)

제2단계는 프로이트의 항문기에 해당하며, 1세에서 3세까지의 시기를 포함한다. 이 단계의 핵심 쟁점은 유아가 '자율적'이고 창의적인 사람으로 성장하느냐, 아니면 의존적이고 자기 회의적인 '부끄러운 인간'으로 발전하느냐이다. 이 시기에 유아는 다른 사람에게 의존하는 동시에 자율성을 경험하기 시작하며, 새롭게 얻은 자율감은 사회적 갈등을 일으킬 수도 있다. 자율성 향상을 위한 투쟁은 때때로 강한 거부감이나 떼쓰기로 나타날 수 있다. 이 단계의 주요 과업은 자기 통제이며, 특히 배변 훈련과 관련된 배설 기능의 통제가 중요하다. 유아는 배설 관련 근육의 통제력과 일반적인 충동을 어느 정도 조절할 수 있어야 한다. 이러한 통제력은 '수치심'의 반대 개념인 성공적인 '자율감'으로 이어진다.

자율성을 촉진하기 위해, 유아에게 스스로 선택할 수 있는 기회를 제공하고 실패를 학습의 기회로 활용하며, 유아의 자율적인 행동을 격려하고 성취를 칭찬해야 한다. 자율감과 수치심 사이의 균형을 잘 맞추면 유아는 자신감 있고 자율적인 성인으로 성장할 수 있다. 반대로 수치심이 지나치게 형성되면 성인이 되어도 자기 회의와 의존적인 성향을 가질 수 있다. 유아기에 자율성을 장려하고 자신의 능력을 믿을 수 있는 환경을 조성하는 것이 중요하다. 이는 유아의 건강한 발달과 긍정적인 자아 개념 형성에 기여할 것이다.

관련 그림책으로는 『아니야 아니야』 『포티, 기저귀는 이제 그만』 『주머니 밖으로 폴짝!』 등이 있다. 이들 책은 자율성을 강조하고 유아들이 도전을 통해 자신감을 키우는 이야기를 담

『아니야 아니야』(변가람 글 · 그림, 2023, 천개의바람)

『포티, 기저귀는 이제 그만』(마이클 달 글. 오리올 비달 그림. 초록색연필 역, 2013, 키즈엠)

『주머니 밖으로 폴짝!』(데이비드 에즈라 스테인글 · 그림, 고정아 역, 2011, 시공주니어)

고 있다.

(3) 3단계: 주도성 대 죄책감(Initiative vs. Guilt)

제3단계는 프로이트의 남근기로, 3세에서 6세까지의 유아기를 말하며, 이 시기의 심리 · 사회적 갈등은 '주도성 대 죄책감'이다. 유아는 이 시기에 활동적이고 호기심이 많아 탐색을 통해 세상을 경험하지만, 때로는 두려움이나 죄책감 때문에 주저하기도 한다.

유아는 놀이를 통해 자유롭고 활동적으로 움직이며, 점차 활동 범위를 넓히고 주도성을 발달시킨다. 언어발달도 급격히 이루어지며, 새로운 단어와 개념을 배우기 위해 끊임없이 질문한다. 또한 유아는 장난감을 조작하고 호기심을 발휘하여 물건을 뜯어 보기도 한다. 이러한 행동이 부정적으로 해석되어 죄책감을 유발할 수 있으며, 이는 주도성의 발달을 저해할 수 있다.

유아가 자신의 몸과 친구의 몸을 탐색하는 것도 포함되는 성적 탐색은 사회적 비난과 처벌로 이어져 죄책감을 조장할 수 있다. 주도성을 발달시키기 위해 유아가 호기심과 탐색 본능을 건강하게 표현할 수 있도록 격려하고 지지하는 것이 중요하다. 아이들이 안전한 환경에서 자유롭게 질문하고 실험할 수 있도록 하고, 실패를 학습의 기회로 삼을 수 있도록 지원해야 한다. 제3단계에서 주도성과 죄책감 사이의 균형을 잘 맞추면, 유아는 자신감 있고 창의적인 성인으로 성장할 수 있다. 반대로 죄책감이 지나치게 형성되면, 성인이 되어도 자신감 부족과 죄책감을 가지고 살아갈 수 있다.

관련 그림책으로는 『괴물들이 사는 나라』(모리스 샌닥 글 · 그림, 강무홍 역, 2000, 시공주니어), 『그래그래, 갖다 버리자』 『엄마 뽀뽀는 딱 한 번만!』 『우주로 간 김땅콩』 등이 있다. 이 책

『그래그래, 갖다 버리자』(홍유경 글 · 그림, 2023, 북극곰)

『엄마 뽀뽀는 딱 한 번만!』(토미 웅게러 글 · 그림, 조은수 역, 2003, 비룡소)

『우주로 간 김땅콩』(윤지회 글, 2019, 사계절)

들은 아이들의 주도성을 격려하고, 자신의 감정을 이해하며 표현하는 데 도움을 주어 죄책감 없이 자율성을 발달시킬 수 있다.

3) 콜버그의 도덕성 발달 이론과 그림책

도덕성은 사회를 구성하는 사람들이 일반적으로 지키는 원리와 규범의 특성을 말하며, 사회적 차원과 개인적 차원에서 모두 중요하다. 사회적 차원에서 도덕성은 한 사회의 문화적 특징과 도덕적 가치 판단의 기준을 포함하고, 개인적 차원에서는 개인의 도덕적 신념과 행위 성향, 그리고 인격을 의미한다(이돈희, 1988). 콜버그의 이론에 따르면, 도덕성은 도덕적 갈등을 해결하는 능력으로, 문제를 해결하기 위한 판단 근거의 특성을 기준으로 설명된다(문삼열, 1990). 또한 그는 도덕성 발달의 핵심을 인지적 요소에 두며, 각 단계마다 특정한 사고 방식을 도덕적 문제에 적용시킨다고 보았다.

콜버그는 사람들이 도덕적으로 성장하는 과정을 6단계로 나누어 설명한다. 이 단계들은 크게 세 부분으로 구분되는데, 즉 전인습 수준(기본적인 규칙 이해), 인습 수준(사회적 규칙과 기대 이해), 그리고 후인습 수준(보다 고차원적인 윤리적 이해)이다. 각 단계에서 사람들이 도덕적 문제에 대해 어떻게 판단하고 그 판단을 어떻게 정당화하는지를 보여 준다(Reimer, 1977). 이런 접근 방식은 도덕성을 단순히 규칙을 암기하는 것이 아니라, 사고하는 방식과 판단하는 방식을 발전시키는 것으로 본다(Chazan, 1985). 다음에서 각 단계의 간단한 특징과 관련 그림책을 살펴보겠다.

(1) 전인습 수준(Pre-conventional Level)

- 1단계 복종과 처벌 지향: 행위가 가져오는 물리적 결과에 따라 옳고 그름을 판단한다. 이 단계의 아이들은 육체적인 벌을 피하려고 행동한다.
- 2단계 도구적 상대주의 지향: 자신에게 이익이 되는지 여부에 따라 옳고 그름을 판단한다.

콜버그의 전인습 수준을 설명할 수 있는 그림책은 어린이들이 기본적인 도덕적 개념을 이해하고 도덕적 추론 능력을 발달시키는 데 도움이 된다. 이 수준에서 아이들은 주로 벌과 보상에 따라 옳고 그름을 판단하며, 자신의 이익에 따라 행동하는 경향이 있다. 다음은 전인습 수준을 설명할 수 있는 그림책의 예이다.

『무지개 물고기』(마르쿠스 피스터 글 · 그림, 공경희 역, 1994, 시공주니어)
물고기가 자신의 아름다운 비늘을 나눠 주면서 다른 물고기들과 친구가 되는 이야기를 통해 이기심과 나눔의 중요성을 배울 수 있다. 아이들은 이 책을 통해 자신의 행동이 다른 사람들에게 어떤 영향을 미치는지 이해하게 된다.

『안 돼, 데이비드!』(데이비드 섀넌 글 · 그림, 김경희 역, 2020, 주니어김영사)
장난꾸러기 소년 데이비드가 부모의 말을 듣지 않고 문제를 일으키는 이야기이다. 아이들은 데이비드가 잘못된 행동을 할 때 부모의 반응을 보면서 벌과 보상의 개념을 이해하게 된다.

『포포의 거짓말』(민정영 글 · 그림, 2017, 길벗어린이)
점점 커지는 거짓말에 대한 걱정과 두려움에 대한 이야기를 다룬다. 아이들은 정직의 중요성과 거짓말의 결과에 대해 생각해 보게 된다.

이러한 그림책은 유아들이 도덕적 개념을 이해하고 자신의 행동이 다른 사람들에게 미치는 영향을 인식하는 데 도움이 된다. 각 책은 아이들이 전인습 수준에서 경험할 수 있는 도덕적 딜레마를 다루며, 도덕적 추론 능력을 발달시키는 데 유용한 도구가 될 수 있다.

(2) 인습 수준(Conventional Level)

- 3단계 착한 소년−소녀 지향: 사회적 기대와 규범에 맞추어 행동한다. 이 단계에서는 다른 사람의 시선과 기대를 중요하게 생각한다.
- 4단계 법과 질서 지향: 법과 규칙을 준수하는 것이 중요하다. 이 단계의 사람들은 사회 질서를 유지하기 위해 규칙을 따른다.

『미스 럼피우스』(바버러 쿠니 글 · 그림, 우미경 역, 2017, 시공주니어)
미스 럼피우스가 세상을 더 아름답게 만들기 위해 꽃을 심는 이야기이다. 아이들은 공동체의 이익을 위해 행동하는 것의 중요성과 책임감을 알게 된다.

『짝꿍』(박정섭 글 · 그림, 2017, 위즈덤하우스)
세상에서 둘도 없이 친했던 짝꿍. 가장 가까운 친구 관계에서 겪는 갈등과 화해를 다룬다. 아이들은 사회적 규범을 따르는 것과 다른 사람의 감정을 고려하는 것의 중요성을 배우게 된다.

『수상한 신호등』(더 캐빈 컴퍼니 글 · 그림, 송태욱 역, 2020, 비룡소)
알록달록한 색의 신호등이 켜지면 도로에는 어떤 일이 벌어질까? 모두가 지켜야 하는 신호등 규칙에 대해 알려 주는 그림책이다. 아이들은 규칙을 따르는 것의 중요성을 배우게 된다.

이러한 그림책들은 인습 수준과 후인습 수준에서 아이들이 경험할 수 있는 도덕적 딜레마를 다루며, 도덕적 추론 능력을 발달시키는 데 유용한 도구가 될 수 있다. 각 책은 아이들이 사회적 규범과 보편적 윤리 원리를 이해하고 이를 실생활에 적용할 수 있도록 도와준다.

(3) 후인습 수준(Post-conventional Level)

- 5단계 사회 계약 지향: 법과 규칙은 사회적 계약의 산물이며, 필요에 따라 변화할 수 있다고 본다.
- 6단계 보편적 윤리 원리 지향: 보편적 윤리 원리에 따라 행동하며, 자신의 양심에 따라 옳고 그름을 판단한다.

이 수준에서 아이들은 보편적 윤리 원리에 따라 행동하며, 자신의 양심에 따라 옳고 그름을 판단한다.

『아주 이상한 물고기』(나오미 존스 글, 제임스 존스 그림, 김세실 역, 2022, 21세기북스)
플라스틱으로 인한 바다 오염을 꼬마 물고기의 시선으로 바라본 이야기는 유아들의 환
경 생태 감수성을 자극하고, 건강한 환경 의식을 일깨워 준다.

『키이우의 달』(잔니 로다리 글, 베아트리체 알레마냐 그림, 양나래 역, 2024, 마이어날다)
이탈리아의 시인 잔니 로다리의 시에 베아트리체 알레마냐 작가가 그림을 그린 시 그림
책으로 2022년 일어난 우크라이나 전쟁에 대한 이야기이다. 이를 통해 아이들은 평화
와 정의 그리고 연대의 중요성을 깨닫게 된다.

『내 탓이 아니야』(레이프 크리스티안손 글, 딕 스텐베리 그림, 김상열 역, 2018, 고래이
야기)
교실에서 일어난 따돌림을 모른 척하거나 자신의 잘못을 회피하는 아이들의 변명이 담
겨 있다. 저마다의 이유로 따돌림을 외면한 이야기를 통해 타인에 대한 존중과 함께 책
임의 중요성을 생각하게 한다.

『생각이 켜진 집』(리샤르 마르니에 글, 오드 모렐 그림, 박선주 역, 2017, 책과콩나무)
모두 똑같은 집에서 살고, 똑같이 행동하는 동네에 나타난 다른 생각을 하는 존재가 어
떻게 동네를 바꾸고 세상을 변화시키는지를 보여 준다. 아이들은 개인의 자유와 창의성
을 존중하면서도 공동체의 조화를 유지하는 법을 배우게 된다.

　콜버그의 도덕성 발달 단계들은 도덕성 발달의 과정을 설명하며, 각 단계에서의 도덕적
추론과 행동을 이해하는 데 중요한 역할을 한다. 관련 그림책을 통해 유아들은 각 단계에서
경험하는 도덕적 갈등을 이해하고, 이를 통해 도덕적 사고를 발전시킬 수 있다.

4) 피아제의 인지발달 이론과 문학

　피아제는 스위스의 심리학자로, 유아의 인지발달 과정을 연구하여 네 가지 주요 단계를
제시하였다. 피아제는 유아가 환경과의 상호작용을 통해 인지 구조를 형성하며, 이러한 구
조는 유아의 발달 단계에 따라 변화한다고 주장하였다. 피아제의 이론은 각 단계마다 유아

가 경험하는 사고 방식과 인지 능력의 특성을 설명한다.

(1) 감각운동기(Sensorimotor Stage, 출생~2세)

이 시기 영아는 감각과 운동을 통해 세상을 이해한다. 이 시기에 적합한 문학은 단순한 이미지와 소리를 통해 감각을 자극하는 책이다.

- 주요 특징
- 감각과 운동을 통한 탐색: 이 시기의 영아는 감각적 경험과 신체적 움직임을 통해 세상을 탐색하고 이해한다.
- 대상 영속성: 약 8개월 이후부터 영아는 사물이 시야에서 사라져도 여전히 존재한다는 개념을 이해하기 시작한다.
- 기초적인 도구 사용: 영아는 물건을 잡고, 흔들고, 던지는 등의 기본적인 도구 사용 능력을 개발한다.

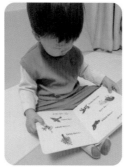

감각운동기 영아의 그림책 읽기

감각운동기 영아는 그림책에 등장하는 폭신폭신한 털조끼의 천을 손가락 감각으로 탐색하고, 반복적인 리듬으로 동물들의 울음소리를 소개한 그림책을 읽는다. 팝업북을 직접 조작하여 숨겨 둔 플랩 안의 동물이 나타나자, "짜잔~으앙!" 하는 언어적 반응과 얼굴 표정을 짓는 비언어적 반응을 보이며 대상영속성의 개념을 강화한다.

- 아동문학과의 관련성
- 감각 자극 그림책: 두꺼운 페이지와 다양한 질감을 가진 촉감 책, 소리 나는 책 등을 통해 감각적 경험을 쌓고, 세상을 탐색한다.
- 대상 영속성 그림책: '까꿍 놀이'와 같은 페이지를 넘기며 숨겨진 그림을 찾는 책은 대상 영속성 개념을 강화하는 데 도움이 된다.

−간단한 이야기: 반복적인 리듬과 짧은 구문으로 구성된 이야기는 언어발달과 도구 사용을 촉진한다.

(2) 전조작기(Preoperational Stage, 2〜7세)

이 시기 유아는 상징적 사고를 발달시키며, 이 시기의 아동문학은 이야기와 그림을 통해 상상력과 언어발달을 촉진한다.

• 주요 특징
−상징적 사고(Symbolic Thought): 언어와 이미지를 사용하여 세상을 표현하고, 상상 놀이를 통해 상징적 사고를 발달시킨다.
−자기중심적 사고(Egocentrism): 다른 사람의 관점을 이해하는 데 어려움을 겪고, 자신의 관점에서만 사물을 본다.
−직관적 사고(Intuitive Thought): 논리적인 사고보다는 직관에 의존하여 문제를 해결하려 한다.
−보존 개념 미발달(Non-conservation): 물질의 양이나 수량이 변형에 따라 달라진다고 생각한다.

• 아동문학과의 관련성
−상징적 사고 촉진: 동화나 상상력이 풍부한 이야기책은 상징적 사고를 발달시키고, 상상 놀이를 통해 이야기를 재구성하게 한다.
−자기중심적 사고 이해: 이야기 속 인물의 감정과 행동을 통해 자신의 감정을 표현하고 이해하며, 타인의 입장을 배우게 된다.
−직관적 사고 활용: 단순하고 직관적인 이야기 구조는 이야기의 전개를 쉽게 이해하고 즐길 수 있도록 한다.
−보존 개념 도입: 다양한 형태의 용기에 담긴 물의 양을 비교하는 이야기 등을 통해 보존 개념을 서서히 도입할 수 있다.

(3) 구체적 조작기(Concrete Operational Stage, 7〜11세)

아동은 논리적 사고를 시작하며, 복잡한 이야기 구조를 이해할 수 있다. 이 시기의 문학작품은 논리적 사고와 문제 해결 능력을 발달시키는 데 도움이 된다.

• 주요 특징

- 논리적 사고(Logical Thought): 구체적인 상황에서 논리적으로 사고할 수 있으며, 문제 해결 능력이 발달한다.

- 보존(Conservation) 개념 발달: 물질의 양, 수량, 길이 등이 변형에 의해 달라지지 않는다는 것을 이해한다.

- 탈중심화(Decentration): 여러 관점을 동시에 고려할 수 있으며, 자기중심적 사고에서 벗어난다.

- 분류와 서열화(Classification and Seriation): 사물을 분류하고 순서대로 배열하는 능력을 발달시킨다.

• 아동문학과의 관련성

- 논리적 사고 강화: 추리 동화나 문제 해결형 이야기책은 아동이 논리적 사고를 연습하고 문제 해결 능력을 기르는 데 도움이 된다.

- 보존 개념 학습: 양과 수량에 대한 개념을 다룬 책은 아동이 보존 개념을 이해하는 데 도움을 준다.

- 다양한 관점 이해: 다양한 인물의 시각을 담은 이야기는 아동이 탈중심화를 경험하고, 여러 관점을 이해하도록 돕는다.

- 분류와 서열화 능력 발전: 이야기 속에서 등장하는 다양한 사물과 개념을 분류하고 서열화하는 활동을 통해 아동의 인지 능력을 강화한다.

우리만의 이야기 만들기

그림책 『이야기 길: 내가 고르고 만드는 3억 개의 이야기』(마달레나 마토주, 2017, 길벗어린이)를 보고, 즐거운 놀이처럼 미로 판 위에 이야기를 만드는 유아들. 유아들은 어느 길로 갈지, 누구를 만날지, 무엇을 할지 등을 모두 고르며 이야기를 만드는 과정에서 문제해결능력과 추리력 등의 논리적 사고를 강화한다.

피아제의 인지발달 이론은 아동문학교육의 필요성과 효과를 이해하는 데 중요한 기초를 제공한다. 각 발달 단계에 맞춘 적절한 아동문학작품은 영유아의 인지발달을 촉진하고, 그들이 세상을 이해하고 표현하는 능력을 강화하는 데 큰 도움이 된다. 예를 들어, 감각운동기 영아에게는 감각 자극 그림책이, 전조작기 유아에게는 상상력을 자극하는 동화책이, 구체적 조작기 아동에게는 논리적 사고를 촉진하는 이야기책이, 형식적 조작기 아동에게는 추상적 사고를 요구하는 문학작품이 적합하다.

5) 비고츠키의 사회문화적 이론

비고츠키는 사회적 상호작용이 유아의 인지발달에 중요한 역할을 한다고 주장한 심리학자이다. 그의 사회문화적 이론은 영유아기부터 초등학교 저학년 시기까지의 아동의 학습과 발달이 사회적·문화적 맥락에서 이루어지며, 성인이나 또래와의 상호작용을 통해 지식이 전달된다고 설명한다. 아동문학은 이러한 상호작용을 촉진하는 중요한 도구로 사용될 수 있다. 비고츠키의 이론을 아동문학과 관련지어 설명하면 다음과 같다.

(1) 근접발달영역(Zone of Proximal Development: ZPD)

• 주요 특징
- 근접발달영역(ZPD) 정의: ZPD는 유아 혼자서는 해결할 수 없지만, 성인이나 유능한 또래의 도움을 받아 해결할 수 있는 과제의 영역을 의미한다.
- 교육적 시사점: 유아의 ZPD를 고려하여 적절한 도전을 제공하고, 이를 통해 유아의 인지발달을 촉진할 수 있다.

• 아동문학과의 관련성
- 이야기와 상호작용: 성인이나 교사는 유아와 함께 책을 읽고, 이야기 내용을 질문하거나 설명하면서 유아의 이해를 도울 수 있다. 이는 유아의 ZPD를 확장시키고, 새로운 개념을 학습하게 한다.
- 사회적 학습: 이야기 속 등장인물의 행동과 생각을 분석하며, 유아는 성인이나 또래와의 토론을 통해 더 깊이 있는 이해를 형성할 수 있다. 예를 들어, 복잡한 이야기 구조를 가진 책을 함께 읽고 토론하는 활동은 유아의 사고력을 증진시킨다.

(2) 언어와 사고의 상호작용

• 주요 특징
- 언어의 중요성: 비고츠키는 언어가 사고 발달의 도구로서 중요한 역할을 한다고 보았다. 언어를 통해 유아는 사고를 조직하고, 문제를 해결하며, 사회적 상호작용을 통해 지식을 습득한다.
- 사적 언어(private speech): 유아는 문제를 해결하거나 새로운 정보를 처리할 때 혼잣말을 통해 사고 과정을 조절한다. 이는 나중에 내면적 언어(inner speech)로 발전한다.

• 아동문학과의 관련성
- 언어발달 촉진: 문학작품을 통해 유아는 풍부한 어휘와 문장 구조를 접하고, 이를 통해 언어 능력을 향상시킨다. 이야기 속 인물의 대사를 따라 하거나, 이야기를 재구성하며 언어 표현력을 기를 수 있다.
- 사적 언어 활용: 책을 읽거나 들으면서 이야기의 내용을 혼잣말로 반복하거나, 자신만의 언어로 이야기를 풀어 내는 과정을 통해 사고력을 발전시킨다.

그림책을 통한 상호작용

유아는 성인 혹은 또래와 함께 그림책을 보며 다양한 상호작용을 하게 된다. 책의 내용이나 등장인물에 대해 이야기를 나누기도 하고, 책을 읽으며 든 생각이나 느낌을 나누며 사고력을 기른다.

(3) 사회적 상호작용과 학습

• 주요 특징
- 사회적 구성주의: 비고츠키는 지식이 사회적 상호작용을 통해 구성된다고 주장하였다.

유아는 성인이나 또래와의 상호작용을 통해 개념을 배우고, 이를 내면화한다.
- 모방과 모델링: 성인의 행동을 모방하고, 이를 통해 새로운 기술과 지식을 습득한다.

• 아동문학과의 관련성
- 공동 읽기 활동: 부모나 교사와 함께 책을 읽고, 이야기 내용을 토론하는 활동은 유아가 새로운 개념을 배우고 이를 내면화하는 데 도움을 준다.
- 역할 놀이: 이야기 속 인물의 역할을 맡아 연극을 하는 활동은 사회적 규범과 상호작용 방식을 배우는 데 효과적이다.

(4) 문화적 도구와 학습

• 주요 특징
- 문화적 도구의 중요성: 비고츠키는 문화적 도구(언어, 기호, 책 등)가 유아의 인지발달에 중요한 역할을 한다고 보았다. 이러한 도구를 통해 유아는 세상을 이해하고, 문제를 해결하며, 지식을 습득한다.
- 맥락적 학습: 아동의 학습은 문화적 맥락에서 이루어지며, 문화적 배경에 따라 학습 내용과 방법이 달라진다.

• 아동문학과의 관련성
- 문화적 다양성 이해: 다양한 문화적 배경을 가진 문학작품을 통해 다른 문화와 관습을 이해하고 존중하는 태도를 기를 수 있다.
- 문학적 도구 활용: 이야기책, 그림책, 시 등 다양한 문학적 도구를 활용하여 유아의 인지발달을 촉진할 수 있다. 예를 들어, 다른 문화의 전통 이야기를 통해 유아는 새로운 관점을 배우고, 이를 통해 사고의 폭을 넓힐 수 있다.

비고츠키의 사회문화적 이론은 아동문학교육의 중요성을 강조하는 데 중요한 기초를 제공한다. 각 개념을 아동문학과 연계하여 설명하면, 아동문학은 유아의 ZPD를 확장하고, 언어발달을 촉진하며, 사회적 상호작용을 통해 학습을 돕고, 다양한 문화적 도구를 활용하여 유아의 인지발달을 촉진하는 데 큰 역할을 한다. 예를 들어, 유아와 함께 책을 읽고 토론하는 활동은 유아 사고력을 증진시키고, 다양한 문화적 배경을 가진 문학작품을 통해 문화적 감수성을 기를 수 있다.

3. 문학 이론과 아동문학교육

1) 로젠블랫의 독자 반응 이론

로젠블랫(Louise Rosenblatt)은 독자 반응 이론(reader-response theory)을 통해 문학 읽기 과정에서 독자가 적극적인 의미 구성자가 된다고 주장하였다. 이 이론은 텍스트의 의미가 고정되어 있지 않고, 독자가 텍스트를 읽는 과정에서 개인의 경험, 지식, 감정 등이 텍스트의 해석에 영향을 미친다고 본다. 영유아부터 초등학교 저학년까지의 아동은 문학작품을 통해 다양한 감정과 경험을 학습하게 된다. 이 시기의 문학교육은 아동이 자신의 감정을 이해하고 표현하는 능력을 기르는 데 중요하다. 독자 반응 이론을 아동문학과 관련지어 설명하면 다음과 같다.

(1) 독자 반응 이론의 주요 개념

• 주요 특징
- 심미적 읽기(aesthetic reading): 독자가 텍스트를 읽으면서 감정적, 감각적으로 경험하고, 작품 속 세계에 몰입하여 개인적인 반응을 형성하는 과정을 의미한다.
- 정보적 읽기(efferent reading): 독자가 텍스트에서 정보를 추출하고 실용적인 목적으로 읽는 것, 즉 특정한 사실이나 지식을 습득하는 데 초점을 맞추는 과정을 뜻한다.
- 거래적 과정(transactional process): 독자와 텍스트 간의 관계를 '거래(transaction)'로 표현한다. 이는 독자가 텍스트를 읽으면서 자신의 개인적 경험, 선입견, 기대 등을 텍스트에 투영하고, 그 결과로 텍스트에서 개인적인 의미를 생성해 낸다고 본다. 즉, 읽기 과정은 독자와 텍스트가 상호작용하며 의미를 구성하는 과정으로, 독자의 배경지식, 경험, 감정이 텍스트와 결합하여 새로운 의미를 만들어 내는 것으로 해석된다.

• 아동문학과의 관련성
- 심미적 읽기 촉진: 아동문학작품은 독자의 감정적 · 감각적 반응을 유도하며, 이야기 속

세계에 몰입하도록 돕는다. 예를 들어, 감동적인 이야기나 상상력이 풍부한 문학작품은 유아의 심미적 반응을 강화한다.

- 정보적 읽기와 학습: 학습 목적의 아동문학작품은 새로운 정보를 습득하고 이해하는 데 도움을 준다. 예를 들어, 과학 동화나 역사 이야기 책은 유아가 특정한 지식을 얻는 데 유용하다.

- 거래적 과정의 중요성: 유아는 자신의 경험과 감정을 텍스트와 연결시키며, 이야기 속 인물과 사건을 통해 새로운 의미를 형성한다. 이는 유아의 사고력과 이해력을 증진시키는 데 기여한다.

(2) 독자의 역할과 상호작용

• 주요 특징

- 적극적 의미 구성자: 독자는 텍스트의 의미를 수동적으로 받아들이는 것이 아니라, 자신의 경험과 감정을 바탕으로 적극적으로 의미를 구성한다.

- 개인적 반응의 중요성: 독자의 개인적 경험과 배경지식은 텍스트의 해석에 중요한 영향을 미친다. 독자는 각기 다른 방식으로 텍스트를 해석하고 반응한다.

- 공유와 토론: 독자 반응 이론은 독자들이 자신의 해석과 반응을 다른 사람들과 공유하고 토론하는 과정을 중요시한다.

• 아동문학과의 관련성

- 적극적 읽기: 유아는 이야기 속 인물과 상황에 감정적으로 반응하고, 자신의 경험과 연결지으며 적극적으로 의미를 구성한다. 예를 들어, 주인공의 모험을 통해 자신의 경험을 투영해 보는 활동은 유아의 독서 경험을 풍부하게 한다.

- 개인적 반응 존중: 아동문학교육은 유아의 개인적 반응을 존중하고, 이를 통해 다양한 해석을 장려한다. 예를 들어, 유아가 특정 이야기의 결말에 대해 자신만의 해석을 제시하도록 독려하는 활동으로 뒷이야기 짓기가 있다.

- 공유와 토론: 독서 후에 유아들이 자신의 생각과 감정을 나누고 토론하는 활동은 독자의 반응을 풍부하게 하고, 다양한 관점을 이해하는 데 도움이 된다.

(3) 상호작용적 읽기와 문학교육

• 주요 특징

−상호작용적 읽기: 독자와 텍스트가 상호작용하며, 독자는 텍스트를 통해 새로운 경험을 하고, 텍스트는 독자의 경험을 통해 새로운 의미를 얻는다.

−사회적 상호작용: 독자 반응 이론은 독서가 사회적 상호작용을 통해 강화된다고 본다. 독자들은 자신의 반응을 다른 사람들과 나누며, 새로운 이해와 해석을 형성한다.

−맥락적 이해: 독자의 이해는 문화적·사회적 맥락에서 형성되며, 독서 경험은 독자의 배경과 상황에 따라 다르게 나타난다.

• 아동문학과의 관련성

−상호작용적 읽기 활동: 아동문학을 읽고, 이야기를 재구성하거나 새로운 결말을 상상해 보는 활동은 독자와 텍스트의 상호작용을 촉진한다.

−사회적 독서 활동: 독서 클럽이나 그룹 읽기 활동을 통해 유아들이 자신의 반응을 공유하고, 다른 유아들의 반응을 들으면서 다양한 관점을 이해하게 된다.

−문화적 다양성 존중: 다양한 문화적 배경을 가진 문학작품을 통해 유아는 자신의 문화적 맥락에서 텍스트를 이해하고, 다른 문화적 배경을 가진 유아들과 상호작용하며 새로운 이해를 형성한다.

로젠블랫의 독자 반응 이론은 아동문학교육의 중요성을 이해하는 데 중요한 기초를 제공한다. 이 이론은 유아가 독서 과정에서 적극적인 의미 구성자가 되며, 자신의 경험과 감정을 바탕으로 텍스트를 해석하고 반응하는 과정을 강조한다. 아동문학은 독자의 심미적 읽기와 정보적 읽기를 통해 유아의 인지적·정서적·사회적 발달을 촉진하고, 독서 후 토론과 공유를 통해 사회적 상호작용을 강화하는 데 중요한 역할을 한다. 예를 들어, 감동적인 이야기나 상상력이 풍부한 동화는 유아의 심미적 반응을 유도하고, 학습 목적의 아동문학작품은 새로운 정보를 습득하게 하며, 독서 후 토론 활동은 유아가 다양한 관점을 이해하고 자신의 해석을 확장하는 데 도움을 준다.

2) 총체적 언어 접근법

총체적 언어 접근법(whole language approach)은 언어 학습이 자연스럽고 통합적으로 이루어져야 한다는 철학을 기반으로 한 교육 방법이다. 이 접근법은 유아가 언어를 듣고, 말하고, 읽고, 쓰는 과정을 통합적으로 경험하며, 실제 생활 속에서 의미 있는 활동을 통해 언어를 습득한다고 본다. 영유아기와 초등학교 저학년 시기의 아동은 이 접근법을 통해 자연스럽게 언어를 습득하고 활용할 수 있다. 문학작품을 통해 읽기와 쓰기 능력을 동시에 발달시키는 것은 이 시기에 특히 효과적이다. 다음에서는 총체적 언어 접근법을 아동문학과 관련지어 간단하게 설명한다.

(1) 총체적 언어 접근법의 주요 개념

• 주요 특징
- 통합적 언어 학습: 언어의 각 영역(읽기, 쓰기, 말하기, 듣기)이 분리되지 않고 통합적으로 학습되어야 한다고 본다.
- 의미 중심 학습: 학습이 유아에게 의미 있고, 실제 생활과 연결되어야 한다고 강조한다.
- 학습자의 주도성: 유아가 자신의 언어 학습에 적극적으로 참여하고, 주도적으로 학습 과정을 이끌어야 한다고 본다.
- 사회적 상호작용: 언어 학습이 사회적 상호작용을 통해 이루어져야 한다고 강조한다.

• 아동문학과의 관련성
- 통합적 언어 학습: 아동문학을 통해 유아는 읽기, 쓰기, 말하기, 듣기를 통합적으로 경험할 수 있다. 예를 들어, 동화를 읽고, 그 내용을 이야기하며, 관련된 글쓰기를 하는 활동은 언어의 여러 영역을 통합적으로 학습하게 한다.
- 의미 중심 학습: 아동문학은 유아에게 의미 있는 이야기를 제공하며, 이를 통해 유아는 언어 학습의 즐거움을 느끼고, 학습 동기를 높일 수 있다.
- 학습자의 주도성: 유아는 자신이 흥미를 느끼는 책을 선택하고, 이야기를 재구성하거나, 자신의 경험을 이야기로 표현하며 주도적으로 학습에 참여할 수 있다.
- 사회적 상호작용: 이야기 나누기, 독서 클럽 등 아동문학을 매개로 한 활동을 통해 유아는 친구나 교사와 상호작용하며 언어 능력을 발달시킨다.

(2) 언어의 통합적 경험

• 주요 특징
- 읽기와 쓰기의 통합: 유아는 읽기와 쓰기를 별개의 활동이 아닌 통합된 활동으로 경험하며, 읽은 내용을 바탕으로 글을 쓰고, 쓴 글을 읽는 활동을 통해 언어 능력을 향상시킨다.
- 말하기와 듣기의 통합: 유아는 이야기를 듣고, 그 내용을 바탕으로 자신의 생각을 말하며, 말한 내용을 다시 듣고 이해하는 과정을 통해 언어 능력을 발달시킨다.
- 실제적 언어 사용: 유아는 실제 생활 속에서 언어를 사용하며, 다양한 상황에서 언어를 자연스럽게 학습한다.

• 아동문학과의 관련성
- 읽기와 쓰기의 통합: 동화를 읽은 후, 유아가 자신의 느낌을 글로 쓰거나, 이야기를 새롭게 만들어보는 활동은 읽기와 쓰기를 통합적으로 경험하게 한다.
- 말하기와 듣기의 통합: 동화를 듣고, 그 내용을 친구나 교사와 이야기하며, 자신의 생각을 말하는 활동은 말하기와 듣기를 통합적으로 경험하게 한다.
- 실제적 언어 사용: 아동문학을 통해 유아는 실제 생활 속에서 언어를 사용하며, 다양한 상황에서 언어를 자연스럽게 학습한다. 예를 들어, 이야기 속 상황을 재현해 보거나, 역할극을 통해 언어를 실제로 사용해 볼 수 있다.

(3) 의미 중심 학습

• 주요 특징
- 의미 있는 활동: 언어 학습이 유아에게 의미 있고, 흥미로운 활동을 통해 이루어져야 한다.
- 개인적 경험과 연결: 유아의 언어 학습이 개인적 경험과 연결되어야 한다. 유아는 자신의 경험을 이야기로 표현하고, 이야기 속 인물과 상황을 자신의 경험과 연결지어 이해한다.

• 아동문학과의 관련성
- 의미 있는 활동: 아동문학을 읽고, 그 내용을 바탕으로 그림을 그리거나, 이야기를 재구

성하는 활동은 유아에게 의미 있고, 흥미로운 언어 학습 활동이 된다.

−개인적 경험과 연결: 유아는 문학작품 속 인물과 상황을 자신의 경험과 연결지어 이해하며, 자신의 경험을 이야기로 표현하는 활동을 통해 언어 능력을 발달시킨다.

(4) 학습자의 주도성과 사회적 상호작용

• 주요 특징

−학습자의 주도성: 유아 스스로 자신의 언어 학습에 적극적으로 참여하고, 주도적으로 학습 과정을 이끌어야 한다.

−사회적 상호작용: 언어 학습이 사회적 상호작용을 통해 이루어져야 하며, 유아는 친구나 교사와의 상호작용을 통해 언어 능력을 발달시킨다.

• 아동문학과의 관련성

−학습자의 주도성: 유아는 자신이 흥미를 느끼는 책을 선택하고, 이야기를 재구성하거나, 자신의 경험을 이야기로 표현하며 주도적으로 학습에 참여할 수 있다.

−사회적 상호작용: 이야기 나누기, 독서 클럽 등 아동문학을 매개로 한 활동을 통해 유아는 친구나 교사와 상호작용하며 언어 능력을 발달시킨다. 예를 들어, 친구들과 함께 책을 읽고 토론하거나, 역할극을 통해 이야기 속 인물의 역할을 맡아보는 활동은 유아의 사회적 상호작용을 촉진한다.

총체적 언어 접근법은 언어 학습이 자연스럽고 통합적으로 이루어져야 한다는 철학을 바탕으로 한다. 아동문학은 이 접근법의 중요한 도구로 사용될 수 있다. 아동문학을 통해 유아는 읽기, 쓰기, 말하기, 듣기를 통합적으로 경험하며, 의미 있는 활동을 통해 언어를 학습하고, 자신의 경험을 이야기로 표현하며 주도적으로 학습에 참여한다. 또한 친구나 교사와의 상호작용을 통해 언어 능력을 발달시키고, 다양한 문화적 배경을 이해하고 존중하는 태도를 기를 수 있다. 이러한 총체적 언어 접근법은 유아의 언어발달을 촉진하고, 언어 학습의 즐거움을 제공한다.

아동문학의 역사

#아동문학의 역사 #서양 아동문학의 역사 #동양 아동문학의 역사
#우리나라 아동문학의 역사 #북한 아동문학의 역사 #아동문학의 현재와 미래

개요

아동문학의 역사를 통해 아동문학의 태동을 살펴보고, 현대의 아동문학과 변화하는 아동문학을
예측하여 아동문학의 흐름을 살펴본다.

학습 목표

1. 서양과 동양의 아동문학 역사를 고찰한다.
2. 우리나라와 북한의 아동문학 역사를 고찰한다.
3. 대표적인 아동문학 작가를 알아보고 특징을 안다.
4. 아동문학의 현재에 대해 알고 미래 변화를 예측한다.

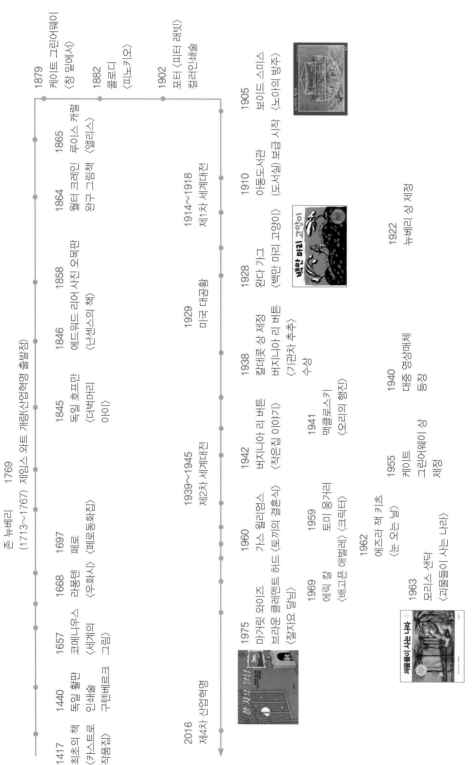

[그림 3-1] 서양 아동문학의 역사 개요도

이 장에서는 유럽과 동양 아동문학의 역사적 발전을 탐구하며, 아동문학이 어떻게 다양한 사회 · 문화적 배경 속에서 성장해 왔는지 살펴본다. 유럽 아동문학은 19세기 이전의 전통적인 서사에서 출발하여, 19세기의 산업화 시대를 거치며 대중적인 문학 형태로 발전하였다. 이어서 20세기에는 기술의 발달과 더불어 아동문학이 더욱 세분화되고 전문화되었다. 동양에서는 일본과 중국의 아동문학이 각기 다른 문화적 요소와 역사적 맥락을 반영하며 발전하였다. 한국과 북한의 아동문학 역시 각각 사회적 · 정치적 상황에 따라 독특한 경로를 걸어 왔다. 이러한 역사적 조망을 통해 아동문학이 단순한 어린이용 문학을 넘어 각 시대와 문화의 가치를 반영하는 중요한 문화적 생산물임을 이해할 수 있다. 또한 아동문학의 현재와 미래에 대해서도 간단하게 살펴볼 것이다. 이 장을 통해 아동문학의 다양성과 역동성을 알 수 있을 것이다.

1. 서양 아동문학의 역사

역사(歷史, history)는 인류 사회의 변천과 흥망의 과정 또는 그 기록(네이버사전, 2023년 7월 5일 인출)으로서 아동문학의 역사란 아동을 대상으로 하는 문학이 어떻게 생겨났고, 어떻게 발전했는지를 알아보기 위한 것이다. 역사를 떠올렸을 때, 낡고 지루한 것, 어려운 것, 지금 시대와는 동떨어진 것 등으로 역사를 어렵게 혹은 부정적으로 생각할 수도 있으나 역사는 사실의 기록이나 전승 그 자체가 아니라 그 시대를 향유했던 것들과 생각과 감정을 나누는 데 목적이 있다고 할 수 있다(유시민, 2018).

아동문학의 역사에서 인쇄술과 제지술의 발전을 빼놓을 수 없다. 인쇄술은 목판 인쇄술[1]과 활판 인쇄술[2]로 나뉜다. 우리나라의 『무구정광대다라니경』은 세계 최초의 목판 인쇄본이며, 서양의 목판 인쇄 기술은 훨씬 나중에야 보급되었고, 활자의 경우 약 400년 정도 뒤처졌다. 문자의 수가 많은 중국어는 그 특성상 여전히 목판 인쇄 기술을 더 선호하였으며, 동아시아에서는 19세기까지도 목판 인쇄 기술을 사용했었다. 독일의 기술자인 요하네스 구텐베르크(Johannes Gutenberg)가 1440년대에 발명한 활판 인쇄술 덕분에 유럽 사회는 '정보의

---

1) 나무판에 글씨나 그림을 새기고 그 위에 먹물을 바른 후 종이를 찍어 내는 기술
2) 금속 활자를 이용하여 대량으로 인쇄하는 기술

대폭발'을 경험하게 된다. 그 이전에는 대략 2개월에 1권의 책이 필사되었으나 활판 인쇄술 발명 이후 1주일 만에 5백 권이 넘는 책이 인쇄될 수 있었다. 1450년부터 1500년까지 반세기에 걸쳐 유럽 사회에는 8백만 권에 달하는 서적이 쏟아졌다(네이버 지식백과, 2023년 6월 30일 인출). 한편, 인쇄술과 더불어 종이를 생산하는 기술인 제지술이 보급되기 전까지 유럽에서는 종이 대신 비단이나 양피지(羊皮紙: 양의 가죽으로 만든 종이 이전의 기록 매체)를 사용하였는데, 14세기 이후부터 유럽, 특히 이탈리아를 중심으로 제지술이 시작되면서 본격적인 제지 공장이 생겨나기 시작하였다. 인쇄술과 제지술은 일반 도서의 발전에 가장 중요한 필수 조건이며, 그림책의 발전사와 인쇄술은 밀접한 관계를 맺고 있다(신명호, 2017). 다음에서 인쇄술과 제지술의 발전을 빠르게 받아들인 이탈리아를 비롯한 유럽을 중심으로 아동문학의 역사를 살펴보고자 한다.

1) 19세기 이전의 아동문학

17세기 말까지 출판된 책들은 대체로 예절에 관한 책 아니면 도덕책이었다. 예절책(courtesy book)은 처음에는 올바른 행동에 중점을 두다가 청교도의 영향이 커짐에 따라 종교와 도덕에 중점을 두기 시작하였다. 예절책은 대부분 쉽게 외울 수 있도록 운문으로 적혀 있었는데, 『어린이의 책(The Babees' Book)』에 수록된 예시(Townsend, 1995)를 함께 살펴보자.

> 아이야, 열매나 새나 공 때문에 집이나 담에 올라가면 안 된단다.
> 아이야, 집에다 돌을 던져서도 유리창에다 돌을 던져서도 안 된단다.
> ─『어린이의 책』 중 〈모든 어린이를 위한 사이먼의 지혜의 가르침
> (Symon's Lesson of Wisdom for All Manner Children)〉

중세 유럽에서 만들어진 초기 서적은 아동용과 성인용을 구분하지 않았으며, 대부분 기독교 교리를 알기 쉽게 표현한 것이었다. 당시에는 문맹률이 매우 높아, 문자보다 그림으로 성경 메시지를 시각화하여 기독교 교리를 알기 쉽게 전달하기 시작하였다. 사람들은 성경 메시지를 시각화한 낱장 그림에 간단한 문장을 추가하여 가지고 다녔으며, 후에 이러한 낱장 그림을 묶어 책으로 만들게 된다. 낱장 인쇄물을 제본한 책 중 가장 오래된 것은 1417년 성 크리스토퍼(St. Christoper, 생몰연대 미상)가 편집한 『카스트로 작품집(Castro's Collected Works)』으로 알려졌다(신명호, 2017).

(1) 어린이를 위한 최초의 그림책: 『세계의 그림』[3]

어린이를 위한 최초의 그림책은 철학자이며 신학자이자 교육자인 코메니우스(Comenius Johann Amos, 1592~1670)가 1658년 출판한 『세계의 그림(Orbis Sensualium Pictus)』이다. 『세계의 그림』이 최초로 삽화를 담은 그림책은 아니나, 독자로 하여금 글의 내용을 알기 쉽고 이해할 수 있도록 삽화를 수록하였기 때문에 근대적 의미의 그림책, 즉 '어린이를 위한 최초의 그림책'으로 인정받게 되었다(신명호, 2017). 『세계의 그림』은 18×12cm의 작은 책으로 1658년 영국에서 번역된 것을 시작으로 1698년부터 1801년까지 유럽 전역에 간행되어 보급되었으며, 18세기에는 성서 다음으로 베스트셀러였다.

코메니우스의 『세계의 그림』은 그림과 글의 연관성 면에서 근대적 의미의 그림책으로서 기점을 이루고 있다. 『세계의 그림』은 단어를 쉽게 학습할 수 있도록 그림과 함께 1대 1 대응으로 사물을 설명하고 알파벳과 발음까지 함께 수록하고 있다. 이렇듯 글자 텍스트밖에 없던 시대에 그림과 함께 사물의 이름과 쓰임을 설명하고 있는 획기적인 교수매체로서 유럽 전역에 널리 알려졌다. 코메니우스는 인간이 가진 오감각을 통하여 지식을 형성하는 경험을 통한 감각 교육이 중요함을 주장하였다. 이러한 감각을 통한 교육을 위해 탄생한 것이 바로 코메니우스의 『세계의 그림』인데 세계 최초로 어린이를 고려하여 어린이의 감각적 활동에 적절하게 그림을 넣어 만든 것이다. 이 책은 우리나라에 『세계 최초의 그림교과서』(남혜승 역, 1999, 씨앗을 뿌리는 사람)로 번역되어 출판된 바 있으며, 백과사전의 모태로 평가되기도 한다.

한편, 아동을 독자로 한 전통적인 문학은 문학적 요소를 지녀야만 아동문학이라고 할 수 있다는 입장에서는 아동문학의 첫 출현을 『세계의 그림』의 출간으로부터 약 40년 후인 1697년 샤를 페로의 『옛날 이야기 또는 짧은 이야기집(Histoires oú contes du temps passé, avec les moraltés)』이라고 본다. 아동문학을 아동을 독자로 하고 문학성을 지닌 문헌이라고 정의할 경우, 샤를 페로의 이 동화집이 최초의 아동문학이며 샤를 페로를 최초 아동문학 작가로 본다(공인숙, 김영주, 최나야, 한유진, 2018).

---

3) 『세계도회(世界圖繪)』라고도 한다.

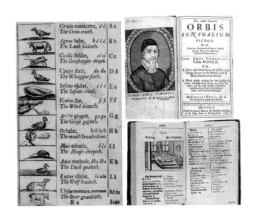
『세계의 그림』의 일부

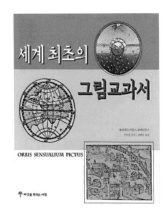
우리나라에 출판된『세계의 그림』

(2) 최초의 대중 서적: 챕북

챕맨(chapman)이라 알려진 행상인에 의해 유통되던 챕북(chap books)은 17세기에서 19세기에 걸쳐 전 유럽에 출판·보급된 작은 책으로 서민도 즐겼던 최초의 대중 서적이다(신명호, 2017). 챕북은 한 종이를 12 또는 24페이지가 되도록 접어 만든 저렴한 책이다. 당대에 인기있는 다양한 대중 이야기의 집합체(이세련, 2020)로, 서민도 글을 읽을 수 있게 되면서[4] 서민이 즐겨 찾는 대표적인 대중 서적이 되었다. 12 × 7~8cm 정도의 손바닥 크기의 책으로 8쪽 구성이 기본이며, 12쪽, 16쪽으로 구성되기도 한다. 초기 챕북은 그림이 별로 없었으나 후기에 갈수록 그림이 늘어났다. 챕북은 지금까지도 민족성에 맞게, 때로는 시대성과 문화적 특성이 가미되어 수정·각색되어 전해지고 있다.

챕북은 마더구스(mother goose)를 비롯해 우화, 민화, 전설, 전기, 동요, 동화, 모험담, 유명한 소설을 짧게 요약한 다이제스트판 시리즈물 등 모든 장르에서 출판되었다. 초기의 챕북은 책이 아니라 낱장으로 된 카탈로그 형식의 인쇄물로 간단한 내용을 담아 시중에 배포되었으며, 점차 지식 전달보다는 여가 활용을 위한 잡지 기능에 비중을 두게 되었다. 구체적으로 챕북의 내용은, 첫째, 신데렐라, 이솝이야기, 안데르센 동화, 그림 이야기, 마더구스 이야기 등 중세의 사랑 이야기, 옛날 이야기, 구전 동요 등 전통성을 주제로 한 이야기이다. 둘째, 로빈후드의 모험, 리어왕 이야기 등 전설과 역사, 위인전을 주제로 한 이야기이다. 셋째, 유럽 각지에 흩어져 있는 유령, 괴기물, 점술, 마법 등을 소재로 한 공포 이야기이다. 넷째,

---

4) 17세기 중반까지 영국의 읽고 쓰는 능력은 30% 대에 머물러 있었다. 하지만 이 시기 마을과 도시를 중심으로 학교의 숫자가 늘어나면서 그 수는 점차 늘었고 17세기 말에는 가난한 아이들도 학교에서 어느 정도 기본적인 독해 능력을 배울 수 있게 되었다(Kinnell, 1996).

교육적인 내용을 담은 알파벳 책 등이다. 다섯 번째, 성경과 악마 중심으로 전개되는 종교적인 내용이다. 여섯째, 유머, 난센스를 담은 이야기이다. 마지막으로 로빈슨 크루소, 걸리버 여행기 같은 누구나 알고 있는 친근한 이야기를 다시 엮은 것이다(신명호, 2017).

챕북은 상류 계층 중심이던 독자층을 전 유럽에 걸쳐 일반 대중과 하층 계급까지, 여성과 아동에게까지로 확대시켰다. 또한 구전되어 오던 문학을 문자화하는 데에도 기여하였다는 의의를 갖는다. 그러나 문학적인 면에서 가치를 인정할 만한 수준의 문장을 담지 못하였고, 제작 과정에서 경비를 줄이기 위해 무성의하고 조악하게 만들어지는 경우가 많았다는 점은 한계점이라고 할 수 있다(황선정, 2004).

챕북의 예시

출처: https://blog.reedsy.com/guide/chapbook/

한편, 챕북이 등장하던 시기에 유럽에서는 책을 읽는 독자층이 확대되고, 책을 읽는 독자층이 확대되면서 독서에 대한 다양한 요구가 생겨났다. 또한 교통수단의 발달로 대중교통이 발달되었고, 대중교통을 이용하는 시간 동안 읽을거리를 찾아 읽게 되었다. 그리고 17~19세기에 유행하던 '패밀리 리딩(family reading)'이라는 문화도 인쇄물 발간을 촉진한 요인이라고 볼 수 있다. '패밀리 리딩'이란 저녁 식사를 마친 다음 잠자리에 들기 전까지 온 가족이 한자리에 모여 시간을 보내는 것으로 호기심이 강한 특성을 가진 어린이는 챕북 이야기에 관심과 흥미를 기울였다(고선주, 2006). 이러한 사회적 배경으로 인하여 챕북의 인기는 더욱 커졌다.

유럽 사회에서 대단한 인기를 구사한 챕북은 오늘날 어린이 그림책과 유사한 점이 많다. 첫째, 이야기 길이가 짧고 내용이 단순하며, 주제 또한 이해하기 쉽다. 둘째, 그림을 많이 수록하여 글을 못 읽는 어린이라도 그림의 해석을 들으면서 즐길 수 있다. 셋째, 장난감처럼 책의 크기가 작아 책을 편안하게 쥐면서 책 읽기에 친근감을 갖는다. 넷째, 챕북은 대중 매체로서 제작되어 누구나 쉽게 구해볼 수 있도록 대량 생산되었다. 정리하면, 챕북은 재미난

읽을 거리를 찾는 다양한 독자층의 욕구를 만족시키며 유럽 전역으로 확대되어 발전되었다
(신명호, 2017).

(3) 라퐁텐, 페로와 그림형제

프랑스의 라퐁텐(Jean de La Fontaine, 1621~1695)은 『이솝우화』나 『여우 이야기』와 같은 이
야기들을 운문의 형태로 각색하여 우화시(Les Fables, 1668)를 지었다. 이 책은 프랑스 언어
의 시적 기능을 잘 살린 수작으로 꼽히며, 오늘날에도 프랑스 지식인들은 라퐁텐의 시 구절
을 즐겨 인용한다.

프랑스의 페로(Charles Perrault, 1628~1703)는 어린이를 위해 처음으로 책을 썼는데 그동
안 구전되어 오던 옛 이야기를 새롭게 구성하여 『페로 동화집』(1697)을 출판하였다. 페로는
세계 최초의 아동문학 작가로 인정받고 있으며, '현대문학의 아버지'라고 불린다. 페로 동화
집은 1729년 영국에서, 1785년에는 미국에서도 출판되었으며, 페로 동화집에는 오늘날 우
리에게도 익숙한 이야기인 『잠자는 숲 속의 미녀』『빨간 모자』『장화 신은 고양이』『신데렐
라』『나의 거위 엄마』『푸른 수염』 등이 포함되어 어린이들에게 큰 사랑을 받았다.

📖 읽어 보아요

『샤를 페로 고전 동화집』(2023, 단한권의 책)
샤를 페로의 『푸른 수염』은 여러 예술 작품에서 차용되기도 하였다.
2020년 방영되었던 드라마 〈사이코지만 괜찮아〉에서 여자 주인공의 어린 시절
이야기를 담아내는 장면의 모티브로 사용되어 화제가 되었고, 2023년에 발표된
르세라핌의 〈이브, 프시케 그리고 푸른 수염의 아내〉 노래에도 모티브로 사용되
었다.

독일의 그림형제(Jacob Grimm, 1785~1863; Wilhelm Grimm, 1786~1859)는 국어학자로 형
야곱 그림이 독일의 여러 지방에서 수집한 민간 설화를 동생인 빌헬름 그림이 재구성하여
『어린이와 가정을 위한 동화집』을 출판하였다. 동화집에는 『백설공주』『헨젤과 그레텔』『브
레멘의 음악대』『늑대와 일곱 마리 아기 염소』 등이 수록되어 있다.

2) 19세기 아동문학

19세기는 낭만주의 문학[5]과 함께 아동문학이 크게 변화되고 확장된 시기로(이성은, 2003) 감성을 중요시하고 개인의 주관과 자아를 중시하였으며 민속문학[6]에 대한 탐구가 이루어졌다. 또한 문학의 소재를 일상적 경험에서 찾고 상상력과 영감을 예술의 원동력으로 보았다. 그리고 남성은 국가나 제국을 건설하고 식민지를 개척하고, 산업적인 성공을 거두는 것을 관심사로 한 반면, 여성은 가정을 꾸리며 신앙심, 자녀 양육, 가정적인 성품을 가져야 했다. 이로 인해 아동문학에서는 어린이의 심리와 정서, 자아를 인정하고 이러한 것을 아동문학 작품 안에서 표현하는 한편 소년을 위한 모험 이야기, 소녀를 위한 가정 이야기가 주를 이루었다(공인숙, 김영주, 최나야, 한유진, 2018).

(1) 영국

19세기에는 근대 아동문학이 꽃을 피운 시기로 어린이를 위한 문학이 본격적으로 등장한 시기이다. 19세기에는 급격한 인구 증가가 이루어졌는데, 인구가 증가하였다는 것은 책을 읽을 독자의 수가 많아졌음을 뜻하고 그만큼 책의 수요가 많아졌음을 의미한다. 또한 값싼 종이의 유통과 인쇄술의 발달은 책이 출판되기에 용이한 환경을 제공하였으며, 교통기관의 발달은 출판된 책이 영국 전역으로 펼쳐지도록 하였다.

영국에서는 월터 크레인(Walter Crane, 1845~1915), 케이트 그린어웨이(Kate Greenaway, 1836~1886), 랜돌프 칼데콧(Randolph Caldecott, 1846~1886)이 등장하여 그림책의 전성기를 열었다(현은자, 김세희, 2005). 크레인, 그린어웨이, 칸델콧은 영국의 3대 그림책 작가로서 크레인은 동요, 옛이야기 등을 토이북으로 만들었고, 그린어웨이는 『마더구스』『ABC북』『달력카드』『하멜른의 피리 부는 사나이』(1888) 등을 그렸다. 칼데콧은『존킬핀의 유쾌한 이야기』(1878) 등의 그림책을 통해 독특한 레이아웃, 회화적이며 유머러스한 그림, 특유의 선으로 등장인물을 역동적인 모습을 선보였다. 또한 그림 작가의 시선에 위치 변화를 통해 원근감을 표현하고, 풍성한 여백과 선의 강약과 장단을 이용한 율동을 중심으로 한 새로운 일러스트레이션을 선보였다. 칼데콧의 이러한 특징은 모리스 샌닥을 비롯한 많은 그림책 작가들

[5] 낭만주의는 로맨티시즘(romanticism)이라는 단어의 기원에서 알 수 있듯이 비현실적인, 지나치게 환상적이라는 어원을 가지고 있으며, 이성과 합리, 절대적인 것을 거부한 사조였다.
[6] 오랜 시간 동안 민간에서 전해져 온 민족의 생활과 풍습을 고스란히 담아내는 문학을 일컫는다.

에게 영향을 미쳤다.

영국 옥스퍼드 대학교의 수학 교수이자 목사였던 루이스 캐럴(Lewis Carroll, 1832~1893)은 옥스퍼드 대학교의 학장 시절에 딸을 위해 쓴『이상한 나라의 앨리스(Alice's adventure in wonderland)』(1865)를 펴냈다. 이는 교훈을 목적으로 하지 않고 순전히 기쁨과 즐거움을 위한 내용도 아동문학이 될 수 있다는 것을 보여 주었다. 즉, 당시 유행하던 도덕적·교훈적인 이야기가 아니라 단순히 기쁨과 즐거움을 주기 위한 내용이었다는 점에서 아동문학사의 전환점을 만들었다고 평가받는다(김현희, 박상희, 2016). 캐럴은 1871년에『거울 나라의 앨리스 (Through the looking glass)』를 다시 출판하였는데, 플롯 구성에 있어『이상한 나라의 앨리스』보다 훨씬 정교한 것으로 평가받는다(Townsend, 1995).

(2) 덴마크

덴마크의 안데르센(Hans Christian Andersen, 1805~1875)은 근대 아동문학의 창시자로 불린다. 안데르센은 창작 문학의 기틀을 마련함으로써 아동문학의 새 장을 열었다. 안데르센은 전래 문학의 권선징악적인 특징을 벗어나, 인간애와 뛰어난 상상력을 바탕으로 창작 동화를 여러 편 남겼다. 대표작으로『인어공주』『미운 오리새끼』『벌거숭이 임금님』『눈의 여왕』『성냥팔이 소녀』 등이 있는데, 이 중『미운 오리새끼』는 자전적 작품으로 알려졌다.

안데르센 동화의 특징을 살펴보면 다음과 같다(김현희, 박상희, 2016). 첫째, 자유로운 상상에 입각하여 작품이 창조되었다. 그 결과, 안데르센 동화 이후에 민담이나 전설을 재화하는 작품들에도 상상력을 적극적으로 활용되었다. 둘째, 단순한 권선징악에 머물지 않고, 희노애락을 비롯한 다양한 감정이 드러나 있다. 셋째, 간결한 언어와 함축된 문장을 사용하였다. 넷째, 동화에 등장하는 인간뿐 아니라 사물과 동식물도 말을 하는 등 인간과 사물, 동식물의 존재에 의미를 부여하였다. 다섯째, 탁월한 상상력을 지녔다. 여섯째, 전승문학을 소재로 한 작품이라도 독창성을 발휘하였다. 마지막으로, 기독교적인 신앙을 담고 있다.

(3) 프랑스

프랑스에서 그림책은 album(알범)으로 지칭된다. 프랑스에서 그림책을 지칭하기 위해 album을 공식적으로 사용하게 된 것은 1860년대 에젤(Hetzel)의『스탈 그림책(Album Stahl)』부터이다. 프랑스에서 어린이 그림책은 19세기에 들어서야 진정한 의미에서 탄생하였다고 볼 수 있다(이성엽, 2006).

라퐁텐의 우화를 그린 그랑빌(Grandville, 1803~1847)은 동식물을 의인화하여 인간사회를 풍자하였으며, 그랑빌의 그림은 초현실주의 작가들에게 많은 영향을 미쳤다. 그랑빌의『라 퐁텐 우화』는 1842년 출판인 엣젤(Pierre-Jiles Hetzel, 1814~1886)의 주도하에 출판되었다. 엣젤은 아동을 위해 유명 작가의 작품에 그림이 들어간 고급스러운 책을 출판하였으며, 그림이 차지하는 크기도 점점 커져 페이지 전면을 사용하였다. 또한『릴리의 모험』등 새로운 창작 그림책도 출판하였다.

1860년대 어린이를 위해 삽화가 들어간『비블리오텍 호즈(Bibilothèque Rose)』콜렉션과『비블리오텍 데 메르베이유(Bibilthèque des merveilles)』콜렉션을 출판하였다. 이때 그 당시에 혁신적인 그래픽 디자인을 이용하여 그림 편집에 텍스트를 삽입하기도 하였다. 19세기 유행했던 페로의 전래 동화를 각색한『요정이야기』등 서민의 삶을 그려 낸 그림의 영향도 있다. 1881년 선포된 쥘 페리(Jules Ferry) 법은 무상교육과 의무교육을 명시화하였으며, 같은 시기에 아동 출판 분야도 대량 출판과 함께 급성장하였다. 또한 그동안 획일화되고 종교색이 짙었던 출판 경향은 내용도 더욱 다양화되고 컬러 그림책이 등장하였다(김순녀, 2008).

또한 프랑스의 대표적인 문학가 베른(Jules Verne, 1828~1906)은 비행기, 잠수함, 라디오, 텔레비전, 우주여행 등 새로운 과학의 발명과 발전을 이야기 소재로 사용하여, 어린이에게 공상과 모험의 세계를 과학적이고 사실적인 접근 방법으로 제시하였다. 베른의 대표적인 작품은『달나라 여행(De la terre a la lune)』(1865),『해저 2만 마일(Vingt mille liewes sous les mers)』(1870),『80일간의 세계일주(Tour du monde en 1uarte-vingts jours)』(1873) 등이 있다.

(4) 이탈리아

19세기 이탈리아는 아동문학의 황금기라고 할 수 있다. 대표적으로 콜로디(Carlo Collodi, 1826~1890)가 1882년『피노키오』를 발표하였다. 콜로디는 로마 지역 어린이 신문에『피노키오의 모험』을 연재하였고,『피노키오의 모험』은 환상성과 생동감, 신선함과 예술성을 갖추어 아동에게 새로운 즐거움을 주었다.

(5) 독일

1845년 독일에서는 하인리히 호프만(Heinrich Hoffmann, 1809~1894)의『더벅머리 페터(Der Struwwelpeter)』가 출판되었다.『더벅머리 페터』는 글과 그림이 상호작용을 하는 독창성과 혁신성을 갖은 책으로 인정받았다. 어린이를 즐겁게 해 주려는 요소와 어린이 교육의 책임자인 아버지의 마음이 담겨 있으나 지나치게 폭력적인 내용으로 지금까지도 논란의 여지가 있는 책이다. 그러나 어린이에게 재미있는 그림이 담겨 있고, 어린이 시점에서 이야기를 펼쳐 내어 어린이 스스로가 생활윤리를 익히고 바른 규율을 습득하게 했다는 점에서 그림책 역사상 중요한 의미를 갖는다(신명호, 2017).

(6) 미국

19세기 미국의 아동문학의 특징은 세속화와 일러스트레이션의 발전이라고 볼 수 있다. 상업적인 아동도서가 등장하였고 출판 기술의 향상으로 책 만드는 비용이 낮아지자 출판사들은 어린이에게 교훈을 주려고 하기보다는 판매를 높이는 데 관심을 두었다(현은자, 2006).

미국은 영국 문학의 영향을 크게 받았는데, 미국의 사회문화적 배경이 그림책에 드러나게 되었다. 대표적으로는 올컷(Lusia M. Alcott, 1832~1888)의 『작은아씨들』(1868), 마크 트웨인(Mark Twain, 1835~1910)의 『톰소여의 모험』(1876) 『허클베리 핀의 모험』(1884) 등이 출간되었다. 이 작품 속 주인공의 자립정신과 개척 정신은 미국 개척 시대에 걸맞는 시대상을 반영하였다는 평가를 받는다. 또한 프랭크 바움(Frank Baum, 1856~1919)이 쓰고 덴슬로우(W. W. Denslow)가 삽화를 그린 『오즈의 마법사』(1900)는 그 당시 판타지가 대부분 유럽, 특히 영국에서 출판되던 때에 미국인에 의해 최초로 쓰인 환타지라는 평가를 받는다(Tunnell & Jacobs, 1997).

3) 20세기 아동문학

(1) 영국

20세기에 이르러 교육의 대상이 모든 연령대로 확장되어, 교육의 범위가 초등 의무교육을 기반으로 유아교육과 평생교육까지 확대되었다. 이로 인해 유아 대상의 교육이 중요한 관심사였으며, 교육의 수단으로 그림책 출판이 활발히 이루어지게 되었다. 또한 1901년에 발생한 산업혁명[7]은 산업화를 촉발하여 많은 노동력을 필요로 하였고, 산업전선에서 일을 해야 하는 여성들을 대신하여 영유아의 취원 연령도 하향되었다. 이때, 영국의 잉글랜드와 웨일즈에 있는 3세 유아의 절반 정도가 유아학교에 등록한 것으로 보고되었다. 그리고 제1차, 제2차 세계대전[8]으로 인해 탁아시설이 크게 증가하였다. 1990년대에 들어서는 유아가 감소하여 4세 유아의 취학이 가능해졌으며, 1998년 「교육개혁법」에 따라 5세 미만 유아를

---

7) 산업혁명은 18세기 중반부터 19세기 초반까지, 약 1760년에서 1820년 사이에 영국에서 시작된 기술의 혁신과 새로운 제조 공정으로의 전환으로 인해 일어난 사회, 경제 등의 변화를 일컫는다.
8) 제1차 세계대전: 1914년 7월 28일~1918년 11월 11일 / 제2차 세계대전: 1939년 9월 1일~1945년 9월 2일

위한 적절한 교육과정을 개발하는 것이 주요 과제가 되었다. 이로 인해 초등학교 예비단계인 5세 유아는 개인적·사회적 정서발달, 의사소통, 수학, 세계에 대한 지식과 이해, 신체적 발달, 창의성 발달을 위한 항목을 두루 습득해야 했다(고선주, 2006).

20세기 후반은 출판 기술과 서적 보급, 그림책에 관한 출판인들의 관점, 작가들의 소재와 표현양식이 뚜렷이 다른 양상을 보인다. 또한 그동안 교훈적인 요소를 전달하기 위한 수단으로 그림책을 이용하였던 것과는 달리 어린이에게 즐거움을 주는 환상 요소를 중요하게 생각하였다. 20세기에 출판된 아동도서의 수를 살펴보면 1960년대에는 2천 종, 1986년에는 4,500종, 1994년에는 약 7천 종으로 점차 증가하는 양상을 보였는데, 어린이 대상 그림책의 성장도 이와 비슷할 것이라 추정된다(Graham, 1998).

📖 읽어 보아요

이 둘이 부부라고? 재미있는 그림책 작가 부부를 소개합니다!

50여 년 가까이 그림책을 만들어 온 존 버닝햄과 헬린 옥슨버리가 부부 사이라는 사실!

알고 있었나요? 그림책과 어린이를 사랑하고, 다섯 살 어린이와 대화가 잘 통한다는 공통점을 가진 두 작가의 이야기를 들어 봅시다.

존 버닝햄(John Burningham, 1936~2019)은 우리나라 어린이에게 가장 인기 있는 그림책 작가 중 한 명으로 브라이언 와일드스미스, 찰스 키핑과 함께 영국의 3대 그림책 작가입니다. 13만 부 이상 팔린 『지각대장 존』(비룡소)을 비롯해 『깃털 없는 기러기 보르카』(비룡소), 『검피 아저씨의 뱃놀이』(시공주니어) 등 번역본 10여 권의 판매 부수가 1백만 권을 넘는다는 사실! 『곰 사냥을 떠나자』(시공주니어), 『쿵글왕글의 모자』(보림), 『옛날에 오리 한 마리가 살았는데』(시공주니어) 등의 그림책으로 널리 알려진 그의 부인 헬린 옥슨버리(Helen Oxenbury, 1938~) 역시 우리 어린이들이 좋아하는 작가이지요.

▲ 존 버닝햄과 헬린 옥슨버리, 그리고 그들의 딸
출처: 존 버닝햄 인스타그램
(@johnburninghamofficial)

두 작가는 '센트럴 스쿨 오브 아트'라는 학교에서 만났습니다. 존 버닝햄은 그래픽과 일러스트레이션을 공부했고, 헬린 옥슨버리는 무대 디자인 공부했다고 합니다. 결혼 이후 각자의 위치에서 대단한 그림책들을 만들게 되는데, 존 버닝햄은 이야기 구상과 그림을, 헬린 옥슨버리는 주로 그림 작업을 위주로 하였습니다. 서로의 작품에 대한 애정은 물론 아주 신랄한 비평까지 주고 받으며 함께 성장해 왔

다고 할 수 있지요.

하지만 이 부부가 함께 작업한 그림책은 단 한 권뿐입니다. 그것도 두 사람이 왕성하게 활동하던 시기가 아니라 비교적 최근에 말이죠. 바로 2010년에 출간한 『동생이 태어날 거야』(웅진주니어)라는 그림책입니다. 존 버닝햄이 글을 쓰고, 헬린 옥슨버리가 그림을 그린 이 책은 만드는 데 걸린 기간이 무려 10년이라고 합니다. 아마도 서로에 대한 이해와 존중이 긴 세월 속 하나의 깊은 그림책으로 만들어진 것이 아닐까요?

(2) 미국

20세기에 들어서면서 미국은 의료 시설의 향상, 교육 기회의 확대, 어린이 노동을 금지하는 법안 등을 제정하여 어린이의 삶의 질 향상을 위한 개혁을 단행하였다. 또한 어린이를 성인 독자와 동등하게 중시하고 존중하는 분위기가 형성되었다. 이로 인해 미국 전역의 도서관이 어린이만의 책 읽을 공간을 마련하였으며, 1911년에 최초로 만든 뉴욕 공공 도서관의 어린이 도서실은 미국 도서관의 모델이 되었다(Marcus, 2001).

이에 어린이책의 독립적인 목록을 생산하는 특별한 책임이 편집자들에게 생겨났고, 어린이 책을 잘 이해하는 편집자를 고용하기 시작하였다(현은자, 2006). 1919년 맥밀란 출판사는 어린이 책을 만드는 전담 부서가 따로 있는 유일한 미국 출판사였으나, 10년도 채 안 되어 거의 모든 미국 출판사에 아동 출판 부서가 생겼다. 이 과정에서 미국을 대표하는 고전 그림책이 출판되었다.

1928년 완다 가그(Wanda Gag, 1893~1946)는 『백만 마리 고양이(Millions of Cats)』를 출판하였는데, "미국 그림책이 진정으로 자신의 시대를 맞았다는 증거"라는 호평과 환영을 받았다. 특히 완다 가그는 현대 그림책의 틀을 만들었다는 평가를 받고 있다. 그림책은 미국 예술의 한 장르로 깊이 뿌리내리기 시작하였고, 이때 1939년 버지니아 리 버튼의 『마이크 밀리건과 증기삽차(Mike Mulligan and His Steam Shovel)』, 1941년 로버트 맥클로스키의 『아기 오리들한테 길을 비켜 주세요(Make Way for Ducklings)』 등이 출판되었다.

20세기 중반을 기점으로 미국의 아동문학은 영국을 넘어 빠르게 성장하였다. 1922년에는 뉴베리 상(Newbery Medal), 1938년에는 칼데콧 상(The Caldecott Medal)이 제정되어 아동문학 발달의 촉진제가 되었다. 아동문학 분야의 상(賞) 제도는 후반부의 [아동문학의 현재와 미래] 부분에서 자세히 살펴보기로 하겠다.

미국 아동문학의 추세를 살펴보면 다음과 같다(Huck et al., 2003). 첫째, 그림책을 비롯한 아동도서는 1980년대 이후 급성장하였는데, 1990년대 아동도서의 수는 1980년도의 20배로 증가하였다. 둘째, 아동문학은 그림책으로 새로운 시장을 개척하려는 여러 가지 시도가 나타났다. 1930년도에 처음 만들어진 글 없는 그림책이 출판된 이후 현재까지도 다양한 형식으로 활발하게 출판되고 있다. 셋째, 출판사에서 관심을 갖는 대상과 장르의 영역이 6~7세 이하의 어린이들을 위한 그림책으로 변화하였다. 넷째, 그림의 양식과 쓰는 양식이 훨씬 자유롭고 다양해지고 있다. 다양한 일러스트레이션이 시도되고 있으며, 세계 각 나라의 민담이 번역되어 출판되고 있다. 다섯째, 유치원과 초등학교 교육과정에서 아동도서를 많이 활용하고 있다. 마지막으로, 좋은 책을 선정하기 위한 노력으로 출판에 대한 검열이 엄격해졌으며, 다양한 문화를 다룬 책에 대한 요구가 증가하고 있다.

(3) 프랑스

프랑스는 20세기 초 다양한 그림의 컬러 잡지출판으로 성공을 거둔 출판인들이 어린이책의 예술적 완성도가 높은 그림책을 출판하기 시작하였다. 폴 포세(Paul Faucher)는 1917년 러시아에서 출판된 작은 책에서 영감을 받아 어린이들이 들고 다니기에 편한 작은 사이즈의 유연한 겉표지를 사용한 그림책을 출판하였다. 또한 편의성뿐 아니라 그림과 글이 상호 보완되는 그림책을 만들고자 하였다(천상현, 김수정, 2014).

이후 제2차 세계대전이 끝난 후 인쇄기기의 파괴, 유명 일러스트레이터의 부재, 폭력적인 그림의 출판금지 등이 그림책 출판을 위축시켰다. 1950~1960년대의 출판인 로베르 델피르(Rogert Delpire)는 일러스트레이터인 안드레 프랑소와(André François), 알랭 르 폴(Alain Le Foll) 등과 함께 그림책에서 그림이 차지하는 위치와 역할을 한층 발전시켰고, 하나의 창작 작품으로 책을 구상하였다. 20년 동안 교육출판을 해 왔던 장 파브르(Jean Fabre)는 1964년 레콜 데 르와지르(L'Ecole des Lousirs) 출판사를 세우고, 미국 등 다른 나라의 새로운 경향의 책들을 수입해서 출판하기 시작하였다. 이때 어린이에 대한 새로운 생각을 갖고 있는 외국 작가들의 그림책이 주로 번역되었으며, 1964년 모리스 센닥의 『괴물들이 사는 나라』가 불어로 번역 출판되었으며, 또한 아놀드 로벨, 레오 리오니, 토미 웅게러 등의 그림책을 통해 '기쁨은 어린이들의 성장에 꼭 필요한 것'이라는 생각이 자리 잡으며 출판계에 많은 영향을 끼쳤다(김순녀, 2008).

1970~1980년대에는 어린이 출판사들이 많이 생겨나 기존의 회화기법에 그치지 않고 콜라주, 사진, 몽타주 등의 다양한 재료와 기법을 활용한 그림책이 많이 출판되었다. 또한 그

림책에서 이미지는 문자 텍스트의 도움 없이 서술 기능을 담당하는 자립적인 위상을 선보인다. 이때 대표적인 작품은 클로드 퐁티의 『아델의 그림책(L'Album d'adèle)』(1986)인데 이 책에서는 다양한 이미지가 두 페이지에 걸쳐 있어 독자의 읽기 방식에 따라 여러 가지로 해석될 수 있다(이성엽, 2006).

1980~1990년대에는 책의 양상과 형식도 다양해졌다. 책의 크기나 재질이 다양해짐은 물론 음악과 앙상블을 이루는 오디오책, 팝업책 출판이 성행하였다. 1990년대에는 그림책 출판에 혁신적 바람이 불어 소규모 출판사를 중심으로 한 출판이 성행하였고, 철, 나무 등 다양한 재료를 이용하여 이미지를 표현하는 작가도 등장하였다. 또한 2002년부터 프랑스 교육부는 초등학교 교과과정에 아동문학을 공식적으로 도입하였다. 학교에서는 교육부가 제시하는 참고목록을 토대로 1년 동안 10권의 문학작품(그림책, 만화, 옛이야기, 소설, 시, 희곡 등)을 선택해서, 이를 기반으로 교과과정을 구성하고 교실에서 이를 실행하게 된다(김순녀, 2008).

2. 동양 아동문학의 역사

(1) 일본

일본은 문자보다 그림 중심의 표현이 일찍부터 발달한 나라이다. 그림으로 방문을 장식하던 습관은 연하장과 계절인사를 알리는 그림엽서로 이어졌으며, 자신의 가문을 설명하는 경우에도 성보다는 가문을 상징하는 그림으로 표현하였다.

일본에서는 근대적 그림책이 만들어지기 훨씬 이전인 에도시대[9]에 이미 대중 출판물이 활성화되어 있었다. 특히 시각 표현 중심의 저렴한 인쇄물은 당시 어린이들에게 인기가 있었는데, 대표적인 것은 『구사소지(草双紙)』로 일종의 그림 잡지였다. 『구사소지』는 만화, 그림책의 시작이라고 볼 수 있는데, 특히 어린이에게 인기가 있었던 것은 서양의 챕북과 유사한 형태인 '아카혼'이었다. 눈에 잘 띄는 붉은색 표지를 사용한 어린이용의 저렴한 책을 통칭 '아카혼'이라 불렀으며, 흥미 위주의 읽을거리로 저렴하여 누구라도 구입할 수 있었다(신명호, 2017).

일본은 20세기 초 문호를 개방하여 서양 문화를 적극적으로 받아들였고, 이러한 사회변화는 어린이에 대한 인식과 주변 환경에도 영향을 끼쳤다. 설날 등 명절에 어린이들에게 이

---

9) 에도시대 혹은 도쿠가와 시대는 1603년부터 1868년까지의 시기를 가리킨다. 에도시대 일본은 급격한 경제 발전을 이루었고 유례없는 번영을 누렸다. 1868년 5월 3일 메이지 유신 때까지 지속되었다.

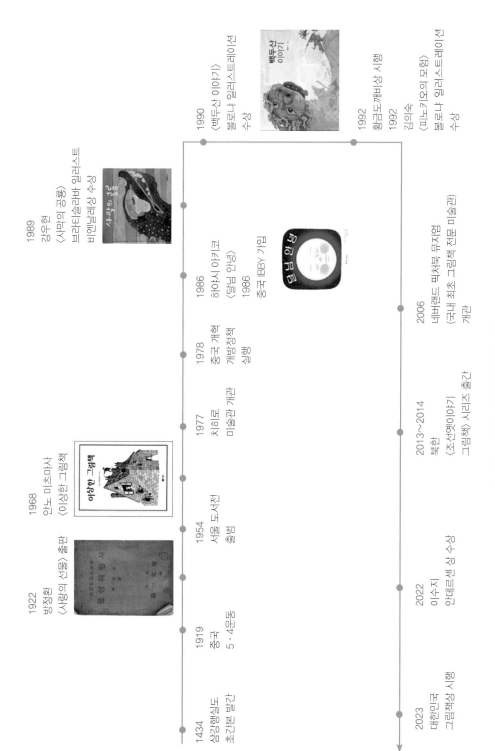

[그림 3-2] 동양 아동문학의 역사 개관

1434
삼강행실도
초간본 발간

1919
중국
5・4운동

1922
방정환
〈사랑의 선물〉 출판

1954
서울 도서전
출범

1968
안노 미쓰마사
〈이상한 그림책〉

1977
치히로
미술관 개관

1978
중국 개혁
개방정책
실행

1986
하야시 아키코
〈달님 안녕〉
1986
중국 IBBY 가입

1989
강우현
〈샤먀의 공룡〉
브라티슬라바 일러스트
비엔날레상 수상

1990
〈백두산 이야기〉
볼로냐 일러스트레이션
수상

1992
황금도깨비상 시행
1992
김의숙
〈피노키오의 모험〉
볼로냐 일러스트레이션
수상

2006
네버랜드 픽처북 뮤지엄
(국내 최초 그림책 전문 미술관)
개관

2013~2014
북한
〈조선엣이야기〉
그림책 시리즈 출간

2022
이수지
안데르센상 수상

2023
대한민국
그림책상 시행

야기책을 선물하는 문화, 그리고 중산 계층을 중심으로 서양의 생활양식과 미의식을 적극적으로 수용하는 사회적 분위기가 형성되었다. 이러한 사회적 분위기에 힘입어 마루젠(丸善)서점[10]이 창업되면서 다양한 서양 서적이 본격적으로 소개되었다. 또한 출판물의 형태와 내용, 기본 출판 개념도 함께 변화하여 어린이용 출판물은 단순한 흥미 위주에서 벗어나 내용 이해를 돕기 위해 시각적 요소 활용이 활성화되었다. 특히 제국주의가 사회 전반에 영향을 주어 어린이의 의식 개혁, 계몽 활동을 목적으로 아동 대상의 출판물이 적극적으로 제작·보급되었다. 일본 그림책은 동양에서 가장 먼저 서양의 영향을 받아 발전하였다고 볼 수 있다(천상현, 김수정, 2014).

아동문화연구가인 가미 쇼이치로(上笙一郎)는 일본의 그림책 역사를 아카혼 그림책의 전성기, 단행본 그림책의 발아기, 창작 그림책 작가의 탄생기, 그림책의 다양화, 세계화 도전기의 4단계로 구분하였다(천상현, 김수정, 2014). 구체적으로 살펴보면, 첫째, 1945~1954년 아카혼으로 대표되는 그림책 잡지의 전성기이다. 이 시기는 어린이가 만족할 수 있게 혼자 즐길 수 있는 저렴한 읽을거리의 출판, 소비 시기이다. 둘째, 1955~1964년 단행본 그림책의 발아기이다. 이와나미쇼텐(岩波書店)의 『이와나미의 어린이책』, 후쿠인칸쇼텐(福音館書店)의 『고도모노 도모(こどものとも)』가 창작되어 서양 그림책의 번역 소개 및 창작 그림책의 발간이 본격적으로 전개된 시기이다. 이 책은 월간 발행물로 인기 있는 스토리를 단행본으로 출판하는 시스템을 만들어 안정된 출판시장의 형성과 적극적인 보급을 이룬 그림책의 시작과 이미지의 안정기이다. 셋째, 1965~1974년 창작 그림책, 그림책 작가의 탄생기이다. 어린이 교육에 대한 관심이 높아지면서 그림책은 어린이의 지적·개념적 지능 계발 도구로 인지되었다. 또한 창작 그림책의 적극적인 출판과 함께 글, 그림을 모두 다루는 그림책 작가의 출현 시기이기도 하다. 넷째, 1975~1984년 그림책의 다양화, 세계로의 도전 시기이다. 이 시기는 다양한 테마, 소재와 표현이 돋보이는 그림책 보급과 수용에 있어서 안정이 이루어진 시기라고 할 수 있다. 또한 일본 그림책이 단순히 서양 그림책의 모방 단계에서 벗어나 일본 그림책만의 개성을 드러냈고, 서양에서도 인정받게 되는 시기이다.

일본 그림책 문화의 형성과 성장을 이끌어 어린이 그림책 활동을 활발하게 이끌어 낸 주축은 도서관이었다(신명호, 2017). '그림책 읽어 주기 운동'을 펼쳐 온 도서관을 중심으로 도서관 이용이 활성화되고, 어린이에게 독서를 습관화하는 생활관이 제시되었다. 그 결과 안

---

10) 마루젠(丸善)은 계몽사상가 후쿠자와 유키치의 제자이자 의사인 하야시 유우테키가 1869년에 창립한 기업이다. 서양서 수입과 번역출판을 전문으로 했던 마루젠은 서양의 근대적 학문과 지식을 수입하는 데 절대적인 역할을 하였다.

정된 출판물의 소비와 객관적인 그림책 평가를 가능하게 했으며, 부모는 자녀에게 그림책의 가이드 역할을 해 주었다. 1980년 이후 일본은 그림책의 새로운 해석과 인식 개선을 위한 활동을 펼쳤다. 예를 들어, 그림책 미술관, 그림책 원화전 등 예술적 표현으로서 그림책의 원화를 다루는 활동을 하였고, 그림을 매체로 한 커뮤니케이션 활동, 각종 워크숍 등이 활성화되었다. 1977년 그림책미술관인 치히로미술관이 개관된 후 전국적으로 그림책의 원화를 전시하는 상설 미술관이 개관되었다.

(2) 중국

중국의 아동문학 도서 출판은 20세기에 들어 시작되었다. 이때 청나라 말기 해외 아동문학 작품이 번역되고 출판되기 시작하다가 중국 5 · 4 운동[11]시기 아동의 권리와 아동관이 중요해지면서 외국의 아동문학작품들이 번역되어 출판되었다(聶文晶, 2011). 1930~1950년대 중국에서는 주로 러시아의 아동문학작품이 발행되었으며, 1960~1970년대에 들어서면서 외국의 문학 작품의 번역 및 출판은 거의 이루어지지 않았다. 이후, 1977~1985년에 '연환화[12]'라는 그림책 형태의 도서가 많이 출판되었다. 1978년 중국 개혁개방정책이 실행되면서 아동문학작품 출판은 빠르게 발전하였고, 중국 현대 그림책 창작도 동시에 시작되었다. 이때 많은 출판사가 생겨났다(최성숙, 2020).

이후, 1986년에 국제아동청소년도서협의회(International Board on Books for Young People: IBBY)에 가입하면서 중국 지회인 CBBY(The International Board on Books for Young People China)를 설립하고 세계 50여 개 국가와 우호적인 관계를 수립하고 교류하게 되었다. 1980년대와 1990년대에는 외국아동문학총서, 세계아동문학총서, 세계아동소설명장문고, 세계동화명작문고 등을 발행하였다. 중국 소년아동출판사에서는 안데르센 동화와 뉴베리 아동문학작품총서도 수입하여 발행하였다. 이러한 외국 아동문학작품들은 중국 아동문학 창작에 주요한 밑거름이 되었다. 중국 그림책에는 명절이나 민담과 같은 문화유산이 많이 담겨 있는 특징을 보인다. 그림책 창작 초기의 작가들은 자연스럽게 중국 전통이나 문화적 요소를 그림책에 담았으며, 중국 그림책 시장이 발전함에 따라 일상생활을 담기도 하였다.

2003년에 중국은 '해외로 나가자'라는 발전 전략을 발표하였고, 이는 아동문학작품 출판에도 영향을 미쳤다. 여러 출판사들이 글로벌 출판사들과 합작하면서 중국의 판권을 미국,

---

11) 1919년 5월 4일 중국 베이징에서의 학생 시위를 계기로 일어난 중국의 반제국주의 · 반봉건주의 혁명 운동
12) 중국에서 20세기 초엽에 발생한 만화의 장르로서, 하나의 이야기를 1페이지의 삽화와 해설문으로 표현하는 손바닥 크기의 그림책

프랑스, 독일, 캐나다, 한국, 태국, 베트남 등 여러 나라에 수출하였다.

중국에서 수출한 그림책들을 보면 자연과 전통문화 전달에 초점을 두고 있다(郝乔丽, 2014). 중국 문화가 담긴 책들은 2013년 포공영아동회관(蒲公英兒童会馆)에서 출판한 시리즈 그림책『중국민간이야기』, 중국소년아동신문출판사(中国少年兒童新闻出版社)에서 출간한 『중국 홍(中国红)』시리즈, 그리고 중국 전통 이야기를 재화한『부엌신(灶王爷)』과『도시로 가다(进城)』, 중국 문화 요소를 포함한『경극 고양이(京剧猫)』시리즈와『돌사자(石狮)』, 『신기한 호랑이모자(神奇虎头帽)』『작은 호랑이 신(小小虎头鞋)』, 중국 전통 민간예술 전지 표현기법을 사용한『호랑이 년의 선물(虎年的礼物)』등이 있고, 전통 문화적 주제로는 사자성어, 예언이야기, 신화 등으로『동국선생(东郭先生)』『사마광이 항아리를 깨뜨리다(司马光砸缸)』『상아가 달나라로 가다(嫦娥奔月)』『파죠 부채를 세 번 빌리다(三借芭蕉扇)』등의 작품이 있다.

지금까지 동양의 아동문학 역사를 일본과 중국을 중심으로 살펴보았다. 동양의 아동문학은 서양에 비해 역사가 짧고, 서양의 아동문학의 영향을 많이 받은 것으로 보인다. 그러나 최근에는 우리나라, 일본과 중국을 비롯한 동남아 국가에서도 그림책 창작이 활발히 이루어지고 있으며, 전 세계적으로 번역되어 출판되고 각종 공모전에서도 수상을 하고 있다. 동양의 그림책에 관심을 가지고 그림책에 담긴 그들의 역사와 문화를 살펴보는 것은 어떨까?

 알아 두세요

다른 나라의 언어로 그림책을 감상하는 방법

아동문학은 큰 범주에서 살펴보면 문화(文化)에 속한다. 우리나라의 다문화가족은 해마다 증가하고 있는데, 2022년 6월에 발표한 다문화가족 연도별 통계에 따르면 결혼이민자 및 국적취득자는 2020년 372,884명이고 만 6세 이하의 자녀는 2020년 기준 275,990명이다. 국적별 다문화가족 자녀 수는 베트남이 93,617명, 중국 50,662명, 필리핀 24,243명이며 이어서 캄보디아, 미국, 일본 등의 순이다. 또한 다문화학생 증가 추이를 살펴보면, 2013년 55,780명에서 2021년 160,056명으로 증가하였고, 이는 전체 학생의 3%에 해당하는 수치이다(여성가족부, 2023년 7월 27일 인출). 어릴 때부터 우리나라의 문화뿐 아니라 다른 나라의 문화를 접하는 경험은 매우 중요하다.

국립어린이청소년도서관 홈페이지 내 다국어 동화구연 메뉴(https://www.nlcy.go.kr/)에서는 한국어, 중국어, 베트남어, 몽골어, 영어, 러시아어, 캄보디아어, 타갈로그어 등으로 한국의 전래 동화, 외국의 전래 동화, 창작 동화, 전래동화를 구연하여 제공하고 있다. 같은 내용의 동화를 다양한 언어로 들어보는 것은 다문화가정 영유아뿐 아니라 교사의 문화적 감수성을 함양하는 데 도움이 될 것이다.

3. 우리나라와 북한 아동문학의 역사

(1) 우리나라

조선시대『삼강행실도』[13]는 우리나라 그림책의 시초로 간주되기도 한다.『삼강행실도』는 어린이, 부녀자를 포함하여 전 국민을 대상으로 유교의 삼강윤리를 가르치기 위해 만든 윤리 도덕 교과서이다.『삼강행실도』는 그림책을 평가하는 기준에 비추어 살펴보았을 때, 그림책으로 규정해도 전혀 손색이 없다(강미희, 2003).『삼강행실도』는 최초의 그림책이라고 평가받는 1658년 코메니우스의『세계도회』보다 200년이나 앞선 것이다. 한편, 근대적 의미에서 그림책의 시초를 최남선 선생이 1908년에 잡지『소년』을 창간하면서 시작되었다고 보는 시각도 있다(신헌재, 권혁준, 곽춘옥, 2007). 다음에서 우리나라 그림책의 역사를 좀 더 구체적으로 살펴보기로 한다.

우리나라의 창작 그림책은 1990년대 중반부터 본격적으로 출간되기 시작하여 비약적인 발전을 거두고 있으나 한국 그림책의 역사에 관한 연구는 그리 많지 않다. 현은자와 김세희 (2005)는 한국 그림책의 역사를 1980년 이전은 전(前) 그림책 시기, 1980년부터 1990년대 초반까지를 그림책에 대한 인식기, 1990년대 중반부터 현재까지를 창작 그림책의 출간과 번역, 그림책의 정리기로 제시하였다.

조은숙(2006)은 한국 그림책의 역사를 근대 이전 한국 그림책, 그림책 맹아기, 그림책 도입기, 그림책 형성기, 창작그림책 정착기 5단계로 구분하였다. 구체적으로 살펴보면, 우선 근대 이전 한국 그림책은 그림책이 독자적인 미디어로 인지되지 않은 시기를 의미한다. 이때 우리나라 최초의 어린이 단행본이라고 일컫는 방정환의 번안동화집『사랑의 선물』이 1922년 개벽사에서 출판되고 1만 부 이상 판매되면서 최고의 베스트셀러가 되었다. 1920년대에 들어 여러 신문과 잡지가 창간되었고, 그에 따라 삽화에 대한 수요가 생겨났다. 이 시기의 출판물에 사용된 주요 삽화는 한 가지 색만을 사용하는 단도 인쇄, 책 표지는 2~3도의 컬러 인쇄물이었으나 이 시기에 발간된 어린이 대상의 그림책은 현재까지 발견되지 않았다.

개화기부터 1960년 이전인 그림책 맹아기는 어린이 잡지의 부흥과 함께 어린이 책을 위한 삽화가 형성되기 시작한 시기이다. 1960년대 이전의 어린이 책은 딱지본의 형태였는데,

---

13) 조선시대 아동을 포함한 모든 백성에게 삼강윤리를 가르치기 위해 만든 책으로 초간본은 1434년, 언해본은 1489년에 발간되었다.

딱지본은 구활자본으로 만들어진 책으로 표지가 아이들 놀이에 쓰이는 딱지처럼 울긋불긋 인쇄되어 있는 데서 유래되었다(천정환, 2003). 1923년 창간된 최초의 어린이 대상 근대적 잡지 『어린이』는 표지에서부터 내지 삽화, 만화, 디자인 등 여러 시각적 요소가 도입되었다. 『어린이』는 어린이 단행본 출간의 밑바탕 역할을 톡톡히 해냈으나, 1930년대 말 일제의 우리말 사용 금지 조치에 의해 대부분 사라지게 되었다(류재수, 1985).

이어서 1960년부터 1978년까지에 해당하는 그림책 도입기는 한국 전쟁 이후 경제 성장과 교육열의 확산으로 번역 전집물 중심의 그림책이 생산되기 시작한 시기이다. 1960년대 중반 이후에는 일본의 학습물 위주의 책을 각색하거나 복제한 그림책이 많이 생산되었다(류재수, 1985). 1970년대 이후에는 인쇄 기술의 축적, 경제 성장을 배경으로 한 그림책 독자 계층이 형성되어 어린이 책 일러스트레이션의 양적 · 질적 성장이 이루어졌다.

1979년부터 1980년대 말에 해당하는 그림책 형성기는 1979년 세계 아동의 해를 맞아 우리나라 그림책의 질적인 부분을 자각하고 그림책이 양적 · 질적으로 성장하여 그림책 발전의 토대를 마련한 시기이다.

마지막으로, 1990년대 이후부터 현재까지에 해당하는 창작그림책 정착기는 본격적인 창작그림책의 출간과 정착이 이루어진 시기라고 볼 수 있다. 이때 경제적 부흥과 신흥 중산층이 등장하면서 그림책의 구매자가 등장하였다. 그러나 1991년 「방문판매법」이 제정되어 전집물 할부 판매를 위축시켰으며(최대원, 1992), 어린이 책 시장 환경을 전집류에서 단행본 도서 출판으로 바꾸는 계기가 되었다(출판문화, 1990). 1989년 세계적인 권위를 가진 브라티슬라바 일러스트레이션 비엔날레에서 강우현이 『사막의 공룡』으로 황금패 상을 수상한 것을 필두로 1990년 류재수의 『백두산 이야기』와 1992년 김의숙의 『피노키오의 모험』이 볼로냐 일러스트레이션 공모전에 수상작으로 선정되면서 우리나라 그림책이 전 세계적으로 주목받게 되었다. 이후 다양한 형태의 그림책들이 발간되는 현재에 이르게 되었다.

우리나라 그림책 작가가 다양한 국제 공모전에서 수상하면서 전 세계적으로 우리나라 그림책과 그림책 작가에 대한 관심이 높아지고 있다. 이에 다른 나라의 작가와 협업하거나 혹은 외국에서 먼저 출간된 후 국내에 알려지는 사례도 증가하고 있다.

외국 작가와 협업하여 외국에서 먼저 출간된 후, 국내에 알려진 사례

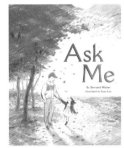

- 글: 팀 마이어스(Tim Myers)
- 그림: 한성옥
- 국외 출간: 『Basho and the Fox』(2000, Cavendish Square Publishing)
- 국내 출간: 『시인과 여우』(2001, 보림)

- 글: 버나드 와버(Bernard Waber)
- 그림: 이수지
- 국외 출간: 『Ask me』(Houton Mifflin, 2014, Clarion Books)
- 국내 출간: 『아빠, 나한테 물어봐』(2015, 비룡소)

외국에서 먼저 출간된 후 국내에 알려진 사례

- 글: 이수지
- 그림: 이수지
- 국외 출간: 『La Revanche des Lapins』(2003, La Joie De Llire)
- 국내 출간: 『토끼들의 밤』(2013, 책읽는곰)

- 글: 이수지
- 그림: 이수지
- 국외 출간: 『Alice in Wonderland』(2002, Edizioni Corraini)
- 국내 출간: 『이상한 나라의 앨리스』(2015, 비룡소)

국내 작가와 외국 작가가 협업한 사례

- 글: 제시 클라우스마이어(Jesse Klausmeier)
- 그림: 이수지
- 국외 출간: 『Open This Little Book』(2013, Chronicle Books Llc)
- 국내 출간: 『이 작은 책을 펼쳐 봐』(2013, 비룡소)

- 글: 리처드 잭슨(Richerd Jackson)
- 그림: 이수지
- 국외 출간: 『This Beautiful Day』(2017)
- 국내 출간: 『이렇게 멋진 날』(2017, 비룡소)

- 글: 차오원쉬엔(曹文轩, Cáo Wénxuān)
- 그림: 이수지
- 한국, 중국 동시 출간: 『우로마』(2020, 책읽는곰)

- 글: 팻 지틀로 밀러(Pat Zietlow Miller)
- 그림: 이수지
- 국외 출간: 『See You Someday Soon』(2017)
- 국내 출간: 『우리 다시 언젠가 꼭』(2022, 비룡소)

(2) 북한

북한 그림책과 아동문학 역사를 알아보는 것은 매우 어려운 일이다. 우리나라 통일부 산하 북한자료센터(https://unibook.unikorea.go.kr/)에 북한 그림책 700여 권 정도를 비롯한 문학 작품을 소장하고 있다. 북한자료센터 홈페이지 자료실의 북한 어린이도서 메뉴에는 그림책과 동화를 구분하여 제시하고 있는데, 해당 자료는 온라인으로 살펴볼 수는 없고, 실제 방문하여 자료를 열람할 수 있다.

앞서 밝힌 바와 같이, 북한의 아동문학과 관련된 연구물이 적은 편이다. 북한의 그림책은 '그림책'이라는 명칭 그대로 출간되기도 하지만 그림책이라는 명칭 앞에 그림책이 다루는 내용에 따라 세분화된 장르명이 덧붙여 출간되고 있다. 북한의 그림책 장르와 현황에 대해 연구한 최윤정(2018)은 우리나라에서 현재 접할 수 있는 북한 그림책은 '동화그림책' '옛이야기그림책' '조선민화그림책' '회상기그림책' '과학환상 그림책' '역사이야기그림책' '조선역사인물이야기그림책' '전설그림책' '소설그림책' '우화그림책' '지능그림책' '도덕교양그림책' 등으로 구분된다고 밝혔다.

이 중 동화그림책과 옛이야기그림책은 동화와 옛이야기를 그림책으로 만든 것으로 대부분 1980년대에서 1990년대 중반에 발간된 것이다. 동화그림책은 대부분 글 작가와 그림작가가 협업으로 수령이 들려 준 이야기를 각색하여 그림책으로 만든 것이다. 1980년대에서 90년대 초·중반에 발간된 그림책들이 최근에 발간된 그림책보다 판형이나 컬러감, 그림체, 그리고 글과 그림의 비중 등에 있어서 완성도가 높은 것들이 많다.

옛이야기그림책으로는 2013~2014년 조선출판물수출입사에서 출간한 『조선옛이야기그림책』 시리즈가 대표적이며, 이전에 출간된 것으로는 1985~1990년에 걸쳐 출간된 금성청

년출판사의『옛이야기그림책』(총 5권)과 2004년 문학예술출판사에서 발행한『우리나라 옛
이야기그림책』(총5권)이 있다. 먼저 출간된『옛이야기그림책』이 컬러로 된 것에 비해 오히려
나중에 출간된『우리나라 옛이야기그림책』은 흑백 또는 1~2도의 채색으로 되어 있다는 점
을 통해 북한의 어려워진 경제 상황을 짐작할 수 있다.

한편, 출간된 북한의 그림책 중 많은 수량을 차지하고 있는 것 중의 하나가 바로『회상기
그림책』이다.『회상기그림책』은 김일성의 항일혁명투쟁에 참가했던 실제 대원들의 회상기
를 기초로 하여 그 이야기를 그림책으로 제작한 것이다. 회상기그림책은 비교적 작은 크기
(14.5×20.5cm)로 제작되었으며 거의 흑백으로 되어 있는데, 50페이지 이상 되는 긴 글이 매
페이지 그림과 함께 구성되어 있다. 회상기그림책은 세부 구성이 모두 다르다는 특징을 가
지고 있다. 어떤 그림책은 페이지의 상단에 그림을 그리고 하단에 글이 적혀 있고, 어떤 것
은 글과 그림의 위치가 자유롭게 배치되어 있기도 하며, 어떤 것은 우리나라의 만화처럼 여
러 개의 컷과 말풍선으로 구성된 것도 있다. 이처럼 특정 형식과 상관없이 모두 그림책으로
분류하는 것 또한 북한 그림책에서 볼 수 있는 특성이다.

반면,『지능그림책』『도덕교양그림책』『의학상식그림책』은 문예물로서의 성격보다는 과
학이나 의학, 상식, 그리고 공산주의 사회에서 요구하는 도덕교양 등을 그림과 함께 전달하
고자 하는 일종의 정보 중심 그림책이라 할 수 있다. 역사 관련 그림책들을 비롯한 이들 그
림책은 대부분 만화로 구성되어 있다. 다음은 북한 그림책의 예시이다.

북한의 그림책 예시

출처: 최윤정(2018).

4. 아동문학의 현재와 미래

여기에서는 아동문학의 현재와 미래를 살펴보며, 특히 그림책의 중요성과 다양성에 초점을 맞추고 있다. 그림책 상과 도서전을 통해 문학적 가치와 사회적 인식을 높이고, 그림책 미술관 및 아동도서관이 어떻게 아동문학의 접근성과 흥미를 증진시키는지 탐구하고자 한다. 또한 출판유통의 활성화가 창작의 주체와 독자층에 어떤 영향을 미치는지 살펴보고, 다양한 형태의 그림책이 아동문학의 경계를 어떻게 확장하고 있는지 알아보고자 한다. 이 모든 요소가 어우러져 아동문학의 미래를 형성하는 주요 동인임을 강조하며, 창작자와 독자 모두에게 새로운 기회와 도전을 제공하는 방향으로 아동문학이 발전해 나가고 있음을 제시한다. 이 절을 통해 아동문학의 발전 가능성을 재확인하고, 미래 지향적인 관점에서 그림책의 중요성을 다시금 강조하고자 한다.

1) 그림책 상

(1) 뉴베리 상

뉴베리 상(The Newbery Medal)은 미국 아르아르보커 출판사의 프레더릭 G. 멜처가 제정한 것으로, 아동용 도서를 처음 쓴 18세기 영국 출판인 존 뉴베리(John Newbery)의 이름을 딴 것이다. 1922년 처음으로 시상되었으며, 미국 도서관협회에서 주관한다. 뉴베리 상은 문학적인 내용을 심사하여 유아나 초등학교 저학년을 위한 도서보다는 고학년을 위한 도서가 많은 것이 특징이다. 수상 작가는 미국 국적자나 거주자여야 하며 상은 뉴베리 메달과 뉴베리 아너 상으로 구분한다. 2023년 뉴베리 메달 수상작은 『Freewater』인데, 18세기를 배경으로 노예였던 열두 살 호머가 농장을 탈주해 습지에 숨겨져 있는 탈주 노예 공동체 프리워터에 살게 되면서 일어나는 이야기를 다루었다.

(2) 칼데콧 상

칼데콧 상(The Caldecott Medal)은 19세기 영국에서 활동하던 랜돌프 칼데콧(Randolph Caldecott)의 이름을 따서 1937년에 제정된 상으로 미국 도서관협회의 어린이 도서 분과가 매년 미국에서 발행된 어린이를 위한 그림책들 중 가장 뛰어난 작품을 선정하여 시상한다. 아동문학에 있어서 뉴베리 상과 함께 최고의 영예로 여겨지며 그 권위를 인정받고 있다.

2023년 칼데콧 수상작은『Hot Dog』이다.

(3) 케이트 그린어웨이 상

케이트 그린어웨이 상(The Kate Greenaway Medal)은 19세기 영국에서 활동한 여성 그림책 작가 케이트 그린어웨이의 이름을 딴 것이며, 영국도서관협회가 주관하여 1955년부터 시상되었다. 케이트 그린어웨이 상은 아동·청소년을 대상으로 한 작품이어야 하며 반드시 영어로 출간되어야 하고 영국에서 초판이 발행되어야 하는 조건을 충족시켜야 한다. 2022년부터 'The Yoto Carnegie Medal for Illustration'으로 공식 명칭이 바뀌었다. 2023년 수상작은『Saving Sorya: Chang and the Sun Bear』이다.

(4) 황금도깨비상

우리나라에서 처음 생긴 그림책상으로 1992년 비룡소가 만들었다. 황금도깨비 상은 그림책과 동화책 두 부문으로 나뉘어 공모하고 시상한다. 2024년에 30회를 맞이하였는데, 동화 부문에서는『팥죽 할머니와 고양이빵』『호랑이를 부탁해』를 우수작으로 선정하였으며, 그림책 부문 당선작은 선정하지 못하였다. 2023년 제29회 동화 부문에서는『핼러윈 마을에 캐럴이 울리면』을 대상작으로 선정하고, 그림책 부문에서는『이야기를 파는 가게』를 우수작으로 선정하였다(https://bir.co.kr/awards). 비룡소에서는 비룡소 사각사각 그림책상, 동시 문학상, 역사동화상, 판타지 문학상, 논픽션 상, 캐릭터 그림책상 등 다양한 분야의 문학작품을 대상으로 시상하고 있다.

(5) 한국안데르센 상

한국안데르센 상은 문학, 미술 부문의 어린이 문화예술 콘텐츠를 개발하고 작가를 발굴하기 위해 제정된 상으로, 과거 아이코리아에서 실시해 온 '창작 동화, 동시 공모전'이 확대 발전된 것이다(https://www.aicorea.org/sub_busi/andersen.do). 2024년 창작동화 부문은『너무 큰 소원을 말하지 않을게』가 대상을 창작동시 부문은『짧은 횡단보도 길게 건너기』가 최우수상을 수상하였다.

(6) 보림창작그림책 공모전

1999년부터 대표적인 그림책 출판사인 보림출판사에서 실시하는 공모전으로 2007년부터 자유 주제 부문과 지정 주제 부문으로 나누어 공모하고 시상하였으나 2013년부터 '보림 그림책 창작스튜디오'라는 형식으로 운영하고 있으며, 선발된 참가는 1년간 멘토와 함께 그림책을 만드는 방식으로 변경되었다. 이 과정을 거쳐 출간된 그림책은 권정민의『지혜로운 멧돼지가 되기 위한 지침서』(2016) 등이 있다.

(7) 대한민국 그림책 상

대한민국 그림책 상(https://www.k-picturebook.kr/)은 국내 그림책에 대한 관심을 촉진하고 국내 그림책에 대한 높은 위상을 반영하기 위한 것으로 한국출판문화산업진흥원이 2003년부터 시행한 상이다. 2022년 1월부터 2023년 6월까지 발행된 국내 창작 그림책을 대상으로 픽션과 논픽션 부문으로 구분하여 시상하였는데, 2023년에는 권정민의『사라진 저녁』과 민하의『줄타기 한판』이 각각 픽션과 논픽션 부문에서 대상을 수상하였다.

(8) 그 외

우리나라에서 시작된 세계적인 그림책 공모전인 CJ 그림책상은 2008년 8월부터 공모를 시작하여 2009년 1월, 2009년 11월, 2010년 12월까지 총 3회 동안 진행되고 폐지되었다. CJ 그림책상은 3년 이내 출간한 창작 그림책 부문과 미출간된 그림책 일러스트 부문으로 나누어 시상이 이루어졌으며, 선정된 그림책은 CJ 공식홈페이지에 소개되고, 카탈로그에 수록되었다. 또한 CJ 축제 동안 1차 심사에 선정된 100권의 그림책을 전시하기도 하였다.

2) 도서전

(1) 볼로냐 국제어린이도서전

이탈리아의 작은 도시 볼로냐에서는 매년 4월에 국제어린이도서전(Bologna Children's Book Fair)이 열린다. 전 세계 각국에서 다양한 어린이 책을 선보이고 출판계약이 이루어진다. 우리나라는 1997년 도서출판 재미마주와 어린이책 전문서점 초방이 처음 진출하였으며, 현재까지 다양한 출판사가 참가하고 있다.

볼로냐 라가치 상(Bologna Ragazzi Award)은 창작성, 교육적 가치, 예술적 디자인을 기준으로 우수한 아동 도서 출판물에 대해 픽션, 논픽션, 뉴 호라이즌 분야로 나뉘어 시상된다. 우리나라의 많은 도서가 볼로냐 라가치 상을 수상하였는데, 2021년에는 이지은의『이파라파냐무냐무』, 차오원쉬엔과 이수지의『우로마』, 밤코의『모모모모모』, 박현민의『엄청난 눈』이 수상하였고, 2022년에는 이수지의『여름이 온다』와 최덕규의『커다란 손』이 수상하였다. 2023년에는 이지연의『이사가』(엔씨소프트), 오페라 프리마 부문에서 미아의『벤치, 슬픔에 관하여』(스튜디오 움), 만화(중등, 만 9~12세) 부문에서 김규아의『그림자 극장』(책읽는곰), 5unday(글) · 윤희대(그림)의『House of Dracula』가 수상하였다.

(2) 브라티슬라바 국제 일러스트레이션 비엔날레

체코슬로바이카에 위치한 브라티슬라바에서는 2년마다 국제 일러스트레이션 비엔날레(Biennial of Illustrations Bratislava)를 개최한다. 이 비엔날레는 1967년 시작되었으며 세계적으로 권위있는 상으로 인정받고 있다. 비엔날레 최고상은 그랑프리로 한 명에게 수여되며, 황금사과상과 황금패상은 각각 다섯 명에게 수여되고, 세 명의 작가에게는 특별상을 수여한다. 2021년에는 이명애 작가의『내일은 맑겠습니다』가 황금사과상을 수상하였다.

(3) 노마 국제 그림책 원화 콩쿨

노마 국제 그림책 원화 콩쿨(The NOMA Concours for Picture Book Illustrations)은 1978년부터 2년마다 개최된다. 아시아, 태평양, 아프리카, 아랍, 남미의 유망한 일러스트레이터, 그래픽 디자이너를 발굴하기 위한 자리이다. 어린이책의 유명 편집자나 일러스트레이터로 이루어진 심사위원은 대상, 은상, 입선, 장려상 등의 수상자를 선정하고, 관객들을 위한 전시 및 출판 기회를 위해 원화를 전시한다.

(4) 과달라하라 도서전

멕시코의 과달라하라에서 개최되는 과달라하라 국제도서전(Guadalajara International Book Fair)은 세계 최대 규모의 스페인어권 출판물 박람회로 1987년부터 시작되었다. 과달라하라 도서전에는 매년 출판업자, 출판에이전트, 독서운동가, 번역가, 삽화가 등이 모여 출판 계약을 한다. 매년 11월에 개최되며 4일 동안 열리는 도서전에는 47개국 2,000개 이상의 출판사가 참여하는데, 국제 도서관에는 유럽의 여러 언어와 중국어, 한국어를 비롯한 다양한 언어를 사용하는 나라들이 참여한다. 우리나라는 2006년부터 도서전에 참가하였으며, 번역 도서를 전시하고 작가들의 강연회도 이루어지고 있다.

(5) 프랑크푸르트 도서전

독일 프랑크푸르트에서 개최되는 프랑크푸르트 도서전(Frankfurt Buchmesse)은 1949년 처음 개최되었으며, 매년 10월 중순에 약 5일간 개최된다. 프랑크푸르트 도서전은 독일뿐 아니라 유럽, 전 세계의 출판 관계자들과 일반인이 참여하는데, 개막 후 3일 정도는 출판업 전문인들만 입장할 수 있으며, 출판 계약이 주로 이루어진다.

(6) 서울 국제도서전

매년 6월 서울에서 개최되는 서울 국제도서전(Seoul International Book Fair)은 1954년 서울 도서전으로 처음 출범하였고, 1995년부터 국제도서전으로 위상을 승격하고 규모를 확장하였다. 2008년부터는 주빈국을 선정하여 운영하고 있으며 2024년에는 사우디아라비아가 주빈국으로 선정되었다. 서울 국제도서전은 출판인과 저자, 독자가 한자리에서 만나는 우리나라의 가장 큰 책 축제이다.

3) 그림책 미술관 및 아동 도서관

그림책 미술관은 아동 대상의 그림책을 전문적으로 전시하는 미술관을 일컫는다. 1977년 일본 도쿄에서는 치히로 미술관이 개관되었고, 1982년에는 독일의 부르크 비셈-그림책 박물관(Burg Wissem-Bilerbuch Museum)이 개관되었으며, 2002년에는 미국 매사추세츠(Massachusetts)주의 앰허스트(Amherst)에 미국 최초의 그림책 미술관인 에릭 칼 미술관이 개관되었다(현은자, 김민정, 김지수, 김현경, 박상아, 국경아, 이보연, 권민주, 이지운, 김수빈, 정수미, 2020).

이 중 치히로 미술관은 일본의 대표적인 일러스트 작가인 이와사키 치히로(岩崎 知弘, 1918~1974)를 기념하는 미술관이다. 도쿄 치히로 미술관은 세계 최초의 그림책미술관이며, 1997년 치히로 부모의 고향인 나가노현에 아즈미노 치히로 미술관을 개관하였다.

도쿄 치히로 미술관(좌), 아즈미노 치히로 미술관(우)의 전경

출처: https://chihiro.jp/kr/foundation/

에릭 칼(Eric Carle) 뮤지엄은 2022년에 매사추세츠 주의 앰허스트에 개관하였다. 에릭 칼은 부인 바바라와 함께 일본과 유럽 등지에서 개최한 여러 전시회를 참석하거나 여행하면서 그림책 박물관에 대한 열망과 필요성을 깨닫게 되었다고 한다. 또한 그림책의 완성도 높은 글과 그림이 어린이 문학 안에서 장르의 전문성과 가치를 인정받고, 고급 예술 장르로서 그 위상을 높여야 한다고 생각했다. 이러한 이유로 2002년에 에릭 칼의 자비와 후원자들의 도움으로 에릭 칼 미술관을 건립하였다. 에릭 칼 미술관은 에릭 칼의 작품뿐 아니라 다양한 그림책 원화를 소장하고 있다. 대표적으로는 윌리엄 스타이그의 전 작품 원화를 소장하고 있으며, 해마다 그림책 원화 전시를 한다. 또한 에릭 칼 뮤지엄은 아트 스튜디오와 화랑, 소극장, 서점 등으로 구성되어 있어 방문객이 그림책 원화 감상은 물론, 어른들과 아이들이 함께 참여하여 직접 에릭 칼의 표현 기법을 경험하는 등 다양한 체험활동도 할 수 있다.

에릭 칼 뮤지엄의 전경(좌), 놀이 모습(우)

출처: https://www.carlemuseum.org/

우리나라에는 국립중앙박물관 내에 어린이 박물관[14]이 개관되어 그림책 원화를 전시하거나 그림책 관련 체험활동을 진행하고 있다. 경기도 성남에 위치한 현대어린이책미술관은 국내에서는 처음으로 '책'을 주제로 한 어린이 미술관으로, 어린이들이 그림책을 통해 자신을 이해하고 스토리에 담긴 의미를 이해할 수 있도록 하였다. 또한 책 속의 문학적 상상력과 예술적 감수성을 키우기 위해 여러 가지 전시와 교육 프로그램을 운영하고 있다.

---

14) https://www.museum.go.kr/site/child/home

현대어린이책미술관 내부 모습

출처: https://www.hmoka.org

원주시에서는 사회적 협동조합으로 그림책도시(http://www.picturebookcity.org/)를 2013년에 설립하였다. 특히 2016년부터 2020년까지 5년간 국비ㆍ도비를 지원받아 영국의 헤이온 와이나 일본의 키쵸 마을, 미국의 에릭 칼 미술관의 사례처럼 도서관과 출판사ㆍ서점ㆍ인쇄소ㆍ카페ㆍ식당 등 그림책을 활용한 아이템을 도시 곳곳에 투영하고 관련 축제와 전시를 일상 향유하는 문화산업을 추진하였다. 또한 2021년부터는 원주시 그림책센터 일상예술(https://blog.naver.com/wpc_dailyart)을 통해 그림책 아카이브 운영, 그림책 관련 강의 등을 진행하고 있다. 그림책 전시, 그림책 축제, 그림책 제작, 그림책 작가 지원, 그림책 활동가 지원, 그림책 예술강사 지원 등의 다양한 사업을 통해 그림책을 제작하는 출판 관계자뿐 아니라 일반 시민도 그림책에 관심을 가질 수 있도록 지원하고 있다. 또한 그림책도서관뿐 아니라 그림책아트센터 등을 운영하여 그림책 작가 원화와 그림책 콘텐츠의 영상물을 상영하는 등의 프로그램을 지원한다. 또한 원주그림책센터에서는 우리나라에서 매년 출판되는 창작 그림책을 월 단위로 분류하여 그림책의 표지와 간략한 내용을 수록하는 그림책연감을 출판하고 있다.

다른 나라의 어린이 도서관 사례를 살펴보면 다음과 같다(현은자 외, 2020). 영국에서는 1850년대부터 도서관이 건립되었으며, 1882년부터 아동을 위한 도서관이 건립되었다. 미국에서는 1990년대 초 아동도서관이 건립되었고, 뉴욕 공공도서관에 1906년에는 아동부서를 설치하고, 1911년에는 아동도서실을 설립하여 미국 도서관의 모델이 되었다. 스웨덴에서는 1870년부터 아동도서 전문 출판사가 탄생하였으며, 1911년 스톡홀름에 아동도서관이 설립되었다. 프랑스에는 1924년 아동을 위한 도서관이 처음으로 설립되었고, 1926년 폴란드에서도 아동을 위한 도서관이 설립되었다. 독일 뮌헨에 위치한 뮌헨국제어린이청소년도서관(IYL)은 세계에서 가장 큰 어린이 및 청소년 도서관으로 국제적으로 인정받은 아동청소년문학의 중심지이다. 1949년 독일의 유대인 언론인이자 정치인인 엘라 레프만이 아동 도서가 세계와 문화를 하나로 연결하고 편견과 분노에 대항하는 것이라는 모토하에 아동과 청소년이 평화와 자유에 대해 교육받고 더 자유롭고 나은 세상을 만들기를 소망하며 설립하였다(https://www.ijb.de/).

우리나라에서는 2000년대에 들어 많은 도서관에 그림책을 비치한 유아방이 설치되었으며, 2003년부터는 '기적의 도서관'이 전국 각지에 설립되었다. 또한 2006년 국립어린이청소년도서관이 개관되어, 다양한 어린이 자료, 청소년 자료를 제공하고 관련한 프로그램을 제공하고 있다. 또한 2006년 12월 경기도 파주시 헤이리에 국내 최초 그림책 전문 미술관 '네버랜드 픽처북 뮤지엄'(현재 네버랜드 어린이책뮤지엄)이 개관되었다. 이곳은 어린이 그림책 원화 전시 전문 뮤지엄으로 국내외 그림책 원화를 중심으로 어린이 그림책 관련 전시 및 행사, 연구, 국내외 어린이 그림책 원화 소장 및 수집, 보존 및 전시 등을 목적으로 하고 있다.

순천에 위치한 '그림책 도서관'은 2014년 순천에서 가장 오래된 중앙도서관을 그림책 도서관으로 재탄생시켜 운영하는 전국 제1호 그림책 주제의 시립그림책도서관이다. 그림책 도서관에서는 국내외 유명 그림책 작가의 기획전시, 미니전시, 각종 체험, 그림책 인형극을 연중 운영하고 있으며, 국내외 수상 그림책 등 다양한 그림책을 만나 볼 수 있도록 전시하고 있다. 2022년에는 '폴란드 일러스트레이션의 거장들'이라는 주제로 이보나 흐미엘레스프스카 외 24명의 작가 작품을 초청하여 전시하였다. 그 외에도 각 지역에 있는 시립미술관, 작은 서점 등에서도 어린이 갤러리를 운영하여 다양한 그림책 원화전을 전시하고 어린이 대상의 체험 프로그램을 운영하고 있다.

4) 출판 유통의 활성화

아동도서의 독자층이 확대되고 아동도서에 대한 사회적 관심이 증대되면서 아동도서 출판산업이 활발해지고 있다. 대한출판문화협회(2022)에서 발간한 2021년 출판시장 통계에 따르면, 아동 도서는 2020년 8,003권, 2021년에는 8,329권이 신간 발행되어 4.1% 증가율을

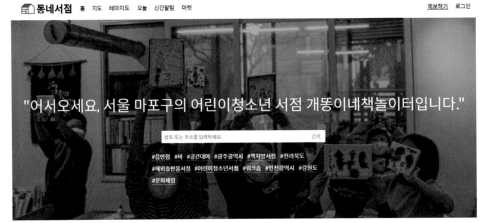

생각해 보아요

　여행을 갈 때 동네에 있는 서점을 가 본 적이 있나요? 혹은 우리 동네에는 어떤 서점이 있는지 살펴본 적이 있나요?

　동네서점 홈페이지에는 전국 독립서점의 위치와 정보를 제공하고 있습니다. 위치 정보와 활동 태그를 기반으로 독립서점과 도서관, 문화공간 등을 검색해 볼 수 있습니다. 지금 동네서점 홈페이지(https://www.bookshopmap.com/)에 접속하여 우리 동네에 있는 서점을 찾아봅시다.

▲ 동네서점 홈페이지 화면

　또한 '서울도서관' 누리집에서도 서울시내 500여 개 책방의 위치와 이용안내 정보를 살펴볼 수 있는 검색 서비스와 책방 정보를 제공하고 있다.

보였다. 이는 우리나라에서 출판된 전체 신간 중 12.88%를 차지하는 비율로 문학, 사회과학의 뒤를 잇는 수치이다. 또한 한국출판문화산업진흥원(2021)의 KPAPA 출판산업 동향(2020) 하반기 조사에 따르면, 유아동 도서는 2020년 기준 7,641권으로 전년도 대비 4.1% 증가하였으며 교육, 문학, 인문 분류에 이어 네 번째 수치에 해당한다.

　온라인 서점의 확대도 하나의 특징이라고 볼 수 있다. 서적류의 온라인 쇼핑 거래액은 2021년 기준 약 2조 5,941억 원으로 2020년 2조 4,020억 원 대비 8.0%가 증가한 수치를 보이고 있다(대한출판문화협회, 2022). 온라인 서점에서 책을 살펴보고 책을 쉽게 구입하게 되면서 다양한 독자들의 요구를 만족시키기 위한 온라인 서점의 판매 전략도 살펴볼 수 있다. 예를 들어, 책의 줄거리를 살펴볼 수 있도록 '미리보기' 서비스를 제공하거나 '북 트레일러[15]'를 제작하여 배부하기도 하고, 책을 읽고 간단하게 할 수 있는 워크시트를 제공하기도 한다.

이러한 온라인 서점의 확대는 일반 서점이 축소되는 문제를 야기하기도 한다. 일반 서점의 활성화를 위하여 한국서점조합연합회에서는 지역 서점의 문화 활동을 지원하는 우리 동네 문화서점 20곳을 선정하기도 하였다(뉴시스, 2023. 08. 06.; https://mobile.newsis.com/view.html?ar_id=NISX20230806_0002403994).

5) 폭 넓은 독자층과 창작의 주체

그림책은 본래 아동을 독자로 하는 문학 장르였으나, 최근에는 그림책에 대한 성인들의 관심이 높아지는 추세이다. 아동이 아닌 성인을 대상으로 하는 그림책들이 출판되기도 하고 그림책을 전문적으로 취급하고 판매하는 그림책 전문 서점이 늘고 있다. 성인들은 그림책 읽기 모임을 하고, 그림책에 나오는 등장인물을 인형으로 만들기도 하며, 그림책 비평서를 읽으면서 자신의 감정을 위로받기도 한다.

예를 들어, 각 장마다 0세부터 100세까지의 인생의 의미를 담은『100 인생 그림책』(하이케 팔러 글, 발레리오 비달리 그림, 2019, 사계절)이나 인생을 살아가면서 겪게 되는 다양한 기다림에 대해 깊이 성찰하도록 하는『나는 기다립니다(다비드 칼리 글, 세르즈 블로크 그림, 2007, 문학동네)』는 성인 독자를 따뜻하게 위로하는 책이다. 또한 강경수의『나의 엄마』는 '엄마'라는 단어로만 쓰여진 그림책인데, 아동보다는 자녀를 둔 부모, 특히 엄마가 읽으면 마음의 울림을 얻을 수 있는 그림책이다.

앞서 밝힌 것처럼, 성인 대상의 그림책 강좌도 활발하게 이루어지고 있다. 원주시에 위치한 그림책여행센터 이담에서는 성인 일반인을 대상으로 그림책 창작 워크숍을 진행하거나 그림책으로 만나는 부모교육, 그림책 작가 데이 등을 통해 성인들이 그림책을 다양한 유형과 역사 등을 이해할 수 있도록 하거나 실제 그림책을 제작할 수 있도록 지원한다. 또한 원주 시민을 대상으로 실제 전시 기획자가 되어 그림책 큐레이터, 공간 디자이너, 그림책 작가

---

15) 북 트레일러(book trailer)는 책을 소개하는 동영상으로 영화의 예고편을 뜻하는 필름 트레일러(Filem trailer)에서 따온 말이며, 출간을 앞둔 책이나 이미 출간된 책에 대한 관심을 증대시키기 위해 만든 디지털 영상(https://www.nl.go.kr/NL/contents/N50601000000.do?schM=view&act=UPDATE&page=1&ordFld=regdt&ordBy=DESC&viewCount=0&id=36803&schBdcode=&schGroupCode=)이다. 최근에는 북트레일러 제작 교육이나 공모전도 활발히 개최되고 있다.

등 관련 전문가와 함께 공간을 기획하고 전시하기도 한다.

또 하나의 특징은 그림책의 창작 주체가 다양해지고 있다는 것이다. 그림책은 성인이 아동을 위하여 창작하는 문학 형태라고 인식되었으나 최근에는 독립 출판 등이 활성화되면서 아동이 직접 그림책을 창작하기도 한다. 대표적인 아동작가로 '전이수'가 있다. SBS 영재발굴단에서 처음 소개된 전이수는 본인만의 독특한 그림 화풍과 이야기를 중심으로『꼬마악어 타코』『걸어가는 늑대들』『새로운 가족』『나의가족, 사랑하나요?』『소중한 사람에게』등 다섯 권의 단행본을 출판하였다.

그 외에도 조은수는 주동민 어린이가 쓴 시에 그림을 그려서『내동생』(2003, 창비)을 출판하여 성인과 아동이 협업하여 그림책을 출간하였고, 바람숲그림책도서관에서는 '어린이 그림책 작가 교실'에 참여한 초등학생들이 그림책을 출간하기도 하였다. 이렇듯, 최근에는 그림책 창작 주체와 독자 간의 경계가 모호해지고 있다.

6) 다양한 형태의 그림책

그림책의 형태가 다양해지고 있다. 평면적인 그림책의 형태에서 다양한 재질의 종이를 활용한 그림책이 출판되고 있다. 와타나베 지나쓰는『신기한 무지개』와『오늘의 간식』을 출판하였는데,『오늘의 간식』은 거울 종이를 활용하여 팬케이크를 만드는 과정을 독자가 실감나게 경험할 수 있도록 하였다. 김윤정의『엄마의 선물』『친구에게』는 투명 필름을 이용하여 독자가 그림책 페이지를 넘길 때마다 새로운 장면이 구성되는 경험을 할 수 있도록 하였다. 고혜진의『집으로』는 친구 집으로 가는 주인공의 모습을 앞에서 뒤로 제시하고, 책의 맨 뒷면부터 앞쪽으로 주인공이 집으로 돌아가는 과정을 그려 제시하였다. 또한 조선경은『Kiss Kiss』에서 입체북의 형태를 차용하여 그림책을 앞에서 뒤로, 뒤에서 앞으로 장면을 넘기면서 새로운 이야기를 독자가 스스로 구성할 수 있도록 하는 등 다양한 시도가 이루어지고 있다.

또한 4차 산업혁명시대가 도래하면서 다양한 디지털 매체를 활용한 그림책이 선보이고 있다. AR/VR을 활용한 그림책, AI로봇을 활용한 그림책 읽기 프로그램 등 다양한 매체를 활용하여 그림책 읽기가 이루어지고 있다. 먼저, 보림출판사에서 출판한 증강현실 그림책은 영유아들이 해당 어플을 실행하여 그림책을 펼치면 그림책의 장면을 생생하게 살펴볼 수 있다.

다음으로, 그림책에 QR코드를 삽입한 형태도 등장하고 있다. 명수정의『피아노 소리가

거울지를 활용한 그림책 『오늘의 간식』(와타나베 지나　필름을 활용한 그림책 『엄마의 선물』(김윤정 글·그림,
쓰 글·그림, 2015, 문학수첩 리틀북스)　　　　　 2016, 상수리 그림책방)

보여요』는 해당 음악의 연주가 녹음된 전체 수록 곡 QR코드가 책의 시작 부분과 뒤 표지에, 각 곡이 담긴 QR코드가 각 곡의 시작 쪽에 수록되어 있다. 또한 시각적으로 표현된 음의 이미지를 손으로 만져 촉각으로 느낄 수 있도록 가공되어 시각적으로 피아노의 음을 보여 줄 수 있을 뿐만 아니라, 시각장애를 가진 독자는 그들의 예민한 손끝으로 그 음률을 더 잘 느낄 수 있도록 제시한다. 조은영은 우리나라 그림책 작가들과 함께 한 '바캉스 프로젝트[16]'를 통해 QR코드 그림책을 제작하였다. 책의 매 장면마다 표시된 QR코드를 인식하면 그림책에 나오는 '까마귀'가 날아다니는 모습을 생동감 있게 볼 수 있다. 다만, 이 책은 정식 출판된 책이 아니라 프로젝트 형태로 제작된 것이라 프로젝트 기간 동안 펀딩의 형태로 소수의 인원을 대상으로 판매하며, 현재는 구하기가 어렵다.

　4차 산업혁명의 핵심기술인 AI로봇은 영유아교육기관과 도서관 등에서도 활발히 활용되고 있다. 국립어린이청소년도서관에서는 AI로봇인 '클로이'를 비치해 두어 영유아의 그림책 읽기를 지원하고 있다. 그림책 읽기 로봇 '루카' 역시 해당 그림책에 표시된 QR코드를 로봇이 인식하여 그림책을 읽어 주는데 유아교육기관에서 유아들과의 그림책 읽기 과정에 '루카'를 활용해 볼 수 있다. 물론 아동문학을 접하는 과정에 AI로봇 등의 디지털 매체를 활용해야 하는가에 대한 논쟁은 있을 수 있으나, 그보다는 디지털 매체를 어떻게 활용할 것인가가 중요할 것이다. 다음의 예시는 유아교육기관에서 3~5세 유아들에게 그림책 읽기 로봇

16) 바캉스(Vacance)는 한국 그림책 작가들의 프로젝트 그룹으로 매년 여름에 기존 그림책 출판시장에서 다루기 힘든 주제나 새로운 표현을 담은 독립 출판물을 발간한다. 2022년에는 시즌 4: Horror vacance를, 2023년에는 시즌 5로 국중박 유물프로젝트를 진행하였다(https://sites.google.com/view/vacanceproject, https://www.instagram.com/vacanceproject/).

'루카'를 제공하고 놀이한 사례이다. 유아들은 직접 루카의 이름을 지어 보고 사용법을 알아
보는 등 로봇과 친숙해지는 과정을 충분히 거친 다음, 로봇이 읽어 주는 그림책을 듣고, 관
련된 놀이를 하였다.

그림책 읽어 주는 로봇 '루카'를 이용하여 그림책을 읽고 있는 유아들

지금까지 아동문학의 역사에 대해 알아보았다. 역사란 과거에 머물러 있는 것이 아니라
과거와 현재, 그리고 미래까지 시간의 연속이다. 따라서 유아교사는 아동문학이 어떻게 태
동되었고, 앞으로 어떻게 발전되어 가는지 관심을 갖고 교사 스스로 아동문학을 즐겨 읽는
태도를 형성하는 것이 중요하다 하겠다.

제4장

아동문학 유형

#아동문학 유형 #옛이야기 #영아책 #정보책 #사실 그림책
#역사 그림책 #환상 그림책 #동시 #동요

개요

아동문학의 다양한 유형과 유형별 특성에 대해 알아본다. 유아교사는 다양한 유형의 아동문학을 직접 접하고, 교사 스스로 다양한 유형의 아동문학을 즐기는 태도를 길러야 한다. 또한 영유아의 발달 특성에 맞는 양질의 아동문학을 선별할 수 있는 능력을 기르는 것은 영유아의 문학적 감수성을 증진하는 데 매우 중요하다.

학습 목표

1. 아동문학의 다양한 유형에 대해 알고 각각의 특징을 비교한다.
2. 아동문학의 가치 및 교육적 의의에 대해 이해한다.

이 장에서는 아동문학의 다양한 유형과 각각의 특징, 교육적 의의 및 대표작품을 알아보고자 한다. 아동문학 유형을 옛이야기, 영아책, 정보책, 사실 그림책, 역사 그림책, 생활 그림책, 동시, 동요로 세분화하여 각 유형의 독특한 특성과 아동발달에 미치는 영향을 살펴본다. 옛이야기는 전통적 가치와 교훈을 전달하는 데 중점을 두며, 영아용 책은 시각적인 자극과 간단한 문장을 통해 언어 발달을 촉진한다. 정보책은 구체적인 지식과 정보를 제공하고, 사실 그림책은 아동의 사실 인식을 높이는 데 기여한다. 역사 그림책과 생활 그림책은 각각 역사적 사실과 일상생활의 이해를 돕고, 동시와 동요는 운율을 통해 아동의 언어 감각을 발달시킨다. 각 유형의 대표작품을 통해 아동문학의 교육적 가치와 문화적 중요성을 강조하며, 이는 아동의 전인적 발달을 지원하는 중요한 자료로 활용될 수 있다. 이를 통해 아동문학의 풍부한 스펙트럼을 독자에게 소개하며, 아동문학의 선택과 활용에 대한 심층적인 이해를 돕고자 한다.

1. 영아책

1) 특징

영아는 보통 생후 0세에서 24개월 혹은 36개월까지의 아이를 뜻하며, 영아책은 영아를 독자로 하는 책을 뜻한다. 영아책은 다른 아동문학의 유형과는 달리 대상 독자에 따라 붙여진 것인데 외국 서적에서도 영아책을 별도로 다루는 경우는 거의 없다. 그럼에도 불구하고 영아 그림책은 나름의 특징을 가지고 있다. 첫째, 영아책은 보통의 유아용 책보다 페이지 수가 훨씬 적다. 둘째, 영아 주변의 친숙한 사람들과 사물, 의인화된 동식물을 다루며, 배경이 매우 단순하다. 셋째, 서사가 있어도 대부분 시간의 흐름을 따라가거나 에피소드식의 단순한 플롯을 가지고 있고 현재를 배경으로 한다. 마지막으로, 영아책은 사물을 입에 물고 빨기를 좋아하는 영아의 욕구를 반영하여 두꺼운 종이나 독성이 없는 플라스틱, 혹은 헝겊책 등으로 만들어지기도 한다(현은자, 김세희, 2005).

최초의 영아용 책은 도로시 쿤하르트(Dorothy Kunhardt)의 『토끼를 쓰다듬어 주세요(pat the bunny)』(1940)이다. 책 안에 보드라운 천이 덧대어져 있어 영아가 책을 읽으면서 실제 토끼를 쓰다듬는 것처럼 행동할 수 있다.

최초의 영아 그림책
『토끼를 쓰다듬어 주세요(pat the bunny)』(1940)

버틀러(Butler, 1979)는 18개월부터 3세까지의 영아를 위한 책의 조건으로 영아들이 주변 세계를 인식하게 되면서 그 세계를 정확하게 묘사한 사물과 배경이 등장해야 하며, 이야기가 짜임새 있고 설득력이 있어야 하며 이야기가 한 방향으로 진행되는 단순한 구성이어야 하고, 홍미로운 클라이막스가 중요하다고 하였다. 이송은(2006)은 영아용 그림책은 외형적 사물로서 놀잇감이고 소유하고 싶어 하는 대상이라고 하였다.

이를 종합해 보면, 영아용 그림책은 영아 주변 세계를 사실적으로 묘사하고, 단순한 배경과 구성, 현재 시점을 배경으로 하거나 시간의 흐름에 따른 서사가 있어야 한다.

2) 교육적 의의

영아책 속에는 영아가 공감할 만한 즐거운 세계가 있고, 영아가 바라보는 세상의 기쁨, 슬픔, 그리고 이야기가 담겨 있다. 영아는 그림책과의 만남을 통해 새로운 세상과 만나게 되고 그 속에서 즐거움과 감동을 느끼며 성장해 간다. 특히 영아기에 이루어지는 그림책과의 만남은 성장한 후에도 책에 대한 태도와 취향을 결정하게 되므로 더욱 중요한 경험이라고 할 수 있다(Heath, 1983; Sulzby & Teale, 1991).

영아는 책을 통해 사물의 명칭뿐 아니라 자신과 사물, 자신과 세상과의 관계를 익히게 된다. 예를 들어, 토끼가 등장하는 그림책을 통해 토끼는 귀가 길다는 것, 토끼는 깡충깡충 뛴다는 것, 부드러운 털을 가지고 있다는 것을 알게 되고 풀숲에서 산다는 것을 익히게 된다. 영아는 책을 볼 때에 교사나 부모 등의 성인과 상호작용하게 된다. 영아책에 쓰인 글과 그림을 보면서 "이건 무엇일까?" "빨간색이네." "지난번에 우리도 사과를 먹었었지?" 등과 같은 대화를 나누게 된다. 또한 행동을 요구하는 그림책을 함께 읽으며 성인과 포옹하거나 춤을 추는 등의 행동을 함께 하며 유대감을 높일 수 있다. 이와 관련하여 신혜은(2005)은 영아기에 접하는 책은 읽어 주는 것이 아니라 공유하는 책이 되어야 하고, 그 과정에서 영아의 인지적 · 사회정서적 발달 측면에서의 충분한 발달이 이루어질 수 있다고 주장한다.

또한 영아는 책을 읽을 때 다양한 행동특성을 보인다. 소리 나는 책의 소리와 그림을 따라하는 '따라하기' 특성, 그림책에 묘사된 그림을 보고 그림과 자신의 경험과 기억을 연결시키는 '상징하기' 특성, 성인이 책에서 언어로 제공하는 정보를 영아에게 전달하고, 이를 영아가 이해하고 다양한 정서를 경험하는 과정에서 성인과의 '관계맺기'의 특성이 나타나는데, 이러한 행동 특성은 서로 유기적으로 연결되어 있다(이경하, 임영심, 한남주, 2012).

이렇듯 영아는 책을 읽으면서 새로운 세상을 접하게 되고 그 속에서 즐거움과 감동을 느끼게 되며, 다른 사람과의 관계를 형성하게 된다.

3) 종류

영아 그림책은 도서의 재질이나 외양에 따라 보드북, 헝겊책, 비닐책, 모양책 등으로 범주화하고, 내용별로 인지책, 과학책, 자조기술을 다룬책, 생활습관 형성을 다룬 책, 개념책 등으로 분류한다(현은자, 김세희, 2005). 이 장에서는 영아책을 개념책, 초점책, 글 없는 그림책, 영아의 행동을 요구하는 책, 운문이나 간단한 서사를 가진 책으로 나누어 살펴보고자 한다.

① 개념책

개념책은 사물이나 한글, 숫자를 다룬 그림책은 명명하기 책처럼 한 가지 개념과 하위 개념에 대한 내용이 제시되어 있다. 개념책은 영아가 가장 처음 접하는 정보 그림책으로, 단순한 글과 그림으로 구성되어 있다. 영아는 그림책을 보면서 사물의 이름, 숫자, 모양 등 다양한 개념을 익힐 수 있다. 영아는 책의 사물과 실제 사물을 비교하거나, 『두드려 보아요』 등과 같은 그림책을 보면서 책장이나 바닥 혹은 자신의 몸을 두드리는 등 행동적 반응을 보이며 양육자와 정서적 교감을 한다.

그자비에 드뇌(Xavier Deneux)의 『오목오목 감각 그림책』 시리즈는 모양, 색깔, 감정, 반대말 개념을 주제로 양각과 음각을 이용하여 제작한 그림책이다. 영아가 오목한 음각과 볼록한 양각을 손가락으로 따라가다 보면 다양한 개념을 익힐 수 있다. 『이런저런 곰돌이』(아가타 크롤락 글 · 그림) 그림책 역시 영아가 반대말 개념을 익힐 수 있도록 구성되어 있다. 영아가 색연필로 그림을 그린 것 같은 느낌으로 그려졌는데, 깨끗한 모습을 한 곰과 지저분한 모습을 한 곰을 통해 '깨끗한'과 '지저분한'에 대한 개념을, 큰 곰과 작은 곰의 모습을 통해 '크다'와 '작다'를 익히는 등 다양한 반댓말을 알 수 있도록 한다.

② 초점책

초점책은 흑백이나 굵고 분명한 선과 색으로 제시되어 영아의 시각 발달을 도와준다. 초점책은 병풍 형태의 책으로 제작되기도 한다. 또한 사물을 입으로 빠는 영아의 특성과 안전을 고려하여 헝겊으로 제작된 촉감 그림책도 있다. 헝겊에 기다란 줄을 부착하거나 만지면 바스락 소리가 나는 비닐 등을 넣어 영아의 청각과 시각, 촉각 등 다양한 감각을 자극하기도 한다. 또한 『아기 말놀이 초점책』 시리즈(카시와라 아키오, 2023)는 선명하고 대비가 있는 색, 얼굴과 반복 패턴이 있는 모양, 반복되는 의성어와 의태어의 흥겨운 리듬을 가지고 있어 영아가 색, 모양, 동물, 사물, 음식 등에 대한 개념을 즐겁게 익힐 수 있다.

③ 글 없는 그림책

글 없는 그림책은 글 없이 그림으로만 제시된 것인데, 영아가 주로 보는 개념책의 일부분으로서 서사성이 강하지 않으며, 사물의 시각적인 특징을 부각시켜, 일반적인 글 없는 그림책과 구별된다. 도널드 크루스(Donald Crews)의 『트럭』(1980)이나 『화물열차』(1978)가 대표적이다.

④ 영아의 행동을 요구하는 그림책

영아의 행동을 요구하는 그림책은 다양한 표정을 지어 보도록 하거나 부모와 포옹을 하도록 요구하거나, 춤을 추도록 요구하는 그림책이다. 예를 들어, 『눈코입』(백주희, 2017), 『표정으로 말해요!』(블루래빗 편집부, 2023)는 다양한 표정을 살펴보며 감정을 탐색할 수 있도록 하였으며, 『두드려 보아요』(안나 클라라 티돌름, 2007), 『내가 안아줄게』(송선옥, 2023), 『춤춰요』(장순녀, 2023) 등은 그림책에 나오는 다양한 행동을 따라 해보는 것이 가능한 책이다.

⑤ 운문이나 간단한 서사를 가진 책

운문 그림책은 시와 동요, 전래동요를 그림책으로 꾸민 책이다. 성인이 읽고 음조를 익혀서 영아와 함께 책을 보거나 잠자리에서 불러 주기에 적합하다. 최숙희의 『곤지곤지 잼잼』이 이에 해당한다. 간단한 서사를 가진 책은 하야시 아키코(林明子)의 『달님 안녕』이 대표적이며, 하야시 아키코의 『구두구두 걸어라』는 아기가 걸음마하는 모습을, 이종미의 『개미들이 졸졸졸』은 개미들이 줄을 지어 기어가는 모습을 매우 흥미롭게 제시하고 있다.

영아는 그림책을 볼 때 어떻게 반응할까? 그림책을 읽을 때 영아들은 '나' 중심으로 말하기, 생각 넓히기, 놀이하기, 다양한 방식으로 보기의 형태로 반응하는 것으로 나타났다(김

『곤지곤지 잼잼』(최숙희 글·그림, 2013, 푸른숲주니어)　　『개미들이 졸졸졸』(이종미 글·그림, 2007, 시공주니어)

선희, 전연우, 조희숙, 2011). 구체적으로, 영아들은 주인공과 자신을 동일시하거나 자신이 좋아하는 것을 그림책에서 찾아 말하거나('나' 중심으로 말하기), 그림책에서 본 것을 교실에서 찾거나 짧은 이야기를 구성하거나 그림책에 나오는 형태를 자신이 알고 있거나 경험한 것에 빗대어 비유적인 표현을 하는 생각 넓히기의 반응을 보이기도 하였다. 또한 놀이도구로 그림책을 사용하여 놀이하거나 말놀이하기, 특정 단어가 나오는 장면을 보고 떠오르는 노래를 부르기, 가작화의 모습을 보이는 놀이하기의 모습을 보이기도 하였다. 그리고 그림책을 반복해서 살펴보거나 그림 중심으로 보는 모습을 보이기도 하였으며, 그림책의 처음과 끝의 순서로 보는 것이 아니라 거꾸로 펼쳐서 보거나 중간부터 펼쳐서 보는 비선형적인 방식을 보이기도 하였다. 이렇듯 나이가 어린 영아들도 그림책을 볼 때 자신만의 방식으로 다양한 읽기를 하므로 영아 주변의 성인은 이를 반영하여 책 읽기를 공유할 필요가 있다.

가정에서 아빠와 함께 교통기관 개념책을 읽는 영아　　　　도서관에서 혼자 개념책을 읽는 영아

2. 옛이야기

1) 민담

　민담(folk tale)은 예로부터 민간에서 구전으로 전승된 이야기라는 뜻으로, 민담이라는 용어 대신 설화라는 용어를 사용하기도 한다. 민담은 과거 언제 어디서나 몇 번이고 일어날 수 있는 전형적인 사건을 그린다. 즉, 민담은 보편적인 사건을 다루기 때문에 진실하다고 볼 수 있으며 경험하는 사람에 따라 일어나는 다양한 운명을 주관적으로 서술하는 특성을 가진다. 또한 민담 속에서는 주인공을 돕거나 해를 가하기 위한 힘이 등장하여 주인공을 예정된 목표로 이끄는 역할을 한다.

　우리가 잘 알고 있는 전래 동화(traditional stories)는 신화(mythology), 전설(legend), 민담 중 민담에 뿌리를 두고 있는 것이 가장 많으며, 민담이 갖고 있는 노인과 젊은이, 큰 것과 작은 것, 부자와 가난한 자 등의 대립되는 인물이 등장하는 특징 대부분이 전래 동화의 특징으로 연결되는 경우가 많다. 이러한 민담의 특성은 전 세계적으로 공통적으로 나타나는 특성으로, 우리나라에서 구전되는 민담과 외국의 민담이 유사한 내용을 갖고 있는 경우가 있다. 예를 들어, '나무꾼과 선녀'는 중국의 '흑녀전설', 일본의 '우의전설', 유럽의 '백조처녀', 말레이시아의 '선녀 이야기' 등과 유사하며, '해님달님'은 중국의 '론포포'[1]와 유럽의 '빨간

『커다란 순무』(알릭세이 톨스토이 글, 헬렌 옥슨버리 그림, 2017, 시공주니어)　　『장갑』(에우게니 라쵸프 글·그림, 2015, 한림출판사)　　『반쪽이』(이미애 글, 이억배 그림, 1997, 보림)

---

1) 중국에서는 할머니를 '포포'라고 부르고, 늑대를 '론'이라고 부른다. '해님달님'에서는 오누이가 호랑이를 피해 하늘로 올라가지만, '론포포'에서는 세 아이의 지혜로 늑대를 물리친다.

모자' 및 '늑대와 일곱 마리 아기염소'와 유사하다. '콩쥐팥쥐'는 독일, 중국, 베트남, 포르투갈 등의 '신데렐라'와 유사하다. 국립어린이청소년 홈페이지(https://www.nlcy.go.kr/NLCY/contents/C10503010000.do?cmd=for&schFld=ko)에서는 외국의 다양한 전래 동화를 들어볼 수 있다.

민담은 내용과 형식에 따라 종류를 구분할 수 있다. 서덜랜드(Sutherland, 1997)는 누적적 이야기, 말하는 동물 이야기, 익살이나 유머 이야기, 사실적 이야기, 종교 이야기, 낭만적 이야기, 마술 이야기 등으로 구분하였으며, 넬슨(Nelson, 1972)은 놀라운 이야기, 속임수 이야기, 동물이야기, 익살, 누적적 이야기 등으로 구분하였다. 여기에서는 민담을 누적적 이야기, 동물이야기, 익살이나 유머이야기, 마술이야기를 중심으로 살펴보겠다.

먼저, 누적적 이야기(cumulative story)는 가장 단순한 형태의 이야기로 반복적인 사건과 행위가 나타나는 특성을 가지고 있다. 예를 들어,『커다란 순무』『장갑』『반쪽이』등이 있다.

다음으로, 동물이야기(animal story)는 의인화된 동물이 등장하며, 교훈적인 내용을 담고 있다. 대표적인 이야기로는『팥죽할멈과 호랑이』가 있다.

익살이나 유머이야기는 해학과 익살이 담긴 이야기로는 바보, 멍청한 사람 등이 등장하여 우스꽝스럽고 엉뚱한 사건들이 일어난다. 대표적인 이야기는『방귀쟁이 며느리』『호랑이 뱃속 잔치』『임금님 귀는 당나귀 귀』등이 있다.

『팥죽할멈과 호랑이』(백희나, 박윤규 저)

『호랑이 뱃속 잔치』(신동근 글 · 그림)

또한 마술이야기(magic story)는 민담의 많은 부분을 차지하는 이야기이다. 요정이나 거인, 도깨비, 난쟁이, 마법사 등이 등장하여 현실적으로 불가능한 일을 만들고 가난하고 착한 주인공에게 복을 주는 이야기로 이루어져 있다. 대표적인 이야기로는『잠자는 숲 속의 공주』『백설공주와 일곱 난쟁이』『신데렐라』『장화신은 고양이』『혹부리 영감』등이 있다.

민담의 교육적 의의에 대해 최운식과 김기창(1988)은 바람직한 인간 형성과 전통문화의 계승과 발전이라고 밝혔으며, 서덜랜드(Sutherland, 1997)는 윤리적 신뢰를 전달한다고 하였다. 또한 이야기를 통해 어린이는 정서적 안정에 대한 욕구, 사랑하고 사랑받고 싶은 욕구, 고난을 극복하고자 하는 욕구, 원하는 것을 소유하고자 하는 욕구, 자아를 실현하고 싶은 욕구 등 기본적인 욕구를 만족시킬 수 있다고 하였다. 또한 민담을 통해 바람직한 인간의 인격 형성에 대해 생각해 볼 수 있고, 우리 조상의 풍속, 습관, 생활 등 전통문화를 경험할 수 있다.

2) 신화

신화는 그리스어 'mythos'에서 기원한 것으로 '이야기'를 의미한다. 신화는 신과 영웅들의 이야기이며, 현존하는 증거물에 대해 과거에 일어났던 사건이나 경험을 설명하는 객관적인 성격을 보인다. 또한 과거 특정 시대에 일어났던 일회적인 사건을 다룬다는 특성이 있다.

대표적으로는 그리스 로마 신화가 있다. 신화는 신과 인간의 관계를 나타낸다. 우리에게 친숙한 이야기인 『아담과 이브』 『노아의 방주』 『솔로몬 왕의 이야기』도 신화에 속하며, 우리나라의 『단군신화』도 있다. 다음에 제시된 『노아의 방주』는 성경이야기를 모티브로 한 것으로, 칼데콧 상 역사 이래 첫 번째로 수상한, 글 없는 그림책이다.

『노아의 방주』는 히브리 정경 또는 구약성경 중 창세기에 나오는 내용을 토대로 한 것이다. 노아는 하나님의 명령에 따라 배를 만들고 8명의 가족과 한 쌍씩의 여러 동물을 데리고 이 방주에 탄다. 대홍수를 만나 모든 생물(물고기 제외)이 전멸하고 말았지만. 이 방주에 탔던 노아의 가족과 동물들은 살아남았다는 17세기 시인 야코부스 레비우스(Jacobus Revius)의 「노아의 홍수(the Flood)」를 기반으로 한 것이다.

『Noah's Ark』(Peter Spier, 1977, Doubleday Books for Young Readers)

신화의 교육적 의의에 대해 서덜랜드(1997)는 신화로부터 우리의 사고와 언어의 기원을 알 수 있고, 서사시[2]의 배경을 제공하며, 신화가 지닌 아름다움과 상상을 경험할 수 있다고 밝혔다. 신화를 접함으로써 인류와 세상의 기원에 대해 알 수 있다는 것이다. 신화는 왜 이야기(pourquoi tale, why stories)와 비유적 내용을 담은 신화로 구분할 수 있다. 왜 이야기는

---

2) 역사적 사실이나 신화, 전설 · 영웅의 사적 따위를 서사적 형태로 쓴 시

가장 단순한 형태의 신화로서 자연현상이나 사물에 대한 물음과 관련된 신화이다. 대표적인 작품으로는 『모기는 왜 귓가에서 앵앵거릴까?』 『거미 아난시』 등이 있다.

『모기는 왜 귓가에서 앵앵거릴까?』(버나 알디마 글,
리오딜런 · 다이앤 딜런 그림, 2003, 보림)
서아프리카에서 전해 오는 모기가 사람들 곁에서 앵앵
거리게 된 이유를 누적적이고 연쇄적으로 제시

『거미 아난시』(제럴드 맥더멋 글 · 그림, 2005,
열린어린이)
아프리카 민담 영웅인 거미 아난시의 모험담을 담은
그림책

비유³⁾적 내용을 담은 신화는 그리스 로마 신화에서 많이 볼 수 있는 형태로 『그리스 로마 신화』(삼성출판사), 『처음 읽는 그리스 로마 신화』(시리즈), 『백두산 이야기』 『마고할미』 『단군 신화』 등이 있다.

『백두산 이야기』(류재수 글 · 그림,
2009, 보림)
백두산의 탄생 설화를 모티브로 우
리 민족의 삶과 정체성을 담은 장대
한 스케일의 창작그림책

『마고할미』(정근 글 · 조선경 그림,
2006, 보림)
한국 신화에서 내려오는 여신인 마고
할미에 관한 이야기. 마고할미의 무
릎은 산이 되고 오줌은 강물이 되어
바다를 만드는 등 세상이 만들어지는
과정에 대한 이야기

『단군신화』(이형구 글, 홍성찬 그림,
2007, 솔거나라)
우리 겨레의 건국 신화인 단군신화에
대한 이야기

---

3) 어떤 현상이나 사물을 직접 설명하지 않고 그와 비슷한 다른 현상이나 사물을 빌려 표현하는 일

3) 우화

우화(fable)는 전형적으로 동물이 등장하고 도덕적인 교훈이나 보편적인 진리를 다룬다. 우화는 교훈을 주거나 도덕을 가르치고자 하는 목적을 지닌다는 점에서 민담과 구별된다. 우화는 모든 인간은 강함과 나약함을 가지고 있음을 나타내기 위해 비유나 풍자 등을 사용한다. 우화의 끝 부분에는 짧은 해석이 달려 있는데, 이는 모두 후세 사람들이 덧붙인 것이다. 우화가 주는 교훈은 세상을 살아가는 데 필요한 처세술이 대부분이며, 상대적 가치를 반영하고 있다. 대표 작품으로는 중세시대에 교과서로 사용되기도 하였으며, 여러 나라의 언어로 번역되어 널리 배포된 『이솝우화』가 있다.

4) 너서리 라임

(1) 특징

너서리 라임(nursery rhyme)은 "어린아이들에게 들려주거나 불러 주는 시를 뜻하거나, 짧고 단순한 각운을 맞춘 시나 노래"(Opie, 1951)로 정의되며, 마더 구즈라고 불리기도 한다. 마더 구즈는 허구의 인물인 Mother Goose라는 이름의 할머니가 사람들 사이에서 떠돌던 노래를 모았다는 것에서 유래한 것이다(박소현, 2006). 너서리 라임 중 마더 구즈 또는 마더 구즈 라임이 많은 비중을 차지하기 때문에 마더 구즈로 통칭되기도 한다.

너서리 라임의 가장 중요한 특징은 작자와 그 출처를 알 수 없는, 입으로 전해지는 사회문화적 측면을 일컫는 구전 전통(oral tradition)이라는 것이다. 특히 몇 백 년에서 길게는 천 년 이전부터 사람들의 입에서 입으로 전해져 내려온 것이기 때문에 같은 이야기라고 할지라도 지역마다, 기록자마다 또 기록 시기에 따라 다양한 버전으로 나타나는 것이 일반적이다.

너서리 라임의 특징은 다음과 같다(박소현, 2006).

첫째, 너서리 라임은 현실적이고 사실적인 내용으로 시대상, 문화 및 그 시대 사람들의 발자취를 알 수 있다. 특히 시장가는 이야기, 물 긷는 이야기, 밥 먹는데 거미가 내려와서 무서웠다는 이야기 등 일상생활에 관한 이야기가 많다. 둘째, 너서리 라임은 대부분 구전되어 온 것으로 작자나 출처를 알 수 없으며, 같은 라임도 버전이 매우 다양하다. 셋째, 너서리 라임은 각운[4], 두운[5], 요운[6] 등을 가진 작품이 많고, 반복의 기법을 많이 사용하여 리듬과 놀

---

4) 시가(詩歌)에서 구나 행 끝에 규칙적으로 같은 운을 다는 일, 또는 그 운

이의 요소가 두드러진다. 다음은 작은 소년이 숲 속을 지나가다가 곰 한 마리를 만나서 함께 카누를 타고 베리랜드에 가면서 맛있는 딸기를 따는 모험을 그린 동화책인 브루스 드겐(Bruce Degen, 2000)의 『Jamberry』의 일부분이다.

One berry
Two berry,
Pick me a blueberry
Hatberry
Shoeberry
In my canoeberry

『Jamberry』(Bruce Degen 그림, 2009, HarperFestival)

I'm a little tea pot, short and stout
here is my handle here is my spout
When I get all steamed up hear me shout
Tip me over and pour me out

『I'm a little tea pot』(Majory Gardner 그림, Brimax 2009, publishing)

이 예시에서 살펴볼 수 있듯이, 각운을 사용해서 'berry'를 반복하여, 자연스러운 운율[7]이 느껴진다. 이러한 방식은 『나는 작은 주전자(I'm a Little Teapot)』에서도 발견할 수 있다. 여기에서는 /-aʊt/라는 각운이 stout, spout, shout, out에서 반복된다. 영어를 모국어로 사용하는 화자들은 어려서부터 특정한 단어의 각운이 가득한 너서리 라임을 통해, 단어의 각운을 익히고 음절 구조를 자연스럽게 익힌다.

넷째, 너서리 라임은 의인화, 은유법, 직유법과 같은 비유적 언어를 많이 사용한다. 대부분의 너서리 라임이 주전자 『I'm a little teapot』, 동물 『Baa, baa, black sheep, Pussycat, Pussycat』, 계란 『Humpty Dumpty』, 자물쇠 『Lock and Key』 등 다양한 소재를 주인공으로 삼고 있기 때문에 아동의 상상력을 자극하고, 어려서부터 시적인 표현을 자연스럽게 접함으로써 문학에 대한 이해를 도울 수 있다.

(2) 교육적 의의

너서리 라임의 교육적 의의는 다음과 같다. 우선, 너서리 라임은 각운과 반복된 어구가 많이 등장하여 언어 감각을 성장시키는 데 중요한 역할을 한다. 영어 발음의 특징을 자연스럽게 경험할 수 있기 때문에 초등학생의 영어 학습을 위해 활용되기도 한다. 다음으로, 너서리 라임은 반복된 리듬을 익히면서 듣기, 말하기를 자연스럽게 경험할 수 있으며 어휘력

---

5) 시구의 첫머리에 같은 음의 글자를 되풀이해서 쓰는 수사법, 또는 그 같은 음의 글자
6) 시행의 중간에 규칙적으로 같은 운을 다는 일, 또는 그 운

을 향상시킬 수 있다. 또한 재미있는 가사와 멜로디의 반복 리듬, 후렴 등을 통해 언어의 반복이 주는 즐거움을 경험할 수 있다. 마지막으로, 너서리 라임은 전통적인 문화를 담은 음악과 시로써 그 시대를 살아간 사람들의 시대상과 사람들의 정서를 잘 담아 내기 때문에 당시의 문화를 이해할 수 있다(Richards, 1969). 졸리(Jolly, 1975) 역시 너서리 라임이 문학성을 갖고 있는 시적 텍스트로 독자의 심리적·교육적 요구에 맞는 흥미로운 노래를 통해 어휘와 발음, 관용적 표현이나 문법 구조뿐 아니라 진정한 의사소통을 위한 문화 이해에 도움이 된다고 하였다.

(3) 종류

너서리 라임은 발음게임, 수수께끼, 속담, 자장가, 교육용 라임, 그리고 놀이용 라임, 술래뽑기 라임 등 여섯 가지로 나눌 수 있다(박소현, 2006).

① 발음게임(tongue twister)

우리나라의 '간장공장 공장장은 강공장장이고'로 시작되는 말처럼 일부러 발음하기 어렵게 만든 문장을 칭한다. 자음과 유사하거나 혹은 동일한 발음을 여러 번 반복하여 어려운 발음을 쉽고 흥미롭게 연결해 놓은 것이다. 어려운 음소나 단어를 재미있게 익히다 보면 자연스럽게 발음 차이에 대한 거부감을 해소하고, 어휘도 자연스럽게 익힐 수 있다.

② 수수께끼(riddles or conundrum)

수수께끼는 비유의 성격을 가지고 있다. 예를 들어, '백마 30마리(Thirty White Horses)'는 '빨간 언덕 위에서 백마 30마리가 터벅터벅 걷다가, 우적우적 여물을 씹다가 멈춘 것은 무엇일까요?'라는 질문과 '이와 잇몸' 답변으로 주고받는 형식이 수수께끼 라임이다. 이러한 형식의 너서리 라임은 아동에게 사물과 현상에 대한 새로운 관점을 제공함으로써 학습자에게 신선한 지적 충격을 주어 사물과 현상을 새로운 시각에서 해석할 수 있도록 유도한다(유종호, 1995).

③ 속담(proverbs)

한 사회의 보편적인 지혜를 담고 있는 간결한 언어표현을 속담이라 한다. 기억하기 쉬운 인상적인 비유나 선명한 대조의 구조를 이루고 있으며, 간결하고 함축적인 표현이 많다. 내용도 교훈적인 것, 풍자적인 것, 미신적인 것 등 다양하다. "고슴도치에 놀란 호랑이, 밤송이

보고 절한다."와 같은 우리나라 속담을 예로 들 수 있다.

④ 자장가(lullabies)

부모가 어린아이들을 재우며 들려주는 노래를 지칭하는 것으로 아기가 엄마 품에서 친근한 멜로디를 들으며 정서적 안정을 찾는 것이 주 목적이다. 거기에 엄마와 아빠의 사랑을 표현하는 가사가 각운을 이루며 운율적인 요소를 더한다. 대표적인 예로 〈Hush, Little Baby〉가 있다. 이 자장가의 경우 아이들이 좋아하는 소재의 단어들이 각운을 이루며 제시된다. 이렇듯 재미있는 각운과 운율, 사랑이 가득한 노랫말을 가진 자장가를 들으며 아이는 영어의 리듬과 각운, 멜로디에 익숙해지는 것이다.

 생각해 보아요

자장가의 대표적인 예시인 〈Hush, Little Baby〉입니다. 유튜브에서 'Hush, little baby'를 검색하여 직접 들어 보고 느낌을 나누어 보세요.

Hush, little baby, don't say a word, Mama's gonna buy you a mockingbird. And if that mockingbird don't sing, Mama's gonna buy you a diamond ring. And if that diamond ring turns brass, Mama's gonna buy you a looking glass…….

⑤ 교육용 라임(educational nursery rhyme)

아동의 인지발달, 특히 언어나 수 등 특정 분야의 발달을 목적으로 한 너서리 라임을 말한다. 우리나라에서도 어린이들이 '하나 하면 할머니가 지팡이 짚고서 잘잘잘, 둘 하면 두부장수 두부 판다고 잘잘잘' 하며 숫자 이름의 앞부분과 다음 단어의 앞부분을 일치시키는 노래를 하며 숫자를 익혔다. 이와 같은 방법으로 영어권 아이들도 숫자를 외우거나 알파벳을 습득할 목적으로 이러한 노래를 부르며 자란다. 우리나라 아이들도 좋아하는 알파벳 노래(Alphabet Song 혹은 ABC Song)는 영어를 모국어로 사용하는 화자들의 기초적인 문자교육에 공헌하는 바가 크다. 특히 아동이 알파벳의 이름을 외우고 향후 읽기 실력을 배양하는 중요한 지표임이 알려져 있다. 이 외에도 숫자, 요일이나 사물의 이름 등을 암기할 목적으로 하는 너서리 라임, 그리고 모국어의 문법 혹은 발음을 익히기 위한 너서리 라임도 많다.

⑥ 놀이용 라임(playtime nursery rhyme)

유아들이 술래를 선택(Choosing Rhymes)할 때, 줄넘기 놀이(Jump rope Rhymes: Teddy Bear, Jack Be Nimble)를 하거나 춤을 추면서(Action Rhymes: Reach for the Sky, Ring around the Rosies), 혹은 재미있는 손동작(Finger play Rhymes: Itsy Bitsy Spider, Hickory, Dickory Dock)을 하면서 부르는 너서리 라임이다.

재미있는 손동작과 함께 숫자와 시간 개념을 알려 주기에 유용한 〈히코리 디코리 독 (Hickory, Dickory Dock)〉의 가사의 일부분을 살펴보면 다음과 같다.

Hickory dickory dock	히코리 디코리 도크.
The mouse went up the clock	마우스가 시계 위로 올라갔습니다.
The clock struck one	시계가 1을 쳤다.
The mouse went down	쥐가 떨어졌다.
Hickory dickory dock	히코리 디코리 도크
Tick tock, tick tock, tick tock, tick tock	틱톡, 틱톡, 틱톡, 틱톡

⑦ 술래뽑기 라임(choosing or counting-out rhymes)

유아들이 놀이에서 편을 가르거나 술래를 정하기 위해 쓰는 노래 혹은 구호를 의미하는 술래뽑기 라임은 영미권 아이들의 놀이문화에서 매우 큰 비중을 차지했다고 전해진다. 예를 들어, '이니, 미니, 마이니, 모(Eeny, Meeny, Miny, Mo)'라는 놀이 라임을 들 수 있다. "이니 미니 마이니 모, 호랑이 발가락을 잡아라. 만약 호랑이가 소리 지르면 놔주지. 이니 미니 마이니 모."

여기서 이니, 미니, 마이니, 모는 정해진 뜻이 있는 것이 아니라, 우리나라의 '어쩌고 저쩌고'와 같은 말처럼 재미있게 음소를 반복하며 흥미를 유발하도록 한 후렴구에 해당한다. 우리나라의 경우 '코카콜라 맛있다' 혹은 '어느 것을 고를까요'와 같은 의미로 사용되는 문장을 의미한다. 누가 선택될지 몰라서 느끼는 긴장감과, 재미있는 발음과 운율로 인해 놀이과정의 시작 단계에서 사용하여 놀이 참여자들의 흥미를 이끌어 낸다.

3. 정보책

1) 특징

정보책(information book)[7]은 정보 그림책, 지식 그림책, 지식정보 그림책, 사실 그림책, 논픽션 그림책 등 다양한 용어로 사용된다. 정보책은 사실 정보를 전달하기 위한 목적을 가지고 있어, 다소 딱딱하고 어려울 수 있는 전문적인 정보를 영유아에게 좀 더 설득력 있고 친숙하게 전달하기 위해 다양한 장치를 활용한다. 정보책에 자주 사용되는 장치는 명확한 그림이나 도표, 그래프, 그림설명, 색인, 제목, 부제목, 그리고 유아가 직접 조작할 수 있는 플랩장치나 필름지, 팝업 장치 등이다. 예를 들어, 『illuminature: 일루미네이쳐 자연을 비춰 봐요』는 낮에 활동하는 동물, 서식지에 사는 식물, 밤과 어스름에 활동하는 동물을 볼 수 있도록 빨간색, 초록색, 파란색 렌즈를 사용하였다.

1990년대 이후 출판되고 있는 정보책의 특징은 먼저 양과 질이 증가하는 추세이고, 영아를 위한 정보책이 증가하고 있다는 것이다. 또한 일러스트레이션의 비중이 높고 질도 뛰어난 정보책이 대량으로 제작되고 있으며, 전문적인 주제를 다루는 정보책의 비중이 높아지고 있다는 것이다. 그리고 정보책이 보여 주는 작가의 비전과 작품의 문학성이 강조되고 있으며, 권위 있는 도서상의 수상작이 되고 있다(현은자, 김세희, 2005).

『illuminature: 일루미네이쳐 자연을 비춰 봐요』(레이철 윌리엄스 글, 카르노브스키 그림, 2017, 보림)

---

7) 정보책은 정보 그림책과 지식 그림책, 지식정보 그림책, 사실 그림책, 논픽션 그림책 등 다양한 용어로 사용되므로 여기에서는 이러한 용어 전체를 아우를 수 있도록 '정보책'이라는 용어로 사용하고자 한다.

정보책은 이야기가 책 전체를 관통하여 이야기의 형식을 빌려서 정보를 전달할 수도 있으나 장면마다 이야기가 분절되어 있어 다른 유형의 책에 비해서 화면 구성이 자유로운 편이다. 이러한 특성으로 정보책은 책의 각 장면마다 디자인의 다양성을 꾀하고 있는 경우가 많다. 정보책을 읽는 아동은 정보책에 사용된 도표와 그래프, 직접 조작할 수 있는 플랩 장치 등을 적극적으로 해독하는 과정을 거치게 되며, 정보책을 읽을 때 정해진 순서에 따르기보다는 자신의 흥미에 따라 책의 장면을 자유자재로 이동하면서 읽게 된다.

앞서 제시한 것처럼, 정보책은 이야기의 형식을 빌려서 정보를 전달하기도 하고, 백과사전처럼 정보를 전달하기도 한다. 정보책의 정보 제공 방식에 따른 유아의 반응을 알아본 결과, 질문하기, 설명하기, 기술하기 등 정보적 반응이 가장 많았으며, 이야기의 형식을 빌려서 정보를 전하는 그림책은 정확한 정보를 받아들이는 데 혼란을 주었으며, 단순 확인적인 질문과 명명하기의 반응이 많았다. 반면, 사진에 가깝게 정확한 그림을 제공한 그림책과 예술적인 표현방식의 그림을 통한 정보그림책에 대해서는 단순 확인적 질문과 명명하기 반응 이외에 의문나는 것에 대해 정보 요구식의 질문을 많이 보였으며, 소재와 관련된 정보를 설명하는 반응도 보였다(김현희, 2000).

2) 교육적 의의

정보책은 허구적인 이야기처럼 우리의 삶 자체를 다루고 있다. 정보책이 다루고 있는 동물과 식물의 성장 과정, 자연현상은 우리의 삶과 동떨어진 것이 아니라 우리가 직접 체험하고 있는 세계를 다루고 있다. 또한 정보책은 실제적인 사실과 진리를 다루고 있어, 그림책을 접하는 영유아가 사실과 허구를 구분할 수 있도록 한다. 마지막으로, 정보책은 독자에게 많은 정보와 지식을 제공하며 호기심을 자극한다. 또한 정보책은 아동에게 정보를 즐길 수 있는 기회가 되며, 영유아의 사전 지식이 증가될 수 있는 기회가 된다(Moss, 2002). 그리고 읽기를 힘들어하는 독자의 동기를 유발하여 읽기태도를 변화시키기도 하고, 글에 대한 이해력을 높일 수 있다(Leal, 1993). 정보책은 꾸민 이야기처럼 우리 삶 자체를 다루고 있고, 환상적 이야기나 사실적인 이야기와 좋은 대조를 이루어서 사실과 허구의 구별을 잘 할 수 있도록 도와주며, 독자에게 많은 정보와 지식을 주어서 유아의 아동의 호기심을 충족시켜 준다(김현희, 2000).

정보책 선정 시 가장 중요한 것은 책에 쓰인 정보가 정확한지를 살펴보는 것이다. 또한 최신의 정보를 다루고 있어야 한다. 지식은 영원불변하는 것이 아니라 변화할 수 있다. 따라서 이미 바뀐 이론이나 오래된 정보를 다루고 있어서는 안 된다. 그리고 책의 내용이 인종이나 성 등에 대하여 고정관념을 제공하지 않는지를 살펴보아야 한다. 특히 직업에 대한 정보책의 경우, 남성과 여성의 역할에 대한 고정관념이 포함되어 있는지를 유의하여 살펴보아야 한다(Winters & Schimidt, 2001).

3) 종류

정보책은 유형에 따라 개념 책, 알파벳 책, 수 세기 책, 질문 책 등으로 구분할 수 있다. 개념책은 영아들이 즐기는 대표적인 책의 형태로 앞서 자세히 살펴보았으므로 여기에서는 알파벳 책, 수 세기 책, 질문 책을 중심으로 살펴보고자 한다.

(1) 알파벳 책

알파벳 책(alphabet book)은 우리나라에서는 글자 책으로 불린다. 우리나라 글자 책에서 제시하는 글자의 정보단위는 ㄱㄴㄷ과 같은 낱글자(자소)와 가나다와 같은 음절 단위로 구분되며, 글자 책에서 소개하는 제시 글자의 예시는 명사, 동사, 형용사, 부사, 감탄사 등으로 다양하게 나타난다.

글자 책의 유형은 놀이를 의도하는 책, 이야기가 있는 책, 하나의 주제로 연결된 책, 글자 정보제공에 치중한 책, 그래픽의 성격이 두드러지는 책으로 구분된다(김민진, 이승룐, 2022). 글자 책의 유형을 구체적으로 살펴보면, 첫째, 놀이를 의도하는 책은 글자 책을 읽으면서 수수께끼, 숨은그림찾기, 신체활동, 노래부르기 등 놀이활동을 함께 할 수 있도록 제작된 형태로『수수께끼 ㄱㄴㄷ』(최승호 글, 이선주 그림, 비룡소),『기역은 공』(조미자 글 · 그림, 마루벌),『그림 속 그림찾기 ㄱㄴㄷ』(이상교 글, 안윤모 그림, 사계절) 등이 있다.

둘째, 이야기가 있는 책은 등장인물, 배경, 사건과 행위 등이 포함된 단순한 이야기 구조를 취하는 유형으로『모자섬에서 생긴 일』(홍미령 글, 최서경 그림, 고래책빵),『글자가 사라진다면』(윤아해, 육길나, 김재숙 글, 혜경 그림, 뜨인돌어린이),『과자 ㄱㄴㄷ』(박상철 글, 윤정주 그림, 여우고개),『고슴도치 ㄱㄴㄷ』(박상철 글, 강근영 그림, 여우고개),『개구쟁이 ㄱㄴㄷ』(이억배 글 · 그림, 사계절),『기차 ㄱㄴㄷ』(박은영 글 · 그림, 비룡소) 등이 있다. 케이트 그린어웨이의『A Apple Pie』(케이트 그린어웨이, Pook Press) 역시 애플파이를 만들고 먹는 과정을 A부터 T까지의 알파벳을 사용하여 이야기로 구성하고 있다.

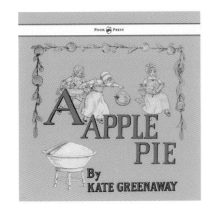

A Apple pie
Bit it
Cut it
Dealt it
Eat it
Fought for it
Got it
Had it
Jumped for it
Knelt for it

Longed for it
Mourned for it
Nodded for it
Opened it
Peeped in it
Quartered it
Ran for it
Sang for it
Took it

『A Apple Pie』(케이트 그린어웨이, 2010, Pook Press)

셋째, 하나의 주제로 연결된 책은 책 전체가 하나의 공통된 주제로 이루어진 것으로『동물 친구 ㄱㄴㄷ』(김경미 글·그림, 웅진주니어),『동물이랑 소리로 배우는 훈민정음 아야어여』(노 저임 글, 안경자 그림, 웃는돌고래),『우리 엄마 ㄱㄴㄷ』(전포롱 글·그림, 파란자전거),『내 마음 ㅅㅅㅎ』(김지영 글·그림, 사계절),『행복한 ㄱㄴㄷ』(최숙희 글 그림, 웅진주니어)이 있다.

넷째, 글자 정보제공에 치중한 책은 한글의 자모음 글자와 그림으로 구성된 책, 한글 자 모음 또는 '가나다'와 대응 단어 및 그림으로 구성된 책, 글자 책의 활용 방법을 책의 앞이나 뒤에 제공하는 책 등 글자의 정보를 제공하기 위한 목적에 충실한 책이다. 예를 들어,『고양 이는 다 된다 ㄱㄴㄷ』[천미진 글, 이정희 그림, 발견(키즈엠)],『하마의 가나다』(최승호 글, 김영수 그림, 비룡소),『똥이랑 ㄱㄴㄷ』(4차원 기획, 정지은 그림, 개똥이책),『한글비가 내려요』(김지연 글·그림, 웃는돌고래)』『펭토벤과 아야어여』(김세실 글, 김효주 그림, 한빛에듀),『변신! ㄱㄴㄷ』 (김세실 글, 김희선 그림, 한빛에듀)』 등이다.

마지막으로, 그래픽 성격이 두드러진 책은 '그림'이 제시 글자의 연결이나 단어보다 더 흥 미를 끄는 유형으로『표정으로 배우는 ㄱㄴㄷ』[솔트앤페퍼 글그림, 소금과 후추(킨더랜드)],『한 글이 된 친구들』(이호백 글·그림, 재미마주),『움직이는 ㄱㄴㄷ』(이수지 그림, 길벗어린이)』이 있다. 우리나라에서 출판된 글자 그림책의 예시는 부록에 제시하였다.

📖 읽어 보아요

유아교사들은 어떤 기준으로 글자 그림책을 선정할까요?

글자 그림책을 선택할 때 유아교사들은 무엇을 고려하는지를 알아보기 위하여 김은심과 유지안 (2019)은 유아교사 27명을 대상으로 주관적 태도를 연구하였어요. 그 결과, 글자 그림책을 선택할 때 교사들은 공통적으로 글과 그림이 유아의 상상력을 자극하고 창의적인지, 유아들에게 친숙한 인물이 등장하는지, 수수께끼나 노래, 신체 표현 등의 놀이성이 있는지를 우선적으로 고려하였고, 글자의 획순이 제시된다거나 초등학교 교과서에 수록된 작품이어야 한다는 것은 고려하지 않는 것으로 나타났어요.

또한 글자 그림책을 선택하는 교사들의 유형을 나눠 본 결과, 그림보다 글자를 중요하게 여겨 글자가 두드러지게 나타난 그림책을 선택하는 유형, 유아의 흥미를 유발하고 놀이할 수 있는 글자 그림책을 선택하는 유형, 유아의 발달 수준을 고려하여 발달 수준에 적합한 글자 그림책을 선택하는 유형으로 구분되었어요. 여러분은 어떤 유형에 해당하나요?

출처: 김은심, 유지안(2019).

(2) 수 세 기 책

우리가 사용하는 아라비아 숫자는 세계의 모든 나라에서 통용되고 있는 수 언어이다. 숫자는 기호이자 언어로 사회적인 약속에서 출발하며, 다양한 의미로 사용된다. 예를 들어, 대상을 지칭하는 번호, 나이, 순서, 시간, 양 등을 나타내는 숫자는 대상이나 상황을 구별하기 위해 사용되기도 하고 양을 나타내는 의미를 갖기도 한다. 영유아에게 수 세기 책(counting book)을 제시할 때에는 영유아의 수 개념에 관한 발달 특성을 고려해야 한다. 우리나라 유아들은 '하나' '둘' '셋'과 같은 우리나라의 고유 수 단어는 2세 이전에 획득하나 '일' '이' '삼'과 같은 한자 수 단어는 2세 이후에 획득한다. 영유아가 대상을 정확하게 헤아리기 위해서는 수 이름 말하기, 각각의 대상물을 한 번씩 고려하기, 일대일 대응하기와 같은 기술이 필요하다.

일본 작가 이와이 도시오의 『100층짜리 집』 시리즈는 인기가 많은 그림책이다. 다양한 동물들이 살고 있는 집을 그림으로 그려 각 동물의 생태 구조까지 알 수 있도록 하는 『100층짜리 집』 시리즈는 집, 지하, 바다, 하늘 네 가지의 다른 공간을 제시하고 있으며, 유아는 자연스럽게 숫자를 익힐 수 있다. 그리고 『헛둘헛둘 숫자쇼』는 1부터 9, 그리고 0을 다루고 있다. 각 장면마다 여섯 가지 플랩(flap)에 수수께끼가 있어, 유아는 수수께끼를 푸는 동안 수 세기를 익힐 수 있다.

『헛둘헛둘 숫자쇼』(실비 미슬랭 글, 스테피 브로콜리 그림, 박대진 역, 2018, 보림)

 알아 두세요

우리나라와 프랑스 수 세기 그림책의 차이점

영유아의 수 세기 개념 획득을 위해서 수 세기 그림책이 다양한 국가에서 출판되고 있는데, 각 나라의 문화적 차이에 따라 형식이 다양하다. 심향분(2019)은 프랑스와 우리나라 영아 수 세기 그림책에서의 시각 문화적 차이를 연구하여 차이점을 다음과 같이 제시하였다. 첫째, 개념 집중적 제목과 내용 암시적 제목이다. 예를 들어, 프랑스 수 세기 그림책 『Chiffres』와 『Les Chiffres』를 살펴보면, chiffres와 les chiffres는 모두 '숫자'를 나타내는 단어이며, 제목에 숫자를 함께 제시하여 직관적으로 수 세기 책이라는 것을 보여 주는 개념에 집중하는 제목이라고 볼 수 있다. 반면, 우리나라 수 세기 그림책인 『아기동물 123』과 『잘잘잘 123』은 그림책이 무엇을 주제로 하여 내용으로 하는지(아기동물과 기차) 암시하고 있다. 둘째, 명확한 대상과 풍성한 배경이다. 프랑스 그림책은 명확한 대상만 제시하고 있고, 우리나라 그림책에서는 풍성한 배경을 제시하여 이야깃거리를 제시한다. 그러나 풍성한 배경은 수 세기 그림책에서 지향하는 수 인식에 방해 요소가 될 수도 있다. 셋째, 대상 독립적 구성과 공동체 맥락적 구성이다. 수 세기 그림책은 장면구성에 있어 숫자, 대상 그림, 대상을 소개하는 글로 이루어진 간단한 구성적 특징을 갖는데, 1에서 10까지 소개할 때 차이점을 드러낸다. 프랑스 그림책에서는 숫자, 수 이름, 동물 이름, 간단한 동물의 특징만을 소개하여 숫자의 모양을 인지하게 한다. 반면, 우리나라의 수 세기 그림책 『아기동물 123』이나 『잘잘잘 123』의 마지막 장면에서는 모든 동물 혹은 가족이 함께하는 장면을 등장시킨다. 넷째, 명명적 단어와 묘사적 언어이다. 프랑스 그림책에서는 글자 언어에서 수식어가 없이 구체적인 단어를 명확하게 제시한다. 우리나라 그림책에서는 글에 다양한 수식어들이 함께 등장하고, 대상의 이름뿐 아니라 의성어, 의태어를 함께 제시하여 영아 독자는 대상의 이름보다는 듣는 즐거움을 우선적으로 경험하게 된다.

프랑스 수 세기 그림책 예시
『Chiffres』와 『Les Chiffres』

우리나라 수 세기 그림책 예시
『아기동물 123』(류재옥 글 · 그림, 2018, 창비)
『잘잘잘 123』(이억배 글 · 그림, 2008, 사계절)

출처: 심향분(2019).

(3) 질문 책

질문 책은 질문하고 답을 하는 형식의 그림책이다. 질문에 대한 답은 바로 제시되기도 하고, 페이지를 한 장 넘겨서 확인할 수도 있다. 영유아들은 질문에 대한 답을 생각하면서 동물의 생김새와 생태계에 대해 익히기도 하고, 이야기의 재미를 느끼기도 한다. 대표적인 그림책으로는 『우리 엄마 어디 있어요?』가 있다. 이 그림책은 대상영속성 개념이 형성되는 1~2세 영아를 위한 도서로, 자신과 타인을 구별하는 것이 아직 형성되지 않은 하양이가 엄마를 찾는 과정을 제시하고 있다. 영아가 구별하기 쉬운 빨강, 주황, 노랑, 초록, 파랑, 보라의 여섯 가지 색을 통해 세상에 처음 나온 아기 물고기 '하양이'가 '나'만의 고유한 특성을 깨닫는 과정을 알려 주는 그림책이다.

『우리 엄마 어디 있어요?』(기도 반 게네흐텐 글 · 그림, 2004, 한울림어린이)

또한 정보책은 자연과학, 사회과학, 예술 등 다양한 주제를 다루기도 한다. 『길까, 짧을까?』는 시간의 상대성에 대해 다루고 있다. 1분부터 1시간, 이틀, 한 달, 18년까지 이르는 시간을 차례로 제시하여 아동과 성인이 경험하는 시간의 개념을 제시하고 있다.

『길까, 짧을까?』(이자벨라 지엔바 글, 우르슐라 팔루신스카 그림, 이지원 역, 2022, 길벗스쿨)

『예술 쫌 하는 어린이』 시리즈는 영유아가 이해하기에는 글이 많은 편이지만 건축, 디자인, 현대미술, 패션, 정원, 음악 등 다양한 예술 분야에 대한 정보를 글과 그림으로 제시하고 있다. 그리고 『정원을 가꿔요: 어린이를 위한 쉬운 가드닝』은 생활 속에서 쉽게 실천할 수 있는 가드닝 활동을 제시하고 있다.

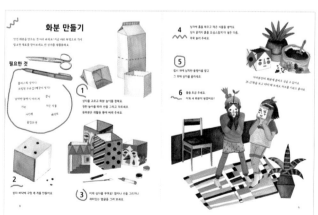

『정원을 가꿔요: 어린이를 위한 쉬운 가드닝』
(커스틴 브래들리 글, 에이치 그림, 이순영 역, 2020, 북극곰)

정보책은 다른 유형의 그림책에 비하여 유아 교사가 영유아에게 자주 제시해 주지 않거나, 유아에게 소리내어 읽어 주거나 함께 살펴보기보다는 도서 영역이나 과학 영역에 정보책을 전시해 주는 것에 그치는 경우가 더 많다. 이는 유아교사가 정보책이라는 장르에 대한 낯설음을 갖고 있거나, 그림책에서 제시하는 정보에 지나치게 의존하여 다양한 호기심과 요구를 가지고 있는 유아의 질문에 대한 두려움, 정보에 대한 어려움, 발문에 대한 어려움을 갖고 있기 때문이다(심향분, 2012). 그러나 유아교사는 이러한 어려움을 극복하고, 재미있는 정보를 유아와 함께 나눈다고 생각하면서 양질의 정보책을 선택하여 적극적인 상호작용을 시도해야 할 것이다.

4. 사실 그림책

1) 특징

사실 그림책(contemporary realistic fiction)[8]은 유아가 살고 있는 일상생활, 주변 세계를 사실적으로 다루고 있기 때문에 유아가 실제 경험할 수 있는 범위 안의 이야기가 제시된다. 사실 그림책을 읽음으로써 유아는 다양한 정서적 경험을 할 수 있고, 현실보다 더 구체적으로 경험하고 재구성하여 삶의 질을 향상시킬 수 있다. 사실 그림책에는 작가가 만들어 낸 실제와 비슷한 사실적 인물이 등장하고, 이 인물들은 실제 사람들이 하는 행동과 말을 한다. 그래서 사실 그림책을 읽는 유아는 간접 경험의 기회를 제공받으며 삶의 영역을 넓힌다. 사실 그림책은 유아의 삶과 일상을 그대로 담고 있기 때문에 생활 그림책이라고도 한다. 사실 그림책은 유아의 성장에 대한 이야기, 가족과의 관계, 또래와의 관계, 동식물에 관한 애정 등 유아가 경험할 수 있는 다양한 주제를 포함한다.

2) 교육적 의의

사실 그림책의 교육적 의의를 살펴보면 다음과 같다(김정원, 전선옥, 이연규, 2014). 사실 그

---

8) 사실 그림책은 사실동화 혹은 사실주의 그림책 등 다양한 명칭으로 불리고 있다. 여기에서는 사실 그림책으로 통칭하고자 한다.

림책은 인간이 세상을 살아가는 삶을 이해하도록 도와주며, 글을 읽는 영유아가 주인공의 생활과 삶을 쉽게 동일시할 수 있다는 특징을 갖는다. 또한 주인공이 처한 문제 상황을 해결하는 과정을 살펴봄으로써 주인공의 경험을 간접적으로 경험하고 문제해결력도 기를 수 있다. 이러한 사실 그림책은 유아의 발달적 특성을 잘 고려해야 하며, 줄거리가 단순하고 명쾌해야 한다. 또한 영유아가 일상생활에서 경험할 수 있는 문제와 사회적 관계와 사회적 문제에 대한 통찰력을 기를 수 있는 내용을 담고 있어야 한다. 정리하면, 사실 그림책은 유아의 일상생활과 밀접한 주제를 다루기 때문에 다른 그림책 장르보다 등장인물과의 동일시가 수월하며, 주인공이 문제를 해결하는 과정을 보면서 문제해결력을 기를 수 있다.

3) 종류

사실 그림책은 주제를 중심으로 성장을 다룬 이야기, 가족 간의 관계를 다룬 이야기, 친구와의 관계를 다룬 이야기, 사회문제를 다룬 이야기 등으로 구분할 수 있다. 성장을 다룬 사실 그림책은 『이슬이의 첫 심부름』(쓰쓰이 요리코 글, 하야시 아키코 그림)처럼 영유아의 일상생활을 다룬 이야기가 대표적이다. 다음으로, 가족간의 관계는 부모와의 관계, 조부모와의 관계, 형제자매와의 관계 등 가족 구성원들과의 이야기를 담은 그림책이다. 특히 영유아기에는 동생의 출생만큼 충격적인 사건도 없다. 동생의 출생을 담은 『동생이 태어날 거야』(존 버닝햄 글, 헬린 옥슨버리 그림), 『피터의 의자』(에즈라 잭 키츠 글·그림) 등을 통해 영유아는 동생의 출생에 대해 미리 경험하고, 두려움을 해소할 수도 있다.

친구관계를 다룬 사실 그림책을 통해 어린이집이나 유치원에서 쉽게 일어나는 친구와의 갈등을 경험할 수 있다. 동화 속 주인공이 친구와 싸워서 속상했던 경험, 화해하는 과정 등을 통해 영유아는 자신의 생활에서 일어날 수 있는 친구와의 갈등을 해결하고 우정을 나눌 수 있는 경험을 간접적으로 느낄 수 있다. 『미안해』(샘 맥브래트니 글, 제니퍼 이처스 그림)는 친구와 놀이하다 다투고 난 후 어렵게 화해하는 두 친구이야기를 '나'라는 아이의 시점에서 아주 세심하게 표현한 책이다. 유아가 이 그림책을 보며 친구와의 갈등과 우정을 간접적으로 경험하거나 혹은 자신의 경험을 대입해 볼 수 있을 것이다.

마지막으로, 사회문제를 다룬 사실 그림책이 영유아에게 적합한가에 대해서 많은 논의가 있어 왔다. 그러나 최근 연구자들은 죽음, 이혼, 전쟁, 인종 문제 등과 같은 주제를 담고 있는 그림책은 영유아가 자신이 살고 있는 사회가 직면한 문제에 대해 생각할 수 있는 기회를 제공하기 때문에 의미가 있음을 보고하고 있다. 예를 들어, 『암란의 버스/야스민의 나라』는 한 권의 그림책을 앞에서 뒤로, 뒤에서 앞으로 읽을 수 있도록 제작된 책이다. 실제 2018년 예멘에서 제주로 온 암란과 야스민의 여정이 사실적으로 제시되어 있으며, 한국어, 영어, 아랍어 등 3개국 언어로 읽을 수 있다.

『암란의 버스/야스민의 나라』(제람 글, 장민 그림, 2022, 출판사 제람씨)

대표적인 사실 그림책으로『피터』시리즈를 꼽을 수 있다. 이 시리즈는 미국의 대표적인 현대 그림책 작가인 에즈라 잭 키츠의 작품으로 흑인 남자 유아인 '피터'가 등장한다. 1962년에 출판된『눈 오는 날』은 흑인 어린이가 주인공으로 등장한 최초의 그림책이었다. 이후 에즈라 잭 키츠는 그림책에 주인공 피터의 생활을 담아 다양한 그림책을 출판하였다.『피터의 안경』『내 친구 루이』『고양이 소동』『애완동물 뽐내기 대회』『피터의 편지』등이 있다.

또한 로렌 차일드의『찰리와 롤라』시리즈 역시 대표적인 사실 그림책이다. 로렌 차일드의 대표적인 그림책『난 토마토 절대 안 먹어』는 편식이 심한 동생 '롤라'에게 여러 가지 채소를 먹이기 위해 고군분투하는 오빠 '찰리'의 모습을 제시하고 있다. 이 책은 영국 도서관연합회가 선정하는 올해의 최우수 그림책으로 선정되기도 하였다. 그 외에도 로렌 차일드의 작품으로는『멋진 귀를 가진 개를 키우고 싶어』『딱 하나를 고를게』『지글아, 어디 숨었니?』『런던은 정말 멋져!』『나도 키 컸으면 좋겠어』『정글 탐험 떠나볼래?』『아니야, 진짜 진짜 갖고 싶어』등이 있다.

우리나라에서도『찰리와 롤라』시리즈처럼 시리즈로 출판되는 그림책이 있다. 바로 고대영 작가와 김영진 작가가 쓴『지원이와 병관이』시리즈이다. 남매인 지원이와 병관이의 일상생활의 모습을 유머러스하게 다루는 것이 특징이다. 남매가 부모님 없이 지하철을 타는 경험을 그린『지하철을 타고서』, 손톱 깨무는 습관 고치기를 소재로 한『손톱깨물기』, 두발

자전거 타기 배우는 과정을 다룬 『두발자전거 배우기』 등 소소한 일상을 소재로 재미있는
그림과 글이 잘 어우러져 있는 그림책들이다. 그 외에도 『거짓말』 『집안치우기』 『먹는 이야
기』 『칭찬먹으러가요』 『싸워도 되요?』 등이 있다.

『지하철을 타고서』(고대영 글, 김영진 그림, 2006, 길벗어린이)

사실 그림책은 유아의 일상생활을 다루고 있기 때문에 유아의 놀이 모습도 다양한 모습
으로 등장한다. 한수진(2021)은 사실 그림책에 나타난 유아의 놀이 유형을 분석하였는데, 유
아들의 신체놀이와 단순놀이의 형태가 가장 많이 나타났고, 다음으로 표현 예술놀이가 나
타났다. 또한 놀이 대상은 친구와의 놀이가 가장 높은 빈도를 나타내었고, 혼자나 가족과의
놀이의 순으로 나타났으며 놀이 공간은 가정-실내 공간, 지역사회-공원, 놀이터 공간의 순
으로 나타났다. 놀잇감은 신체 놀잇감과 상상 놀잇감, 자연물, 창의적 표현 놀잇감의 순으로
나타났다.

 생각해보아요

최근에는 다양한 사회문제를 다룬 사실 그림책이 많이 출판되고 있습니다. 유아에게 다소 어렵다고
느껴지는 주제인 '이혼' '죽음' '전쟁' '인종문제' 등도 다루기도 하는데요. 이러한 주제를 다룬 사실 그
림책을 한 권 선정하여 감상해 보세요. 이러한 그림책을 유아에게 제시하는 것이 적절한지, 또 어떻게
제시할지에 대해서도 토의해 보세요.

참고: 그림책박물관(https://www.picturebook-museum.com)

5. 역사 그림책

1) 특징

역사(歷史)는 히스토리(history), 즉 남자의 이야기(his story)를 번역한 것으로, 일반적으로 역사라는 용어는 과거 및 현재의 인간이 지적·예술적·사회적 활동을 한 산물의 총체 및 부분을 일컫는다(한국민족문화대백과사전, https://encykorea.aks.ac.kr/Article/E0036605, 2023년 9월 4일 인출). 역사를 소재로 한 아동문학은 1990년 전후기에는 민족사관을 바탕으로 했거나 계몽적·영웅적 인물 중심적인 이야기가 주를 이루었다. 그러나 최근에는 진지한 역사의 무게를 담은 고발문학과 역사적 사건을 배경으로 담은 성장소설, 사실과 허구를 섞어 그 둘의 상관관계까지 고민해 볼 수 있는 다양한 작품들이 출시되고 있다. 또한 많은 사람에게 알려져 있거나 이미 서사화된 인물보다는, 잘 알려져 있지 않지만 근대적이고 신지식인다운 면모를 가진 사람들의 열정이나 덕목을 알리려는 작품들이 늘고 있다(김단아, 2009).

양질의 역사 그림책은 역사적 자료를 바탕으로 글과 그림으로 이야기를 재미있게 구성하여, 그림책을 읽는 독자로 하여금 그 시대에 일어난 역사적 사건에 대해 상상하고 추론해 볼 수 있게 한다. 영유아의 발달에 적합한 양질의 역사 그림책은 유아가 그림책을 읽으면서 역사에 대한 감각을 익히고, 유아 자신의 삶도 미래를 살아갈 사람들의 삶에 영향을 끼치게 될 것임을 깨닫게 한다. 역사 그림책은 충성심, 우정, 용기 등의 보편적 진리와 주제를 다룬다. 역사적으로 뛰어난 인물의 일대기를 다루거나 역사적 사건을 다루기 때문에 시간의 흐름이나 시대적 변화가 자연스럽게 나타난다. 유아는 역사 그림책을 읽으며 역사적 사실을 흥미롭게 이해할 수 있다. 김경낭과 성소영(2012)은 만 4~5세 유아들을 대상으로 『작은 집 이야기』『할머니의 할머니의 할머니의 옷』 등의 그림책을 활용한 역사교육을 실시한 결과, 역사교육의 하위 개념인 시간, 변화, 과거, 삶의 연속성을 이해할 수 있었으며, 유아들의 자아존중감을 향상시키고, 조망수용능력 증진에 효과가 있는 것으로 나타났다. 즉, 역사동화는 역사적 사건, 인물, 시대 상황을 바탕으로 하며, 역사적 사실을 바탕으로 작가의 역사적 상상력을 통해서 완성된다. 또한 역사 그림책은 한 작품 안에서 역사적 인물과 허구적 인물의 공존이 가능하며 역사 속에서의 인간, 역사적 삶으로 이해되는 인간의 삶을 주제로 삼고 있다. 또한 역사 동화는 사건뿐 아니라 그 시대의 정신과 가치를 정확하게 반영해야 한다.

2) 교육적 의의

유아에게 다양한 교육적 경험을 통해 역사적 개념을 제공하면 다음과 같은 효과를 거둘 수 있다(박찬옥, 김영중, 황혜경, 엄정례, 조경서, 2001). 첫째, 과거, 현재, 아주 오래전 옛날 등의 시간을 구별할 수 있다. 둘째, 유아 자신과 가족의 생활을 통해 역사에 대한 흥미와 의미가 부여된다. 셋째, 역사에 대한 학습이 신화, 이야기, 전설, 전기 등의 형식으로 구체화 됨으로써 역사에 대한 진가를 인식하게 된다. 넷째, 편지, 일기, 사진, 앨범 등의 과거 기록을 통해 옛날 사람들의 생활을 엿볼 수 있다. 다섯째, 역사를 탐구하는 방법, 질문하는 법, 결론에 도달하는 법 등을 사용할 수 있다.

이로 미루어 볼 때, 역사 그림책은 역사적 자료를 바탕으로 이야기를 전개하기 때문에 이야기를 접하는 영유아가 현재 시점이 아닌 과거, 현재, 미래로 이어지는 역사에 대해 관심을 가지고 간접 체험할 수 있다. 또한 역사적 삶에서의 주인공 모습을 통해 그 시대의 정신과 가치를 대리경험할 수 있다.

3) 종류

역사 그림책은 문화유산책, 생활사책, 인물책 등 다양하게 구분할 수 있다. 유아가 역사 그림책 읽기를 즐기려면 역사라는 것이 현재와 동떨어진 것이 아니라는 것을 알아야 한다. 이러한 의미에서 그림책『네가 태어난 날, 엄마도 다시 태어났단다』는 엄마가 어릴 적 겪은 과거의 경험을 들려주는 내용으로, 유아는 이 그림책을 통해 시간이 지나면 삶도 변화한다는 것을 자연스럽게 이해하게 된다.

『네가 태어난 날, 엄마도 다시 태어났단다』(뱅상 퀴벨리에 글, 뒤테르트르 그림, 이세진 역, 2010, 비룡소)

문화유산책은 역사적으로 의미가 있는 문화유산을 정보그림책의 형식이나 이야기를 중심으로 제시한 책이다. 『반짝반짝 우리 문화유산 그림책』(안승희 글·그림, 2023)은 신석기 시대 암각화부터 조선 후기 민화까지 462가지 우리나라의 문화유산을 그림으로 제시하고 각각의 설명을 제시하였으며, 『빛나는 한글을 품은 책 훈민정음』(조남호 글, 김언희 그림, 2015)은 세종대왕이 훈민정음을 만든 시대적 배경과 글자가 만들어진 원리 등을 그림으로 설명한 그림책이다. 다음으로, 생활사책은 과거에 생활한 인물들의 일상생활을 통해 과거와 현재의 변화를 알 수 있는데, 사파리 출판사에서 출판한 『잃어버린 자투리 문화를 찾아서』는 아카시아 파마, 풀싸움, 풀각시 등 지금은 사라진 옛 놀이 등을 다루고 있다. 『불이 번쩍! 전깃불 들어 오던 날』(양영지, 2016), 『전화 왔시유, 전화!』(신현수, 2017), 『때 빼고 광내고 우리 동네 목욕탕』(김정 글, 최민오 그림, 2017) 등은 1970년대의 생활을 다루고 있다. 역사라고 하면 자칫 먼 옛날만을 떠올리기 쉬운데, 우리가 현재 쉽게 사용하고 있는 전기와 전화가 언제부터 상용화되었는지를 재미있는 이야기로 풀어 낸 책이다.

권윤덕은 일본군 위안부 피해자의 이야기를 담은 『꽃 할머니』, 제주 4·3 사건을 다룬 『나무 도장』, 5·18 민주화운동을 담은 『씩스틴』 등 우리나라 현대사를 다룬 그림책을 출판하고 있다. 유아는 권윤덕의 그림책을 통해 우리나라 현대사를 관통하는 다양한 사건을 다양한 관점에서 살펴보게 된다.

또한 인물책은 역사적 인물에 대한 전기나 특별한 에피소드를 중심으로 쓰여 있는데, 우주나무에서 발간한 『우주나무 인물그림책』 시리즈는 이순신, 김만덕, 이산, 이도, 나혜석, 김득신의 어린 시절 이야기를 중심으로 인물의 삶을 다루고 있다. 또한 『어린이를 위한 나는 말랄라』(말랄라 유사프자이, 퍼트리샤 매코믹 글, 2019)는 역대 최연소 노벨평화상 수상자인 말랄라 유사프자이의 삶을 다루고 있다.

『꽃 할머니』(권윤덕 글·그림, 2010, 사계절)

이러한 역사 그림책을 유아에게 제시할 때, 부모나 교사는 그림책을 읽어 주며 배경을 설명해 주는 것이 좋다. 대부분의 역사 그림책의 뒷부분에는 그림책에서 다루고 있는 시대나 사건을 설명해 주는 페이지가 별도로 제시되어 있으므로, 유아와 함께 이야기의 역사적 배경에 대해 살펴보도록 한다. 역사는 보는 사람의 관점에 따라 다르게 해석되기도 하며, 동일한 인물을 다루더라도 어린 시절에 초점을 두거나 업적에 초점을 두는 등 이야기는 매우 다양하다. 그러므로 다양한 출판사의 책을 살펴보고 비교해 보는 것도 좋겠다. 이와 더불어 유튜브 채널 등 다양한 유형의 자료를 이용하여 역사적 사실에 대한 정보를 비교하며 이야기 나누는 것도 좋은 방법이다.

6. 환상 그림책

1) 특징

환상 그림책(fantasy picturebook)은 현실에서 벗어난 초자연적인 소재나 대상, 사건이 중심이 되는 이야기이다. 현실에서 벗어나 이야기가 전개되지만, 그 출발은 현실에 둔다. 모리스 샌닥의 『괴물들이 사는 나라』가 대표적인 그림책이다. 『괴물들이 사는 나라』의 주인공 맥스가 펼치는 상상의 나라에서 상상의 동물을 만나 놀이하는 이 책도 출발은 유아가 엄마에게 야단을 맞고 방으로 쫓겨나는 것에서부터 시작한다. 대부분의 환상 그림책에서 환상과 현실을 가르는 장치가 사용되는 데, 이 책은 맥스의 방이 환상과 현실의 경계를 나누는 역할을 한다.

환상 그림책에서 제시하는 환상적인 요소는 믿을 수 있는 것이어야 한다. 주인공은 그럴

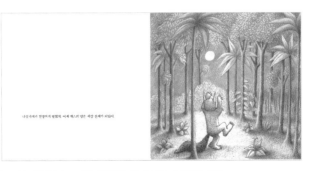

『괴물들이 사는 나라』(모리스 샌닥 글 · 그림, 강무홍 역, 2022, 시공주니어)

듯하고 친숙한 인간이나 동물 등의 모습이어야 하며, 세부묘사는 풍부하고 세밀해야 한다. 또한 현실에서 출발하여 실재와 환상이 연결되어야 한다. 환상 그림책은 환상성의 정도에 따라 환상성이 높은 그림책과 환상성이 낮은 그림책으로 구분하기도 한다. 환상성이 높은 그림책은 작은 요정 등이 등장하는 그림책, 현실에서 일어날 수 없는 신기하고 환상적인 상황을 다룬 그림책, 시간과 공간이 바뀌는 여행과 마법, 상상의 동물이 등장하는 그림책 등이다. 환상성이 낮은 그림책은 등장인물이 의인화된 동물이나 의인화된 사물로 등장하는 그림책이다.

2) 교육적 의의

환상 그림책의 교육적 의의를 살펴보면 다음과 같다.

첫째, 환상 그림책은 환상적인 세계를 현실과 대비시켜 사실성이나 실재성을 예리하게 드러낸다. 예를 들어, 이수지의 『동물원』은 가족과 함께 동물원 나들이를 간 주인공이 동물을 따라 환상세계로 들어가는 과정을 글 없이 제시하고 있는데, 현실 세계는 흑백으로 묘사하고, 환상세계는 다양한 색을 활용함으로써 현실과 환상의 세계를 대비시키고 있다. 둘째, 환상 그림책은 이성적이거나 합리적이어야 할 필요없이 유아가 마음껏 상상할 수 있도록 돕는다. 예를 들어, 앤서니 브라운의 『마술연필』은 꼬마곰이 숲 속을 걸어가다가 만나는 어려움(늑대, 뱀)을 마술 연필을 이용한 그림으로 해결하게 되는데, 무엇이든 현실로 바꿀 수 있는 마술 연필을 통해 유아는 마음대로 상상할 수 있다. 셋째, 환상 그림책은 유아로 하여금 주인공과 동일시하게 하여 심리적 안정감을 제공한다. 모리스 샌닥의 『괴물들이 사는 나라』에서 주인공 맥스는 엄마의 잔소리를 피해 환상의 세계로 향하게 되는데, 그림책을 읽는 영유아들 역시 주인공과 동일시하며, 스트레스를 해속하고 심리적 안정감을 느낄 수 있다.

3) 종류

환상 그림책은 민담의 요소를 가진 환상 그림책과 환상성이 높은 그림책, 환상성이 낮은 그림책으로 구분할 수 있다.

환상성이 높은 그림책은 무생물이나 동식물이 사람처럼 느끼고 말하는 등 순수한 상상에 의해 쓰인 그림책으로, 사람을 초현실적이거나 환상적인 상황에 처하게 하거나 시공간을 자유롭게 넘나드는 등의 높은 환상성을 보여 준다. 『피터팬』과 『이상한 나라의 앨리스』 『구름 빵』(백희나 글·그림), 『커졌다』(서현 글·그림) 등은 환상성이 높은 환상동화의 예이다.

의인화된 동물과 장난감을 다룬 환상성이 낮은 환상동화는 동물이나 장난감이 사람의 모습으로 등장하는 동화이다. 『피노키오』 『아기곰 푸우』 『피터래빗 이야기』 등이 있으며, 우리나라 작품으로는 『도대체 그동안 무슨 일이 일어났을까?』 『세상에서 제일 힘 센 수탉』(이억배 글·그림) 등이 있다. 또한 환상성이 매우 높은 환상동화로 공상과학 그림책이 있다. 공상과학동화(science fiction)는 과학적인 법칙이나 공학적인 발명품에 강조를 둔 동화이다. 괴물, 로봇, 외계인, 우주인 등이 등장하며 타임머신을 타고 과거와 미래를 자유자재로 넘나들며 이야기가 전개된다. 대표적인 그림책으로 박연철 작가의 『지구를 지켜라』(2018)가 있다.

환상 그림책의 대표적인 작가는 미국의 데이비드 위즈너(David Wiesner, 1956~)를 꼽을 수 있다. 위즈너의 작품은 환상성이 매우 높은 환상동화로, 여러 차례 칼데콧 상을 수상하였다. 대표작으로는 『이상한 화요일』 『자유낙하』 『구름 공항』 『시간상자』 『아기돼지 세 마리』 등이 있다. 다음은 화요일 저녁, 개구리와 두꺼비가 하늘을 날고 이를 바라보는 여러 다른 동물들과 사람들이 보이는 반응을 유머러스하며 독특한 그림 스타일로 제시한 『이상한 화요일』의 표지와 장면이다.

『이상한 화요일』(데이비드 위즈너, 2002, 비룡소)

이러한 환상 그림책은 환상적인 세계와 현실을 대비시켜, 그림책을 읽는 유아가 현실과 환상세계를 명확하게 구분할 수 있도록 한다. 또한 환상 그림책을 읽으면서 독자인 유아는 상상력을 발휘할 수 있다.

7. 동시와 동요

1) 동시

(1) 특징

시는 자연이나 인생에 대하여 일어나는 감흥과 생각을 함축적이고 운율적인 언어로 표현한 글이며(Russell, 2009), 동시(童詩)는 어린이의 정서를 주제로 성인이나 어린이가 지은 시이다. 동시는 어린이의 삶에서 의미 있는 것들을 다룬다는 점 이외에는 성인을 위한 시와 크지 않다(Lukens, 1995). 동시의 모태는 동요인데, 동시는 어린이에게 운율을 통해 언어의 향기, 기품, 음영, 색채 등을 음미하게 하여 풍부한 정서를 접하게 할 수 있으며, 동시 속에 나타나는 의미를 파악할 수 있다. 동시는 의인법을 활용하거나 의성어와 의태어를 많이 활용한다.

(2) 교육적 의의

동시는 우리말의 아름다움을 느낄 수 있는 아동문학 유형이라고 할 수 있다. 동시는 단순한 형식으로 인간과 세계에 대한 새로운 가치를 습득할 수 있으며, 시어의 정확한 사용이 자아내는 아름다움으로 심미감을 경험할 수 있다. 또한 좋은 시는 그 자체로 독자를 기쁘게 하고 슬프게 하는 감정표현의 통로이다(김민화, 2023).

동시는 유아의 정서 함양뿐 아니라 감성과 상상력을 통한 인간교육의 기초가 되며, 모국어의 아름다움을 느낄 수 있게 하는 가장 적절한 매체이다. 또한 정선된 시어를 통해 언어기능을 체험하고 사물에 대한 직관력을 기를 수 있고, 자신의 감정을 언어로 자연스럽게 표현할 수 있는 능력을 길러 준다(이상금, 장영희, 1986).

좋은 동시는 음악성을 갖추고 있으며, 의성어와 의태어, 두운과 각운 등을 활용하여 독자로 하여금 자연스럽게 리듬감을 느끼게 한다. 시어는 심상을 통해 우리의 귀를 즐겁게 하고 마음을 움직인다. 동시에 사용되는 직유법과 은유법 등은 동시를 감상하는 유아에게 생생한 감동을 제공한다. 동시의 내용은 정직하고 진실한 표현을 가지고 있어야 하며, 독창적이고 정서적인 공감대를 형성해야 한다. 또한 적절한 주제와 생동감 있는 플롯, 독특한 문체를 담고 있어야 하며, 마지막으로 어린이들이 공감할 수 있는 소재로 이루어져 영유아에게 즐거움을 제공해야 한다.

시적 경험이 유아에게 어떤 영향을 주는지에 대해서 김민화(2023)는 유아는 시를 읽으며 직접 경험하지는 못하였지만 상상과 추론을 통해 동시 속 시적 화자와 마음으로 공감할 수 있다고 하였다. 또한 정제된 단어와 문장이 가진 힘을 느끼고 말의 차이를 느끼면서 말놀이를 할 수 있고, 어휘력과 표현력을 키울 수 있을 뿐 아니라 유아 자신의 목소리를 갖게 된다고 하였다. 또한 짧은 동시를 친구들과 함께 외우고 낭송하는 경험을 통해 사회적 관계를 형성할 수 있는 능력을 증진할 수 있다고 하였다.

김민진(2018)은 유아가 동시를 읽으면서 감각적 즐거움과 정서적 안정감을 느끼고, 반복적인 운율을 통해 언어발달을 이룰 수 있으며, 모국어의 아름다움을 느낄 수 있다고 하였다. 또한 동시의 비유적 언어와 함축적 언어표현을 통해 주변 사물이나 현상에 대한 통찰력을 기르고, 상상력을 발달시킬 수 있다고 하였다. 그리고 짧은 동시 구절을 외우고 낭송하는 경험을 통해 성취감을 느낄 수 있다고 하였다. 따라서 유아에게 꾸준하고 지속적으로 동시를 감상할 수 있는 경험을 제공하는 것은 매우 중요하다.

(3) 종류

동시는 형식에 따라 정형 동시, 자유 동시, 산문 동시로 구분하고, 내용에 따라 서정 동시, 서사 동시로 구분할 수 있다. 이 중 유아에게 적합한 동시를 중심으로 형식과 내용을 살펴보면 다음과 같다.

정형 동시는 정해진 글자 수, 행수, 운율이 일정한 형식과 규칙에 따라 지은 동시이다. 정형시는 4·4조, 4·3조, 7·5조의 일정한 외형률을 가지고 있으나 시의 내용에 따라 좀 더 자유로운 외형률을 취하기도 한다. 자유시는 가장 많은 동시가 해당되는데 글자 수, 행 수, 운율에 있어 일정한 형식을 따르지 않는 자유로운 형태의 시이다. 현대 동시 작가들에 의한 창작 동시도 대다수 자유시에 속한다. 산문 동시는 산문에 시적 정신을 넣은 것으로, 윤동주의 「소년」이 대표적이다. 1939년에 쓰고, 1941년 『하늘과 바람과 별과 시』를 출간하였을 때, 수록된 19편 중 한 편이다. 다음은 윤동주의 「소년」에 이성표가 그림을 그려 출판한 시 그림책 『소년』이다.

소년

콩, 너는 죽었다

콩 타작을 하였다
콩들이 마당으로 콩콩 뛰어나와
또르르또르르 굴러간다
콩 잡아라 콩 잡아라
굴러가는 저 콩 잡아라
콩 잡으러 가는데
어, 어, 저 콩 좀 봐라
쥐구멍으로 쏙 들어가네
콩, 너는 죽었다

산문 동시의 예
『소년』(윤동주 시, 이성표 그림, 2016, 보림)

서정 동시의 예
『콩, 너는 죽었다』(김용택 시, 김효은 그림)

또한 내용에 따른 구분으로, 먼저 서정 동시는 시인의 감정과 생각을 표현하는 동시로 동요처럼 음수율을 맞춘 정형시[9]와 글자나 운율을 제한하지 않은 자유시[10]가 있다. 유아에게 적합한 동시의 내용은 자연현상에 대한 시, 동물과 식물에 대한 시, 가족에 대한 시, 일상생활의 경험에 대한 시 등이 있다. 『콩, 너는 죽었다』는 일상생활의 경험을 익살스럽게 표현한 동시로, 동요로도 발표되어 많은 사랑을 받고 있다.

다음으로, 서사 동시는 일정한 사건을 객관적으로 시의 형식으로 서술한 것으로 이야기 시 또는 동화시라고도 불린다. 서사 동시는 동화적인 내용을 담은 동시로(이재철, 1998), 윤석중의 『넉 점 반』, 윤동재의 『영이의 비닐우산』이 대표적이다.

앞에서 살펴본 것처럼, 최근에는 동시와 그림책 형식을 결합한, 시 그림책이라는 장르가 등장하였다. 시 그림책은 글과 그림의 결합과 의미 구성 방식이 독특한 장르이다. 시는 언어로 그린 그림이라고 할 정도로 이미지와 관련이 깊은 장르이다. 시 그림책은 글을 읽으면서 이미지가 떠오르는 운문을 제재로 하여 그림 작가의 독자적인 예술적 세계가 반영된 그림책이다(현은자, 김세희, 2005). 시 그림책을 읽으며 어린이는 어린이대로의 시적 체험을 느낄 수 있어야 하고, 성인은 성인대로의 감상과 해석을 통해 시적 감흥을 전달받을 수 있어야 한다. 『강아지와 염소새끼』『온 세상을 노래해』『시리동동 거미동동』『민들레는 민들레』『넉 점 반』 등은 대표적인 시 그림책이다. 이 중 『온 세상을 노래해』는 2010년 칼데콧 아너 상 수상작이고, 『민들레는 민들레』는 2015년 볼로냐 라가치 상 수상작이다.

---

9) 시구의 수나 배열의 순서, 운율 등이 일정한 시
10) 정해진 형식이나 운율 등을 무시하고 자유로운 형식으로 지은 시

『강아지와 염소새끼』(권정생 글, 김병하 그림, 2014, 창비)

『강아지와 염소새끼』는 우리나라 대표적인 동화작가인 권정생이 쓴 그림책이다. 권정생이 열다섯 무렵에 쓴 시로 권정생 사후에 발굴되어 2011년 뒤늦게 세상에 소개되었다. 시가 쓰인 때는 1950년대 한국전쟁이 막 끝났을 무렵으로 강아지와 새끼 염소가 서로 엉켜 지내는 모습을 따뜻한 시선으로 그려 내었다.

『온 세상을 노래해』(리즈 가튼 스캘런 글, 말라 프레이지 그림)는 가족이 아침부터 밤까지 하루의 삶 속에서 얻게 되는 평범한 기쁨을 담백한 문장과 따뜻한 그림으로 잘 담아내었으며 『민들레는 민들레』는 민들레의 한살이 모습을 통해 자기다움에 대한 이야기, 자기를 잃지 않고 스스로를 존중하는 이야기를 잘 담아내었다. 그림책을 읽으며, 민들레가 그 어떤 자리에서든 꿋꿋하게 자기 모습을 지키며 피어나는 모습을 독자 자신과 동일시할 수 있는 좋은 시 그림책이다.

『민들레는 민들레』(김장성 글, 오현경 그림, 2014, 이야기꽃)

『넉 점 반』은 1940년 윤석중의 작품을『아씨 방 일곱 동무』를 그린 이영경의 손길로 되살린 우리 시 그림책이다. 시계가 집집마다 없었던 시절, 초록 고름 저고리에 빨간 치마를 입은 단발머리 여자아이가 동네 구멍가게로 시간을 물으러 갔다오며 여기저기 기웃거리는 모습을 정갈한 문장과 순박한 그림으로 제시하였다. 『넉 점 반』은 초등학교 2학년 국어 교과서에도 수록되어 있을 정도로 잘 알려진 시이다. 『시리동동 거미동동』은 제주도꼬리따기 노래를 바탕으로 권윤덕이 쓰고 그린 그림책이다. 이 책의 바탕이 된 제주도 꼬리따기 노래는 말꼬리를 이어가며 부르는 말잇기 노래이다.

시 그림책에 대한 유아의 반응을 알아본 연구는 많지 않다. 현은자, 김민정과 김주아 (2018)가 시와 시 그림책에 대한 만 9세와 10세 아동의 반응을 알아본 결과, 아동들은 시 그림책을 읽을 때에 시의 내용에 대해 추론하는 추론적 읽기의 형태를 보였으며, 그림책의 내용에 대해 자신의 경험에서 비롯한 정서적 반응을 많이 보였다. 그리고 그림책의 그림을 보면서 자신의 사전 경험과 사전 지식을 바탕으로 자신이 느낀 생각과 감정을 표현하는 것으로 나타났다. 또한 시와 시 그림책의 내용을 비교하면서 읽는 모습을 보였다. 시 그림책이라는 장르가 다른 그림책 장르에 비해 독자에게 낯선 장르일 수는 있으나 다양한 그림책 읽기 방식을 통해 감상되어야 하는 장르임에는 틀림없다.

2) 동요

(1) 특징

동요(童謠)란 유아의 생활이나 심리 등을 표현한 시, 혹은 아동을 위하여 만들어지는 노래로서 따라 하기 쉬운 운율과 형식이 강조되는 것이 특징이다. 동요는 음악과 문학 분야에서 모두 활용되고 있는데, 음악에서는 '노래 부르기'를 통해서, 문학에서는 동시처럼 동요의 가사의 운율 등 문학적 요소에 중점을 두는 경향이 있다. 또한 동요는 유아가 일상생활에서 경험하는 것들을 바탕으로 만들어졌기 때문에, 유아는 동요를 통해 자신만의 세계에서 느낄 수 있는 감정을 다른 사람들과 공유할 수 있다.

1980년대부터 현재까지 발표된 창작동요의 특성을 살펴보면, 당김음 사용의 증가, 빠른 템포, 역동적인 멜로디, 넓은 음역, 5음 음계 사용, 국악 장단의 응용, 임시표 사용의 증가로 인한 조성의 변화, 리듬의 다양성, 꾸밈음의 사용, 쉼표의 증가, 곡의 분위기 변화 등으로 다양해지고 있다(이성동, 2009). 예를 들어, 1991년 제9회 MBC창작동요제에서 금상과 인기상을 수상하며 지금까지도 많은 인기를 누리고 있는 〈아기염소〉(이해별 작사, 이순형 작곡)는 "파란 하늘 파란 하늘 꿈이 드리운 푸른 언덕에 아기 염소 여럿이 풀을 뜯고 놀아요 해처럼 밝은 얼굴로 빗방울이 뚝뚝뚝뚝 떨어지는 날에는 잔뜩 찡그린 얼굴로 엄마 찾아 음매 아빠 찾아 음매 울상을 짓다가 해가 반짝 곱게 피어나면 너무나 기다렸나 봐 폴짝폴짝 콩콩콩 흔들흔들 콩콩콩 신나는 아기 염소들"이라는 노랫말을 가지고 있는데, 장조와 단조를 함께 사용하여 노래 중간에 곡의 분위기를 바꾸고 있다. 또한 KBS 창작동요에서 노랫말 최우수상을 수상한 정소희 작사, 김진숙 작곡의 〈난 네가 좋아〉는 영어와 랩으로 된 노랫말도 구성되어 있다. 국립국악원 유튜브 채널에서는 다양한 전래동요와 창작 국악 동요제 수상작인 창작 국악동요를 애니메이션으로 제작하거나 율동을 만들어 유튜브에 게시하고 있다. '콩콩콩 콩나물' 등과 같이 재미있는 노랫말을 가진 창작 국악동요를 한번 들어 보자.

(2) 교육적 의의

동요는 영유아가 다양한 정서를 경험하고 유아의 마음을 대변함으로써 감정을 조절하고 표현하는 데 도움을 주며, 음악의 미적 아름다움을 경험하게 한다. 동요의 교육적 가치에 대해 전인옥과 이숙희(1997)는 첫째, 즐거운 분위기 속에서 동요를 부르는 것을 통해 풍부한 정서와 음악성이 발달된다. 둘째, 감정의 균형을 유지하는 능력을 키운다. 유아는 자신의 감정과 느낌을 노래 부르기로 표현하면서 부정적인 감정을 발산하고 억제하게 된다. 셋째, 친구들과 함께 동요를 부르는 과정에서 소리의 어우러짐을 통하여 사회성과 협동성이 발달한다. 마지막으로, 유아의 상상력, 사고력, 지각 능력, 기억력 등 뇌 기능에 도움을 주면서 유아의 창의력, 인지능력, 언어 능력이 발전된다고 하였다.

전래동요와 창작동요로 구분해서 교육적 의의를 살펴보면, 주소연(2004)은 전래동요의 교육적 가치를 다음과 같이 제시하였다. 첫째, 전래동요는 반복적인 요소를 통해 유아의 기억력과 이해력을 돕는다. 둘째, 언어발달을 포함한 지적 발달을 돕는다. 셋째, 전래동요는 혼자 혹은 단체로 놀이하면서 부르는 경우가 많다. 따라서 전래동요를 부르며 놀이하면서 리듬과 멜로디를 경험하고, 놀이를 통해 신체 발달을 증진시킨다. 마지막으로, 한국인으로서의 민족 공동체 의식을 일깨워 유아에게 한국인으로서의 정체감, 고유한 정신과 문화를 이해하고 경험할 기회를 제공한다.

반면, 창작동요는 아동들을 가르쳐오고 가까이에서 교육해 온 현직 교사들에 의해 주로 만들어졌기 때문에 아동들의 생각과 행동을 잘 표현한다(정문경, 2002). 이에 창작동요는, 첫째, 어린이들에게 노랫말을 통해 다양한 언어를 학습할 수 있는 기회를 제공하여 언어 발달과 인지발달을 촉진시킨다. 둘째, 아름다운 선율과 노랫말을 통해 음악 감수성 발달을 촉진시킨다. 셋째, 혼자 혹은 친구와 함께 노래를 부르는 과정을 통해 긍정적이고 밝은 정서를 기를 수 있어 사회정서적 발달에 긍정적인 영향을 미친다. 넷째, 창작동요는 자연에 대한 사랑이나 사물의 모습, 꿈과 희망 고운 동심을 담은 교훈적인 내용들을 중심으로 아동들의 생활을 이해할 수 있게 하여 정서 순화에 큰 몫을 한다(안진현, 2007).

종합하면 동요는 아름다운 선율과 노랫말로 구성되어 아동의 문학적, 음악적 감수성을 높이며 언어발달, 사회정서발달, 인지발달에 긍정적인 영향을 미친다.

(3) 종류

동요는 구전되어 내려오는 전래동요와 아동의 생활을 중심으로 창작된 창작동요로 구분된다. 창작동요는 1920년대 창가에서 동요, 가곡, 가요가 분화되면서 새로운 곡들이 작곡가에 의해 창작되었다. '창작동요'는 1920년대에서 1940년대까지 활동하던 작곡가들을 1세대 작곡가로, 1950년대에서 1970년대까지를 2세대 작곡가로, 1980년대에서 2000년대를 3세대 작곡가로 구분할 수 있다(이성동, 2009). 창작동요는 음악적 특징뿐 아니라 노랫말을 통하여 마음과 생각을 표현하기 때문에 어린이의 음악적 능력을 고려하여 노래를 만드는 것이 바람직하다(정선영, 김영연, 2008).

또한 동요는 노랫말을 기준으로 심미적 체험을 바탕으로 감정에 호소하는 '순수 동요', 계몽을 목적으로 도덕적·윤리적 내용을 담고 있는 '계몽 동요', 놀이를 목적으로 만들어진 '놀이 동요' 등으로 구분할 수 있다. 순수 동요는 계절의 아름다움, 계절에 따른 다양한 놀이 경험 등을 다룬 동요이다. 예를 들어, 박은주 작사, 석광희 작곡의 〈싱그러운 여름〉은 "햇빛쨍쨍 여름 오후, 장난꾸러기들. 맑고 푸른 냇가에서 물장구를 치네. 송사리 잡으러 살금 다가서니 꼬리를 살랑 흔들며 멀리 달아나네."라는 노랫말로 구성되어 있는데, 여름날 냇가에서 놀이하는 아이들의 모습을 잘 그려 내고 있다. 이렇듯 순수 동요는 유아들의 일상생활 경험을 다루고 있다. 다음으로, 계몽 동요는 유아에게 올바른 사회 질서와 의식을 가르치고 궁극적으로는 유아에게 바람직한 행동을 유도한다는 특성을 가지고 있다. 예를 들어, 김성균 작사·작곡의 〈건너가는 길〉 노랫말을 살펴보면 "건너가는 길을 건널 땐 빨간 불 안 돼요. 노란불 안 돼요. 초록불이 돼야죠. 신호등이 없는 길에선 달려도 안 돼요. 뛰어도 안 돼요 손을 들고 가야죠."로 구성되어 교통안전에 관한 내용을 다루고 있음을 알 수 있다. 또한 놀이 동요는 우리나라 전래 동요인 〈대문 놀이〉를 예로 들 수 있다. 아이들은 "문지기 문지기 문열어라. 열쇠없어 못 열겠네. 어떤 대문에 들어갈까? 동대문에 들어가. 문지기 문지기 문열어라 덜커덩 열렸다."를 부르며, 두 사람의 문지기가 양 손을 잡아 올려 문을 만들고 그 문 밑으로 다른 사람들이 빠져 나가며 놀이한다.

지금까지 아동문학의 유형에 대해 살펴보았다. 그렇다면 그림책의 장르에 따라 유아의 반응은 차이를 보일까? 차이를 보인다면 어떻게 다르게 나타날까? 서정숙과 최현주(2014)는 만 3세 유아에게 환상 그림책, 사실 그림책, 정보책, 옛이야기 그림책을 들려주고 사이프(Sipe, 2011)가 제시한 다섯 가지 반응인 분석적 반응(이야기 구조에 대한 해석, 이야기에 대한 가설, 등장인물이나 이야기 요소에 대한 분석 등; 예: 가방은 아빠가 들었어), 상호 텍스트적 반응(읽어 주는 글을 다른 문화적 성격의 글이나 물건과 관련짓는 반응; 예: 이 토끼 다른 책에도 나와), 개인적 반응[텍스트를 유아 자신의 삶과 관련지어 나타내는 반응; 예: 구명조끼 입으면 되는데(개인의 경험)], 동화된 반응(이야기의 서사 속으로 들어가서 등장인물들과 함께 있는 것처럼 이야기 속 등장인물에 직접 말을 거는 반응 등; 예: 안 돼. 들어오지 마.), 연행적 반응(자신이 원하는 방향으로 텍스트를 조종하기 위해 텍스트의 세계로 들어가고 있음을 나타내는 반응; 예: 용왕님, 저에게 보물을 주세요.)에 따라 만 3세 유아의 반응을 구분하였다. 그 결과, 그림책 유형별로는 옛이야기 그림책을 읽을 때 유아의 반응 횟수가 가장 많았으며, 정보책에 대한 반응 횟수가 가장 적은 것으로 나타났다. 또한 반응 유형별로는 분석적 반응이 가장 많고, 연행적 반응이 가장 적었다.

그림책 장르별로 유아의 반응 유형을 살펴본 결과, 환상 그림책과 정보 그림책, 옛이야기 그림책을 읽어 줄 때에는 특정 언어에 대한 분석이나 책에 대한 반응, 그림의 디자인에 대한 반응, 허구와 실재와의 관계 등에 반응하는 분석적 반응을 보이고, 사실 그림책을 읽어 줄 때에는 유아 자신의 삶과 관련지어 반응하는 개인적 반응을 가장 많이 보였다. 분석적 반응은 정보 그림책으로 나타났으며, 그림책에 나타나는 텍스트를 다른 문화적 성격의 텍스트나 물건과 관련짓는 반응인 상호 텍스트적 반응은 옛이야기 그림책, 개인적 반응은 사실 그림책, 이야기의 서사로 들어가서 마치 이야기 세계 안의 등장인물과 함께 있는 것처럼 반응하는 동화된 반응은 옛이야기 그림책, 자신이 원하는 방향으로 텍스트를 상상하는 반응인 연행적 반응은 환상 그림책에서 나타났다.

🗣 생각해 보아요

지금까지 다양한 유형의 그림책을 살펴보았습니다. 여러분은 어떤 유형의 그림책을 선호하나요? '그림책 박물관(https://picturebook-museum.com/user/index.asp)' 홈페이지에서 그림책을 살펴보고, 자신이 좋아하는 그림책 한 권을 옆 사람에게 소개해 보세요.

그림책

#그림책의 정의와 구성 #그림책의 문학성 #그림책의 예술성

개요

아동문학 중 영유아가 가장 쉽게 접할 수 있는 그림책의 정의와 구성, 특성 등에 대하여 알아본다.

학습 목표

1. 그림책의 정의와 구성에 대해 안다.
2. 그림책의 문학성과 예술성에 대해 안다.

이 장에서는 그림책의 정의, 구성, 특성을 자세히 설명하며, 특히 그림책의 예술성과 문학성, 그리고 파라텍스트를 중점적으로 다룬다. 그림책은 영유아가 가장 쉽게 접할 수 있는 아동문학의 형태로, 텍스트와 시각적 이미지가 결합된 매체이다. 이 매체는 영유아의 시각적 인식과 언어 능력을 동시에 발달시키는 데 중요한 역할을 한다. 그림책의 예술성은 그림의 질과 스타일에서 나타나며, 문학성은 텍스트의 서사적 깊이와 언어적 창의성을 통해 드러난다. 또한 그림책의 파라텍스트—책의 표지, 머리말, 재킷, 책등, 주석 등—도 중요한 역할을 한다. 이러한 요소들은 독자가 텍스트를 해석하고 이해하는 데 도움을 주며, 그림책의 전체적인 메시지와 주제를 강화한다. 파라텍스트는 독자가 그림책을 체험하는 방식에 영향을 미치고, 특히 어린 독자에게는 책을 보다 친근하고 접근하기 쉽게 만든다.

이 장은 그림책이 유아의 인지적 및 정서적 발달을 어떻게 촉진하는지 설명하고, 예술적·문학적 요소와 함께 파라텍스트가 어떻게 상호작용하여 유아에게 깊은 감동과 교훈을 제공하는지 분석한다. 이러한 복합적 특성의 분석을 통해 그림책의 중요성과 영향력을 강조하며, 독자들은 그림책을 선택하고 활용하는 데 있어 보다 심도 있는 이해를 얻을 수 있을 것이다.

1. 그림책의 정의와 구성

> 그림책이란 글, 일러스트레이션, 전체 디자인을 말한다.
> 그것은 제품이자 상품이다. 사회적·문화적·역사적 기록이자 무엇보다
> 어린이에게는 하나의 경험이다.
> 예술의 한 형태인 그림책은 글과 그림의 상호 의존,
> 양쪽에서 동시에 펼쳐지는 장면, 그리고 흥미진진한 극적 사건에 따라 결정된다.
>
> —바바라 베이더—

그림책은 텍스트와 일러스트레이션 그리고 전체 디자인이 통합된 형태로 제작된 책으로, 예술 작품이자 소통의 수단으로서 기능한다. 이는 단순히 어린이를 위한 도서라는 범주를 넘어서, 모든 연령층에게 의미 있는 경험을 제공하는 독특한 문학 형태로서 자리매김하고 있다. 그림책은 그 자체로 완성된 예술 작품으로, 글과 그림이 서로 긴밀하게 연결되어 서사

를 창출하고 감정을 전달한다.

그림책은 글과 그림이 상호 의존적인 관계를 맺고 있으며, 이 두 요소는 그림책의 서사를 형성하고 풍부하게 한다. 글은 이야기를 전달하는 데 필수적인 역할을 하며, 일러스트레이션은 그 이야기를 시각적으로 풍부하고 다층적으로 표현한다. 이 두 요소 사이의 상호작용은 독자에게 의미 있는 경험을 제공하며, 그림책을 통한 감정의 이해와 사고의 확장을 가능하게 한다.

또한 그림책은 그림이 보여 주는 시각적 서사와 글이 말하는 언어적 서사 사이의 긴장과 공간을 통해 '읽기의 빈자리(readerly gap)'를 생성한다(마틴 솔즈베리, 모랙 스타일스, 2012). 이 공간은 독자에게 스스로 의미를 해석하고 상상의 여지를 갖도록 만든다. 이러한 '읽기의 빈자리'는 특히 어린 독자에게 자신만의 해석을 추가하고 스토리에 몰입할 수 있는 기회를 제공한다.

그림책의 물리적 구성은 표지, 종이, 레이아웃 등을 포함하는데, 이러한 요소들은 책이라는 사물로서 존재할 수 있게 한다(이성엽, 2014). 제라르 주네트(Gérard Genette)는 이러한 요소들을 '주변텍스트(paratexts)'라고 명명하고, 이를 내적 주변텍스트(peritext)와 외적 주변텍스트(epitext)로 구분하였다. 내적 주변텍스트는 책을 구성하는 요소를, 외적 주변텍스트는 책과 관련은 있지만 책 자체로부터 분리되어 존재하는 요소를 의미한다.

그림책의 모든 물리적 요소는 의미 생성에 기여한다. 앞표지부터 뒤표지까지, 그리고 본문의 각 페이지에서의 디자인과 레이아웃은 모두 그림책이 전달하고자 하는 이야기의 일관된 성격을 드러내는 데 중요한 역할을 한다([그림 5-1] 참조). 이러한 요소들은 그림책의 서사를 뒷받침하고, 독자가 이야기를 이해하고 몰입하는 데 도움을 준다.

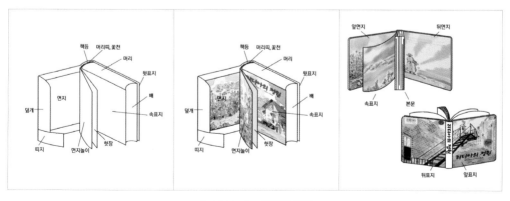

[그림 5-1] **그림책의 구성**

따라서 그림책은 단순한 어린이책이 아니라, 각 요소가 통합적으로 작용하여 복합적인 예술 형태를 이루는 문학 작품이다. 그림책을 통해 어린이뿐만 아니라 모든 연령의 독자가 새로운 시각적 · 언어적 경험을 할 수 있다. 이러한 경험은 그림책이 지닌 독특한 예술적 가치와 문화적 중요성을 강조한다. 여기에 제시된 용어들이 어렵게 생각될 수 있으나, 유아와 함께 그림책을 보며 자주 사용하면 유아도 곧 익숙해질 것이다.

1) 그림책의 주변텍스트

다음에서 앞뒤 겉표지, 앞면지, 속표지, 본문, 뒷면지, 판형, 페이지 넘기기 등 그림책의 주변텍스트에 대해 좀 더 구체적으로 살펴보도록 하겠다.

(1) 크기와 판형

그림책 디자인은 판형 선택에서 시작된다. 그림책의 주된 독자가 어린이 임을 고려할 때, 독자인 어린이의 욕구와 독서 습관 그리고 내용에 가장 적합한 형식을 결정하는 것이 중요하다. 판형이란 책의 크기와 모양을 말하는 것으로, 판형을 잘 선택하면 어린이의 관심을 끌고 미적 능력을 효과적으로 키워 줄 수 있다(이현아, 2021). 일반적으로 그림책은 182×196mm 또는 210×285mm 판형을 활용하나, 영아용 책은 아기 손에 딱 맞는 미니북 판형을 활용하기도 한다. 판형이 클수록 글과 그림이 들어갈 수 있는 공간이 늘어나서 보다 큰 그림과 풍부한 내용, 그리고 선명한 글꼴을 담아낼 수 있다. 최근 그림책의 크기와 판형은 매우 다양해지고 있다. 그림책 모양, 즉 판형은 가로로 길쭉한 수평적 판형, 세로로 길쭉한 수직적 판형, 가로와 세로 길이가 똑같은 정사각형 판형 등으로 나누어 볼 수 있다. 판형 선택의 문제는 단순히 미학적 차원에만 속한 것이 아니라 서사 전개 및 의미 효과와 밀접한 관련이 있다(이성엽, 2014). 그림책 작가는 주제를 강조하려는 목적으로 특수 판형을 활용하기도 하는데, 특수 판형은 너비나 길이를 규격보다 크거나 작게 만든 것을 말한다.

[그림 5-2]는『버스』와『버스 안』이라는 제목으로, 달리는 버스와 버스 안의 풍경을 담고 있다. 어릴 때부터 버스를 좋아했다는 작가는 버스의 특징을 잘 살린 판형을 통해 독자에게 즐거움을 준다.『버스 안』(남윤잎 글 · 그림, 2019, 시공주니어)은 가로 240×세로 240mm의 정사각형 판형을 취하고 있다. 이 책은 버스의 앞쪽과 뒤쪽을 연상시키는 판형과 형태로 독자가 이 책의 앞표지를 처음 보게 되면 자연스럽게 뒤표지를 살펴보게 된다. 표지를 넘기면 버스기사의 뒷모습과 백미러를 통해 버스 안에 탄 사람들의 모습이 흘깃 보이고, 작가소개

와 사용 연령 등을 거쳐 버스 승객들의 이야기가 승객이 탄 의자의 뒷면에 쓰여 있다. '오늘
은 이렇게 지나가네.' 하며 높은 구두를 신어 발이 아픈지 신발을 살짝 벗고 차창에 기대고
앉아있는 피곤해 보이는 여성과 그 반대쪽에 앉아 '내일은 어느 산에 오를까?' 생각하는 등
산복 차림의 중년 남성은 실직을 한 것일까 궁금해하며 책장을 넘기다 여러 정류장을 지나
다 보면 "이번 정류장은 〈집〉입니다."라는 마지막 버스의 멘트와 함께 책장을 덮게 되는 구
조이다. 반면, 같은 작가의 『버스』는 가로 315mm×세로 170mm의 가로로 긴 수평적 판형을
취하고 있다. 앞뒤 표지가 통으로 버스를 형상화하고 앞표지의 창문에 구멍을 뚫어 버스 안
에 앉아 있는 사람들을 볼 수 있게 만든 이 그림책은 아침 일찍 시작되는 도시의 하루가 천
천히 혹은 빠르게 저물어가는 모습을 44쪽에 20개의 간단한 문장으로 효과적으로 전달하고
있다. 도시의 이곳저곳을 누비는 버스를 표현하기 위해 수평적 판형을 취함으로써 독자는
작가가 전달하고자 하는 내용을 편안하게 지켜볼 수 있다. 판형의 선택이 작가가 전달하고
자 하는 서사세계와 밀접하게 연관되는 사례라 할 수 있다. 이처럼 그림책 판형은 아이코노
텍스트에 대한 독자-관람자의 첫인상을 결정짓는 데 핵심적인 역할을 하며, 특정한 의도를
담을 수 있다(이성엽, 2014).

[그림 5-2] 그림책 『버스』(상단), 『버스 안』(하단)
버스의 특징을 잘 살린 판형을 통해 작가의 서사세계를 독자에게 전달한다.

(2) 그림책의 구조

① 앞표지

『이상한 집』(이지현 글, 이지현B 그림, 2018, 이야기꽃)　　『요롷게 해봐요』(김시영 글 · 그림, 2022, 마루벌)　　『직선과 곡선』(데보라 보그릭 글, 피아 발렌티니스 그림, 송다인 역, 2024, 브와포레)

아이코노텍스트적 그림책 제목의 예

그림책에서 가장 먼저 만나게 되는 표지는 독자와 책이 처음으로 만나는 공간이며, 현실 세계와 허구세계의 경계이며, 이야기의 세계로 들어가는 문의 역할을 한다. 독자는 표지를 보면서 책을 펼쳐야 할지 말아야 할지 결정하므로 표지로 강력한 첫인상을 남겨야 한다. 그림책 작가는 책의 본질과 장점을 어떻게 독자에게 드러내어 보여 주어야 할지 고민하면서 일러스트, 글, 색상 디자인, 구도, 제본 방식, 주제 표현 등을 다양하게 활용한다. 앞표지에는 제목, 글 작가와 그림 작가의 이름, 출판사의 상호 등이 들어간다. 그림책의 표지에는 그림이 들어가게 된다. 이때 표지에 나오는 제목과 그림은 텍스트 내부의 글/그림 텍스트와 같이 불가분의 관계로 맺어져 있기 때문에 '아이코노텍스트적 제목'이라고 할 수 있으며, 독자가 텍스트를 어떻게 수용해야 할지 알려 주는 나침반 역할을 한다(이성엽, 2014).

이성엽(2014)은 그림책의 표지에 나오는 제목은 주인공의 이름이 포함된 것(예: 『안 돼, 데이빗!』), 주요 사물이 포함된 것(예: 『엄마의 의자』), 내용을 암시하는 것(예: 『커졌다』), 지명이 포함된 것(예: 『장수탕 선녀님』), 언어유희적인 것(예: 『냠냠냠 쪽쪽쪽』) 등 5가지 유형으로 분류하여 제시한 후, 이 다양한 유형의 제목은 그림과 더불어 독자에게 아이코노텍스트[1]를 이해하는

---

1) iconotext: 외견상으로는 글과 그림이 합성된 것으로 보이나 실제로는 글도 그림도 아닌 제3의 텍스트로 정의된다(박일우, 1995). 글과 그림이 각각의 정체성과 독자성을 유지하는 가운데 글과 그림 사이의 대화가 필수적인 분리될 수 없는 하나의 단위로 작용한다(현은자 외, 2004).

해석적 틀을 제공하게 됨을 강조하였다. 또한 글이 없는 그림책의 경우, 아이코노텍스트적 제목의 역할이 더욱더 두드러진다고 보았다. 그러나 글이 있는 그림책이든 글이 없는 그림책이든 제목과 그림으로 구성된 앞표지는 연결된 뒤표지와 함께 중요한 의미를 만들어 낸다.

『안 돼, 데이빗!』(데이빗 섀논 글·그림, 지경사 편집부 역, 2000, 지경사)

『엄마의 의자』(베라 B. 윌리엄스 글·그림, 최순희 역, 2000, 시공주니어)

『커졌다!』(서현 글·그림, 2012, 사계절)

『장수탕 선녀님』(백희나 글·그림, 2012, 책읽는곰)

『냠냠냠 쪽쪽쪽』(문승연 글·그림, 2008, 천둥거인)

『O 오!』(라울 니에토 구리디 글·그림, 2023, 나무말미)

② 면지

면지는 앞표지의 바로 뒤, 뒤표지의 바로 앞에 있는 간지를 말한다. 면지는 책의 주 내용을 보호하고 앞표지와 본문 사이를 견고하게 연결하는 역할을 한다. 면지는 앞표지에서 표제지로, 본문에서 뒷표지로 전환되는 사이 공간을 말한다. 내지와 같은 순색의 종이를 사용하거나 때론 책의 주제가 돋보이게끔 면지 디자인에 일러스트나 특정 패턴, 사진을 넣기도 하는 등 면지를 구성하는 방법은 다양하다. 그림 작가에 따라 그림책 내용을 상징하는 그림, 문양, 색을 넣기도 한다. 최근에는 그림책 작가들이 그림책의 앞뒤 면지를 이용하여 본문 내용을 유추할 수 있는 그림을 제시하여 이야기의 내용 전개를 유추해 볼 수 있도록 하는 경향이 있다.

[그림 5-3] 앞뒤 면지의 예 1. 『커졌다』(서현 글·그림, 2012, 사계절)

[그림 5-3]은 『커졌다』의 앞면지와 뒷면지이다. 앞면지와 뒷면지에는 똑같이 생긴 서가가 그려져 있다. 서가 안에 배열된 책도 똑같이 그려져 있다. 그러나 앞면지에 그려져 있는 깨금발을 들고 책을 꺼내려는 뒷모습의 유아가, 뒷면지에는 깨금발을 들지 않고도 여유롭게 책을 꺼내며 독자를 바라보며 환하게 웃고 있는 모습으로 그려져 있다. 그림책을 읽은 유아는 주인공이 책의 제목처럼 커졌음을 면지를 통해 유추해 보며 호기심을 가지고 책장을 넘기게 될 것이다.

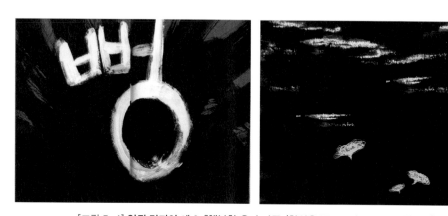

[그림 5-4] 앞뒤 면지의 예 2. 『행복한 우리 가족』(한성옥 글·그림, 2006, 문학동네)

작가는 『행복한 우리 가족』의 강렬한 빨간색 표지를 지나 만나게 되는 앞면지에 '뻥'이라는 글자를 커다랗게 써 놓았다. 폭탄이 터지는 커다란 소리가 그려진 앞면지와 함께 살펴보게 될 뒷면지에는 검은 화면 가득 연기가 자욱한 모습과 '뭐야' '캑캑' 등의 말풍선을 그려 놓았다. 『행복한 우리 가족』은 미술관에서, 극장에서, 식당에서 행복한 가족의 상큼한 봄나들이가 하루 종일 타인에게 민폐를 끼치는 것으로 마무리되는 과정을 그리고 있다. 우리 가족의 행복만이 최고이며 중요한 듯 '남'과 '이웃'에게는 눈과 귀를 꼭꼭 닫은 가족의 모습을 통해 '가족'과 '행복'에 대해 다시 생각해 보게 만드는 그림책이다. 면지에 그려진 '뻥'은 이러한 태도를 지닌 가족을 단숨에 날려 버릴 듯한 기세인 폭탄 터지는 소리를 표현할 것일 수도 있고, 자기 가족의 행복만을 최고로 여기며 타인에게 민폐를 끼쳐 얻게 되는 행복은 '뻥(거짓)' 행복임을 드러내는 장치가 될 수도 있을 것이다.

교사는 본문에 제시된 이야기 글을 읽기 전에 작가가 왜 앞면지에 이런 그림, 상징, 글을 그려 놓았는지 유아들에게 물어봄으로써 본문 내용에 대한 호기심을 가지게 할 수 있다. 또한 이야기의 내용이 전달하고자 하는 의미가 무엇인지 생각해 볼 수 있는 기회를 제공할 수 있을 것이다. 이처럼 유아들과 그림책을 읽을 때 면지에 주목하고 탐색하도록 하는 것은 그림책을 보는 즐거움 한 가지를 추가하는 셈이다(김민진, 2018). 유아가 작가의 의도를 정확히 읽어 내지 못할지라도 교사는 유아의 다양한 의견을 존중하고 격려하며 유아 나름의 생각을 마음껏 펼칠 수 있도록 도와야 한다.

③ 속표지

속표지는 본문 첫 페이지에 해당한다. 속표지에는 제목과 출판사, 저자, 번역자 정보가 인쇄된다. 그림책의 이야기가 본격적으로 시작되기 전 잠시 숨 고를 공간을 두는 것처럼, 속표지 디자인도 공백을 두어서 간결하게 꾸민다. 주인공이나 이야기의 배경을 그려서 독자가 책에 대한 전체적인 인상을 느낄 수 있게끔 만들기도 한다. 표지처럼 글과 그림, 혹은 글만으로 구성되며 전반적으로 본문 내용을 암시하는 경우가 많다.

[그림 5-5] **다양한 속표지의 예**

[그림 5-5]는 각각 그림책 『커졌다』, 『행복한 우리 가족』 『오싹오싹 팬티』의 속표지이다. 『커졌다』에서는 면지에서 깨금발을 하고 있던 주인공 아이가 여전히 깨금발을 하고 자기 그림자가 길게 늘어나서 키가 커져 보이는 모습을 보며 아이의 키 크고 싶은 욕구를 확인시켜

주며, 어떻게 키가 커졌다는 것인지 궁금증을 유발시키는 효과를 가져 오고 있다. 『행복한 우리 가족』은 주인공이 일기를 쓰는 형식의 문체로 본문이 구성되는 것과 일관성을 가지고 구성한 것이며, 『오싹오싹 팬티』는 형광색인 주 등장물인 팬티의 색과 일치시켜 글제목만을 강조하고 있는 형식을 취한 것이다. 이처럼 다양한 형식의 속표지를 통해 작가들은 유아의 그림책 읽기를 즐길 수 있는 장치를 제공한다.

④ 본문

대부분의 그림책은 간결하게 쓰여 소설과는 다른 차이를 보인다. 간혹 조금 더 길거나 짧은 길이의 그림책도 있지만, 대부분의 그림책은 32페이지 정도의 길이를 가지고 있다. 그림책의 페이지는 거의 항상 8의 배수로 이루어진다(24, 32, 40페이지). 그 이유는 인쇄 종이 1장에 8페이지가 인쇄되기 때문이다. 책의 본문을 만들기 위해 8페이지를 한 번 접으면 16페이지가 되며 이를 접장(signature), section, fold라고 부른다. 보통 그림책은 2개의 접장을 함께 묶는다. 2개의 접장, 즉 32페이지에는 제목페이지, 헌정페이지, 출판정보에 대한 페이지를 제외하고 제한된 페이지에 본문이 담기게 된다. 그림책은 페이지 번호를 매기지 않는 것이 일반적이며 마주 보는 두 페이지를 오프닝(openings) 또는 더블 스프레드(double-spreads)라고 한다. 오프닝 또는 더블 스프레드의 왼쪽을 베르소(verso), 오른쪽을 렉토(recto = right)라고 한다([그림 5-6] 참조).

대부분의 그림책은 첫 번째 오프닝에서 이야기가 시작된다. 이렇게 제한된 페이지에서 그림책의 글과 그림이 이야기를 해야 하므로 작가는 정제된 글과 그림을 사용하게 된다. 그림책이 많은 독자에게 가 닿기 위해서는 우선 잘 읽혀야 하고 또 재미있어야 한다. 따라서 디자인을 할 때 페이지와 페이지 사이의 리듬을 살릴 수 있도록 이미지 배치, 페이지 간 연

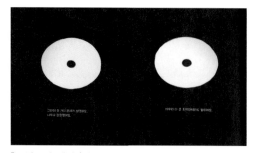

『오싹오싹 팬티』(에런 레이놀즈 글, 피터 브라운 그림, 홍연미 역, 2018, 토토북, pp. 33-34)

『고래가 보고 싶거든』(줄리 폴리아노 글, 에린 E. 스테드 그림, 김경연 역, 2014, 문학동네, pp. 1-2)

[그림 5-6] 펼침면을 이용한 그림책과 글과 그림을 분리하여 한 면을 이용한 그림책의 예

결, 줄거리 전개를 정교하게 잘 설계해야 한다. 잘 설계되어 동요처럼 운율감이 두드러지면서 반복적인 구조를 띠게 되면 어린이가 멜로디를 느끼며 즐겁게 읽을 수 있다. 좀 더 연령이 높은 유아를 위한 책은 일정한 패턴을 반복하는 대신에 다채로운 이야기로 복잡한 줄거리를 풀어 내기 위해 이야기의 줄거리를 기반으로 레이아웃 디자인을 진행하면 된다.

⑤ 페이지 넘기기(pageturner)

그림책의 면(page)들은 두 개의 표지를 중심으로 책이 일정한 모양으로 유지되도록, 그리고 앞뒤로 잘 넘겨볼 수 있도록 서로 엮여 있다. 이처럼 면들이 차례로 엮여 있음으로써 그림책 서사 세계에 연속성, 시간성, 인과성이 만들어진다. 그림책은 한 면을 이용하여 그림을 그릴지, 펼침면을 이용하여 두 면 가득 그림을 채울지, 그리고 면의 넘김을 통해 어떤 효과를 만들어 낼 지에 대한 작가의 의도에 의해 사뭇 다른 양상을 띠게 된다. 또한 각 면에 그림 텍스트를 어느 정도의 분량만큼 넣을 것인지에 따라 의미 효과가 달라진다(이성엽, 2014). 그림작가가 이미지를 둘 이상 늘어놓아 거기에 일체감을 부여하면 독자-관람자는 전체를 하나로 보게 된다. 애초에는 전혀 달랐던 것들이 이제 한 유기체에 속하게 된다. 독자-관람자의 머릿속에서 여러 장의 그림 조각을 연결하여 뛰어난 상상력으로 이 조각들을 하나의 장면으로 구성해 낸다(박경희, 2000). 그림작가는 한 면이 끝나고 다음 면으로 넘어가는 그림책의 구성을 활용하여 긴장감과 몰입을 증폭시킬 수 있다.

 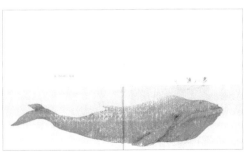

[그림 5-7] 『고래가 보고 싶거든』(줄리 폴리아노 글, 에린 E. 스테드 그림, 홍김경연 역, 2014, 문학동네)

그림책을 읽을 때에는 독자의 상상력이 필요하다. 이는 그림책의 그림이 정지해 있기 때문이다. 그림은 정지해 있지만 글의 이야기는 그림이 말하게 하고 행동하게 한다. 그림책이 보여 주는 연속성은 시간 또는 공간으로 나뉜 화면이 일렬로 연결된 상태에서, 한 장면이 보여 주는 화면의 이야기가 다음 장면으로 호기심의 터널을 만들어 연결시켜 주는 연쇄성에 있다. 연속적으로 제시되는 정지된 그림과 그림 사이를 연결하기 위해서는 어린이들의 상상력이 개입되어야 한다. 그림과 그림 사이의 공간에서 상상력이 별개의 두 장면을 하나의 생각으로 바꾸는 것이다. 두 칸 사이에는 아무것도 없지만 반드시 뭔가가 있어야 할 걸로 여긴다. 패리 노들먼에 따르면, 그림책 면의 구성은 회화 작품과 다르게 계속적으로 독자의 시선을 잡아끌면서 다음에는 어떤 그림이 나올지 다음 페이지를 넘겨보도록 만드는 페이지터너로서의 기능을 하게 된다(마리아 니꼴라예바, 2011).

[그림 5-7]에서 볼 수 있듯이, 소년이 배를 타고 떠나는 26쪽을 넘기면 소년이 그렇게도 보고 싶어 기다리던 고래가 소년의 아주 가까운 곳에서 헤엄을 치고 있는 장면이 나온다. 독자-관람자의 상상력을 통해 페이지를 넘기면서 발생하는 빈 공간(pageturner)을 적극적으로 채울 때 비로소 이 두 개의 분리되었던 장면이 자연스럽게 연결되는 것이다. 그림책의 가장 두드러진 구조적 특징인 시퀀스에 의해 이미지가 연속적으로 전개되고, 이 연속적 이미지들은 페이지가 넘겨지면서 독자-관람자의 호기심과 상상력을 자극해 그 연결이 가능해진다고 할 수 있다.

그림책 시퀀스에서 페이지터너로서 독자의 시선을 끌어 그 전체적인 연결을 자연스럽게 유도하는 것은 무엇일까? 그것은 연속적으로 표현된 하나하나의 구성요소, 즉 시각적 조형요소(색, 선, 공간, 형태, 질감 등)라 할 수 있다. 각 면에 그림텍스트를 어느 정도의 분량만큼 넣을 것인지, 어떤 선을 사용할 것인지 등이 페이지터너로서의 기능을 촉발하고, 연속되고 있다고 생각하도록 만들어, 한 화면의 시각적 요소가 다음 장면에 제시된 시각적 요소와 자연스럽게 연결되도록 한다. 결국 그림작가가 사용한 시각적 요소들은 다음 페이지를 파악하거나 추론해 볼 수 있는 어떤 단서를 제공하여 호기심을 자극하고, 독자로 하여금 그것과 연관된 연상을 불러일으켜 독자로 하여금 페이지를 넘기게 하는 페이지터너로서의 역할을 하게 된다(박경희, 2000).

⑥ 뒤표지

책을 다 읽고 나서 책장을 덮을 때 뒤표지를 보게 된다([그림 5-8]). 뒤표지에는 ISBN 번호 및 바코드, 가격, 줄거리나 소개글 등이 담겨 있다. 뒤표지는 앞표지와 책등을 확장하면서 요약하고 강조하는 역할을 한다. 앞표지와 뒤표지는 연결된 채 서로를 보완한다. 뒤표지를 앞표지와 함께 봐야 하는 경우도 있고, 뒤표지가 이야기의 결말이나 후속편을 보여 주기도 한다. 뒤표지는 간단하게 마무리할 수도 있지만 독자에게 어떤 단서를 던져 줄 수도 있다. 책을 덮었지만 독서가 끝난 것은 아니다. 뒤표지를 통해서 또 다른 독서가 시작되기도 한다.

[그림 5-8] 앞뒤 표지가 하나의 장면을 만들어 내는 그림책(좌)과 각각 독립되어 있는 그림책(우)의 예

그림책의 앞표지와 뒤표지는 경우에 따라 서로 다른 내용이 그림으로 제시되기도 하고, 또 경우에 따라 앞표지와 뒤표지가 하나의 장면을 나타내기도 한다.

지금까지 설명한 앞뒤 표지, 면지, 속표지 등을 충분히 탐색하고 이야기를 유추해 봄으로써 유아의 그림책 읽기는 더욱 풍부한 경험으로 확장될 수 있을 것이다.

📖 그림책 구성 살펴보며 그림책 읽어 보기

앞서 알아본 그림책의 물리적 구성을 기억하며 그림책을 읽어 본다. 이때 교사는 다음과 같은 3개의 단계를 기억하며, 각 단계마다 스스로에게 혹은 주변의 다른 교사들과 이야기를 나누어 본다. [그림 5-9]에 제시된 각 단계마다 기억해야 할 내용을 알아보겠다.

그림책 탐색 그림책 읽기 회상 및 마무리

[그림 5-9] **그림책 읽기 단계**

1. 그림책 탐색

본문으로 넘어가기 전 교사는 스스로 그림책을 꼼꼼하게 탐색해 본다. 제목은 무엇이며, 제목에서 특별하게 강조되고 있는 아이코너적인 특성이 있는지, 그림책의 제목에 주인공의 이름, 주요 사물, 지명이 포함되어 있거나 내용을 암시하거나 언어유희적인 특성이 반영되어 있는지, 판형은 어떤지 꼼꼼하게 살펴본다. 글작가와 그림작가를 확인하고 출판사와 출판일도 확인해 본다. 앞표지만, 뒤표지만, 그리고 양쪽 표지를 펼쳐서 본다. 종이의 질감과 표지에 그려져 있는 등장인물, 사물, 배경 등도 꼼꼼히

살펴본다. 커버가 있다면 커버를 벗기고 안쪽 앞뒤 표지를 살펴본다. 예를 들어, 그림책 『곰씨의 의자』 (노인경 글·그림, 2016, 문학동네)는 커버의 앞표지에는 제목과 함께 곰씨가 앉아 책을 읽고 있고, 그 주변에는 9마리의 토끼 가족이 다양한 동작을 취하고 있다. 커버 앞표지의 뒷면을 보면 곰씨의 뒷모습이 그려져 있으며, 뒤표지에는 빈 의자에 찻잔과 주전자, 책, 꽃 등이 놓여 있다. 앞표지와 뒤표지는 분리되어 곰씨의 희망사항을 전달하는 듯 보인다.

그러나 커버를 벗기면 아이보리색 앞뒤 표지에 제목과 빨강, 노랑, 초록, 연두, 파랑 등 다양한 색의 작은 점들이 둥둥 떠다니는 모습을 볼 수 있다. 나중에 책의 본문을 보다 보면 곰씨의 몸과 같은 색의 아이보리 앞뒤 표지와 토끼들이 행복감을 느낄 때 등장하던 색색의 점들과 같은 것이라는 것을 알 수 있다. 이처럼 표지에 무수히 많은 정보가 내포되어 있는 것이다.

[그림 5-10] 그림책 읽기 단계 『곰씨의 의자』 커버 앞표지, 앞표지 뒷면, 뒤표지

면지도 살펴본다. 다음에 제시된 앞뒤 면지를 통해 이 이야기가 결국 함께 행복하기 위한 방법을 찾기 위해 힘들더라도 상대방에게 나의 불편함이 무엇인지 이야기를 해야 하며, 결국 모두 만족할 만한 결론을 찾았을 것임을 유추해 볼 수 있다. 본문으로 들어가기 전에 하나 남은 속표지도 살펴보기로 하자. 속표지에도 제목과 함께 곰씨의 의자가 나오며 의자 위에는 여러 사물들이 놓여 있다. 여기에 놓여 있는 물건(모포, 가방, mp3 플레이어와 이어폰 그리고 작은 화분에 심어져 있는 꽃 한 송이들)을 기억하며 본문으로 들어가도록 한다. 유아와 함께 읽는다면, "표지에 무슨 그림이 그려져 있니?" "곰이랑 주변에 있는 토끼들은 무엇을 하고 있니?" "그림을 보니 어떤 이야기일 것 같니?" 등의 질문을 통해 읽게 될 이야기 내용을 예측해 보도록 한다. 제목, 작가 이름, 출판사도 함께 읽어 보거나, 교사가 읽어 주도록 한다. 그림책 작가를 소개할 때 작가의 다른 책을 함께 소개하여 작가와 책읽기에 대한 흥미를 불러일으킬 수 있다.

[그림 5-11] 『곰씨의 의자』 뒤표지, 앞표지, 뒷면지, 앞면지

2. 그림책 읽기

책 속에 담긴 상황이나 인물의 성격과 감정을 이해하면서 천천히 읽어 본다. 유아에게 읽어 줄 때를 대비해서 어디에서 쉴 것인지, 목소리는 어떻게 할 것인지 등을 생각하며 읽어 본다. 유아에게 읽어 줄 경우 등장인물의 성격이나 행동 특성을 목소리만으로 유추할 수 있도록 등장인물의 상황에 따라 목소리를 바꾸어 가며 읽어 준다. 낯설거나 어려운 단어는 없는지, 책읽기에 앞서 설명할 단어는 없는지, 있다면 언제 어떤 방법으로 설명할 것인지, 어떤 장면에서 발문을 하는 것이 좋을지, 어떤 발문을 할 것인지 등을 계획한다. 그리고 가급적 소리 내어 읽어 보도록 한다. 이때 정확한 발음과 속도, 적절한 크기의 목소리 등도 생각해 본다.

3. 회상 및 마무리

본문을 모두 읽었으면, 그림책 탐색 단계에서 찾았던 정보와 본문을 읽으며 알게 된 내용을 회상해 본다. 유아에게는 "그림책에 누가 나왔니?" "어떤 일이 있었니?" "가장 재미있거나 기억에 남는 장면은 무엇이었니?"등을 질문하고 자유롭게 말해 보도록 한다. 교사 스스로도 이런 질문에 답을 해 보도록 한다. 또 그림책을 천천히 다시 살펴보며 회상을 돕는다. 이 외에도 그림책의 이야기와 교사 자신 혹은 유아의 경험과 관련지을 수 있는 부분이 있는지 생각해 본다. 등장인물에 대해서도 평가해 본다. 예를 들어, "곰씨는 어떤 인물인 것 같니?" "토끼부부, 토끼아이들은 어떤 것 같니?" 등을 이야기해 볼 수 있다.

2. 그림책과 글텍스트

아동문학에서 그림책의 글텍스트는 이야기를 구성하는 중요한 요소이다. 제라르 주네트의 정의에 따르면, 내러티브는 하나의 사건이나 일련의 사건들을 글이나 말로 된 담론으로 표현하는 것을 의미한다. 이러한 내러티브는 실제적인 사건이든 허구적인 사건이든 연속적인 사건들을 중심으로 구성되며, 이 사건들이 어떻게 연결되고 대립되며 반복되는지를 설명한다. 그림책에서는 글작가와 그림작가가 협력하여 이러한 문학적 요소들을 효과적으로 표현하고, 독자에게 강한 인상을 남길 수 있는 작품을 창조한다. 그림책의 글텍스트, 즉 내러티브(narratives)[2]에는 글작가와 그림작가가 좋은 작품을 창조하기 위해 사용하는 문학 요소

---

2) 하나의 사건이나 일련의 사건들을 글로된 것이나 말로 된 담론으로 진술하는 것(제라르 주네트). 실제적인 것이든 허구적인 것이든 연속적인 사건들이 담론의 주제가 된 것을 가리키거나, 그 사건들이 연결되고 대립되고 반복되는 여러 관계들을 가리키는 것

(literary elements)[3]가 포함된다. 다음에서 여러 가지 문학요소 중 배경, 성격묘사, 플롯, 주제, 문체를 중심으로 살펴본다.

1) 배경

배경(setting)은 그림책에서 사건이 발생하는 시간과 공간을 설정하는 요소이다. 대부분의 그림책은 시간적·공간적 배경을 갖추며, 때로는 이 배경이 이야기의 흐름에 중요한 역할을 한다. 배경은 시간적 배경과 공간적 배경으로 나눌 수 있는데, 시간적 배경은 옛날과 지금으로 구분될 수 있고, 공간적 배경은 현실 세계와 비현실세계로 구분된다. 창작 동화에서는 시간과 공간이 구체적으로 명시되어야만 이야기가 설득력 있고 갈등상황이 명료화될 수 있다. 실제든 환상이든, 시골이든 도시든, 집이든 학교든 핵심만을 전달하고 세부적인 묘사는 제시하지 않는 것이 일반적이다. 이처럼 다소 모호한 배경을 가진 그림책은 그림작가에게 글이 전달하기 어려운 이미지를 창조하고 이야기의 물리적 환경에 대한 고유한 비전(관점)을 가질 수 있는 기회를 제공한다. 예를 들어, 『오싹오싹 팬티』에서는 아이들의 호기심과 공포를 자극하는 밤의 숲이 중요한 배경으로 설정되어, 이야기의 긴장감을 높이는 데 기여한다. 또 다른 예인 『앗, 깜깜해』(존 로코 글·그림, 2012)에서는 전력 정전이라는 특별한 상황에서 도시 전체가 어둠에 휩싸이는 배경이 이야기의 주요 모티브로 작용한다. 그림책에서 배경은 이야기가 전개되는 시간과 장소를 설정하며, 때로는 그 자체가 이야기의 주요 테마를 반영할 수 있다.

『오싹오싹 팬티』
(애런 레이놀즈 글, 피터 브라운 그림, 2023, 토토북)

『앗, 깜깜해』
(존 로코 글·그림, 2012, 다림)

---

3) 문학적 요소, 내러티브 요소 또는 문학 요소는 모든 서면 및 구어적 내러티브 픽션의 필수 특성. 문학 요소에는 줄 거리, 주제, 성격 및 어조(character, setting, plot, theme, frame, exposition, ending/denouement, motif, titling, narrative point-of-view)가 포함되기도 한다.

2) 성격묘사

그림책에는 사람, 의인화된 동물과 물건, 장난감 등 다양한 유형의 등장인물(캐릭터)이 나타난다. 등장인물은 이야기 전반에 걸쳐 사건을 일으키고 갈등을 만들며, 성장과 변화를 보여 주는데, 여기에는 유아의 정서와 행동 그리고 사고가 반영된다(이송은, 이선영, 2008). 이러한 이유로 유아는 그림책 속 등장인물과 쉽게 동일시하고 공감할 수 있는 것이다. 그림책의 캐릭터들은 종종 간결하지만 풍부한 성격묘사를 통해 생생하게 묘사된다.

성격묘사(characterization)는 작가가 캐릭터의 신뢰성을 확립하는 수단이다. 등장인물은 문학을 풍부하게 하는 고유한 특성(personalities, 개성)이다. 우리 인간과 마찬가지로 그림책의 등장인물들은 다차원적이고, 장단점이 다양하며, 시간의 흐름에 따라 성장하고 변화한다. 등장인물들이 어떻게 나타나는지(등장하는지), 그들이 무엇을 행하고 무엇을 말하는지, 다른 사람들이 그(인물)들을 어떻게 대하는지, 그리고 서술자(the narrator)가 무엇을 드러내는가에 따라 캐릭터는 변화하거나 또는 발전하게 된다. 이야기 속 주인공의 성격유형은 문학 장르에 따라 차이를 보이는데, 전래 동화 속 인물은 개성적이라기보다 전형적인 특성을 보이는 것이 일반적이다. 옛이야기에 나오는 주인공들은 너무나 매력적이어서 어린이는 주인공과 자신을 동일시하게 되며, 주인공과 더불어 온갖 시련과 고통을 겪다가 마지막에 승리하면 자기도 승리하였다고 상상한다. 어린이는 이런 동일시를 통해, 주인공의 내적 · 외적 투쟁으로부터 얻은 도덕률을 마음 속 깊이 새기는 것이다(브루노 베텔하임, 1998).

『팥죽 할멈과 호랑이』
(박윤규 글, 백희나 그림, 2006, 시공주니어)

『팥죽 할멈과 호랑이』
(서정오 글, 박경진 그림, 1997, 보리)

반면, 현대 창작 동화에 나오는 인물은 사건이나 상황에 따라 행동방식이나 성격이 변화하며, 다면적이고 입체적인 특성을 보인다. 그림책에서 등장인물은 그들의 외모, 생각, 행동을 그림으로 드러내는 삽화가(illustrator)들에 의해서도 재해석된다(예:『팥죽할멈과 호랑이』). 현대 창작 그림책의 주인공은 또래 유아, 의인화된 장난감이나 동식물, 교통기관 등 유아가 친밀감을 느끼고 좋아하는 존재가 많다. 유아는 이처럼 친밀감을 느끼는 주인공의 행동이나 성격에 자신을 동일시하며, 주인공이 문제를 해결하는 과정에 동참하며 성장하는 경험을 한다.

그림책에서 등장인물의 성격묘사는 독자들이 캐릭터와 감정적으로 연결될 수 있게 하는 중심 요소이다. 등장인물의 행동, 대화, 그리고 상황 반응은 그들의 성격을 드러내는데, 이는 독자가 이야기에 몰입하게 만든다. 예를 들어,『팥죽할멈과 호랑이』에서 할머니와 호랑이 간의 대화와 갈등은 각 캐릭터의 성격을 극명하게 보여 주며, 이야기의 진행에 중요한 역할을 한다.『구름빵』(백희나 글 · 그림, 2005, 한솔수북)에서는 고양이 가족의 일상을 통해 사랑과 가족의 의미를 탐색하며, 각 캐릭터의 성격이 점차 발전해 나가는 과정을 섬세하게 그려 낸다. 이와 같은 성격묘사는 어린이 독자에게 깊은 인상을 남기고, 감정적인 반응을 유도한다.

3) 플롯

플롯(plot)은 사건들이 어떻게 배열되고 발전하는지를 나타내는 문학 요소이다. 그림책은 간단한 플롯에서 복잡한 플롯에 이르기까지 다양하게 구성될 수 있다. 플롯은 보통 '주된 갈등(central conflict)'이나 '갈등들(conflicts)'을 중심으로 전개된다. 가장 흔한 갈등은 중심인물(main character)의 내적 충돌에서 비롯되는 갈등인 자신과 자신 간의 갈등(self vs self), 중심인물과 한 사람 또는 그 이상의 다른 사람 사이에서 일어나는 갈등인 개인과 타인 간의 갈등, 사회적 압력이나 규범에 대항하면서 일어나는 갈등인 개인과 사회 간의 갈등, 마지막으로 자연의 힘과 대적하는 갈등인 개인과 자연 간의 갈등으로 나누어 볼 수 있다.

그림책의 플롯은 단선적 방식, 누적적 방식, 연쇄적 방식, 순환적 방식으로 나누어 볼 수 있는데(〈표 5-1〉 참조), 이들은 주의집중이 짧은 유아의 발달특성을 고려한 것으로 단순하면서도 시간의 흐름에 따라 진행되는 경향을 보인다. 예를 들어,『심술쟁이 아이작』은 일련의 사건들이 원인과 결과의 관계로 흥미롭게 전개되며, 아이작의 성장을 중심으로 이야기가 진행된다.『소중한 하루』(윤태규 글 · 그림, 2016, 그림책공작소)는 옆 동네로 이사간 떡볶이 자동차를 찾아 나서는 아이의 모험을 통해 우정과 협력의 가치를 전달한다. 간단하면서도 명확한 플롯은 아동이 이해하기 쉽고, 이야기의 메시지를 분명하게 전달한다.

어떤 유형의 플롯을 사용하더라도 유아를 위한 이야기의 결말은 행복하게 마무리 짓는 것이 좋다. 제시되었던 모든 문제, 어려움은 논리적으로 해결이 되어야 하며, 주인공은 마침내 행복을 찾게 되는 결말은 유아로 하여금 세상이 안전하고 행복한 곳이라는 인식을 갖게 한다. 특히 전래 동화의 경우처럼 선악이 극명하게 대비되는 이야기의 경우 선한 이는 좋은 결과를 맞이하고 악한 이는 망하는 것으로 종결되어야 한다. 브루노 베텔하임(Bruno Bettelheim, 1998)은 모든 악에는 매력적인 요소가 있으며, 옛이야기에서 악은 힘센 거인이나 용, 마녀의 힘, 사악한 여왕 등으로 상징되며, 일시적이나마 우월한 위치에 서는 경우가 많다고 하였다. 그러나 결말에 이르러서는 악인은 벌을 받게 되며, 이를 통해 어린이는 악행으로는 결코 승리할 수 없다는 확신을 줌으로써 효과적으로 악행을 억제할 수 있다고 보았다.

〈표 5-1〉 **그림책에서 자주 사용되는 플롯의 유형**

종류	특성	그림책의 예
단선적 방식	사건의 발달, 진행, 고조, 결말로 이어지는 기승전결 형식의 진행을 보임	『심술쟁이 아이작』(소노다 에리 글·그림, 2015, 국민서관)
누적적 방식	문장이나 사건이 반복되며 시간의 흐름에 따라 등장인물 등이 추가되는 진행을 보임	『알사탕』(백희나 글·그림, 2017, 책읽는곰)
연쇄적 방식	하나의 사건이 원인이 되어 다른 사건이 유발되는 진행을 보임	『좁쌀 한 톨로 장가든 총각』(이상교 글, 주경호 그림, 1996, 보림)
순환적 방식	시간의 흐름에 따라 사건이 차례로 진행되다가 결말에 이르러서는 원점으로 되돌아오는 방식으로 진행됨	『생쥐의 결혼』(하지홍 글·그림, 2006, 미세기)

4) 주제

그림책의 주제(theme)는 작품 전반에 걸쳐 흐르는 중심적이고 통일된 아이디어이다. 그림책의 주제는 자아, 가족, 일상생활 경험, 주변세계, 환상세계, 유머, 다양한 문화, 자연에 대한 호기심, 환경, 기아·난민·전쟁 등과 같은 사회문제 등 다양하다. 유아를 위한 그림책의 주제는 유아의 성장과 발달에 유익하며, 유아의 다양한 욕구를 만족시켜 줄 수 있어야 하며, 유아의 발달수준에 적합하고 유아가 쉽게 이해할 수 있는 것이어야 한다. 또한 성, 인종, 연령, 장애, 빈부 등 여러 측면에서 차별적인 내용이 포함되지 않아야 한다(김민진, 2018).

주제를 해석하는 것은 전적으로 독자의 몫이며, 개별 독자마다 주제를 자기만의 방식으로 내면화한다. 그림책의 주제는 유아의 성장과 발달에 유익한 내용을 다루어야겠지만, 지나치게 교훈적인 내용을 주제로 삼는 것은 피하는 것이 좋다. 유아기는 신뢰감을 형성하고 자율성을 키워 가는 시기로 독립심과 자율성을 다루거나 유아의 기본 욕구, 즉 사랑에 대한 욕구를 주제로 하는 그림책이 많이 나타난다. 유아의 사고 체계와 생활, 관심들을 잘 파악하고 그것들을 이야기 속에 녹여 내야만 유아가 공감하고 즐길 수 있다. 예를 들어, 환경 보호에 대한 주제를 다룬 그림책은 유아에게 자연과의 조화로운 삶의 중요성을 가르치는 교육적 가치가 있다.

5) 문체

문체(style)는 그림책에서 사용되는 언어의 선택과 구성 방식을 의미한다. 문체는 이야기를 전달하는 방법과 밀접하게 연결되어 있으며, 좋은 문체는 이야기를 더욱 생동감 있고 명확하게 만든다. 그림책에 사용되는 언어는 최대한 간결한 문장과 대화 중심으로 작성되는 것이 적절하다. 간결한 문장과 대화 중심의 이야기 글은 이야기를 듣는 동안 유아로 하여금 쉽게 이야기 내용을 머릿속에 그려 낼 수 있도록 함으로써 유아의 몰입을 돕는다. 좋은 그림책과 그렇지 못한 그림책은 그 책 속에 얼마만큼의 풍부한 언어, 알맹이가 있는 언어, 존재감이 있는 언어, 읽는 사람이나 듣는 사람이 마음으로부터 공감할 수 있는 언어가 담겨 있느냐에 따라 결정된다. 그러한 언어는 풍부하고 명확한 이미지를 만들 수 있게 해 준다(마쯔이 다다시, 2012). 그림책을 보며 책 속에 있는 언어가 어떤 무게를 가진 언어인지, 어떤 색깔이며 어떤 모양인지, 따뜻한지 차가운지 생각해 볼 필요가 있다. 1인칭 주인공 시점은 주인공의 내면세계와 감정을 깊이 있게 탐구하게 만들고, 3인칭 관찰자 시점은 보다 객관적인 이야기 전달을 가능하게 한다.

문체 및 언어표현력에서 의성어, 의태어 등 그림이 표현하기 힘든 것들을 표현함으로써 그림책의 이야기를 더욱 실제에 가까운 것으로 느끼게 만든다. 그림책의 문체는 작가가 선택한 언어와 표현 방식을 의미한다. 문체는 독특하고 개성 있는 언어 사용을 통해 그림책의 분위기를 조성하고, 이야기를 풍부하게 만든다. 『난 토마토 절대 안 먹어』(로렌 차일드 글 · 그림, 2001, 국민서관)에서는 일상적인 대화와 함께 아이들의 입말을 생생하게 표현함으로써, 독자가 이야기에 더욱 친근감을 느낄 수 있도록 한다. 이러한 문체의 선택은 독자의 몰입을 돕고, 이야기의 효과를 극대화한다. 유아를 위한 그림책에 표현된 언어는 리듬감 있고 반복과 운율이 있으며, 유아가 소리 내어 읽기 적합하고 이해하기 쉬워야 한다. 유아가 이해하기 쉬운 말로 쓰여야 하지만 어휘의 난이도 면에서 다소 어렵더라도 유아의 어휘력을 확장시킬 수 있도록 익숙하지 않은 단어와 문장을 사용할 수도 있다.

3. 그림책과 그림텍스트

그림책의 그림이 갖추어야 할 가장 중요한 요건은 이야기가 담겨야 한다는 것이다(마쓰이 다다시, 2012). 그림책의 그림은 단순히 문장을 설명하거나 보조하는 역할을 넘어서, 그림 자체로도 내용, 주제, 세부 사항을 전달해야 한다. 좋은 그림책은 그림만 보아도 줄거리나 내용을 이해할 수 있어, 글을 읽지 못하는 유아도 혼자서 그림책을 읽고 즐길 수 있다. 그림의 색채나 스타일이 글이 전달하고자 하는 내용과 조화를 이루어야 하며, 다양한 색채의 그림이 반드시 좋다는 것은 아니다. 중요한 것은 글과 그림이 어떻게 서로를 보완하느냐이다.

최근 현대 그림책 작가들은 유아의 심미감과 상상력 발달을 돕는 다양한 시각적 언어를 사용하여 그림책을 창작하고 있다. 만약 그림 속에 담긴 의미를 파악하지 않고 단지 글만 읽는다면, 그림책이 표현하려는 이야기의 절반 이상을 놓칠 수 있다. 우리는 문자언어로 구성된 글텍스트를 읽을 때 학습을 통해 익힌 지식을 바탕으로 내용과 의미를 파악한다. 그러나 그림텍스트는 사전 지식 없이도 이해 가능하다고 생각하지만, 사실은 그림텍스트를 깊이 있게 이해하기 위해서는 의식적인 학습을 통해 섬세하고 분석적인 시각적 문해력을 갖추어야 한다(이성엽, 2014).

시각적 문해력을 갖춘 관람자는 제시된 이미지를 보면서 자신의 배경지식을 활용하여 적극적으로 의미를 형성한다. 따라서 그림텍스트의 이해를 위해서는 선, 색, 형태, 질감, 공간 등과 같은 미술의 구성 요소(어휘)들을 학습하는 것이 필요하다. 연구자들은 이러한 요소들을 다르게 정의하며, 이는 그림책 작가들이 활용하는 다양한 미술적 어휘를 반영한다. 예를 들어, 이성엽(2014)은 프레임과 프레이밍, 등장인물과 사물의 공간 배치를 강조했으며, 다른 연구자들은 조화와 통일감, 다양성과 대비, 균형, 움직임, 우세 등의 구성 원리와 다양한 매체를 그림 이해에 필요한 요소로 제안하였다. 이렇듯 그림책의 그림은 단순한 장식이 아닌, 이야기의 전달과 강화를 위한 중요한 수단으로, 독자에게 깊이 있는 경험을 제공할 수 있다. 그림을 통해 전달되는 시각 어휘는 글과 함께 그림책의 메시지를 강화하고, 독자의 상상력을 자극하여 더 풍부한 이해를 가능하게 한다. 다음에서는 그림책에서 이용되는 미술 양식과 미술 작품 이해에 도움이 되는 미술의 구성요소에 대해 알아보기로 하겠다. 계속해서 그림책의 서사를 이해하는 데 도움이 되는 프레임과 등장인물의 공간배치에 대해서도 간단하게 알아보겠다.

1) 미술 양식과 그림책(Style of Art and Picturebooks)

'양식(style)'은 예술가가 자신의 주제를 묘사하고 자신의 비전을 표현하는 방식을 기본적으로 의미한다. 이는 예술가가 형태, 색상, 구성 등을 사용하는 방식과 같은 예술작품의 특성에 의해 결정된다. 양식은 선, 모양, 색상, 질감, 예술적 매체와 같은 예술적 요소들이 모여 독특하고 식별 가능한 표현 방식을 창출한다(Galda, Liang, & Cullinan, 2017). 작품의 스타일을 결정하는 데는 작가가 사용하는 기법이나 방법도 중요하다. '양식'은 예술작품에서 나타나는 독특한 요소들을 지칭한다(Perry Nodelman, 1988). 이 독특함은 작품을 다른 작품들과 차별화시킨다. 예술가는 때로는 자신만의 규범에서 벗어나 새로운 양식을 추구하기도 하며, 어떤 예술가들은 전통적인 스타일이나 미술학파를 의식적으로 모방하기도 한다. 예를 들어, 앤서니 브라운(Anthony Brown)은 『미술관에 간 윌리』(2000)에서 고릴라의 이미지를 사용해 24명의 다른 화가들의 스타일을 재미있게 패러디한다. 데이비드 위즈너(David Wiesner)는 『아트와 맥스』(2019)에서 그림 초보자인 맥스를 통해 다양한 양식으로 그림이 변화되는 과정을 보여 준다.

[그림 5-12] 「아트와 맥스」 앞표지와 속표지

양식은 그 자체로 의미를 전달하는 중요한 수단이다. 그림작가들은 자신의 스타일을 고르면서 서사적 효과를 염두에 두어야 한다. 예를 들어, 비어트릭스 포터(Beatrix Potter)는 『피터래빗 이야기』(2014)에서 독특한 매체와 색을 사용해 사람처럼 움직이는 동물들을 그려, 독자들에게 친숙하고 상상력을 자극하는 스타일을 선보였다. 이와 같이 그림의 스타일은 작품의 구조와 태도, 주제를 나타내는 데 기여한다.

최근에는 과거 유명 화가들의 스타일을 따르거나 패러디하는 그림책이 많아지고 있다. 이런 책들은 어린이들에게 미술사를 소개하는 좋은 방법이 될 수 있다. 예술가들은 각자의 독특한 스타일을 만들기 위해 노력하며, 이 스타일은 작가의 개성과 강점을 반영한다. 또한 스타일은 이야기의 내용, 분위기, 대상 청중에 따라 달라진다. 예를 들어, 토미 드파올라(Tomie dePaola)와 제리 핑크니(Jerry Pinkney)는 일관된 스타일을 보여 주는 반면, 모리스 샌닥(Maurice Sendak)은 이야기에 따라 스타일을 바꾼다.

어린이를 위한 책에서 이용할 수 있는 예술 양식은 매우 다양하며, 특히 그림책에서 자주 볼 수 있는 여섯 가지 일반적인 스타일은 각기 다른 시각적 언어와 표현 방식을 제공하여, 어린이의 심미적 감각과 상상력을 키우는 데 기여한다(Galda, Liang, & Cullinan, 2017). 이처럼 그림책에서의 양식은 단순히 아름다움을 제공하는 것을 넘어서, 교육적 가치와 이야기의 깊이를 더하는 역할을 한다.

(1) 재현주의 미술/구상주의 미술

재현주의 미술(representational art)은 실제 세계의 사물, 사건, 캐릭터를 사실적으로 묘사하는 미술 양식이다. 이 미술 양식은 실제 사물에서 명확히 파생된 작품으로, 실제 세계에 대한 시각적 참조가 강조된다. 예를 들어, 폴 젤린스키(Paul Zelinsky)는 프랑스와 이탈리아 르네상스 화가들의 스타일을 따라 정교하고 사실적인 유화로 그림 형제의 동화를 재해석하였다. 그의 작품인 『라푼젤』은 아름다운 배경과 주인공들의 감동적인 초상화로 옛 이야기에 드라마와 의미를 부여한다.

(2) 초현실주의

초현실주의 미술(surrealistic art)은 전통에 대한 도전적인 태도와 냉소를 바탕으로 놀라운 이미지와 부조화를 특징으로 한다(Cianciolo, 1976). 이 미술 양식은 종종 꿈이나 악몽 혹은 환영 상태에서 나타나는 이미지들로 구성된다. 예를 들어, 크리스 반 알스버그(Chris Van Allsburg)의 『주만지』는 글의 독창적인 도전을 확장하는 초현실적인 그림으로 유명하다. 앤서니 브라운의 『달라질 거야』(2003), 『공원에서』(2021)는 그림을 통해 본문의 메시지를 강화한다. 데이비드 위즈너의 『이상한 화요일』(2002), 『시간상자』(2018)는 글 없는 그림책으로, 초현실적인 사건들이 하늘이나 물속에서 펼쳐지며, 『시간상자』에서는 물고기가 기어와 열쇠, 다양한 기계로 구성되어 있다. 또한 존 셰스카와 레인 스미스(John Scieszka & Lane Smith)

의『늑대가 들려주는 아기돼지 삼형제 이야기』(1996)와『냄새 고약한 치즈맨과 멍청한 이야기들』(2010) 속 레인 스미스의 초현실적인 삽화는 기괴하고 전복적인 존 셰스카의 이야기들과 잘 어울린다.

클로드 모네의 유화 「인상, 해돋이(Impression, Sunrise)」

(3) 인상주의

인상주의(impressionistic art)는 전통적인 회화 기법을 거부하고 색채, 색조, 질감 자체에 관심을 두는 미술 사조로, 클로드 모네의 유화 「인상, 해돋이(Impression, Sunrise)」에서 이름이 유래되었다. 이 이름은 비평가 루이 르로이(Louis Leroy)가 『Le Charivari』에 기고한 비평에서 처음 사용되었다. 인상주의 화가들은 빛과 색채의 변화를 포착하여 자연을 묘사하고, 순간적인 색채나 색조의 효과를 이용해 세계를 객관적으로 기록하려 하였다. 이들은 색채분할법[4]을 사용하여 빛의 잔영을 효과적으로 표현하였는데, 제리 핑크니(Jerry Pinkney)의『사자와 생쥐』속 수채화 삽화가 이를 잘 보여 준다. 에드 영(Ed Young)의『늑대 할머니』, 에밀리 아놀드 맥컬리(Emily Arnold McCully)의『줄타기 곡예사 미레트』는 모두 칼데콧 상을 수상한 인상주의적 작품으로, 각각 중국의 빨간 모자 이야기와 줄타기 소녀의 이야기를 아름답고 인상적으로 풀어낸다.

『사자와 생쥐』(제르 핑크니 저, 2010, 별천지), 2010 칼데콧 상 수상작

『늑대 할머니』(에드영 글 · 그림, 2016, 길벗어린이), 1990 칼데콧 상 수상작

『줄타기 곡예사 미레트』(아놀드 맥컬리 글 · 그림, 1993, 프뢰벨), 1993 칼데콧 상 수상작

(4) 민속예술과 나이브 아트(소박파)

　민속예술(folk art)은 특정 문화 집단의 예술적 표현 양식을 말하며, 현실을 단순화, 과장 또는 왜곡시켜 표현한다. 이는 전통적 모티브, 상징, 기법의 사용에 기인한다. 예술가들은 해당 문화의 특성을 반영하여 독특한 문화 스타일로 민담에 삽화를 추가한다. 예를 들어, 제럴드 맥더멋은『거미 아난시』(2005),『꾀주머니 토끼 조모』(2011),『태양으로 날아간 화살』(2001) 등을 통해 다양한 문화의 트릭스터 이야기[5]를 그렸다. 나이브 아트(naive art)는 민속예술과 구분이 어렵고, 종종 상호 교차적으로 묘사된다. 나이브 아트는 기술적으로 세련되지 않은 것처럼 보일 수 있으나, 예술가의 강렬한 감정과 비전으로 특징지어진다. 이 예술 양식은 해부학이나 원근법과 같은 전통적 표현을 무시하며, 특히 전면 자세나 옆모습을 고수한다.

『꾀주머니 토끼 조모』(제럴드 맥더멋 글·그림, 2011, 열린어린이)

『프린세스 안나』(마크 캉탱 저, 마르탱 자리 그림, 2001, 삼성당)

『비를 부르는 소녀』(데이비드 콘웨이 글, 주드 데일리 그림, 2014, 한국톨스토이)

『이 사슴은 내 거야!』(올리버 제퍼스, 2013, 주니어김영사)

『닭들이 이상해』(브루스 맥밀란 글, 귀넬라 그림, 2007, 바람의아이들)

『자유 자유 자유』(애슐리 브라이언 글·그림, 2019, 보물창고)

---

4) 회화에서 밝은 효과를 얻기 위하여 물감을 팔레트 위에서 섞지 아니하고 색을 분석하여 원색의 색점들을 섞어 찍어 표현하는 기법. 폴 시냐크(Paul Signac)와 조르주 쇠라(Georges Seurat)의 점묘법 참고

5) 트릭스터는 바보이면서 동시에 체계를 뛰어넘는 대상을 의미하며, 이에 대한 이야기를 '트릭스터 이야기(Trickster Tales)'라고 함. 천의 얼굴을 가진 신성한 영웅인 동시에 비겁한 인물을 주인공으로 하는 신화적 이야기

예술가 마르탱 자리의 삽화가 담긴『프린세스 안나』는 이 경계를 모호하게 하는 좋은 예이며, 주드 데일리의 삽화가 담긴『비를 부르는 소녀』와 올리버 제퍼스의『이 사슴은 내 거야!』는 각각 민속예술과 나이브 아트의 특징을 잘 드러내는 작품이다. 귀넬라는『닭들이 이상해』에서 인간과 동물을 둥글고 단순한 형태로 표현하여 음영이 거의 없는 스타일을 사용하며, 이는 작품에 명확하고 간결한 이미지를 제공한다. 반면, 애슐리 브라이언은『자유 자유 자유』에서 평평하고 음영이 없는 정면 또는 옆모습을 사용하고, 평평한 원근법과 선명한 색상을 사용하여 깊이의 착각을 만드는 효과를 낸다. 이러한 기법은 평행선이 하나의 소멸점으로 수렴하는 직교선 시스템을 통해 구현되며, 이는 평면적인 표면에 입체감을 부여하여 시각적으로 흥미로운 경험을 선사한다. 귀넬라와 애슐리 브라이언은 각기 다른 방식으로 단순화된 형태와 강렬한 색상을 사용하여, 전통적인 미술 기법에서 벗어난 독특한 스타일을 창조하고 있다.

(5) 아웃라인 스타일

아웃라인 스타일(outline Style)은 그림책 예술에서 선을 강조하고 형상을 단순화하는 방식으로, 특히 만화에서 자주 볼 수 있다. 이 스타일은 캐리커쳐를 창조하고 2차원의 과장된 표현을 사용하여 특정 상황을 더욱 흥미롭게 만든다. 예술가들은 슬랩스틱 같은 만화 기법을 사용하여 등장인물을 우스꽝스럽게 왜곡시키고, 웃음을 자아내는 부조리한 상황을 묘사한다. 성인과 아이들은 만화, 시사만화, 애니메이션 영화나 비디오를 통해 아웃라인 스타일에 자주 노출된다.

『깊은 밤 부엌에서』의 모리스 샌닥,『치과 의사 드소토 선생님』의 윌리엄 스타이그,『달 사람』의 토미 웅거러,『조지와 마사』의 제임스 마셜 등은 다양한 아웃라인 스타일을 사용한 작가들이다. 데이비드 섀넌의『데이비드』시리즈, 모 윌렘스의『비둘기』시리즈, 에밀리 아널드 맥컬리의 그림책『발명가 매티』에서 루즈 수채화 스타일(loose watercolor style)을 찾아볼 수 있다. 루즈 수채화 스타일은 사진적인 표현보다는 한 장면의 인상이나 본질을 포착하는 것에 중점을 둔다. 이 스타일은 검은색 잉크로 윤곽선을 그려 모양을 완성하는 아웃라인 스타일[6]을 완벽하게 보여 준다. 또한 이언 포크너의『올리비아』시리즈는 섬세한 아웃라인 스

---

6) 아웃라인 스타일은 그림에서 윤곽선을 강조하는 미술 기법이다. 이 스타일은 주로 검은색 잉크나 선명한 색의 펜을 사용하여 대상의 외곽선을 뚜렷하게 그려서, 대상의 형태와 구조를 명확히 드러내는 것이 특징이다. 아웃라인 스타일은 그림의 주요 요소를 강조하고, 구성을 명확하게 하여 시각적인 명료성과 예술적 표현을 향상시킬 수 있다. 이러한 방식은 만화, 일러스트레이션, 패션 디자인, 그리고 아동용 그림책 등 다양한 분야에서 널리 사용된다.

『깊은 밤 부엌에서』(모리스 샌닥 글·그림, 2001, 시공주니어)

『치과 의사 드소토 선생님』(윌리엄 스타이그 글·그림, 1995, 비룡소)

『달 사람』(토미 웅거러 글·그림, 1996, 비룡소)

『조지와 마사』(제임스 마셜 글·그림, 2019, 논장)

『말썽쟁이 데이비드』(데이비드 섀넌 글·그림, 2020, 주니어김영사)

『비둘기야, 핫도그 맛있니?』(모 윌렘스 글·그림, 2022, 살림어린이)

『발명가 매티』(에밀리 아널드 맥컬리 글·그림, 2007, 비룡소)

『올리비아는 스파이』(이언 포크너 글·그림, 2017, 주니어김영사)

[그림 5-13] **아웃라인 스타일을 사용해 제작된 그림책의 예**

타일을 통해 올리비아의 엄청난 행동반경과 감정 및 생각을 잘 전달하고 있다. [그림 5-13]에서 보는 바와 같이 상당히 다른 이 모든 아웃라인 스타일들은 그림책 예술에서 이 스타일이 얼마나 다양하게 사용될 수 있는지를 보여 준다.

(6) 혼합양식

혼합양식(combining styles)은 흥미로운 삽화를 만들기 위해 의도적으로 여러 스타일을 결합하는 예술가들의 작업 방식이다([그림 5-14] 참조). 예를 들어, 그림책『나는 강물처럼 말해요』에서 시드니 스미스는 사실주의와 인상주의를 결합하여 표현한 책이다. 창가에 스민 햇살에 반짝이는 방 안의 풍경과 주인공 소년의 이미지는 인상주의적 스타일로 표현하면서도 주인공이 꿈꾸는 대상인 강물은 마치 사진처럼 사실적으로 표현하여 그림책의 주제를 잘 나타내고 있다.

또한『우린 너무 달라!』의 크리스 갈은 아웃라인 스타일과 초현실주의 스타일을 결합하여

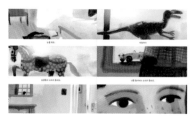

『나는 강물처럼 말해요』(조던 스콧 글, 시드니 스미스 그림, 2021, 책읽는곰)

『우린 너무 달라!』(크리스 갈 글 · 그림, 2014, 주니어RHK)

[그림 5-14] 혼합양식을 사용해 제작된 그림책의 예

새로운 시각적 경험을 제공한다. 이러한 혼합양식은 각기 다른 미술적 요소들을 융합하여 독특한 예술적 표현을 가능하게 한다.

2) 미술의 구성요소와 그림책

(1) 선

선은 점들이 모여 이루어진 것이며, 두 점을 이어 만들어지거나 물체의 윤곽을 이루고, 물체와 물체 사이를 경계 짓는 등 여러 가지로 정의된다. 선은 단순해 보이지만 그 안에 복잡한 요소들을 내포하고 있으며, 선의 결합 방식에 따라 변화, 통일감, 리듬감, 움직임 등을 표현할 수 있다. 선에는 실선과 암시선의 개념이 있는데, 실선은 그림에서 실제로 그어진 선을, 암시선은 실제로는 그어지지 않았지만 연결된 것처럼 느껴지게 하는 선을 말한다.

선은 네 가지 주요 특성을 가진다. 첫째, 선의 방향성은 그 선이 어디를 향하고 있는지를 나타내며, 이는 화면의 운동감을 결정짓는 중요한 요소이다. 둘째, 선의 굵기는 선의 두께가 얼마나 되는지에 따라 같은 주제와 소재라도 전달하는 의미가 달라질 수 있다. 셋째, 선의 속도감은 선이 그려지는 속도를 말하며, 이는 선의 방향이나 굵기에 영향을 미친다. 마지막으로, 선의 무게감은 그 선이 지닌 무게를 의미하며, 이는 선의 시각적 표현력에 중요한 역할을 한다(金原省품, 1989).

유아에게 그림책에서 다양한 선을 탐색하고 그 느낌을 표현해 보게 함으로써, 선이 어떻게 감정이나 메시지를 전달하는지를 경험할 수 있게 한다. 선은 그림책의 일부에서만 특정한 의미를 생성할 수도 있지만, 작품 전체를 관통하면서 등장인물의 내면이나 주제를 드러내는 데 중요한 역할을 하며, 이를 통해 서사적인 의미의 차원에서 큰 효과를 만들어 낼 수 있다.

『벤의 트럼펫』(레이첼 이사도라 글 · 그림, 2006, 비룡소)

다양한 선의 모습

◉ 선의 종류
- 방향에 따라: 수직선, 수평선, 사선 등
- 모양에 따라: 굵은 선, 가는 선, 직선, 곡선, 꼬불꼬불한 선, 지그재그선 등
- 느낌에 따라: 우아한 선, 강한 선, 약한 선, 빠른 선, 느린 선, 날카로운 선, 부드러운 선 등

(2) 색

색은 빛을 흡수하고 반사하는 결과로 나타나며, 사물의 밝고 어두움을 나타내는 물리적 현상이다. 그림을 그릴 때 필수적인 삼원색인 빨강, 파랑, 노랑은 다양한 비율로 섞여서 여러 색을 만들 수 있다. 이러한 혼합 결과는 색상환을 통해 알 수 있는데, 색상환에서 인접한 색들은 유사색으로 서로 비슷한 색을 띠고, 반대편에 위치한 색들은 서로 대비되는 보색을 이룬다.

색은 물리적 · 미적 · 심리적 · 영적 차원에서 인간과 긴밀한 관계를 맺고 있으며, 오랜 세월 동안 인류 문화의 상징성을 축적해 온 중요한 시각적 요소이다. 미처 깨닫지 못하는 사이에 색은 사회 규범, 금기, 편견 등을 표현하고 전달하며, 우리의 사회문화적 환경과 태도, 언어와 상상력에 큰 영향을 미친다.

보편적으로 따뜻한 계열의 빨간색, 노란색, 주황색은 강렬함, 애정, 기쁨을 환기시키며, 차가운 계열의 파란색, 녹색, 자주색은 차분함, 평온, 성찰, 긴장 완화 등을 표현한다. 이처럼 상징적 의미를 지닌 색은 그림텍스트의 전반적인 분위기를 만들고 주제를 표현하는 데 중요한 역할을 한다. 색은 단순한 미학적 선택이 아니라 특정 메시지를 전달하기 위한 중요한 통로이다.

색은 그림의 기본적인 이미지 구성에서도 중요한 역할을 하며, 하나의 그림뿐만 아니라 전체 장면을 통해 의미 있는 등장인물과 사물들을 연결하거나 분리하는 기능을 한다. 단색 계열의 그림은 조금 더 차분한 느낌을 주고, 유채색은 즐겁고 밝은 분위기를 표현하며 자연스러운 효과를 얻기도 한다(그림 5-15). 이렇게 색은 이야기와 밀접한 연관을 맺으며 분위기를 전달하고, 그림의 의미를 해석하는 단서로서 기능한다. 그림작가는 색을 통해 등장인물의 내면세계와 사물들 사이의 관계를 표현하는 데 사용한다.

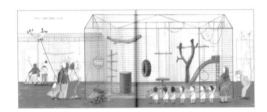 

[그림 5-15] 『동물원』(이수지 글 · 그림, 2004, 비룡소), 현실세계와 상상의 세계를 무채색과 유채색으로 대비시킴

(3) 모양과 형태

모양과 형태는 종종 같은 용어로 사용되지만, 분명한 차이가 있다. 모양은 평면적으로 보이는 형상을 의미하며, 형태는 입체적으로 보이는 형상을 말한다. 형태는 삼차원적인 속성을 지니며, 더 복잡하고 다양한 구조를 가진다. 모양과 형태는 외곽선이나 사물의 윤곽에 의해 만들어지기도 하고, 외곽선 없이 색, 질감, 또는 여러 작은 형태들이 모여서 만들어지기도 한다(현은자 외, 2004).

그림에서 눈에 띄게 두드러진 모양과 형태는 관찰자에게 강한 정서적 반응을 유발할 수 있다. 예를 들어, 부피가 큰 물체들이 모여 있는 장면은 안정감을 주거나 반대로 답답함과 거북함을 느끼게 할 수 있다. 반면, 가볍고 섬세한 모양들은 움직임, 우아함, 자유로움을 연상시키며 긍정적인 느낌을 줄 수 있다(김현희, 박상희, 2016).

따라서 모양과 형태는 그림책이나 시각 예술 작품에서 중요한 역할을 하며, 작품의 전반적인 분위기와 메시지 전달에 결정적인 영향을 미친다. 예술가는 이러한 요소를 신중하게 선택하고 조합함으로써 의도하는 감정이나 상황을 효과적으로 표현할 수 있다.

◉ 형태의 종류
• 기하 형태: 삼각형, 원, 사각형 등을 연상시키는 형태, 일정하고 정확한 형상을 가짐. 직선이나 곡선
  으로 구성된 형태로 계산적이고 반자연적 느낌을 줌
• 유기적 형태: 동식물처럼 자연의 생명체를 닮은 형태, 부드럽고 불규칙한 곡선으로 묘사됨

(4) 촉감

촉감은 라틴어 '직조'에서 유래했으며, 물체를 만졌을 때 느껴지는 물체의 특성을 의미한다. 그림작가들은 촉감을 거침, 부드러움, 딱딱함, 말랑말랑함, 매끈함, 울퉁불퉁함 등의 단어로 언어적으로 표현하며, 이러한 느낌을 시각적으로 재현하기 위해 다양한 방법을 사용한다. 예를 들어, 붓의 터치를 빠르게 하거나 가볍게 하거나, 빗, 스펀지, 손가락 등 다양한 도구를 이용해 색을 칠함으로써 각각 다른 질감을 만들어낸다.

그림의 사실적 특성을 강조하고 싶은 작가는 촉감에 매우 큰 관심을 기울이며, 이를 통해 작품에 깊이와 현실감을 부여한다. 반면, 좀 더 추상적이거나 덜 사실적인 장면을 그리면서 보는 이의 상상력을 자극하기 위해 촉감을 활용하기도 한다. 이처럼 촉감은 그림작가가 의도하는 메시지와 감정을 전달하는 데 중요한 역할을 하며, 관람자가 작품을 경험하는 방식에 깊은 영향을 미친다.

◉ 질감의 유형
• 물질적 질감: 만져서 직접 확인할 수 있는 촉각적 질감(거친 느낌이 드는 그림 만졌을 때 실제 거칠
  게 느껴짐)
• 시각적 질감: 물질적 질감이 존재하는 것처럼 꾸민 질감, 만져서 느껴지는 질감이 아닌 시각적으로 느
  껴지는 질감(부드럽고 매끈한 느낌이 드는 그림을 만졌을 때 예상과 달리 단단하고 차갑게 느껴짐)
• 전환적 질감: 사물이 가진 고유의 질감을 전혀 다른 질감으로 표현한 질감(거칠거칠한 거울, 보송보
  송한 자전거)

(5) 공간

공간은 어떤 물체가 존재하거나 어떤 일이 일어날 수 있는 장소를 의미하며, 미술에서는 이러한 공간을 3차원적인 공간감을 2차원 평면에 표현하는 것을 포함한다. 미술의 구성원리인 균형, 강조, 리듬/반복/패턴, 비율/비례, 동세/움직임, 통일/변화 등은 모두 공간을 고려하여 나타난다. 모양과 형태가 배치된 공간에 따라 빈공간의 많고 적음은 공허, 외로움,

고립감 또는 혼란, 무질서, 폐쇄감 등 다양한 정서를 전달할 수 있다.

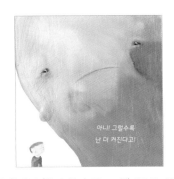

『나의 하얀 비둘기』(지니 베이커, 글ㆍ그림, 2007, 킨더랜드)

『안녕, 울적아』(안나 워커, 글ㆍ그림, 2019, 모래알)

그림작가들은 작품의 서사 구조를 보여 주기 위해 하나의 작품 내에서 빈공간을 조절함으로써 이야기의 흐름을 조율한다. 예를 들어, 모리스 샌닥의 『괴물들이 사는 나라』에서는 빈공간이 점점 줄어들면서 이야기의 절정에 도달하는 순간을 시각적으로 강조한다. 안나 워커의 『안녕, 울적아』 역시 비슷한 방식으로 빈공간을 활용하여 이야기의 감정적 변화를 잘 표현한다.

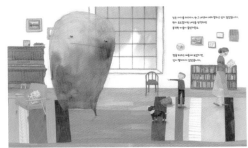

[그림 5-16] 『안녕, 울적아』(안나 워커, 글ㆍ그림, 2019, 모래알)

이처럼 공간은 단순히 물리적 장소를 넘어서 그림책의 내용과 감정을 전달하는 데 중요한 역할을 한다. 작품의 전반적인 분위기와 메시지 전달에 결정적인 영향을 미치며, 그림작가는 공간 활용을 통해 독자가 이야기를 경험하는 방식을 섬세하게 조절한다. 이를 통해 풍부하고 깊이 있는 이해가 가능해진다. 공간의 채움과 비움, 시점과 관점, 색채와 명암, 페이지 구성의 동선, 상징과 은유를 사용하는 것과 같은 다섯 가지 방법으로 공간을 표현하여 독자의 이야기 경험을 조절할 수 있다.

첫째, 공간의 채움과 비움: 작가는 공간을 가득 채우거나 일부러 비워 두어 특정 감정이나 분위기를 조성할 수 있다. 예를 들어, 공간을 가득 채우면 독자에게 압도적이거나 복잡한 느낌을 줄 수 있으며, 공간을 비워 두면 고독, 평화, 또는 여백을 통한 집중을 유도할 수 있다. 그림책『문제가 생겼어요』(이보나 흐미엘레프스카 글·그림, 2010, 논장)에서는 왼편에는 한 줄의 문장, 오른편에는 다리미의 다양한 변화된 모습만을 보여 주어 주제에 집중하도록 한다. 경우에 따라 채움과 비움을 적절히 사용함으로써 보는 이의 감정의 강도를 조절하기도 하는데, 이를 통해 독자는 캐릭터의 내적 감정을 더 깊이 느낄 수 있다.

둘째, 시점과 관점: 그림책에서 시점을 변화시키면서 공간을 다르게 표현하는 것도 중요한 방법이다. 아이들의 눈높이에서 바라본 시점을 제공하거나, 새의 눈높이와 같은 독특한 각도에서 시각적 경험을 제공하여 이야기에 새로운 차원을 추가할 수 있다.『빨간 나무』(숀 탠 글·그림, 2019, 풀빛)에서는 아이의 시점에서 바라보는 세상을 통해 외로움과 소외감을 표현한다. 독특한 각도와 시점을 통해 아이의 감정이 관객에게 직접적으로 전달되며, 이야기에 깊이를 더한다.

셋째, 색채와 명암: 공간의 분위기는 색채와 명암을 통해 크게 달라질 수 있다. 밝고 화사한 색은 활기찬 분위기를, 어두운 색과 명암의 강조는 신비로운 또는 우울한 분위기를 연출할 수 있다.『이렇게 멋진 날』(리처드 잭슨 글, 이수지 그림, 2017, 비룡소)에서는 흑백으로 시작해서 조금씩 밝은 색을 첨가하는 방식을 통해 흥미로운 공간을 연출한다.『위를 봐요』(정진호 글·그림, 2014, 현암주니어)에서는 시종일관 흑백을 사용하다가 마지막 장면에 약간의 색채를 첨가하는 방식을 통해 행복한 결론을 연출한다. 이러한 색채 사용은 페이지를 넘길 때마다 분위기를 전환시키며, 독자에게 강한 시각적 인상을 남긴다.

넷째, 페이지 구성의 동선: 독자의 눈이 페이지를 따라 자연스럽게 움직이도록 구성하는 동선도 공간 활용에 있어 중요하다. 이야기의 흐름을 유도하는 방향성을 설정하여, 독자가 페이지를 넘길 때 매 순간마다 이야기의 긴장감과 흐름을 느낄 수 있게 한다.『코끼리아저씨와 100개의 물방울』(노인경 글·그림, 2012, 문학동네)에서는 코끼리아저씨가 양동이에 물을 가득 담아 아이들이 기다리는 집으로 가는 과정에서 만나는 다양한 상황이 그림을 통해 전개된다. 페이지 구성을 통해 독자의 시선이 자연스럽게 이야기의 흐름을 따라가도록 유도하며, 코끼리아저씨와 함께 여정을 하는 듯한 느낌을 준다.

다섯째, 상징과 은유의 사용: 공간 내의 객체나 배경을 상징이나 은유를 사용하여 이야기의 깊이를 더하고, 텍스트가 직접 설명하지 않는 내용을 시각적으로 표현할 수 있다. 이는 독자가 직접 해석하며 깊이 있는 이해를 할 수 있는 여지를 제공한다.『터널』(앤서니 브라운 글 · 그림, 2018, 논장)에서는 일상적인 장소에서 벌어지는 남매의 관계 변화를 상징적으로 표현한다. 각 장소와 사물은 이야기의 깊이를 더하며, 독자에게 아이의 심리적 변화를 시각적으로 보여 준다.

⊙ 이차원적 공간을 삼차원적 공간으로 만드는 방법
- 중첩: 두 개 이상의 물체를 서로 겹쳐 놓음으로써 공간의 깊이를 표현할 수 있다. 가려진 물체는 더 멀리 있는 것으로 인식되어 깊은 공간감을 제공한다. 이 기법은 물체들 사이의 상대적 위치를 통해 눈에 보이는 공간의 계층을 만든다.
- 상대적 크기: 동일한 형태의 물체를 다른 크기로 표현하여 공간감을 생성한다. 크게 표현된 물체는 가깝게, 작게 표현된 물체는 멀게 느껴지게 함으로써 시각적 깊이를 부여한다.
- 투시적 원근법(선 원근법): 이 방법은 선을 이용하여 공간과 깊이를 표현한다. 선이 멀어질수록 일정한 비율로 줄어들어 소실점에서 만나는 것처럼 보이게 함으로써 깊이감을 생성한다. 이 기법은 특히 건축물이나 도로와 같은 선형 구조를 그릴 때 유용하다.
- 대기 원근법(공기 원근법): 이 기법은 질감, 명암, 색의 선명도를 조절하여 깊이감을 표현한다. 선명하게 표현된 요소는 가깝게 느껴지고, 흐릿하게 표현된 요소는 멀리 있는 것처럼 느껴진다. 이 방법은 주로 자연 풍경을 그릴 때 사용되어 대기의 효과를 시각적으로 재현한다.

3) 그림책의 프레임과 공간배치

(1) 그림책의 프레임과 프레이밍

그림책에서 프레임과 프레이밍은 매우 중요한 역할을 한다. 프레임이란 틀이나 뼈대를 의미하며, 특히 예술 작품에서는 실제와 허구를 구분짓는 틀로 인식된다(김정선, 2013). 프레임과 프레이밍(Framing)은 사전적 의미에서 큰 차이가 없으나, 영화나 애니메이션과 같은 매체에서는 프레임이 한 장면을, 프레이밍은 화면의 구도나 구성을 정하는 표현적 의미로 사용된다. 그림책에서 프레임은 책의 판형 자체가 하나의 외부 프레임을 형성하고, 펼쳐진 두 페이지가 '장'으로서의 프레임을 구성한다. 각 페이지는 버소(Verso: 왼쪽 페이지)와 렉토(Recto: 오른쪽 페이지)로 구분되며 각각의 프레임을 형성한다([그림 5-17] 참조).

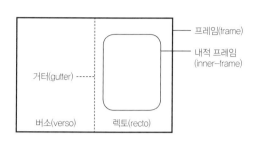

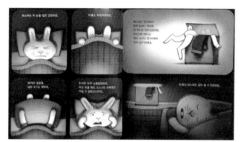

그림책의 프레임

『오싹오싹 팬티』(에런 레이놀즈 글, 피터 브라운 그림, 2018, 토토북)

[그림 5-17] **그림책의 프레임**

'판형'으로서의 프레임(앞표지) 펼친 면(한 '장')으로서의 프레임 '판형'으로서의 프레임(뒤표지)

[그림 5-18] 『**선생님은 몬스터!**』(피터 브라운 글·그림, 2015, 사계절)

   내적 프레임은 그림책을 구성하는 기본 단위인 '장'에서 필연적인 구성 요소라기보다는 작가들이 선택하고 사용하는 표현 어휘로, 다양한 형태와 크기를 가지며 프레임 전체에서 복수로 사용될 때 배치를 통한 의미를 생성한다. 이러한 프레임은 그림텍스트의 한 면 전체나 일부를 둘러싸는 틀로, 그림텍스트의 서사 단위 역할을 한다. 그림작가는 다양한 크기의 프레임을 통해 특정 몸짓, 표정, 배경, 사건의 일부만을 보여 줌으로써 의도한 의미를 전달한다. 프레임의 유무는 독자와 그림텍스트 사이의 거리를 조정하는 역할을 하며, 프레임이 없는 경우 독자는 등장인물에 더 쉽게 감정이입을 할 수 있다.

 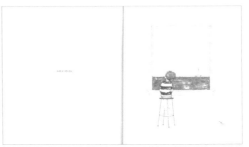

한 장으로서의 프레임을 가졌으나 외적 프레임과 　　　오른쪽 화면(recto)에 내적 프레임을 제시한 장면
내적 프레임이 없음

『고래가 보고 싶거든』(줄리 폴리아노 글, 에린 E. 스테드 그림, 김경연 역, 2014, 문학동네)

　　프레임을 사용하여 그림작가들은 독자와 서사 세계 사이의 '거리'를 어떻게 유지할 것인
지를 결정한다. 김정선(2013)과 이성엽(2014)에 따르면, 그림작가는 프레이밍을 사용하여
독자와 서사 세계 사이에 일종의 '거리'를 어떻게 유지할 것인가를 결정한다고 할 수 있다.

부감을 사용한 장면 　　　　　　　　　　　　앙각을 사용한 장면
『눈물바다』(서현 글 · 그림, 2009, 사계절) 　　　　『앗, 깜깜해』(존 로코 글 · 그림, 2012, 다림)

　　프레이밍은 앵글의 높이에 따라 부감과 앙각으로 나눌 수 있으며, 이는 관점의 높낮이를
조절하여 시선을 유도한다. 부감은 위에서 아래로 내려다보는 시점을 표현하며, 앙각은 아
래에서 위로 올려다보는 시점을 표현한다. 예를 들어,『아기돼지 세 마리』(데이비드 위즈너
글 · 그림, 이옥용 역, 2002, 마루벌)에서는 부감과 앙각을 적절히 사용하여 독자의 시선을 사로
잡는 장면을 효과적으로 구성한다. 또한 프레임 안에 전체를 등장시킬 것인지 일부만을 등
장시킬 것인지를 결정하는 프레이밍 방식을 통해서도 그림작가는 독자/관람자의 반응을 유
도할 수 있는 것이다. 이처럼 프레임과 프레이밍은 그림책의 시각적 서사를 구성하는 데 핵
심적인 요소로, 작품의 전달력과 몰입도를 높이는 데 결정적인 역할을 한다.

(2) 등장인물과 사물의 공간배치

그림책에서 글과 그림의 배치는 단순히 미학적인 요소를 넘어서 서사를 구성하고 의미를 전달하는 중요한 역할을 한다. 예를 들어,『구름빵』(백희나, 2004, 한솔수북)은 글과 그림의 배치를 통해 이야기를 풍부하게 전달한다. 이 그림책에서 글은 주로 페이지의 하단에 위치하며, 그림은 페이지 전체에 펼쳐져 감정과 동작을 생동감 있게 나타낸다. 이 구성은 독자가 텍스트를 읽으면서 동시에 시각적으로 감정을 이해할 수 있게 돕는다. 또한『늑대와 일곱 마리 아기 염소』(그림형제 글, 펠릭스 호프만 그림, 2000, 비룡소)에서는 글과 그림의 배치가 이야기의 흐름을 지원한다. 왼쪽 페이지에는 아기 염소들과 그들의 안전한 집이 그려져 있어 익숙하고 안정적인 공간을 나타내며, 오른쪽 페이지로 넘어갈수록 새로운 사건이나 늑대와 같은 불안 요소가 소개된다. 이러한 배치는 독자가 이야기의 전개를 자연스럽게 따라가며 긴장감을 느끼도록 유도한다.

글을 왼쪽에서 오른쪽으로 읽는 문화권에서는 왼쪽에 배치된 정보가 이미 알려진 사실이나 익숙한 공간을 나타내는 반면, 오른쪽에는 새로운 정보나 미지의 세계가 위치한다. 이러한 구성은 독자가 왼쪽에서 제공된 정보를 바탕으로 오른쪽의 새로운 이야기를 해석하는 데 도움을 준다. 예를 들어,『셜리야, 목욕은 이제 그만!』(존 버닝햄, 2004, 비룡소)에서는 셜리의 부모가 있는 현실 세계를 왼쪽에, 셜리의 환상 세계를 오른쪽에 배치하여 독자에게 두 세계 사이의 전환을 즐길 수 있는 기회를 제공한다.『자전거 타는 날』의 경우 꼬마돼지가 겪는 모험을 왼쪽에서 오른쪽 방향으로 진행하며, 흥미를 자아내고 있다. 또한『로지의 산책』의 경우, 암탉 로지를 쫓는 여우를 왼쪽에, 아무것도 모른 채 산책을 즐기는 암탉 로지를 오른쪽에 배치하여 긴장과 유머를 선사한다.

『셜리야, 목욕은 이제 그만!』(존 버닝햄 글·그림, 2004, 비룡소)

『자전거 타는 날』의 앞뒤 표지(질 바움 글, 아망딘 파우 그림, 2020, 소원나무)

『로지의 산책』의 앞뒤 표지(팻 허친즈 글·그림, 2020, 봄볕)

그림책의 공간 구성에서 위와 아래의 배치는 의미 전달에 중요한 역할을 한다. 예를 들어, 『달 샤베트』는 위쪽 공간에 환상적이고 이상적인 요소들을 배치하여 독자의 이상과 꿈을 시각적으로 표현한다. 반면, 아래쪽 공간에는 현실적인 환경이나 일상의 요소를 배치하여 이상과 현실 사이의 대조를 극적으로 보여 준다. 또 다른 예로, 『오싹오싹 팬티』의 이야기 초반에는 주인공 재스퍼가 두려워하는 초록팬티가 재스퍼보다 상대적으로 위쪽에 위치함으로써 두려움의 대상을 표현하였으나 재스퍼가 초록팬티를 받아들이면서 주인공과의 친밀감과 동등한 관계가 형성되는 과정을 나타낸다.

이러한 배치는 그림책에서 시각적으로 의미를 강화하고, 의미의 다층성을 풍부하게 만든다. 그림책의 공간 구성은 단순한 배치를 넘어서 이야기와 감정의 전달, 서사의 흐름을 결정하는 핵심적인 요소로 기능한다. 그림책을 읽을 때 이러한 공간적 요소에 주목하면 보다 깊이 있는 이해와 감상이 가능하다. 이와 같은 공간적 구성을 통해 독자는 그림책의 시각적 언어를 통해 더 풍부한 의미와 감정을 경험할 수 있다.

『달 샤베트』의 앞뒤 표지(백희나 글·그림, 2024, 스토리보울)

『오싹오싹 팬티』(에런 레이놀즈 글, 피터 브라운 그림, 2018, 토토북)

생각해 보아요

가로세로 그림책 낱말 퀴즈!

그림책에 등장하는 대표적인 문장들을 보고, 제목을 떠올려 퀴즈를 맞춰 보아요!

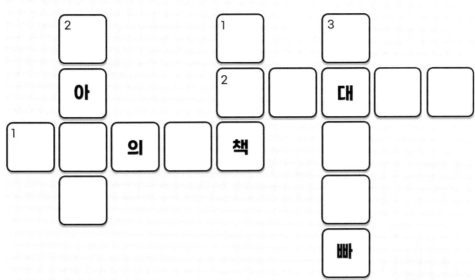

가로열쇠
1. 그리고 저녁밥 먹을 시간에 돌아왔어요.
2. 다시는 지각을 하지 않겠습니다.

세로열쇠
1. 너희들은 돼지야.
2. 넌 똥 중에서도 제일 더러운 개똥이야!
3. 난 나무토막이 아니거든! 보면 모르겠어?

참 잘했어요!!

세로열쇠
1. 돼지책
2. 강아지똥
3. 아빠는 나무토막

가로열쇠
1. 산타의 편지
2. 지각대장 존

제2부

아동문학교육의 방법

어린이책을 만드는 것은 내가 애들처럼 재밌게 놀기 위한 것이고
금기시되는 주제들을 드러내고 놀라게 해 주기 위한 것이다.

-토미 웅거러(Tomi Ungerer, 1998)-

제6장

문학교육 지도전략

#문학경험 제공하기 #문학에 반응하기

개요

유아를 위한 문학교육 지도전략은 유아에게 연령, 발달, 놀이의 상황이나 맥락 등에 따라 다양한 문학경험을 제공하는 방법을 의미한다. 유아에게 제공할 수 있는 다양한 문학경험의 유형과 그에 따른 유아의 반응을 살펴보고, 교사의 역할에 대하여 논의한다.

학습 목표

1. 유아에게 제공할 수 있는 다양한 문학경험의 유형과 그에 따른 반응에 대하여 안다.
2. 문학중심 교육과정의 구성과 방법에 대해 알아본다.
3. 문학교육 지도를 위한 교사의 역할을 이해한다.

문학교육에서의 지도전략은 유아의 연령, 발달은 물론 놀이의 상황이나 맥락 등에 따라 다양한 문학경험을 제공하는 것을 의미한다. 어린 시절의 문학경험은 유아로 하여금 예술의 한 장르인 문학작품에 대한 심미적 가치를 느끼고 내면화하도록 돕는다. 유아는 놀이로 문학을 접하는 과정을 통해 책 읽는 행위 자체에 대한 즐거움을 경험하고 책을 읽고자 하는 욕구를 기반으로 평생 책을 아끼고 사랑하게 된다. 따라서 유아교육기관에서는 다양한 방법의 문학교육 지도전략을 통해 유아에게 풍부하고 다양한 문학경험을 지원해야 한다.

이 절에서는 '문학경험 제공하기'와 '문학에 반응하기'로 나누어 문학교육 지도전략에 대하여 살펴보도록 하겠다.

1. 문학경험 제공하기

문학을 접하는 것은 '미적 경험'이면서 '초월적 사유'임과 동시에 '감동적 발견'이다(문학과 문학교육연구소, 1999). 유아는 문학을 경험(experiencing literature)함으로써 주변에서 직접 경험할 수 없었던 것들에 대하여 풍부하게 경험하고, 자신의 감정이나 삶에 관련지어 현실 생활에 대한 새로운 태도를 기르게 된다. 문학 속에 그려진 세계를 통해 타인과 함께 경험과 감동을 나누며 사회적 관계를 만들어 가고, 새로운 문화에 대해 이해해 나간다(Schickedanz, 1986). 심미적 감상력과 창의성을 기르고 자신만의 새로운 표현방식에 대한 욕구를 형성한다(Trelease, 1982/2007). 글자에 대한 개념이나 어휘력, 이야기 감각, 글쓰기, 모국어에 대한 이해력 등을 학습하며, 책의 중요성과 더불어 책에 대한 즐거움을 얻는다(Sipe, 2008/2011). 그러므로 유아에게 있어 다양하고 풍부한 문학경험은 인간으로서의 삶을 살아가는 데 있어 매우 중요한 가치이다.

다음에서는 유아에게 제공할 수 있는 다양한 문학경험의 유형에 대하여 알아보겠다.

1) 소리 내어 읽어 주기

소리 내어 읽어 주기(eading aloud by teachers)는 성인이 유아에게 소리 내어 문학작품을 읽어 주는 방법으로, '성인의 그림책 읽어 주기'라는 용어를 사용하기도 한다. 아주 어린 영아 시기부터 규칙적으로 소리 내어 읽어 주기를 경험한 유아는 읽는 행동에 익숙해지며, 점차 문학에 대한 풍부한 지식이 형성된다. 구체적으로, 유아는 문학작품에 담긴 이야기의 서사나 복잡한 문장구조를 이해할 수 있고, 문학 속에 녹아 있는 다양한 지식을 습득할 수 있다. 소리 내어 읽어 주는 교사와 함께 문학 속 판타지에 빠지기도 하고, 교사가 읽어 주는 대사를 따라 중얼거리기도 한다. 또한 유아는 교사의 언어적 · 비언어적 표현을 유심히 관찰하고 들으며 이야기에 집중하여 몰입하는 경험을 하고, 교사와 상호작용하며 정서적 안정감을 갖는다.

아주 어린 영아 시기부터 규칙적으로 소리 내어 읽어 주기를 경험하는 것은 유아의 문학적 경험을 풍부하게 한다.

마쓰이 다다시(2012)는 유아에게 문학작품을 소리 내어 읽어 주는 것은 어른과 아이가 손을 잡고 함께 신비한 문학 세계로 여행을 떠나는 것과 같다고 하였다. Bloome(1985)은 소리 내어 읽기가 교사와 유아 간 상호작용뿐만 아니라 책을 만든 작가와 유아, 함께 이야기를 듣는 유아와 유아 등 다양한 관계를 적극적으로 만들어 주는 사회적 활동으로 보았다. Frick(1986)은 소리 내어 읽기를 경험하는 과정에서 듣기 및 읽기에 대한 유아의 동기가 만들어진다고 보았으며, Bromly(1991)는 이야기에 대한 감각, 듣는 태도, 어휘력 등이 향상됨을 주장하였다.

소리 내어 읽어 주기가 중요한 이유는 이를 통해 유아가 문학에 대한 흥미를 가진다는 점이다. 선정된 문학 자체가 가지고 있는 매력에 문학을 읽어 주는 교사의 재미난 목소리나 표정이 더해져, 이를 듣는 유아는 문학을 아주 즐겁고 재미난 대상으로 인식하는 긍정적 경험을 하게 된다. 이러한 이유로 유아교육기관에서는 본인이 좋아하거나 듣고 싶은 책을 가져와서 교사에게 소리 내어 읽기를 청하는 유아의 모습을 자주 볼 수 있다. 이 시기에 형성된 문학에 대한 흥미는 이후 문학에 대한 선호도와 독서 습관을 형성하는 중요한 동기가 되므로 소리 내어 읽기는 현장에서 보다 적극적이고 지속적으로 이루어져야 한다.

교사는 대그룹이나 소그룹, 혹은 개별 유아를 대상으로, 유아가 직접 선택한 책을 소리 내어 읽어 줄 수 있다.

　　소리 내어 읽어 주기에 익숙해진 유아는 반복해서 듣던 작품의 내용을 암기하여 읽거나 아는 글자를 중심으로 읽기를 시도하게 되고, 이를 반복하여 즐기며 점차 독립적으로 읽을 수 된다. 이에 Sulzby(1985)는 2~5세 유아에게 좋아하는 이야기책을 읽어 달라고 요청하여 나타난 반응을 통해 유아의 읽기 행동을 [그림 6-1]과 같이 네 가지의 범주로 설명하였다(김은심, 조정숙, 2021).

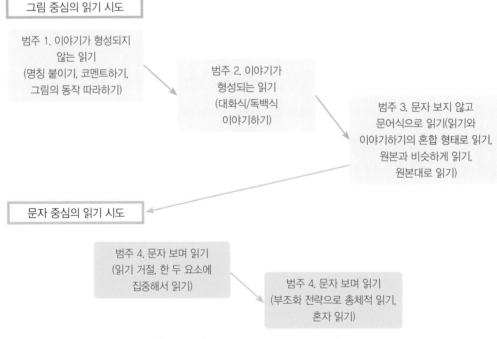

[그림 6-1] Sulzby가 분류한 읽기 행동 범주

출처: 김은심 외(2021).

우선, 범주 1은 이야기가 형성되지 않은 그림 읽기 시도가 나타나는 가장 미숙한 읽기의 범주로 책의 그림을 가리키며 이름을 붙이거나 그림에 대해 이야기를 하는 반응과 책에 그려진 그림을 몸짓과 음성으로 따라 하는 반응을 포함한다. 예로, 그림책에 있는 노란 버스 그림을 보고 "어린이집 갈 거야."라고 말하거나, 비행기가 날아가는 그림을 보고 "피용~" 소리를 내며 비행기의 날개를 팔로 만드는 반응을 들 수 있다.

범주 2는 이야기가 형성된 그림 읽기 시도 범주로 구어적 읽기 시도 범주라고도 한다. 그림을 보며 아직 이야기가 온전히 연결되지는 않지만 대화식으로 표현하며 읽거나, 혼자 독백하듯 읽는 반응을 의미한다. 예로, 강아지 두 마리가 그려진 그림을 보며 "엄마한테 가고 싶지? 우와 엄마한테 간다. 여기 공 가지고 놀까?"처럼 두 강아지가 대화하듯 말하거나, 토끼 그림을 보며 "깡총 깡총. 배고파. 풀 먹을까?"처럼 혼자 말하듯 이야기하는 반응이다.

범주 3은 문자 보지 않고 문어적 읽기 시도 범주로 구어체식 억양이나 어법, 문어체식 어법이 함께 나타나다가 원래 이야기와 비슷하게 읽게 되고, 점차 원본을 그대로 읽으려고 시도한다. 이야기의 내용이 점차 세분화되고 탈상황화되어 그림을 보지 않고도 이해할 수 있다.

범주 4는 문자 읽기 시도 범주로 사람들이 읽는 것이 그림이 아닌 글자라는 것을 알고, "나는 글자를 읽을 줄 몰라요." "아직 읽을 줄 몰라요."와 같이 글자를 모르기 때문에 읽을 수 없다고 의사를 표현한다. 이후 몇 개의 아는 단어나 문자 또는 기억하고 있는 내용에 초점을 맞추어 부분 혹은 전체적으로 읽지만, 때로는 자신이 아는 단어로 대체시키며 예측하고 상상하여 읽는 부조화 전략을 사용하기도 한다. 점차 균형된 전략을 사용해서 읽으며, 잘못 읽었을 경우 스스로 수정해서 읽는 독립적 읽기 모습이 나타난다.

 알아 두세요

소리 내어 읽어 주기 온라인 콘텐츠?!

요즘에는 그림책을 소개한 후 그림책을 실감 나게 읽어 주며 유아와 소통하는 온라인 콘텐츠들이 많이 있답니다. 그림책이 가지고 있는 가치는 살리면서, 유아에게 문학작품을 경험할 수 있는 기회를 제공하지요. 유아에게는 놀이매체로, 부모에게는 부모교육 자료로 제공할 수 있는 소리 내어 읽어 주기 온라인 콘텐츠, 알아 두면 좋겠죠?

✌ 하나! 출판사 '이야기꽃'에서 운영하는 유튜브 채널 속 '작가가 읽어 주는 그림책'

그림책 출판사 '이야기꽃'에서 운영하는 유튜브 채널에는 '작가가 읽어 주는 그림책'이라는 코너가 있어요. 그림책을 만든 작가가 자신의 의도에 따라 목소리의 억양이나 크기, 속도 등을 조절하면서 직접 그림책을 소리 내어 읽어 주어, 유아에게 문학작품을 재미있게 경험하도록 합니다.

『봄이의 여행』(이억배, 2019) 영상

▲ 작가가 읽어 주는 그림책 『봄이의 여행』(이억배, 2019) 영상 캡처본

출처: '이야기꽃' 출판사 유튜브 채널

✌ 둘! 인천광역시교육청 공공도서관 유튜브 채널 속 '그림책 읽어 주는 사서'

인천광역시교육청 공공도서관 유튜브 채널 내의 '그림책 읽어 주는 사서' 코너도 있습니다. 사서가 선정한 그림책을 매달 한 권씩 실감나게 읽어 줍니다. 그림책의 장면들이 간단한 애니메이션과 소리 효과를 합성하여 제공됩니다.

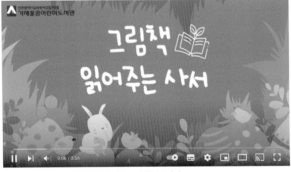

『연두』(소중애, 2020) 영상

▲ 그림책 읽어 주는 사서 『연두』(소중애, 2020) 영상 캡처본

출처: '인천광역시교육청 공공도서관' 유튜브 채널

✌️ **셋! 좋은교사TV 유튜브 채널 속 '그림책 읽어 주는 남자'**

　사단법인 좋은교사운동에서 운영하는 유튜브 채널 속 '그림책 읽어 주는 남자'에서도 그림책 읽어 주기 콘텐츠를 만날 수 있습니다. 해당 콘텐츠의 특징은 남자 교사가 그림책을 읽어 준다는 것입니다. 유아교육기관에는 대부분 여자 교사이기 때문에 유아들에게 또 다른 느낌의 그림책 읽기 경험이 될 것 같습니다.

『그리는 대로』(피터레이놀즈, 2017) 영상

▲ 그림책 읽어 주는 남자 『그리는 대로』(피터레이놀즈, 2017) 영상 캡처본
출처: '좋은교사TV' 유튜브 채널

2) 소리 내지 않고 읽기

　유아교육기관에서의 책읽기는 놀이 과정 전반에서 자연스럽게 나타난다. 함께 놀이하는 과정에서 글자를 접하게 되고, 유아들의 흥미와 관심에 따라 자연스럽게 책읽기 경험으로 연결된다. 언어영역에는 유아의 발달과 현재 진행되는 놀이 주제 등에 적합한 다양한 책들이 구비되므로 유아는 자신의 욕구와 흥미에 따라 스스로 책을 선택하여 읽는다. 또한 놀이의 흐름에 따라 유아 스스로 가정에서 원하는 책을 가지고 와 읽기도 한다.

　이때 유아는 소리 내지 않고 읽기(silent reading by students)를 경험하게 되는데, 소리 내지 않고 읽기는 유아가 책의 글자를 음성언어로 크게 읽는 것이 아니라, 그림책에 담긴 글과 그림에 몰두하여 책을 읽는 방법을 의미한다. 소리 내지 않고 읽기를 하는 유아는 책 속에 등장하는 다양한 세계와 새로운 사실, 나와 비슷한 모습의 주인공과 그들의 일상 등을 접하고, 책에 깊이 공감하거나 뒷이야기를 궁금해하며 책 읽기에 빠져든다. 글자를 소리 내어 읽지는 않지만, 혼잣말을 중얼거리기도 하고, 주인공에게 대화를 건네며 읽기도 한다. 또한 유아는 책의 그림만 보며 읽거나, 그림과 함께 내용을 읽기도 하고, 글자만 보며 읽기도 한다. 특정한 부분에 의미를 두어 반복적으로 읽거나 건너뛰어 읽고, 그림을 만지며 읽거나 건성으로 빨리 넘겨 읽기도 한다.

이와 같은 소리 내지 않고 읽기는 유아에게 따로 또 같이 나타난다. 스스로 선택한 책에 집중하여 혼자 읽기도 하지만, 또래와 함께 읽기도 한다. 같은 공간에서 각자 다른 책을 읽는 경우도 있고, 또래와 하나의 책을 함께 읽으며 소리 내지 않고 읽기를 즐기기도 한다.

따라서 교사는 유아가 보이는 소리 내지 않고 읽기의 다양한 유형을 인정하고 그들의 읽기를 지원해야 한다. 예를 들어, 유아가 몇몇 책장을 건너 뛰어넘기며 읽었을 때, 이를 제지하거나 옆에 앉혀 직접 읽어 주는 등의 제한된 지도는 피하는 것이 좋다. 소리 내지 않고 읽기의 가장 중요한 점은 유아 스스로 책에 몰입하는 경험을 쌓아 가는 것이다.

3) 북토크

소리 내어 읽기나 소리 내지 않고 읽기의 경험이 부족하거나 문학작품을 접할 수 있는 환경이 조성되어 있지 않은 유아에게는 다양한 장르의 문학작품을 경험할 수 있도록 한다. 도서관에 방문하여 책을 선택하는 것이 좋은 방법이 될 수 있는데, 이때 교사는 북토크(booktalks)를 활용하여 유아의 문학적 경험을 지원할 수 있다. 북토크는 교사와 유아가 책에 대해 이야기하며 책읽기에 가까워지는 방법이다.

교사는 책에 대해 간단히 설명하고, 함께 대화를 나눔으로써 유아로 하여금 책을 읽고 싶은 동기와 책에 대한 관심을 불러일으킬 수 있다. 책의 줄거리나 등장인물에 대한 이야기, 책에 등장하는 그림 텍스트에 대한 이야기 등 유아와 간단히 대화를 나눌 수 있다. 북토크는 유아들끼리도 충분히 즐길 수 있는데, 책을 보며 서로 대화를 나누는 과정을 통해 책에 대한 이해와 관심이 높아지고, 의사소통능력과 문해력 등이 향상된다.

또한 유아들은 텔레비전 프로그램에 나오는 다양한 그림책 토론 프로그램을 접하면서 편안하고 가벼운 마음으로 북토크를 할 수 있다. 다음에 제시한 텔레비전 프로그램들은 함께 문학을 접한 후, 다음에 나올 줄거리를 예측해 보거나, 내가 주인공이라면 어떤 행동을 할 것인지 등에 대해 이야기를 나누는 형식으로 구성되어 있다. 이러한 프로그램에 익숙해지면, 점차 유아교육기관에서 교사와 함께 북토크를 나누어 본다.

〈EBS 딩동댕 유치원〉 아이조아 프로그램의
'우당탕탕 책놀이터' 코너

〈EBS 딩동댕 유치원〉 프로그램의
'이야기 속으로, 딩동' 코너

미디어에 등장하는 북토크 중심 유아 콘텐츠

교사와 북토크를 즐기는 유아

또래와 북토크를 즐기는 유아들

알아 두세요

교사가 참고할 수 있는 북토크 프로그램

그림책은 더 이상 유아들만의 소유가 아닙니다. 그림책을 사랑하는 어른들이 점점 많아지면서 그림책을 주제로 한 다양한 북토크 프로그램들이 생겨났답니다. 내가 몰랐던 흥미로운 그림책을 만날 수도 있고, 알고 있던 그림책을 새로운 시각으로 살펴볼 수도 있는 좋은 기회가 됩니다. 다음에 제시한 QR코드를 통해 북토크를 경험해 봅시다.

「행복한 그림책 놀이터」
–팟빵 팟케이스
–이숙현, 이진우, 이혜경

「그림책 듣는 시간」
–MBC FM4U의 이석훈의 브런치 카페 수요 코너
–이석훈, 전종환

「무루와 계피의 이로운 이야기」
–EBS FM 오디오e지식, 무루와 계피의 이로운 이야기
–무루(박서영), 계피

『날마다 달마다 신나는 책놀이터』의 저자 이숙현, 이진우 선생님, 유아들과 그림책 놀이를 진행하는 이혜경 선생님이 운영하는 그림책 북토크 라디오이다. 구미 금오 유치원을 중심으로 모인 세 선생님의 북토크에서는 다양한 그림책에 대한 이야기는 물론 실제 유치원에서 이루어진 그림책 놀이에 대한 이야기로 가득하다. 또한 만나기 어려운 그림책 작가들이 직접 게스트로 참여하여 함께 이야기를 나누는 흥미로운 프로그램이다.

가수 이석훈과 아나운서 전종환이 진행하는 MBC FM4U 라디오 방송 중 한 코너이다. 아빠이기도 한 두 진행자는 매주 수요일 하나의 그림책을 읽고 책에 대한 북토크를 나눈다. 아이와 함께 읽었을 때의 반응이나 아이의 마음, 성인으로서 그림책을 접하면서 느낀 점들을 솔직하게 나눈다. 현재는 다시 듣기를 통해 들을 수 있으며, QR 접속 후, 그림책을 검색하면 된다. 단, 다시듣기에서는 책 낭독을 들을 수 없다.

에세이 『이상하고 자유로운 할머니가 되고 싶어』를 쓴 무루(박서영) 작가 그리고 뮤지션 계피가 함께 하는 〈EBS FM 오디오e지식〉 채널이다. 그림책에서 이상하고 자유로운 이야기를 발견하는 방송을 표방한다. 그림책을 소개하며 그림책 속 이야기들을 색다르게 전달하기도 하며, 국내에 출간되지 않았거나 잘 알려지지 않은 그림책, 상상 속 그림책의 이야기를 나누기도 한다. 그림책에 어울리는 음악도 함께 감상할 수 있다.

4) 스토리텔링

스토리텔링(storytelling)은 'story'와 'telling'의 합성어로 우리말로는 '이야기하기'라는 사전적 의미를 지닌다(네이버 국어사전, 2023년 2월 14일 인출). 단어와 이미지, 소리 등을 통해 이야기를 전달하는 스토리텔링은 이야기 그 자체보다는 이야기를 전달하는 과정과 행위에 초점이 맞추어진다(Petty & Jensen, 1980). 예를 들어, 교실에서 일어나는 교사의 스토리텔링은 교사가 읽어 주는 이야기의 내용이 아닌, 교사가 이야기를 전달하는 과정에서 보여 주는 행동이나 몸짓, 감정표현은 물론 이야기를 들려주는 교사와 이를 듣는 유아가 서로 반응을 주고받으면서 만들어 내는 상호작용의 요소를 모두 포함하는 개념이다(Changar & Harriso, 1992).

유아는 스토리텔링을 통해 이야기에 집중하고 흥미를 보이며 이야기에 등장하는 인물과 서사에 좀 더 쉽게 공감한다. 이러한 경험을 통해 유아는 자신의 감정을 느끼고 조절하는 기회를 갖게 되며, 다른 사람의 감정을 이해할 수 있게 된다. 유아가 스토리텔링을 통해 느낀 생각들은 창의적이고 새로운 발상으로 이어지고, 이는 곧 자유롭고 활발한 자기표현으로 나타난다. 스토리텔링을 통해 들었던 이야기를 활용하여 동시를 짓거나 동극과 같은 창의적인 문학활동으로 확장하기도 하며, 자신이 들은 이야기를 자신만의 스토리텔링으로 재창조하여 또래에게 들려주기도 한다.

유아교육기관에서는 스토리텔링을 교수-학습방법 중 하나로 활용할 수 있다. 라이트(A. Wright, 1995)는 '스토리텔링 전 단계, 스토리텔링 듣기 단계, 스토리텔링 후 단계의 3단계로 스토리텔링 교수-학습방법을 나누어 설명하였는데, 구체적인 내용은 다음과 같다.

첫째, 스토리텔링 전 단계에서 교사는 이야기를 전달하기에 적합한 환경을 조성하여 유아의 동기를 유발하고, 유아에게 그림책의 표지나 삽화를 보여 주며 함께 이야기의 내용을 추측해 본다. 이 단계에서 교사는 유아가 앞으로 듣게 될 이야기에 대한 기본 정보를 제공한다.

둘째, 스토리텔링 듣기 단계에서 교사는 유아에게 이야기를 들려주는 도중 잠시 멈추었다 읽어 주는 기법을 활용한다. 이를 통해 유아에게 조금 전 들었던 이야기를 머릿속에 떠올리거나, 이야기를 예측해 보는 기회를 제공한다. 이 과정을 통해, 유아는 이야기를 듣는 수동적인 역할에서 벗어나 스토리텔링의 주체가 된다.

셋째, 스토리텔링 후 단계에서 교사는 이야기 들려주기를 마친 후, 이야기의 중심 내용에 대하여 질문을 하며 함께 이야기를 나눈다. 혹은 유아를 소그룹으로 나누고 이야기의 흐름이나 결말, 등장인물이 보인 행동의 원인, 이야기에 대한 유아 자신의 의견을 서로 공유할 수 있는 시간을 제공한다. 또한 이야기를 듣고 난 후의 생각을 글이나 그림, 동극 등 다양한 방법으로 표현해 보도록 지원한다. 자신이 들었던 이야기를 또래 및 교사에게 이야기해 보는 기회를 제공할 수도 있다.

스토리텔링은 유아의 통합적이고 균형적인 문학경험이자 의미 있는 자기표현의 경험이므로 교사는 단순히 이야기를 읽어 주는 것에 그치는 것이 아니라, 유아가 이야기를 접하는 과정에서 다양한 방식으로 스토리텔링을 경험할 수 있는 환경을 마련해 주어야 할 것이다.

5) 대화하며 읽기

유아교육기관에 다니기 전 유아가 가진 책에 대한 경험은 다양하다. 어떤 가정에서는 유아를 위하여 많은 그림책을 마련해 두고, 자기 전이나 놀이를 할 때 등 일상적으로 그림책을 접하도록 한다. 유아는 스스로 그림책을 보기도 하고 부모나 형제자매가 그림책을 즐기는 모습을 관찰하기도 한다. 그러나 어떤 가정에서는 그림책보다는 인형이나 블록 등 놀잇감이 주를 차지한다. 유아에게 있어 부모 혹은 형제자매와 함께하는 문학경험은 의사소통능력은 물론 다양한 문제를 해결하는 간접적인 경험을 하는 데 중요한 역할을 한다. 그뿐만 아니라 함께 대화하며 읽기(dialogic reading)는 새로운 어휘, 글자와 소리의 구조, 이야기와 언어의 구조, 지속적인 주의력, 책읽기의 즐거움 등 문자언어 습득에 필요한 많은 기술을 유아에게 제공한다.

이처럼 유아와 함께 대화하며 책을 읽는 경험은 유아에게 훌륭한 문학경험이다. 성인과 유아가 책에 대한 이야기를 나누면서 책에 대한 유아의 사고를 확장시킬 수 있다. 부모 혹은 교사가 이야기를 일방적으로 전달하는 것이 아니라, 책을 듣는 유아가 책의 내용에 대해 이야기하고, 부모 혹은 교사는 그러한 유아의 이야기에 반응하며 책을 읽게 된다. 계속해서 서로 간 책에 대한 또 다른 생각을 주고받는 경험을 반복함으로써 책에 대한 유아의 사고가 확장될 수 있도록 돕는다.

유아교육기관에서 책을 읽어 줄 때, 대부분의 교사는 자신이 중심이 되어 유아에게 이야기를 전달한다. 그러나 대화하며 읽어 주기에서, 교사는 유아의 사고를 확장시키는 질문을 하며 유아가 이야기를 이끌어 가도록 돕는다. 이때 교사는 이야기를 전달하는 사람이 아니라 유아에게 이야기를 듣는 사람, 이야기에 대한 유아의 생각을 묻는 사람, 즉 청중이 된다. 다른 사람의 연주를 듣는 것만으로 피아노 연주를 배울 수 있는 사람은 없다. 마찬가지로, 다른 사람이 읽는 것을 듣는 것만으로 읽는 법을 배울 수 있는 사람은 없다. 유아 스스로 이야기를 하는 과정에 적극적으로 참여할 때 책에서 가장 많은 것을 배울 수 있다.

그림책 『내 기분을 말해 봐』(앤서니 브라운 글·그림, 2011, 웅진주니어)를 감상한 후,
대화하며 읽기를 하는 교사와 유아

교사가 책에 대한 질문을 하면 유아가 대화를 하며 이야기를 이끈다(좌). 또한 간단한 매체를 활용하여 대화하며 읽기를 하면 유아의 사고 확장을 도울 수 있다(우).

유아에게 어떤 방법으로 책을 읽어 주는가의 문제는 얼마나 자주 책을 읽어 주는가의 문제만큼이나 중요하다. 따라서 교사는 유아의 연령에 따라 적합한 그림책을 선정하여 대화하며 읽어 주어야 한다. 5세의 경우 복잡하고 추상적인 이야기의 구조에 대해 어느 정도 이해할 수 있고, 결말에 대한 창의적 예측이 가능하다. 환상 그림책은 복잡하며 유아의 상상력이 필요한 책이므로 책을 읽는 과정에서 유아가 자신의 생각과 느낌을 이야기하고 교사는 적절하게 질문하며 상상의 나래를 펼 수 있는 기회를 제공한다. 또한 교사는 가정에서도 어린 영아기부터 이러한 경험을 할 수 있도록 안내할 필요가 있다. 영아기에 적합한 그림책 목록을 만들어 부모교육 자료로 제시하고, 간단하게 대화하며 읽어 줄 수 있는 방법을 알려 줄 수 있다.

이처럼 교사는 일방적인 이야기의 전달보다는 유아와 대화하며 읽는 방법을 통해 유아의 연령에 적합한 문학경험을 쌓을 수 있도록 지원한다.

6) 문학중심 교육과정

좋은 그림책을 유아에게 소개하는 것은 유아의 문해 습득뿐 아니라, 문학작품에 몰두할 수 있는 기회를 준다는 점에서 중요하다. 더욱이 유아는 분절된 언어 단위의 구성체인 학습지를 가지고 학습하기보다는 전체적 맥락이 있는 그림책을 통해 자연스럽게 언어를 체득하고 훨씬 더 나은 비판적 사고를 할 수 있게 되며, 미래 사회가 요구하는 창의성을 발전시킬 수 있다(김은심, 조정숙, 2021).

Rosenblatt(1978)은 전래동요나 동시, 좋은 그림책과 같은 문학작품을 활용하는 것이 언어 활동지를 사용하는 것보다 효과적인 교육방식이라고 하였다. Moen(1991)은 좋은 문학작품을 교육 자료로 사용함으로써 유아의 듣기, 말하기, 읽기, 쓰기(짓기), 생각하기를 통합적으로 발달시킬 수 있다고 보았다. 특히 유아는 또래와 함께 좋은 그림책을 접하는 과정에서 문학적 교류(transaction)가 일어나고, 이를 통해 풍부한 세계를 경험할 수 있다.

유아교육기관에서는 문학을 중심으로 한 교육과정을 통해 유아의 전인발달을 도모할 수 있다. 이경우(1996)는 유아교육기관에서 문학중심 교육과정을 운영할 때 교사가 할 수 있는 교수-학습 방법을 제시하였는데, 구체적인 내용은 다음과 같다.

첫째, 유아의 문학경험을 확장하고 격려하기 위한 매체로 우수한 그림책을 사용한다.

둘째, 유아의 다양하고 새로운 문학경험을 유도하기 위한 실험적인 환경과 유아의 실수를 허용하는 지지적인 환경을 제공한다.

셋째, 읽기, 쓰기, 말하기, 듣기, 사고하기를 통합하는 다양한 교수전략을 사용한다.

이경우(1996)가 제안한 교수-학습 방법은 문학중심 교육과정을 통해 읽기, 쓰기, 말하기, 듣기, 사고하기를 강조함으로써 유아가 스스로 의미를 만들고, 자신이 알고 있는 지식과 새로운 문학경험을 연관시키는 통합적인 접근이 필요함을 의미한다. 문학중심 교육과정(literature across the curriculum)에서 강조하는 것은 유아 스스로 구성해 나가는 것이다. 유아 스스로 구성한다는 것은 유아가 이미 가지고 있는 지식을 토대로 새로운 의미를 창조하도록 교사가 지원해 준다는 것을 의미한다. 교사는 문학중심 교육과정을 통해 유아의 창의적 사고 및 자신만의 방법으로 표현하고 이를 통해 타인과 소통하는 능력을 길러 줄 수 있다. 또한 유아가 그림책을 다양한 각도에서 생각해 볼 수 있는 기회를 제공해 줄 수 있다. 문학중심 교육과정은 언어뿐 아니라 미술, 음악, 신체, 게임, 사회, 수·과학 등의 영역과 통합해서 다루어지므로 유아는 분절된 경험이 아닌 통합적 경험을 통해 스스로 새로운 지식을 구성해 나갈 수 있다.

다음에서는 유아교육현장에서 문학중심 교육과정이 통합적으로 이루어진 사례를 간략하게 소개한다. 보다 구체적인 놀이로 진행되는 아동문학중심의 일과운영 사례는 '제3부 아동문학교육의 실제'에서 다루기로 한다.

4세 나란히, 고양이, 물고기

그림책

- 저자: 조앤 그랜트 글, 닐 커티스 그림
- 출판: 문학동네, 2006
- 내용: 서로 다른 환경에서 살던 물고기와 고양이가 어떻게 함께 살아가게 되었는지에 대한 과정이 담긴 그림책이다. 물고기와 고양이가 나란히 하게 되는 과정속에서 그들이 하고 싶은 말을 가득 담은 한 편의 간결한 시와 같은 이야기이다. 흑백의 강렬한 대비로 연출한 그림은 서로 다른 특성을 지닌 두 주인공의 이미지를 대변하면서도 뜻밖의 따뜻한 느낌을 준다.

활동목표

- 나와 다른 사람을 위해 배려가 필요함을 안다.
- 나와 다른 사람과도 소통할 수 있음을 알고, 타인을 이해할 수 있다.
- 그림책 속 이야기에 흥미와 즐거움을 가진다.

누리과정 관련요소

- 사회관계–더불어 생활하기–서로 다른 감정, 생각, 행동을 존중한다.
- 의사소통–책과 이야기 즐기기–책에 관심을 가지고 상상하기를 즐긴다.

놀이 흐름도

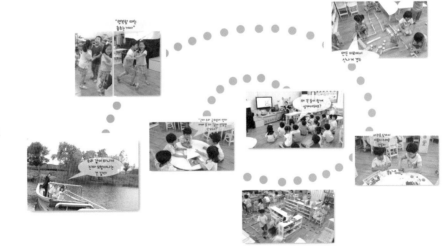

📖 각자 하고 싶은 일이 있는데, 왜 꼭 함께 살면서 배려해야 할까요?

　－ 함께하기 위해서는 참을 수도 있어요.

👆 선생님과 함께 그림책을 보다 궁금한 게 생겼어요.

그래서 친구들끼리 모여 보다 깊은 대화를 나누어 보았답니다.

"왜 자기가 하고 싶은 걸 참으면서

둘이 함께 살아야 돼요?"

"그런데, 물고기랑 고양이는 어차피 같이 못 살아.

고양이는 원래 물고기를 잡아먹으니까."

"원래가 어디 있니? 사랑에 빠지면

먹고 싶은 것도 참을 수 있지."

"왜? 따로 살면 그냥 먹고 싶은 것도 먹고,

물고기도 잡아먹으면 되잖아!!"

"그럼 보고 싶잖아."

"같이 있으면 둘 다 행복해지니까 좋지."

"맞아, 그러면 조금 참고 계속 좋을 수 있겠다."

"그냥 둘 다 좋아하는 걸 먹으면 되지.

둘 다 좋아하는 음식은 뭘까?"

📖 둘 다 좋아할 수 있는 음식을 찾아 함께 만든다면?

    – 둘 다 좋아하는 일을 하면 행복해요.

✌ 친구들과 함께 모여 물고기와 고양이가 둘 다 행복하게 먹을 수 있는 음식을 결정했어요.

> 근데 우리 금요일에 엄마 아빠 올 때 같이 만들면 안 되나?

"할머니 집 고양이는 저번에 내가 준 꼬치 잘 먹었어."

"우와 나도 꼬치 좋아하는데, 우리 꼬치 만들자!"

"물고기는 못 먹을 것 같아. 지혜반 때 물고기는
물고기 밥만 먹었잖아."

"작게 잘라 주면 먹을 수 있어. 꼬치를 만들어서
자르면 먹을 수 있어."

"그럼, 우리 다 같이 꼬치를 만들까?"

"근데, 우리 금요일에 엄마 아빠 올 때 같이 만들면 안 되나?"

✌ 아이들의 의견에 따라 참여수업에 부모님과 함께
모두 행복하게 먹을 수 있는 음식으로 결정된 꼬치를 만들어 보았답니다.

"근데 오늘 진짜 행복해요.
엄마랑 꼬치 만들어서 나눠 먹으니까 좋아요."

"오늘 엄마는 고양이고 나는 물고기예요.
엄마가 나 먹으라고 꼬치를 작게 잘라 줬거든요."

"우리처럼 물고기랑 고양이도 해변에서
같이 구워 먹으면 행복하겠다."

📖 즐거운 마음으로 춤을 춰요.

✍ 그림책 속에 주인공들이 춤을 추는 장면을 보았어요.
행복할 때는 춤을 추는 것이라고 생각한 친구들이 함께 춤을 춥니다.

행복할 때는
춤추는 거야.

"그림책에서도 둘이 놀면서 춤췄잖아."
"행복할 때는 춤추는 거야."
"그럼, 우리도 같이 춤추자!!"

📖 그림책 속 미로를 구성해요.
– 한 친구의 놀이가 우리 반 전체의 놀이로, 교실 전체에 미로를 구성해요.

✍ 자석블록으로 혼자 미로를 만들고 있는 친구의 모습을 보고, 모두 미로를 구성해 보고 싶어 했어요.
친구들은 모두 함께 놀기 위해 교실 전체를 미로로 만들기로 결정했지요.
블록은 물론 교구장, 의자, 책상, 등 교실에 있는 모든 물건을 미로 구성에 활용했어요.

나 미로 만들 거야.
맥포머스로.

"우와, 너 뭐 만들어?"
"나 미로 만들 거야. 맥포머스(자석블록)로."
"나도 만들고 싶다."
"근데 너네 좁아서 다 못 들어와."
"(교사의 제안) 그럼, 교실 전체를 이용해서
다 함께 미로를 만들어도 괜찮아요."
"블록이 조금밖에 없는데, 뭐로 만들어?"
"교실에 있는 걸로 다 만들면 되지."

✍ 교실 전체가 미로가 되었어요.

📖 **함께 떠날 운송수단이 필요해요!**

✍️ 유아들은 조립블록으로 물고기와 고양이가 함께 모험을 떠날 때 탈
운송수단을 만들었어요. 각자 원하는 운송수단을 만들어 경주를 하기로 했고,
미술영역에서 듣던 여자 친구들이 고양이와 물고기를 그려 운송수단에 붙여 주기로 했지요.
모두 함께 만든 운송수단을 가지고, 교실 한켠에 만들어 놓았던 미로에서 경주를 했어요.

바퀴를 달아서 자동차 수레를 만들자.

"바퀴를 달아서 자동차 수레를 만들자."
"나는 비행기 만들어서 태워 줄 거야!"
"하긴 비행기 타면 하늘 날기도 더 쉽겠다."
"그럼, 우리 다른 애들도 같이 하자고 할래?"

"우리 이거 만들 건데 같이 할래?"
"뭐 하는 건데?"
"물고기랑 고양이랑 모험갈 때 타고갈 거 만들 거야."
" 그럼. 우리 각자 타고 싶은 걸 만들어서 경주하자!"
"아 맞다, 우리 미로에서 하면 되잖아!"
"술래잡기 경주다, 그렇지?"

각자 타고 싶은 걸 만들어서 경주하자!

우리가 미술영역에서 고양이랑
물고기를 만들어 줄게.

"우리 물고기랑 고양이 인형 만들어서
쟤들 하는 거에다 붙여 주자."
"그럼 나는 물고기 해야지."
"나는 고양이 해서 붙여 줘야지."

"근데 좁아서 한꺼번에 못 출발하겠다."
"어차피 비행기는 하늘로 가고,
나는 배라서 물로 가니까 괜찮은데?"
"그럼, 우리 반대편에서 출발해서 만나자."
"맞아 고양이랑 물고기도 서로 만났잖아."
"그래 아까 술래잡기 미로 경주라고 했잖아."
"그럼, 만나서 같이 모험 떠나면 되겠다."

만든 미로에서
신나게 경주

✎ 종이로 만든 인형이 아닌, 직접 만들어서 타고 싶은 아이들.
다 함께 커다란 운송수단을 만들기로 했지만, 큰 상자를 아직 구하지 못했어요.
아쉬운 마음에 한 친구가 아이디어를 냈어요. 나룻배를 타러 가지고 말이지요.

우리 같이 타니까
진짜 모험 떠나는
것 같아.

"저번에 엄마 아빠랑 나룻배 탔는데,
거기 가면 우리 다 같이 탈 수 있어요"
...
"우와, 이거 만든 것 보다 진짜니까 더 좋다."
"우리 같이 타니까 진짜 모험 떠나는 것 같아."
"다 같이 가니까 훨씬 좋아요!"
"우리 같이 힘줘서 운전하면 금방 갈 수 있어!"

궁금해요!

문학중심 교육과정에 활용할 수 있는 그림책이 궁금해요!!

유아들과 문학중심 교육과정을 운영하기 위해 새로운 형식과 주제의 그림책을 활용하는 것도 좋은 방법이랍니다. 새로운 형식과 주제의 그림책은 유아의 상상력을 높여 줍니다. 또한 그림과 내용의 수준이 높은 그림책은 유아가 읽고 상상하고 내용을 이해하는 동안 창의력을 발달시켜 나가도록 도울 수 있지요. 다음에 제시한 QR코드를 인식하면 그림책을 소개하는 북트레일러 영상이 연결됩니다. 재미난 매체들을 직접 경험해 볼까요?

『물이 되는 꿈』
(이수지 글 · 그림, 루시드폴 노래, 2020, 청어람아이)

『간다아아!』
(코리 R. 테이 글 · 그림, 2022, 오늘책)

『나르와 눈사람』
(캅사르 투르디예바 글, 정진호 그림, 2017, 비룡소)

노래는 듣는 그림이고, 그림은 보는 노래라는 그림책 작가 이수지의 그림과 가수 겸 작곡가 루시드폴의 음악이 하나의 매체로 완성되었다. 물이 흐르는 듯한 효과를 위하여 아코디언북으로 제작되었으며, 그림책의 QR코드를 검색하면 음악과 함께 그림이 영상매체로 연결된다. 오감을 통해 경험하는 그림책으로 감각적 경험은 물론 유아의 심미감 형성에도 도움이 된다.

그림이 아름다운 책에 수여하는 칼데콧 아너 상의 2022년 수장작. 귀여운 막내 물총새의 멋진 비행 도전과 이를 돕는 언니 오빠들의 이야기를 유쾌하게 그린 그림책이다. 세로로 펼쳐지는 그림책은 배경이 되는 나무와 아래 위로 떨어졌다 날아가는 물총새의 이야기를 더욱 강조하고, 유아의 흥미와 상상을 자극한다.

우즈베키스탄의 옛이야기에 정진호 작가(황금도깨비 상, 볼로냐 라가치 상 수상자)가 그림을 그려 완성한 그림책. 다양한 민족이 어울려 사는 우즈베키스탄 문화를 표현하기 위해 사진과 그림이 만난 콜라주 기법을 활용하였다. 유아는 실제와 현실을 오가며 상상의 세계를 펼칠 수 있다. 동물들을 돕는 눈사람에 대해 이야기하며, 책임감에 대해 생각해 볼 수 있다.

7) 디지털 미디어

디지털 미디어(Digital Media)는 보통 디지털 코드를 기반으로 동작하는 전자 매체를 일컫는 말(위키백과, 2023년 2월 21일 인출)로, 아날로그 매체와 대조된다. 4차 산업혁명과 디지털 기술의 발달로 인해 변화된 세상을 살아가는 유아에게 스마트폰이나 태블릿 PC와 같은 디지털 미디어는 너무나 익숙한 교육매체이다. 디지털 기술의 발달이 가속화되고 사회, 경제, 문화 등의 구조가 디지털 전환(Digital Transformation)을 맞이하게 되면서 디지털 기술은 가정, 학교, 직장 등 일상생활의 질을 결정짓는 요소가 되고 있다(교육부, 2021b; 권숙진, 2021). 또한 COVID-19 이후 비대면 방식이 전면화되고 디지털 미디어 이용이 증가하면서 유아를 둘러싼 가정과 유아교육현장도 변화의 틀을 맞이하였다. 특히 현재 정부에서는 미래학교 환경으로서 '스마트교실'을 도입하고자 시도하고 있으며, 실시간 쌍방향으로 수업을 할 수 있도록 무선 인터넷, 학습 플랫폼, 디지털 기기 등을 구비한 첨단 지능형(스마트) 환경이 구축되고 있다(교육부, 2021a). 이러한 시대적 · 사회적 변화의 흐름은 유아에게도 디지털 미디어를 활용한 새로운 교수-학습방법과 교육현장의 혁신적 변화가 필요함을 의미한다.

최근 유아교육기관에서는 컴퓨터, TV, 인터넷, 디지털 카메라뿐만 아니라 인공지능(AI) 로봇, 증강현실(AR), 가상현실(VR), IPTV, 3D프린팅 등을 활용한 디지털 기반 놀이가 활발히 일어나고 있다(교육부, 2021b). 새로운 매체의 도입은 교실에서 산출되는 여러 교육적 생산물들의 변화를 초래할 수 있다(유구종, 2020). 이에 교사는 문학을 지도함에 있어서도 다양한 디지털 미디어의 도입을 염두에 두어야 한다. 다음에서는 아동문학교육에 활용할 수 있는 대표적인 디지털 미디어의 활용방안을 살펴본다.

(1) 인공지능 로봇

인공지능(Artificial Intelligence: AI)는 인간의 학습능력과 추론능력, 언어이해능력을 컴퓨터 프로그램으로 실현하는 기술이다. 특히 이를 활용한 인공지능 로봇(AI robot)은 완벽하지는 않지만 표정을 통해 인간의 감정을 읽고 대응할 수 있는 단계까지 발전하여 유아의 일상과 교육현장 곳곳에 등장한다.

최근 개발된 인공지능 로봇들은 동화구연, 율동, 스무고개, 끝말잇기, 동요 부르기 등의 기능을 통해 유아와 정서적으로 교감하며 상호작용한다. 녹음 기능을 통해 유아나 교사, 부모 등이 미리 책을 녹음해 놓으면 해당하는 목소리로 그림책을 읽어 주며 놀이할 수도 있다. 특히 디스플레이가 탑재되어 있어 음성뿐만 아니라 영상을 통해 그림책 읽기를 지원한다.

그림책 읽기에 특화된 인공지능 로봇의 경우 인공지능 기능이 탑재된 만큼 유아가 자주 읽는 책과 읽지 않는 책의 도서 패턴을 파악하고 독서 이력을 체크 및 관리할 수 있다. 이러한 기능들은 유아가 디지털 미디어를 통해 그림책과 그림책 놀이를 즐길 수 있도록 돕는다.

'알파미니'
소형 인간형(휴머노이드) 인공지능 로봇으로 그림책 읽기와 다양한 놀이 지원

'LG클로이 홈로봇'
음성뿐만 아니라 영상을 통한 그림책 읽기와 증강현실, 가상현실 그림책 읽기 지원

'루카'
그림책 읽는 로봇으로 유아 주도적인 다양한 그림책 놀이 가능

그림책 읽기에 특화된 인공지능 로봇의 예
유아교육기관에서는 그림책 읽기를 지원하는 다양한 유형의 인공지능 로봇들을 활용하여 유아에게 색다른 방식의 책 읽기 경험을 지원할 수 있다.
출처: 각 회사 홈페이지(https://알파미니에듀케이션.kr; https://www.luka.kr; https://www.lge.co.kr)

(2) 증강현실과 가상현실

증강현실(Augmented Reality: AR)은 현실의 이미지나 배경에 3차원 가상 이미지를 겹쳐 하나의 영상으로 보여 주는 기술이다. 교육적 활용으로는 스마트폰이나 태블릿 PC를 활용하여 증강현실 교재를 비추면 3D 이미지가 송출되어 실제와 같이 정보에 접근할 수 있다. 스마트폰이나 태블릿 PC에 증강현실 그림책 앱을 설치하면, 증강현실 그림책을 구동시킬 수 있다. 특히 스마트기기와 화면 미러링[1] 기능을 활용하면 대집단 수업에서 그림책 읽기가 가능하다. 증강현실 그림책의 페이지를 스마트 패드로 비치고 화면을 터치하거나 드래그하면 주인공이 나타나거나 배경이 떠오르는 등의 반응이 나타나기 때문에 책을 읽을 때 유아의 흥미를 유발할 수 있다. 그림책을 읽은 후 진행되는 연계활동도 증강현실 기술을 활용하여 대집단, 소집단, 개별 활동 등으로 다양하게 진행할 수 있다. 예를 들어, 우리 눈에 보이지 않는 뼈를 증강현실 이미지로 구현한『올록볼록, 몸속에 뼈가 있어요』(김형준 글, 원혜

1) 화면 미러링: 스마트폰·태블릿 단말기에 표시되는 내용을 대화면 TV나 디스플레이에 실시간으로 비추는 것(네이버사전, 2023년 7월 16일 인출)

진 그림, 2012, 웅진출판사)의 경우 유아가 증강현실 그림책을 감상한 후, 새롭게 알게 된 뼈에 대한 내용으로 간단한 북아트를 만들어 볼 수 있다. 또는 『코끼리가 뿌우』(아들과딸 편집부 글·그림, 2018)을 증강현실로 함께 읽고 난 후, 코끼리를 앞과 옆은 물론 위와 아래 등 모든 방향에서 탐색하며 점토로 입체 코끼리 인형 만들기 활동을 할 수 있다. 『꼬마곰 무르』(카이사 하포넨 글, 안네 바스코 그림, 2019, 보림)의 경우에는 유아가 그림책 속 주인공이 되어 책에 제시된 곳으로 모험을 떠나는 동극활동으로 확장하여 진행할 수도 있다.

 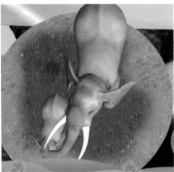

증강현실 그림책 『올록볼록, 몸속에 뼈가 있어요』(좌), 『코끼리가 뿌우』(우)의 구동 장면

유아가 직접 구현된 이미지를 손으로 조작하면 평소에 잘 보이지 않던 뼈의 안쪽, 동물의 윗 모습도 쉽게 탐색하며 새로운 정보를 얻을 수 있다.

출처: 웅진출판사 및 도서출판 아들과딸 유튜브 채널

보림출판사 증강현실 그림책 『꼬마 곰 무르』의 구동 장면

애플을 실행하여 그림책을 비추면, 유아가 현재 있는 공간으로 증강현실 그림책 속 주인공들이 떠오르며 유아에게 상상의 세계를 전한다.

출처: 보림출판사 Facebook

한편, 가상현실(Virtual Reality: VR)은 컴퓨터 기술을 기반으로 실제와 유사한 환경이나 상황을 만들어 내는 기술을 의미하는데, 가상현실 고글이나 가상현실 글러브 등의 기기가 보여 주는 것은 모두 허구의 것으로 실제현실이 아니다. 가상현실 고글은 가상의 그래픽을 시각적으로 구현하고, 가상현실 글러브는 촉각과 체온을 느끼도록 하여 사용자가 마치 현실세계에서 어떤 일을 실제로 하는 것과 같은 효과를 제공한다. 가상현실 그림책은 유아가 직접 경험하기 어려운 대상이나 환경을 가상현실로 접하도록 도와줌으로써 이에 대한 이해와 흥미를 높이는 데 효과적이다. 예를 들어, 유아는 남극에 사는 펭귄을 가상현실 그림책『펭귄이 뒤뚱뒤뚱』(아들과딸 편집부 글·그림, 2018)을 통해 접하면서 펭귄의 생김새나 특징과 펭귄의 생활을 알게 되고, 펭귄의 시각으로 남극을 탐험하는 경험을 통해 펭귄이 살고 있는 환경에 대한 새로운 정보를 얻을 수 있다.

도서출판 아들과딸 가상현실 그림책 『펭귄이 뒤뚱뒤뚱』의 구동장면

유아가 가상현실 고글을 쓰고 그림책을 보면 그림책 속 주인공인 펭귄이 되어 남극 곳곳을 누비며 궁금한 곳과 궁금한 펭귄에 대해 살펴볼 수 있다.

출처: 도서출판 아들과딸 유튜브 채널

(3) IPTV와 OTT

최근 5세대(5G) 이동통신의 등장으로 가상현실이나 사물인터넷(IoT) 등 다양한 기술을 통합, 연결할 수 있는 초연결사회로 진입하였다. 이를 기반으로 발달한 IPTV(Internet Protocol Television)는 전파 대신 인터넷 통신망을 기반으로 하는 TV를 의미하며, OTT[2](Over The Top)는 통신망에 종속되지 않은 개방된 인터넷으로 영상을 제공하는 모든 서비스를 뜻한다(네이버 지식백과, 2023년 3월 6일 인출). 국내 IPTV로는 SK의 'BTV', KT의 '올레TV(쿡TV)', LG의 'U+ tv' 등 세 가지 서비스가 제공되고 있으며, OTT로는 wavve와 TVING, 쿠팡플레이 같은 국내 서비스와 넷플릭스, 디즈니+ 등의 외국 서비스도 있다.

이들 대부분 유아 전용 서비스를 따로 제공하고 있는데, 해당 서비스에는 영유아를 위한 연령별, 주제별 그림책 영상물이 수록되어 있거나, 유아가 직접 그리고 색칠한 캐릭터 또는

---

2) OTT(Over The Top): 영화, TV 방영 프로그램 등의 미디어 콘텐츠를 인터넷을 통해 소비자에게 제공하는 서비스(네이버사전, 2023년 7월 16일 인출)

사진이 그림책의 주인공이 되어 살아 움직이는 것처럼 보이도록 제작된 서비스도 있다.

유아는 해당 서비스를 통해 자신의 얼굴을 한 주인공이 나오는 그림책을 영상으로 만날 수 있고, 교사는 유아가 주인공으로 나오는 우리 반만의 그림책을 유아들과 함께 만들어 볼 수 있다. 등장인물의 목소리도 유아들이 각각 녹음하고, 유아의 얼굴을 한 등장인물 이모티콘을 다운로드하여 막대인형이나 스티커로 만들어 극놀이로 전개할 수 있다. 그림책을 활용한 극놀이를 디지털 미디어를 통해 새로운 방식으로 즐길 수 있는 것이다.

LG U+ 유아전용 IPTV 아이들나라 '내가 만든 그림책'의 구동 장면
유아가 직접 그린 그림과 촬영한 사진이 그림책 속 움직이는 주인공으로 등장하여 큰 즐거움을 준다.
출처: LG U+ 유튜브 채널

SK의 'BTV' 유아전용 IPTV 잼키즈 '살아있는 동화'의 구동 장면
유아가 자신의 얼굴을 사진으로 찍어 등록하면, 유아의 표정이 그림책 속 여러 모습으로 구현되며 몰입감을 높인다.
목소리를 녹음하면, 그림책 속 주요 문장을 유아의 목소리로 표현할 수 있다.
출처: SK BTV 유튜브 채널

(4) 3D 프린팅

3D 프린팅(3D Printing)은 프린터로 물체를 뽑아내는 기술로 종이에 글자를 인쇄하는 기존 프린터와 다르게 입체 모형을 만드는 기술을 의미한다. 3D 프린팅 기술의 발달은 일상의 많은 부분에서 혁신적 변화를 불러일으키고 있다. 3D 프린팅으로 만들어 낸 인공 두개골을 통해 얼굴 기형을 가진 아이에게 새로운 희망을 제공하고, 3D 프린팅으로 만든 예술작품은

유아의 꿈과 희망, 자유로운 상상력을 자극하는 예술매체로 자리 잡고 있다.

그림책 분야에서는 시각장애를 가진 아동을 위한 3D 촉각 그림책이 개발되었다. 기존의 점자 그림책은 그림책의 글을 점자로 변환하여 그림책의 내용을 글로 이해할 수 있도록 도왔다. 그러나 3D 프린팅을 활용한 촉각 그림책은 점자로 된 글뿐만 아니라 그림책의 그림까지 입체로 인쇄하여, 시각장애 아동에게 그림책의 글과 그림을 온전히 경험할 수 있도록 하였다. 이는 3D 프린팅의 장점을 그림책과 접목시킨 좋은 사례라고 볼 수 있다.

3D 촉각 그림책 『잘 자요 달님』 장면

촉감 그림책 프로젝트(Tactile Picture Books Project)를 추진하고 있는 톰 예(Tom Yeh) 연구팀에서는 그림책 『잘 자요 달님』(마거릿 와이즈 브라운 글, 클레먼트 허드 그림, 1999, 시공주니어)을 3D 촉각 그림책으로 개발하였다.
출처: Tactile Picture Books Project 공식 홈페이지(https://www.colorado.edu/atlas/tactile-picture-books-project-build-better-book)

[그림 6-2] 3D 프린팅을 이용한 촉각 그림책의 예

또한 유아가 그림책을 읽고 주인공을 그린 그림을 3D 프린팅을 통해 출력한 후, 막대를 붙여 만든 막대인형이나 테이블에 세워 놀이하는 테이블 인형으로 활용하여 극놀이나 역할놀이에 활용할 수 있다. 3D 프린팅을 위한 3D 프린터는 비용과 크기 등을 고려했을 때 유아 교육기관에서 사용하기에는 한계가 있었다. 그러나 최근 개발된 3D 펜(3D Pen)은 3D 프린터의 전동장치 보드 등의 커다란 장치를 제거하고 노즐과 모터만으로 작동이 가능하도록 만든 휴대용 기기이다. 3D 펜은 그동안 지적받았던 비싼 금액과 넓은 공간의 필요성이라는 한계점을 극복하고 3D 프린팅에 대한 접근성과 활용성을 높인 것으로 평가받는다. 유아도 사용하기 쉽게 제작되어 그림책을 읽은 후, 3D펜을 사용하여 주인공을 만들어 인형극을 하거나 다양한 소품을 제작하여 역할놀이를 하는 등 활용의 폭이 넓다. 다만, 3D 펜의 주재료가 되는 필라멘트의 질에 따라 유해성 문제가 발생할 수 있으므로, 인증이 완료된 안전한 제품을 선택하고 제시된 안전 메뉴얼을 지켜 사용하도록 한다.

유아가 그린 그림 ➡ 3D 프린팅을 위한 모델링 ➡ 3D 프린터로 출력 후, 유아가 색칠한 피겨

3D 펜으로 만든 피겨

3D 프린팅을 한 피겨

유아가 직접 그린 그림이 3D 프린팅 기술을 통해 입체적인 피겨로 완성된다. 유아는 이를 통해 자신의 상상을 입체물로 실현하는 경험을 할 수 있고, 직접 만든 피겨로 극놀이를 즐길 수도 있다.

출처: 3D 콘텐츠 제작소 SCOOP 공식 블로그(https://blog.naver.com/scoolab/222152338909)

[그림 6-3] 3D 프린팅을 이용하여 만든 테이블 인형과 3D 펜

2. 문학에 반응하기

문학에 반응하기(responding to literature)란 개인과 문학작품 사이에 지속되는 상호작용을 의미한다(Purves, 1973). 유아는 문학작품을 능동적으로 이해하고 받아들이며 그 과정에서 끊임없이 문학작품과 상호작용하며 자신만의 의미를 구성하므로, 유아의 반응을 살펴보는 것은 매우 중요하다. 유아는 책을 마주하는 순간부터 책을 만지고 훑어 보는 과정, 책을 읽는 과정, 그리고 책을 읽은 후의 과정 모두에서 자발적인 반응을 보인다.

문학작품, 즉 책을 접하는 과정에서 나타나는 유아의 반응은 매우 다양하다. 겉으로 드러나지 않는 내면의 반응을 보이기도 하지만, 그림책을 향해 몸을 기울이거나 박수를 치기도 하며, 표정을 찡그리거나 웃기도 한다. 유아는 이런 즉각적인 행동 외에도 말이나 글 혹은 그림 등으로 다양하게 반응한다. 유아는 그림책에 반복적으로 등장하는 의성어나 의태어를 들으며 즐거워하며 말로 따라 하거나, 마음에 드는 등장인물에게 편지글을 써 마음을 전하기도 한다. 인상 깊었던 장면이나 뒷이야기를 그림으로 그리거나, 극으로 표현하고, 문학에 대한 생각과 느낌을 책 만들기라는 결과물로 완성해 내며 적극적으로 문학에 반응한다. 다음에서는 유아가 문학에 반응하는 다양한 방식을 음성언어로 반응하기, 글로 반응하기, 책 만들기, 극놀이로 반응하기로 나누어 살펴보겠다.

1) 음성언어로 반응하기

음성언어로 반응하기(responding to literature verbally)는 문학작품에 대하여 말로 반응하는 것을 의미한다. 유아는 문학작품에 대한 자신의 생각을 말로 반응하는 과정을 통해 음성언어를 익힌다(Goodman, 1986).

유아는 자신의 생각을 담아 음성언어로 반응하게 되는데, 유아의 생각은 문학작품을 읽거나 듣는 활동에 능동적으로 참여하는 기회를 통해 발달한다. 이를테면, 그림책을 통한 이야기 구성하기 과정에서 유아의 생각(사고)은 더욱 촉진될 수 있다. 이야기 구성하기는 유아가 생각한 것을 자유롭게 말로 표현하는 것을 의미한다(한국유아교육학회, 1996). 그림책의 그림을 보고 그림의 내용에 따라 이야기를 꾸미거나, 그림책의 주제나 사건에 대하여 '만약 ~했더라면'과 같은 활동을 통해 유아 자신만의 창의적인 이야기를 만들어 낼 수 있다. 문학작품에 자신의 아이디어를 더해 뒷이야기를 창작하여 구성하거나, 자신의 경험과 관련시켜 새로운 이야기로 재구성할 수도 있다.

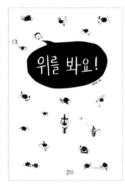

가족여행으로 두 다리를 잃은 수지는 매일매일 베란다에 나가서 아래를 내려다본다. 수지가 내려다 본 길에는 앞만 보며 걸어가는 사람들만 가득하고, 수지는 그들의 검정 머리가 마치 개미 같다고 생각한다. 어느 날 '내가 여기에 있어요. 아무라도 좋으니…… 위를 봐요!'라며 속마음을 외친 수지. 그때 기적처럼 한 아이가 위를 보며 수지에게 말을 건넨다. 이제 수지의 눈에, 그리고 세상에 어떤 일들이 펼쳐질까?

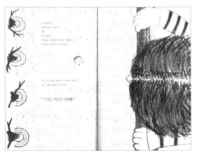

• 그림책을 읽으며 책장을 다음 장으로 넘기기 전 잠깐 생각할 수 있는 시간을 주고, 유아의 생각을 말로 이야기해 보도록 한다.

교사: 소년이 수지에게 "그럼, 이건 어때?"라고 말했네요. 소년은 어떤 행동을 했을까요?
태오: 그냥 위에 올라가서 같이 놀아요!
연재: 영상통화를 해서 얼굴을 봐요!

그림책 『위를 봐요!』(정진호 글·그림, 2014, 현암주니어)를 활용한 유아의 이야기 구성하기의 예

유아들은 그림책의 이야기를 들으며 자연스럽게 뒷이야기를 상상하게 된다. 읽는 동시에 자신이 생각하는 이야기를 말로 표현하거나, 옆 친구와 이야기를 나누기도 한다. 이때 교사는 자연스럽게 나타나는 유아의 음성언어로 반응하기를 적극 지원해 준다. 이야기를 끝까지 마친 후 대화를 나누지 않아도 된다. 또한 "그럼, 다음에 어떤 일이 일어날까요?"와 같은 발문을 통해 자연스럽게 유아의 말로 반응하기를 촉진할 수 있다.

글 없는 그림책을 통한 이야기 구성하기의 경험은 자신의 생각을 언어화하는 과정에서 생각을 논리로 연결하고, 자신이 알고 있는 어휘를 선택하여 재구성하거나 이야기가 될 수 있도록 배열해야 하므로 매우 능동적인 활동이다(이연규, 1999). 이때 유아는 구성적 사고를 통해 새로운 어휘를 말하게 되고 언어를 내면화시킬 뿐 아니라, 기존의 경험적 지식을 넘어 확장적 사고를 하게 된다. 따라서 교사는 글 없는 그림책도 그림책의 한 장르임을 기억하고 유아와 함께 읽거나 유아 스스로 읽을 수 있도록 지원해야 한다.

글 없는 그림책을 통한 이야기 구성하기

글 없는 그림책 『머나먼 여행』(에런 베커 지음, 2014, 웅진주니어)을 읽고 각 장면마다 내용을 지어 이야기를 구성해 본다. 말풍선 모양의 접착 메모지를 활용하여 대사를 만들거나 이를 음성언어로 표현하며 유아들끼리 이야기 구성하기 놀이를 즐긴다.

패러디 그림책도 유아의 음성언어발달에 의미 있는 영향을 미친다. 패러디 그림책은 익숙하게 알려진 동화나 옛이야기, 우화 등을 수정하거나 개작한 그림책을 의미한다. 패러디 그림책은 원작의 내용을 또 다른 관점이나 가치, 기준에서 바라보거나, 원작에서 강조되었던 고정관념이나 가치관을 깨고 풍자적으로 재해석한 작품들이 주를 이룬다. 이러한 특징은 그림책을 읽고 자신의 생각과 느낌을 자유롭게 구성하여 이야기하는 유아의 반응과 매우 비슷하다. 교사는 원작과 패러디 그림책을 함께 읽는 과정을 통해 유아가 그림책의 인물이나 사건, 관점 등이 어떻게 바뀌었는지 비교하며 읽는 기회를 제공하는 것이 좋다. 또한 유아 나름대로 원작의 내용 재구성하기, 주인공 바꾸어 보기, 사건이나 배경 변환시키기, 서술 시점을 다르게 하여 구성하기, 결말 바꾸어 보기 등을 경험하도록 한다. 이를 통해 유아가 고정관념을 갖지 않고, 창의적이며 유머 있고 자유로운 관점으로 자신의 생각을 표현할 수 있도록 지원한다.

원작 그림책과 패러디 그림책 비교

계모와 언니들의 구박을 피해 왕자와 결혼하여 행복하게 사는 신데렐라가 등장하는 『신데렐라』(발렌티나 파치 편·글, 마테오 고울 그림, 김지연B 역, 2021, 반출판사)와 왕자와의 결혼 대신 멋진 우주 정비사의 꿈을 택한 신데렐라가 등장하는 패러디 그림책 『별나라의 신데렐라』(데보라 언더우드 글, 맥 헌트 그림, 최소영 역, 2015, 어썸키즈). 유아는 이 두 그림책을 비교해 가며 다양한 방식으로 자신의 생각을 표현할 수 있다.

알아 두세요

음성언어로 반응하기를 촉진하는 글 없는 그림책과 패러디 그림책

유아들과 함께 읽기 좋은 글 없는 그림책과 패러디 그림책을 소개합니다. 글 없는 그림책을 이용하여 이야기를 구성해 보거나 패러디 그림책을 원작과 함께 보면서 두 책의 같은 점과 다른 점을 찾아 비교해 보고, 자신만의 패러디 그림책을 만들어 보세요.

이야기는 내가 만든다, 글 없는 그림책!

『하늘에서 동아줄이 내려올 줄이야』
(최민지 글 · 그림, 2022, 모래알)

『만남』
(백지원 글 · 그림, 2022, 봄봄출판사)

『그림이 온다』
(라울 콜론 글 · 그림, 김정용 역, 2020, 아트앤아트피플)

우리가 책을 읽을 때 어떤 일들이 벌어지는지를 이미지만으로 보여 준다. 구석에 웅크리고 있던 소녀는 하늘에서 내려온 동아줄을 타고 올라간다. 소녀는 온몸이 글자로 된 사람을 만나 함께 이야기를 짓기도 하고, 음식을 먹기도 하며 시간을 보낸다. 그 시간이 행복하다는 것은 소녀의 표정을 통해 드러난다. 또 다른 동아줄을 타고 올라온 새로운 친구들도 저마다의 모험을 하게 된다.

아무도 걸어가지 않은 하얀 눈밭을 걷는 소녀에게 일어나는 만남과 이별에 대한 글 없는 그림책이다. 소녀는 이글루에서 다친 친구를 만나 그와 즐거운 날들을 보낸다. 그러다 예상치 못한 만남을 통해 친구가 된 둘은 작별인사를 하고 서로의 길을 가게 된다. 국제아동청소년도서협의회(IBBY)에서 글 없는 그림책을 대상으로 하는 Silent Books에 선정된 그림책이다.

방 안 침상에 있는 한 병약한 소년은 스케치북에 자신의 무한한 창의력과 상상력으로 아프리카를 그려 낸다. 그리고 침대에 갇힌 삶을 벗어나 아프리카에서 직접 동물들을 그리는 모험을 꿈꾼다. 콧김을 뿜는 코뿔소에게 쫓기기도 하고 원숭이에게 연필을 빼앗겨 모델이 되기도 하지만 소년의 표정은 밝고 즐겁기만 하다.

이렇게도 생각해 볼 수 있어요, 패러디 그림책!

『임금님 귀는 당나귀 귀』
(노인경 글 · 그림, 2022, 문학동네)

『미운 오리 새끼를 읽은
아기 오리 삼 남매』
(곽민수 글, 조미자 그림, 2021,
봄볕)

『지각 대장 샘』
(이루리 글, 주앙 바즈 드 카르발
류 그림, 2018, 북극곰)

귀가 당나귀처럼 큰 왕이 우물이나 대나무 숲에 비밀을 털어놓는다는 설화를 패러디한 그림책. 이 그림책 속 임금은 어떤 선택을 할까? 남에게 드러내고 싶지 않은 약점을 감추기보다는 자신의 본래 모습을 수용하고 긍정할 때 삶의 변화가 찾아온다는 것을 보여 준다. 팝업북의 형태를 통해 옛이야기의 해학을 현대적으로 그려내고 있으며, 반복되는 패턴과 시각적 리듬감은 유아의 상상력을 자극한다.

안데르센의 동화 『미운 오리 새끼』의 패러디 그림책. 주인공인 오리 삼 남매는 미운 오리 새끼 책을 읽고는 자신들이 백조가 아닐까 하는 희망을 품는다. 하지만 진짜 백조를 만나게 되고, 곧 자신들이 백조가 아님에 실망한다. 하지만 여러 일들을 겪으며 나라는 존재에 대한 자부심을 갖게 된다. 유쾌한 이야기를 통해 아이들이 가질 수 있는 부러움, 질투, 그리고 자존감에 대해 그리고 있는 그림책이다.

매일 지각하는 학생이 아닌 매일 지각하는 선생님의 유쾌한 활약을 그린 그림책. 학교 가는 길에 악어와 커다란 파도를 만나 지각을 하는 선생님 샘. 학생들에게 해명하지만 그의 이야기는 전혀 통하지 않는다. 어딘가 익숙한 이 스토리! 존 버닝햄의 『지각대장 존』을 패러디한 그림책으로 같은 사건에 대한 다른 에피소드가 이 그림책에 그려진다. 지각대장 샘 선생님은 침팬지에게 잡혀간 학생들을 구할 수 있을까?

유아는 문학작품 속에 반복적으로 등장하는 의성어나 의태어, 주인공의 대사 등을 큰 소리로 따라 하며 반응을 보이기도 한다. 교사에게 한 번 더 책을 읽어 달라고 하거나, 책 뒷부분을 먼저 읽어 달라는 요청을 하기도 한다. 함께 책을 읽는 또래에게 책에 대해 궁금한 것을 묻거나, 책을 보면서 갑자기 드는 생각을 말하기도 한다.

반복적으로 등장하는 대사를
따라 말하며 그림책을 읽는 유아들

유아들은 그림책 『우리 아빠가 최고야』(앤서니 브라운 글 · 그림, 2007, 킨더랜드)에서 그림책에 반복적으로 등장하는 대사인 "우리 아빠는 최고야."를 따라 말하며 책 읽기에 몰두한다.

한편, Vygotsky(1962)는 유아들의 말이 반드시 사고와 관련되어 있는 것은 아니라고 밝혔다. 교사가 『괴물들이 사는 나라』를 읽어 주며 괴물 소리를 실감 나게 들려줄 때, 유아들이 "으앗!" 하고 놀라며 소리를 지를 수 있는데, 이는 사고와 관련된 언어라기보다 반사행동에 가까운 말이라고 할 수 있다.

기억해 둘 것은 이와 같은 유아의 음성언어로 반응하기의 유형들이 동시에 일어나기도 한다는 점이다. 『미운 오리 새끼』를 읽으며, '나는 백조가 아니고 오리지만 엄마랑 같이 있어서 행복할 것 같은데.'라고 생각을 이야기하고, "선생님, 백조로 변하는 장면 한 번 더 읽어 주세요."라는 요청도 하며, 백조로 변하는 장면에서 "우와!! 백조로 변신했어!"라는 감탄을 하기도 한다. 최근 등장한 증강현실 그림책의 경우, 유아 스스로 화면을 터치하며 그림책을 읽도록 구성되어 있는데, 이때 유아는 여러 유형의 음성언어로 반응하기를 보인다. 그림책 줄거리에 대한 자신의 생각을 이야기로 구성하며 반응하거나, 주인공이나 배경이 움직이는 장면에서 "아하하!!" 하고 크게 웃고, "와우! 깜짝 놀랐다!"와 같은 반응을 보인다.

교사는 다양한 형식의 그림책을 보며 자신의 생각뿐 아니라 반사행동에 가까운 말 등을 적극적으로 음성언어로 표현할 수 있는 환경을 제공해 주는 것이 좋다. 어떤 표현이든 격려받을 수 있는 분위기에서 유아는 거리낌없이 자신의 생각을 표현하고, 또 자신의 생각을 정교화할 수 있게 될 것이다.

지금
어린이집에
눈이 내리는 것
같아!

우와,
낙엽이 엄청
많아졌어요~

증강현실 그림책을 읽으며 음성언어로 반응하는 유아들

화면을 손으로 터치하며 증강현실 그림책 『우리 친구할까?』(샤를로트 가스토, 2017, 보림)를 읽는 유아들은 장면의 변화에 대해 자신의 생각을 이야기하거나 감탄사로 반응한다.

2) 글로 반응하기

글로 반응하기(responding to literature in writing)란 문학에 대한 자신의 생각이나 느낌을 그림이나 글자로 반응하는 것을 의미한다.

그림 상징을 사용하여 글로 반응하기

정보 그림책 『인체의 신비』(학원출판사편집부, 1995)를 반복적으로 읽으며 그림을 통해 반응하고 있는 유아. 유아는 그림책을 보며 뱃속 태아의 모습 등 새롭게 알게 된 사실과 엄마 뱃속에 있는 동생에 대한 자신의 생각을 그림으로 나타내었는데, 모든 과정은 자발적이며 능동적으로 이루어졌다.

유아는 쓰기를 통해 자신의 생각을 표현하는데, 쓰기란 문자언어를 사용하여 자신의 사상과 감정 및 경험을 일정한 형태의 의미 단위로 표상하고 조직하여 다른 사람에게 의미를 전달하는 능력이다. 문자언어는 남들이 알아볼 수 있는 문자 형태의 상징을 비롯하여 그림이나 낙서, 철자법이 맞지 않거나 아무렇게나 끼적인 낙서까지 포함된다. 이러한 관점에 따르면, 유아의 쓰기는 글자를 익히면서 비로소 나타나는 것이 아니라, 영아기 때부터 자연적 탐색과정을 통해 서서히 자발적으로 숙련된다(Schickedanz, 1986). 따라서 교사는 유아가 쓰기 관련 활동에 참여할 수 있도록 유능한 또래 혹은 교사와의 풍부한 상호작용의 경험을 제공하고, 일상에서 광고 전단지나 인쇄물, 그림책 등과 같은 다양한 환경에서 자연스럽게 글을 접하도록 지원해야 한다. 특히 유아가 그림책의 글과 그림 텍스트를 만나는 과정은 유아의 자발적 쓰기와 쓰기에 대한 흥미를 높이는 자연스럽고 의미 있는 접근이 될 수 있다.

유아의 글로 반응하기를 지원하는 방법은 다음과 같다.

첫째, 유아 자신이 그림책에 나오는 등장인물이 되어 일기를 써 보거나, 등장인물 소개 글을 써 보는 방법이다. 이는 등장인물의 특징은 물론 그림책의 주제나 서사 등에 대해 쉽게 이해하도록 돕고, 파악한 지식에 대해 글로 정리하는 경험을 지원한다. 그림책을 읽은 후 친구들과 함께 등장인물에 대해 이야기하며 서로 의견을 교환하는 것에서부터 시작한다. 이후 등장인물의 대화나 행동, 다른 등장인물과의 관계를 통해 인물의 특징을 알아보고 자신이 알아낸 정보를 적절한 단어로 선택하여 글로 표현할 수 있다.

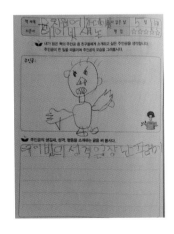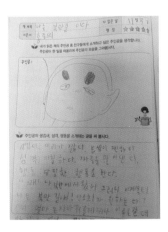

등장인물 분석 기록지

자신이 읽은 그림책에 나오는 등장인물들을 분석하여 소개하는 글을 쓸 수 있다. 5세 유아들이 등장인물의 생김새와 성격, 행동 등을 글과 그림으로 나타낸 사례이다.

둘째, 등장인물에게 편지를 쓰는 방법이다. 유아교육현장에서 가장 많이 하는 글로 반응하기 활동으로 언어능력을 확장시켜 줄 수 있다. 흔히 등장인물에게 안부를 묻는 활동에 그치지만, 여기에 덧붙여서 그림책에 등장하는 사건에 대한 해결방안을 제안하거나, 궁금한 것을 물어보는 형식으로 편지를 쓸 수 있다.

등장인물에게 편지쓰기

그림책 속 등장인물에게 안부를 전하거나 당부의 말을 건네는 유아들의 편지. 입체북인 무대북 형식으로 만들어 유아에게 단순히 글쓰기가 아닌 즐거운 문학놀이로 접근할 수 있도록 한다.

셋째, 그림책에 등장하는 재미있거나 새로운 단어 혹은 문장을 적은 나만의 그림책 사전을 만들어 보는 방법이다. 함께 그림책을 읽더라도 유아마다 흥미를 가지는 단어나 문장은 다를 수 있다. 따라서 개별적이고 자발적인 방법을 통해 나만의 그림책 사전을 만들어 보도록 한다. 언어영역에 다양한 종류의 필기구와 종이, 유아와 함께 읽었던 그림책 등을 제공하고, 유아가 자유롭게 자신만의 그림책 사전을 만들어 보도록 한다.

나만의 그림책 사전 만들기

그림책 『눈 오는 날』(에즈라 잭 키츠 글·그림, 1995, 비룡소)을 보고, 그림책에 등장하는 눈과 관련된 놀이 사전을 만든 유아. 눈과 관련되어 할 수 있는 놀이를 색종이에 그린 후 사각접기를 하여 이어 붙이면, 모빌책의 형식으로 사전을 만들 수 있다.

넷째, 등장인물들의 대화나 그림책의 앞 혹은 뒷이야기 짓기 혹은 글 없는 그림책의 이야기 등을 지어 보는 방법이다. 이야기 짓기는 개별로 완성한 후 친구들에게 소개하는 방법과 소그룹으로 생각을 모아 진행하는 방법 모두 유용하다. 개별로 진행할 때에는 간단한 활동지를 만들어 언어영역에 제공하면, 원하는 유아가 자발적으로 활동을 할 수 있다. 소그룹으로 진행할 때에는 쓰기가 가능한 유아가 글자를 쓰고, 쓰기를 어려워하는 유아는 그림으로 표현하여 함께 지은 이야기를 발표할 수 있도록 안내한다. 완성된 결과물은 교실에 전시하여 서로의 생각과 이야기를 공유한다.

  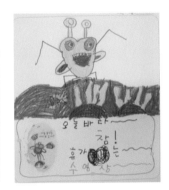

그림책의 뒷이야기 짓기

그림책 『파리의 휴가』(구스티 글 · 그림, 2007, 바람의 아이들)를 보고, 주인공인 파리가 다음 휴가를 어디로 떠날지, 그곳에서 파리는 어떤 휴가를 보낼지 뒷이야기를 지은 유아들. 교사가 간단한 활동지를 만들어 언어영역에 제공하면, 활동을 원하는 유아들이 자유롭게 선택하여 뒷이야기 짓기를 즐길 수 있다.

다섯째, 그림책의 주요 사건에 대한 내용을 신문기사의 형식으로 만들거나 책에 나온 제품이나 등장인물을 홍보하는 광고 전단지를 만들어 보는 방법이다. 이 방법을 활용하기 위해서는 사전에 신문이나 광고 전단지에 대한 유아의 사전경험이 필요하다. 교사는 실물 자료를 준비하거나 인터넷에서 검색한 후 이를 인쇄하여 제공할 수 있다. 교사가 직접 신문이나 광고 전단지를 구하기 어렵다면, 가정에 안내문을 보내 요청할 수도 있다.

그림책 속 과자를 홍보하는 전단지 만들기

유아들이 그림책 『도망쳐요, 과자 삼총사!』(테리 보더 글·그림, 2022, 비룡소)를 읽고 그림책에 나오는 다양한 과자들을 홍보한 전단지들. 이 그림책은 과자와 사물의 실물을 사진으로 촬영해 만든 3D 일러스트 그림책이므로, 실제 과자 전단지와 과자봉투 등을 함께 제공하여 유아들이 광고 전단지를 만드는 것을 지원할 수 있다.

여섯째, 그림책의 주제, 그림책에 등장하는 문장이나 단어를 사용하여 동시나 동요를 지어보는 방법이다. 유아들이 잘 알고 있는 멜로디에 글을 입히면 유아가 이해하기 쉬우며, 접근이 용이하다. 개별로 진행하거나 소그룹으로 진행할 수 있다. 동시나 동요 짓기의 경우 일회적인 활동으로 끝낼 수도 있지만 여러 날짜에 걸쳐 마음껏 수정을 반복하면서 자발적인 놀이로 이어질 수 있게 지원하는 것이 좋다.

그림책의 주제와 단어로 동시 짓기

그림책 『우리 선생님이 최고야』(케빈 헹크스 글·그림, 2001, 비룡소)를 읽고 '선생님'을 주제로 지은 동시(좌). 그림책 『보물찾기 놀이터』(엠마 치체스터 클라크 글·그림, 2014, 어썸키즈) 속 단어 '보물찾기'로 지은 동시(중), 『방구석 요가』(나우리 글·그림, 2021, 키즈엠) 속 단어 '쭈욱'으로 지은 동시(우). 유아 혼자 하기 어려우면 소그룹이나 짝을 지어 할 수도 있다. 글자를 적을 수 있는 하얀 부분을 일반 종이가 아닌 코팅된 종이로 제공하면 유아가 썼다 지웠다를 반복하며 놀이할 수 있다.

　　일곱째, 그림책의 내용을 중심으로 가상의 상황을 설정하여 '만약 내가 ～라면'에 대한 글을 지어 보는 방법이다. 유아는 '내가 만약 주인공이라면 이렇게 하고 싶다.' '나에게 이런 일이 일어난다면 이러한 방법으로 해결할 것이다.' 등 여러 가상의 상황에 대해 상상해 보고 이를 글 혹은 그림으로 표현해 볼 수 있다. 그 과정을 통해 언어 및 창의성은 물론 사고를 확장시키고 문제해결능력을 기를 수 있다.

**'만약 내가 ～라면'
에 대한 글짓기**

그림책 『만약에 ……』(엘러스터 리드 글, 윤주희 그림, 2019, 논장)을 보고 저마다 '만약 내가 ……라면'이라는 상상을 한 유아들의 글짓기. '만약 내가 인어라면?' '남자라면?' '꽃이라면?'과 같은 다양한 가상의 상황에서 유아의 상상을 엿볼 수 있다.

　　여덟째, 그림책 속 등장인물의 경험과 나의 경험을 연결지어 글을 짓는 방법이다. 그림책 속 등장인물과 나의 공통점, 차이점을 찾아보거나 그림책에 등장하는 인물과 내 주변의 인물을 비교하여 글을 써 보는 것이다. 유아는 그림책의 세계와 나의 세계를 연결하는 경험을 통해 자신의 세계를 스스로 구축하고 확장할 수 있게 된다.

그림책 속 등장인물의 경험과 나의 경험을 연결지어 글짓기

유아들이 그림책 『우리 아빠랑 있으면』(제스 랙클리프트 글·그림, 2021, 한울림어린이)과 『아빠는 나쁜 녀석이야』(백승권 글, 박재현 그림, 2009, 맹앤앵)를 읽은 후, 글로 표현한 아빠의 좋은 점과 나쁜 점. 그림책에 등장하는 아빠와 우리 아빠의 모습을 연결지으며 유아의 생각을 글로 정리해 보는 기회가 될 수 있다.

지금까지 살펴본 바와 같이, 유아는 그림책을 읽으며 책 속에 등장하는 다양한 글과 그림 텍스트를 감상하고 이에 관심을 가진다. 그리고 그림책에 대한 자신의 생각을 낙서나 그림, 맞춤법이 맞지 않는 글, 비뚤비뚤한 글씨, 글자의 모양만 가진 글 등으로 반응하며, 자연스럽게 문자언어의 형태로 발전시켜 나간다. 이러한 과정이 글로 반응하기의 핵심이다. 따라서 교사는 다양한 방법으로 글로 반응하기가 이루어질 수 있도록 하여 유아의 자발적 참여를 유발하고, 유아가 자유롭게 자신의 생각을 표현하도록 지원한다.

3) 책 만들기

책 만들기(bookmaking)는 자신의 책을 직접 구상하여 글을 쓰고 그림을 그려 책을 완성하는 활동을 의미한다(Johnson, 1998/2006). 단순한 종이접기나 그리기 또는 쓰기 작업이 아닌 언어활동과 미술활동, 그리고 놀이가 결합된 즐거운 통합적 작업이라 볼 수 있다. 여기에서 설명하는 책 만들기는 유아가 글을 쓰고 그림을 그린다는 점에서 북아트와 유사하지만, 표현기법이나 완성된 결과물에 중점을 두지 않고 책의 구성과 제작, 완성해 가는 과정 자체에 목적을 둔다는 점에서 다소 차이가 있다.

그림책을 읽은 후, 유아 스스로 혹은 교사의 지원에 따라 그림책에 대한 자신만의 이야기를 구성하고 내용을 계획하며 책 만들기를 할 수 있다. 유아는 필요한 자료를 직접 수집하고, 수집한 자료를 글이나 그림으로 엮어 한 권의 책으로 만들어 낸다. 이를 통해 유아는 새로운 이야기를 짓고 표현하는 과정에서 창의성을 발휘하고, 책의 내용을 구성하고 제작하며 상상력을 자극하는 경험과 관찰의 기회를 갖는다. 책 만들기의 교육적인 효과를 구체적으로 살펴보면 다음과 같다(김호, 노영희, 2002).

첫째, 책 만들기는 유아의 언어발달에 긍정적인 영향을 준다. 책 만들기는 유아가 책을 읽은 후 자신의 생각이나 느낌, 혹은 말하고자 하는 것을 구성하여 글과 그림으로 표현함에 유용하다. 이야기를 새롭게 구성하는 과정에서 이미 알고 있는 어휘를 동원하거나 새로운 단어를 알아 가며 어휘력과 언어표현력을 기를 수 있다. 완성된 책을 또래나 교사에게 소개하고 다른 친구들의 작품을 감상하는 과정에서 말하기나 듣기, 읽기 능력을 기를 수 있고, 자신이 직접 만든 책을 통해 이야기를 짓고 글을 쓰는 것을 즐길 수 있게 된다. 이는 유아가 책을 제작하는 과정에서 읽기, 듣기, 말하기, 쓰기를 통한 통합적 언어발달이 가능함을 의미한다.

둘째, 책 만들기는 유아의 정서발달에 긍정적인 영향을 준다. 책을 만드는 과정에서 일어나는 다양한 문제들을 스스로 해결하면서 한 권의 책을 완성하는데, 이때 성취감과 만족감을 느끼게 된다. 이는 무엇이든 즐겁게 도전할 수 있는 자신감과 긍정적 자아개념을 형성하는 기반이 된다. 그림책 속에 담긴 다양한 감정들을 경험하며 풍부한 감수성을 얻게 되고, 또래와 함께 책을 만들거나 각자 완성한 책을 함께 공유하는 과정을 통해 상대방의 생각과 느낌을 이해하고 존중하는 태도를 기르게 된다.

셋째, 책 만들기는 유아의 상상력과 창의성을 기르는데 도움이 된다. 유아기는 상상력과 호기심, 심미감이 발달하는 시기로, 이때 경험하는 책 만들기는 유아가 자신의 생각과 느낌을 자발적이고 자유롭게 표상하는 기회를 제공하므로 창의성 발달을 돕는다. 유아는 자신이 가지고 있던 지식과 경험을 토대로 그림책의 이야기를 재구성하고, 책 만들기 과정에서 직면하는 문제들에 대해 새로운 시각으로 접근해 보는 과정을 통해 풍부한 감성과 창의성은 물론 책임감과 문제해결력을 기르게 된다.

넷째, 책 만들기는 유아의 미적 발달에 영향을 준다. 유아는 하나의 책을 완성하기 위하여 다양한 자료를 활용하여 꾸미는 활동을 한다. 여러 가지 방법으로 종이를 이용하여 책의 틀을 완성하고, 자신이 좋아하는 색과 자료들을 이용하여 나만의 책이자 예술작품을 만들어 간다. 물론 책을 구성하는 내용이 중요하지만, 유아는 자신의 작품을 아름답게 완성하고자 하는 의지를 통해 책을 만들고, 아름답게 완성된 또래의 작품들을 감상하며 심미감을 기를 수 있다.

다섯째, 유아의 신체발달에 긍정적인 영향을 미친다. 책을 만드는 과정에서 발생하는 크고 작은 움직임들은 대근육·소근육을 포함한 유아의 신체발달은 물론 움직임으로써 얻어지는 성취감 향상에 도움을 준다.

이와 같이 책 만들기는 유아의 전인발달에 의미 있는 영향을 미치는 통합적 활동이라 볼 수 있다. 이를 통해 유아는 자신의 경험과 상상을 바탕으로 자유롭게 책을 만들며 책 속에 담긴 의미를 이해하고 내면화하는 기회를 얻을 수 있다.

한편, 교실에서의 책 만들기가 단순 미술활동이 아닌 통합적 작업으로서의 의미를 가지기 위해서는 모든 과정에 유아가 능동적으로 참여해야 함을 전제로 한다. 교사가 주제와 틀을 미리 정해 놓고 유아가 형태만 오리고 그리거나 혹은 내용만 채우는 형식으로 이루어지지 않도록 유의해야 하며, 유아가 그림책을 읽은 후 자신의 생각으로 책을 구성하도록 지원하는 것이 바람직하다. 교실에서 그림책을 기반으로 유아와 함께 책 만들기를 할 수 있는 방법을 구체적으로 제시하면 다음과 같다.

첫째, 그림책의 내용이나 주제를 가지고 책 만들기를 할 수 있다. 그림책에 등장하는 주인공에게 편지를 써 보거나 이름을 지어 주고, 내가 만약 주인공이라면 어떻게 행동했을지 등 그림책과 관련된 여러 가지 내용을 책으로 엮어 만들 수 있다. 또한 그림책의 주제를 중심으로 책 만들기를 할 수 있다. 예를 들면, 그림책『버니비를 응원해 줘』를 감상한 후 그림책의 내용으로 책만들기를 하거나, 혹은 그림책『개굴개굴 프랭클린』을 감상한 후 개구리의 성장 과정이나 먹이, 주로 사는 곳, 종류 등을 조사하여 책으로 만들어 볼 수 있다. 이는 유아교육 기관에서 가장 많이 하는 방식의 책 만들기이다.

  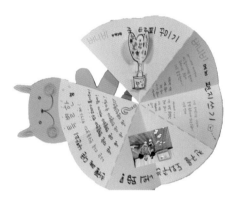

『버니비를 응원해 줘』(박정화 글·그림, 2020, 후르츠갓마이테일)를 감상한 후, 그림책의 내용으로 책 만들기

『개굴개굴 프랭클린』(엠마 트렌터 글, 배리 트렌터 그림, 2021, 사파리)을 감상한 후, '개구리'를 주제로 책 만들기

『공룡아 다 모여!』(석철원 글·그림, 2021, 여유당)를 감상한 후, '공룡'을 주제로 책 만들기

둘째, 그림책을 재구성하여 책 만들기를 한다. 유아가 직접 작가가 되어 그림책을 재구성하며 여러 가지 문제들을 스스로, 융통성 있게 해결하는 과정을 책으로 만드는 것이다. 그림책에 등장하는 주인공들의 문제를 새로운 방법으로 해결해 보거나 그림책의 결말을 유아만의 독특한 상상력을 발휘하여 재구성하는 것이다. 이 방법은 기존 그림책이 가지고 있는 구조를 바탕으로 유아 자신의 생각을 재구성하는 과정에서 필요한 새로운 어휘나 문장을 사용하여 이야기 내용을 구성해 봄으로써, 유아 자신만의 이야기를 만드는 경험을 할 수 있게 된다.

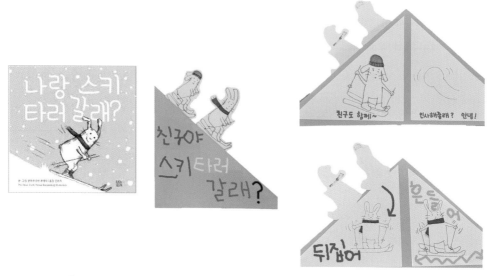

『나랑 스키 타러 갈래?』(클라우디아 루에다 글 · 그림, 2016, 브와포레)를 감상한 후,
뒷이야기 꾸미기로 책 만들기

셋째, 협동하여 책 만들기를 할 수 있다. 유아 혼자 책 만들기를 할 수 있지만, 때에 따라
서는 소그룹이나 대그룹으로 책 만들기를 할 수 있다. 한 권의 책을 기획하여 완성하기까지
구성원들이 공동의 목표를 가지고 함께 그 목표를 달성하기 위해 협동적 상호작용과 의사소
통을 하고 문제를 해결해 나가는 경험을 한다. 이 과정에서 유아들은 이야기 재구성하기, 내
용과 구성 편집하기, 그림 그리기, 책 디자인하기 등 다양한 역할을 경험할 수 있다. 그리고
또래와 함께 문제를 해결하는 과정에서 서로의 의견을 경청하고 생각을 나누는 사회적 기술
과 의사소통 기술을 습득하게 된다. 또한 협동으로 인해 즐거움은 커지고 글쓰기에 대한 부
담은 줄어들면서 쓰기에 대한 내재적 동기가 증가된다.

넷째, 다양한 형태의 책 만들기([그림 6-4] 참조)를 즐길 수 있다. 책은 유아의 연령이나 수
준에 따라 다양한 형태로 만들 수 있다. 이때 교사는 유아가 도전하기에 적합한 책 만들기
방법과 재료들을 제공해 주어 유아가 흥미를 가지고 능동적으로 책 만들기에 참여할 수 있
도록 지원하는 것이 좋다. 유아가 간단히 할 수 있는 책 만들기 방법을 순서도 형식으로 만
들어 미술영역에 비치해 두면 유아의 자발적 책 만들기를 촉진할 수 있다. 책 만들기 방법
순서도를 다음 '알아 두세요' 코너에 제시하였으니 참고하기 바란다.

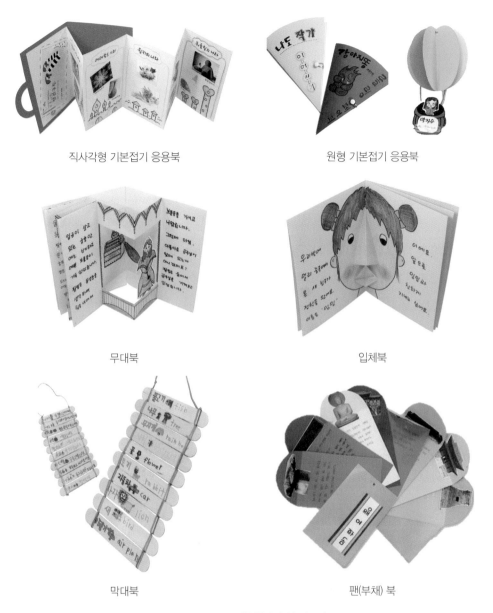

직사각형 기본접기 응용북

원형 기본접기 응용북

무대북

입체북

막대북

팬(부채) 북

[그림 6-4] **다양한 형태의 책 만들기**

다섯째, 디지털 미디어(digital media)를 활용하여 책 만들기를 할 수 있다. 휴대전화, 태블릿 PC, 인터넷, 전자책, 디지털 영상과 텔레비전 등은 이미 유아에게도 매우 친숙한 디지털 미디어이다. 쉬운 사용 방법, 그리고 다양한 표현 및 응용이 가능하다는 점에서 유아교육기관에서도 활발히 활용되고 있는데, 방법만 익히면 유아가 직접 디지털 미디어로 책 만들기를 즐길 수 있다.

스케치 메타(https://sketch.metademolab.com)

유아가 그린 그림을 애니메이션으로 바꿔 주는 AI 프로그램 '스케치 메타'로 유아가 그린 그림을 입력 후, 움직이는 모습을 캡처한 화면이다.

특히 태블릿 PC는 유아가 터치스크린을 통해 손가락이나 스타일러스펜을 조작하여 사용하므로 직접적이고, 교사의 도움 없이 주도적으로 활용할 수 있는 매체이다. 책 만들기 방법으로 실물 그림책을 스캔 애플리케이션을 활용하여 태블릿 PC에 옮긴 후 이를 편집하여 책을 만들 수도 있고, 그리기나 갤러리 애플리케이션을 통해 그림책의 장면을 그리거나 원래 그림책에 새로운 장면을 삽입하여 새로운 그림책을 만들 수도 있다. 태블릿 PC로 그린 그림책의 장면들을 모아 동영상을 만들고 장면에 어울리는 음악을 삽입하거나 녹음 기능을 활용하여 주인공들의 대사 혹은 효과음을 녹음해 넣어 움직이는 책을 만들어 볼 수도 있다.

 알아두세요

간단하게 할 수 있는 책 만들기 방법

예쁘고 신기한 모양의 책은 유아의 호기심을 높여 주지만, 책 만들기의 모든 과정에 유아가 직접 참여하기 위해서는 쉽고 간단하게 접근하는 방법이 최고랍니다. 그럼, 지금부터 종이와 풀, 가위만 있어도 간단하게 책 만들기를 할 수 있는 방법을 알아볼까요?

1) 반으로 접기
가장 기본이 되는 책으로 종이를 반 접어 만드는 방법입니다. 바깥쪽 두 면은 앞표지 뒷표지가 되고, 안쪽 두 면에 내용을 쓸 수 있어요. 여러 개를 만들어 서로 겹쳐지는 면을 풀로 이어 붙이면 긴 책으로 변신할 수 있답니다.

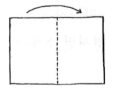

2) 대문 접기
종이를 반으로 접었다 편 후, 가운데 접힌 선을 중심에 두고 좌우 면을 대문처럼 마주 보고 접는 방법입니다.

3) 아코디언 접기
가위 없이 가장 간단하게 만들 수 있는 책의 유형으로 만들기가 쉬 워 어린 연령의 유아도 스스로 만들 수 있어요. 다양한 내용을 쓰 기에 적당하고, 여러 개를 만들어 한쪽 끝을 계속 이어 붙이면 긴 책이 만들어진답니다.

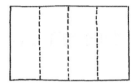

4) 8면 접기
아코디언 접기 방법에서 종이를 가로로 접었다 펴면 8면 접기가 됩니다. 이 때 가위질을 하는 방법에 따라 묶음 형태의 책과 병풍 형태의 책으로 나눠집니다.

① 묶음 형태

중심선을 따라 반만 가위 질을 해요.

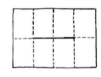

다시 펼치면 가운데 가위질 한 선이 보여요.

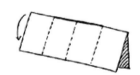

가로 방향으로 반을 접어요.

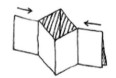

양끝을 접고 가운데 방향 으로 밀어 넣어요.

십자 모양이 될 때까지 밀 어 넣어요.

잘 정리하여 접으면 완성입니다!

② 병풍 형태

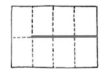

세 면만 가위질을 해요.

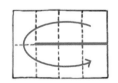

화살표 방향을 따라 지그재그 로 한 면씩 접어요.

5) 팝업(pop-up) 형태의 책
접었다 펼쳤을 때 형태가 튀어나오는 책을 가리킵니다. 다양한 방법으로 오리고 접으면 재미있는 응용이 가능해요.

① 기본형 팝업

② 입술형 팝업

③ 나비형 팝업

6) 주머니 형태의 책
삼각 또는 사각 주머니 접기로 하는 간단한 방법이에요. 색종이로 주머니 접기를 한 후, 여러 개를 겹쳐 풀로 붙여 주세요. 끝에 끈을 달면 멋진 모빌과 같은 책이 만들어진답니다.

7) 부채 형태
부채 모양의 방식을 말해요. 낱 장의 긴 종이를 여러 개 겹쳐 모은 후, 할핀이나 링으로 고정해요. 종이를 네모, 세모, 동그라미 등 원하는 모양으로 자르면 원하는 모양의 부채 책이 나온답니다.

8) 두루마리 형태
고대 이집트나 그리스, 로마의 고문서에서 찾아볼 수 있는 고전 책의 형태로 족자 모양을 가지고 있어요. 펼친 종이의 윗면 혹은 위아래 두 면에 막대를 붙이고, 한쪽에 끈을 달아 만들어요. 보관할 때는 말아 두었다가 읽을 때 풀어 볼 수 있어요.

4) 동극놀이로 반응하기

유아는 단순히 문학작품을 듣는 것으로 끝나는 것이 아니라 그림책을 재구성해 보거나 동극, 노래극, 신체표현, 그림 등의 표상활동을 병행하는 경험을 통해 문학작품의 내용을 체험적으로 받아들여 보다 깊이 이해한다(교육부, 2007). 특히 유아는 뛰어난 상상력을 바탕으로 거의 모든 그림책에 대하여 극놀이로 반응하며 즐긴다.

극놀이란 유아가 하나의 역할을 맡아 이야기의 내용이나 이야기에서 얻게 된 다양한 상상 세계를 통하여 등장인물들의 역할이나 장면을 직접 행동이나 언어로 모방하며 자신의 느낌과 생각으로 자유롭게 표현해 보는 놀이를 의미한다(Smilansky, 1968). 그림책을 기반으로 한 극놀이, 즉 동극놀이는 그림책의 내용과 대사를 중심으로 유아가 능동적으로 참여하여 사건이나 인물을 상상하거나 모방하며 맡은 역할을 연기하는 놀이이다. 유아는 가상적 상황에 몰입하여 그림책 속 등장인물의 역할을 모방하고 상상하여 연기해 봄으로써 작가가 제시한 사회적 가치와 의미를 자연스럽게 익히게 된다. 동극놀이 과정에서 유아는 경쟁보다는 협동하는 자세를 배우고, 타인의 입장을 배려할 수 있으며, 언어적 표현력뿐만 아니라 창의력과 상상력을 기를 수 있다. 동극놀이는 '연기자, 관람자, 상상, 표현'의 4요소가 필요하다. 이때 '상상'은 자유롭게 떠올리는 독특하고도 특이한 생각을, '표현'은 상상한 것을 개인이나 모둠별로 함께 진지하게 무대 위에서 발표하는 것을 의미한다(이지현, 2021).

그림책을 이용한 극놀이는 유아가 능동적으로 참여하게 하며, 때로는 그림책에는 없는, 그림책 너머의 이야기를 상상하고 표현할 수 있는 기회를 제공해 준다. 그림책의 전체를 활용할 수도 있고 그림책의 한 장면을 이용해서 동극을 할 수도 있다. 예를 들어, 그림책 한 장면으로 동극놀이를 진행할 경우, 우선 그림책 장면에 여백이 있다면 그림이나 글을 채워 넣을 수 있다. 다양한 물건이 등장한다면 물건을 의인화시켜 감정을 표현해 보도록 할 수 있으며, 그림책 앞뒤 내용이나 등장인물의 성격을 추측하여 표현해 볼 수 있다. 이처럼 다양한 방식으로 진행할 수 있으며, 이때 교사는 유아들이 원하는 방법으로 표현하도록 지원하고 자유롭게 상상하고 진지하게 표현하도록 돕는다.

5) 통합적으로 반응하기

문학을 접하는 과정을 통해 나타나는 유아의 반응은 때때로 통합적으로 나타난다. 하나의 그림책을 읽으며 하나의 반응만 보이는 것이 아니라, 음성언어와 글로 반응하기도 하고

대본이 적힌 책을 만든 후 동극으로 풀어 내기도 한다. 이것이 책에 대한 자연스러운 반응이
며 유아의 일상인 놀이가 된다.

음성언어로 반응하기(주인공에게 영상편지 남기기)

동극놀이로 반응하기

그림책 『케이티가 그랬어』를 읽고 통합적 반응을 즐기는 영아들(2세)

영아들은 그림책 『케이티가 그랬어』(로리앤 시오메이즈 글 · 그림. 2010, 맹앤앵)를 감상한 후, 영상편지를 통해 주인
공에게 하고 싶은 이야기를 전달하였다. 글쓰기가 어려운 어린 영아들은 구두로 할 수 있는 영상편지를 활용하면 자
유로운 표상이 가능하다. 주인공을 그려 머리띠를 만들고, 그림책을 보며 서로 역할을 나누어 동극놀이를 즐기기도
하였다.

음성언어로 반응하기　　　　　　　　　　　동극놀이 즐기기

주인공에게 편지쓰기

글 없는 그림책 만들기

그림책 『마술연필』을 읽고 통합적 반응을 즐기는 유아들(4세)

유아들은 그림책 『마술연필』(앤서니 브라운 글 · 그림, 2010, 웅진주니어)을 감상한 후, 그림책에 대하여 친구들과 이야기를 나누고 역할을 정하여 자유롭게 동극놀이를 즐겼다. 또한 등장인물에게 하고 싶은 이야기를 편지로 적어 보거나 등장인물들을 그림으로 그린 다음, 글 없는 책을 만들어 이야기를 지어내기도 하였다.

야광 비행기로 깜깜한 강당 밝히기

끊어진 팔찌의 구슬 찾기

망가진 로봇 장난감을 초능력으로 세워 주기

그림책 『하나 둘 셋 슈퍼히어로』를 읽고 통합적 반응을 즐기는 유아들(5세)

유아들이 그림책 『하나 둘 셋 슈퍼히어로』(마이크 브라운로우 글, 사이먼 리커티 그림, 2020, 비룡소)를 감상한 후, 서로 생각을 나누었다. 유아들은 그림책 속 히어로처럼 변신하여 유치원에서 생긴 어려움을 해결해 보기로 하였다. 일단, 유치원의 동생들과 선생님, 조리사님, 기사님 식구들에게 고민을 접수하였고, 직접 해결해 볼 수 있는 일들을 도전해 보기로 하였다. 동생들이 인형극을 볼 때 깜깜한 강당을 무서워한다는 고민을 듣고, 야광 비행기를 만들어 놀아 주며 달래 주기, 옆 반 선생님의 끊어진 팔찌 구슬 찾아 주기를 해내며 신이 난 친구들은 자신들이 생각하는 히어로가 되어 여러 어려움을 겪는 친구들을 도와주는 내용으로 대본을 만든 후, 동극놀이로 표상하였다. 대본은 물론 동극놀이에 등장하는 가면과 의상, 소품, 배경 등도 직접 만들었고, 등장인물뿐만 아니라 감독, 촬영까지도 역할을 정하여 동극놀이를 전개하였다.

　　다음으로, 유아교육기관에서 활용할 수 있는 그림책 놀이를 유아의 문학에 반응하기 유형에 따라 통합적으로 제시한 활동을 소개한다. 교사는 연령에 적합한 그림책을 선정하여 유아들과 다양한 그림책 놀이 활동을 전개할 수 있다. 이때 유아는 다양한 유형의 문학에 반응하기를 나타내며 그림책을 접하게 된다.

음성언어로 반응하기

*거울로 놀이해요
–내 얼굴을 그림책 속 거울에 비춰 보고 표정놀이를 한다.
–교사 얼굴을 거울에 비추었을 때의 반응을 살펴본다.

그림책 개요

• 제목: 거울 속에 누굴까?
• 저자: 에릭 칼 글·그림, 스토리랩 역
• 출판: 시공주니어, 2022
• 내용: 책 속 거울을 들여다보며 열 개의 동물과 자연물로 변신할 수 있다. 용감한 사자가 되어 "으르렁" 소리를 내고, 반짝이는 해가 되어 햇살처럼 환하게 웃으며 놀이할 수 있다. 거울 속 나의 다양한 표정과 몸짓을 보며 반응하기 좋은 책이다.

글로 반응하기

*내 얼굴에 끼적여요
–거울 속에 내 얼굴이 비친 장면을 촬영하여 인쇄한 후, 그 위에 손에 묻지 않는 크레용을 이용하여 자유롭게 끼적인다.
–닷지물감을 활용하여 끼적이는 것도 좋은 경험이다.

책 만들기

*우리 반 거울 책
–책 만들기 기법으로 틀을 만든 후, 각 장마다 우리 반 영아들의 얼굴 사진을 오려 붙인다. 책의 가운데에 거울 필름지를 붙여 완성한 후, 친구들과 함께 감상한다.

0~1세

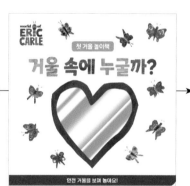

극놀이로 반응하기

*거울 속 내 얼굴 가랜드
–얼굴 비추는 장면을 사진으로 촬영하여 여러 장 인쇄한 후, 벽에 가랜드 형식으로 붙여 둔다. 이후 영아의 반응을 살피며 상호작용을 한다.

영아 경험의 이해

–거울을 주제로 한 그림책을 통해 다양한 감각을 활용하여 놀이를 즐긴다.
–자신의 얼굴과 표정을 자세히 탐색하고 이에 반응한다.
–친구들의 얼굴과 나의 얼굴을 비교하며 탐색한다.
–쓰기도구와 미술도구를 활용하여 끼적이기를 한다.
–그림책을 반복적으로 탐색하며 즐거움을 경험한다.

교사의 지원

–공간: 영아가 반응하는 사진을 벽면을 활용하여 게시한다.
–자료: 영아의 발달에 적합한 거울 달린 그림책을 제공하여 탐색과 놀이를 지원한다.
–일과: 실내놀이 시간을 활용한다.
–상호작용: 영아의 반응에 언어적·비언어적 상호작용으로 격려한다.
–안전: 책 만들기 시 실제 거울이 아닌 거울 필름지를 사용하여 위험에 대비한다.

대체 가능한 그림책

*거울이 달린 그림책
–『우리 아기 눈, 코, 입』(김태연 글·그림, 2015, 아람)
–『무엇을 할까요?』(프뢰벨유아교육연구소 글, 이혜란 그림, 2010, 프뢰벨)

음성언어로 반응하기

*색깔을 찾아 말해요
–장면마다 나오는 컵 색깔을 보며 해당 색에 따른 놀잇감을 찾아와 문장으로 이야기해 본다.
–'나는 노란 컵이에요.' 장면을 본 후, "나는 노란색 오리 장난감이에요."라고 말해 본다.

그림책 개요

• 제목: 컵
• 저자: 수아현 칼 글·그림
• 출판: 시공주니어, 2021
• 내용: 책장을 넘기며 컵 쌓기 놀이를 체험하는 재미난 놀이 그림책. 교구용 컵이 아닌 머그컵, 수프컵, 찻잔 등 실생활에서 사용하는 다채로운 형태의 컵들을 보여 주면서 주변의 친숙한 사물을 놀잇감으로 재미나게 활용하는 아이들의 호기심을 자극한다.

글로 반응하기

*와르르 단어에 도장 찍기
–그림책에 반복적으로 등장하는 컵이 무너지는 '와르르!'라는 의성어를 찾아 마음에 손가락 도장을 찍어 본다.
–그림책을 읽을 때 '와르르!'라는 단어가 나오면 책 속 '와르르!' 단어에 동그라미를 그려 본다.

책 만들기

*줄줄이 무지개 컵 책
–색 종이컵 여러 개를 준비한 후 바닥에 구멍을 뚫는다. 모루를 길게 잘라 영아가 색 종이컵을 차례로 끼울 수 있도록 한다. 책이 완성되면, 종이컵과 같은 물건의 스티커를 붙여 본다.

2세

극놀이로 반응하기

*컵 무너뜨리기
–그림책 속 주인공처럼 컵을 높게 쌓아 본 후, '와르르!'라는 단어에 맞춰 무너뜨린다. 친구와 함께 컵 무너뜨리기 놀이를 한다.

영아 경험의 이해

–그림책에 반복적으로 등장하는 의성어, 의태어에 관심을 가지고, 자신의 생각을 문장으로 말한다.
–컵을 차례로 쌓으며 소근육 및 눈과 손의 협응력을 기른다.
–그림책을 읽으며 단어에 따라 컵을 무너뜨리는 그림책 놀이를 통해 책 읽기의 즐거움을 느낀다.
–손을 움직여 만들기와 끼적이기를 한다.
–같은 색을 물건을 찾는다.

교사의 지원

–공간: 그림책을 보며 컵을 쌓고 무너뜨릴 수 있는 넓은 공간을 제공한다.
–자료: 플라스틱 컵이나 종이컵을 제공하고, 연령에 맞도록 가는 줄이 아닌 털 달린 모루를 준비한다.
–상호작용: '와르르!'와 같은 단어를 크고 과장되도록 읽어 주어 영아의 흥미와 반응을 높인다.
–안전: 컵을 친구에게 던지지 않도록 유의한다.

대체 가능한 그림책

*쌓기놀이를 즐기는 그림책
–『컵? 컵!』(수아현 글·그림, 2021, 시공주니어)
–『와르르 까르르』(박현종 글, 조원희 그림, 2021, 종이종)
–『무엇이 될까?』(김지유 글, 안상선 그림, 2022, 블루래빗)

음성언어로 반응하기

*말하는 대로 책 읽기
–그림책의 지시사항을 크게 읽으면서 책을 움직여 본다.
–두 명씩 짝을 지어 한 사람이 지시사항을 이야기하면 상대는 이에 따라 책을 움직이며 읽는다.

그림책 개요

• 제목: 나랑 스키 타러 갈래?
• 저자: 클라우디아 루에다 글 · 그림, 민유리 역
• 출판: 시브와포레, 2016
• 내용: 책이 그저 '읽기만 하는 것'이 아니라 '상호작용이 가능한 뉴미디어'가 될 수 있음을 보여 주는 놀라운 작품이다. 유아들은 책을 흔들고, 치고, 기울이고, 뒤집으며 너무나 즐겁게 책 속에 몰입해 들어갈 수 있다.

글로 반응하기

*겨울 단어 눈싸움
–두 팀으로 나누어 가운데 선을 긋는다. 눈 혹은 겨울놀이와 관련된 단어를 한지에 적어 동그랗게 뭉친다. 단어 눈뭉치로 눈싸움을 한 후, 우리 팀에 떨어진 단어들을 조합하여 문장을 구성한다. 완성된 문장은 깃발 모양 종이에 적어 흔들면서 양말스키를 탄다.

책 만들기

*나랑 이거 할래? 책 만들기
–원하는 책 만들기 기법으로 종이를 접는다. 그림책과 같이 지시사항이 담긴 책을 만들어 교실 곳곳에서 놀이를 즐긴다.

3세

극놀이로 반응하기

*인상 깊었던 장면 인형극놀이
–인상 깊었던 장면을 클레이 점토, 나무막대, 스노우파우더 등 재료를 이용하여 입체로 만들어 인형극놀이를 한다.

유아 경험의 이해

–그림책 속 지시사항을 읽고 구두, 글, 동작, 미술 등 다양한 방식으로 반응하며 놀이를 즐긴다.
–여러 단어를 조합하여 문장을 만들 수 있다.
–다양한 미술재료를 활용하여 평면이 아닌 입체작품을 만든다.
–나만의 책을 만들고, 책을 활용하여 책 놀이를 한다.

교사의 지원

–공간: 교실 전체에서 놀이가 이루어 질 수 있도록 허용한다.
–자료: 입체작품을 만들기 위한 다양한 미술재료를 준비하여 유아의 창의적 표현을 지원한다.
–상호작용: 지시사항으로 이루어진 책 읽기를 할 때 언어적으로 반응하거나 지시사항에 따라 움직이며 함께 놀이에 참여한다.
–안전: 스노우파우더를 먹지 않도록 유아들에게 안내한다.

대체 가능한 그림책

*지시사항에 있는 놀이 그림책
–『나랑 사과 따러 갈래?』(클라우디아 루에다 글 · 그림, 민유리 역, 2018, 시브와포레)
–『절대로 누르면 안돼!』(빌 코터 글, 이정훈 역, 2018, 북뱅크)
*눈놀이가 등장하는 그림책
–『코코스키』(김지안 글 · 그림, 2018, 재능교육)
–『눈아이』(안녕달 글 · 그림, 2021, 창비)

음성언어로 반응하기

*분홍괴물의 몸속을 빠져나가는 방법
–그림책 속에 등장하는 '미로 같은 분홍괴물의 몸속을 빠져나가는 방법'에 대한 문제해결을 위하여 서로 토의하며 이야기를 나눈다.

그림책 개요

• 제목: 네모 네모 체육 시간
• 저자: 김리라 글, 신빛 그림
• 출판: 한솔수북, 2020
• 내용: 네모들의 체육 시험은 안전 가방에 들어 있는 물건들을 이용해 분홍괴물의 몸속을 탈출하는 것! 분홍괴물 몸속으로 들어간 네모들은 깜깜동굴, 미끄덩동굴, 뾰족동굴, 끈적동굴 등 다양한 동굴들을 만나게 된다. 네모 친구들은 어떤 물건을 어떻게 사용하여 각각의 동굴을 탈출할 수 있을까?

글로 반응하기

*네모별의 하루 일과표 만들기
–내가 만약 네모별에 산다면 어떤 하루일과를 보내고 싶은지 친구들과 이야기를 나눈다. 각자 종이카드에 생각한 하루일과를 글과 그림으로 적는다. 함께 시간을 정한 후, 네모별 하루 일과표를 완성한다.

책 만들기

*미로 탈출 상자 책
–커다란 여러 상자와 띠골판지, 목공용 본드 등 재료들을 이용하여 미로로 된 내 맘대로 미로 모양의 책을 만든다. 책에 지시사항들을 적어 둔다. 구슬을 넣어 지시사항에 따라 미로를 빠져나간다.

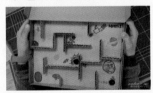

4세

네모 네모
체육 시간

극놀이로 반응하기

*미로 탈출 놀이
–그림책 속 미로를 탈출하는 장면을 극놀이로 즐긴다. 교실에 있는 다양한 물건들로 미로를 구성한다. 각자 원하는 곳에서 출발하여 미로를 빠져나온다. 미로를 빠져나오는 규칙은 유아들끼리 상의하여 만드는 것이 좋다. 유아들과 협의하여 미로를 계속 바꾸어 가며 놀이를 즐길 수도 있다.

유아 경험의 이해

–문제해결을 위해 서로의 의견을 나누고 협의하는 경험을 한다.
–그림책에 등장하는 문제에 대하여 새로운 방법으로 해결한다.
–직접 게임의 규칙을 만들어 놀이를 즐기는 경험을 한다.
–사용하지 못하는 상자를 놀이재료로 이용하며 자원의 재활용에 대하여 경험한다.

교사의 지원

–자료: 유아가 활용할 수 있는 다양한 종류의 종이상자를 지원한다.
–일과: 유아들이 직접 만들고, 쓰고, 그리고, 놀이하는 전 과정에 주도적으로 참여하는 만큼 충분한 시간을 제공한다.
–상호작용: 구체적인 지시나 간섭을 하지 않도록 유의한다.
–안전: 박스를 잘라야 하는 일이 많으므로 너무 두껍지 않은 상자를 골라 안전을 고려한다.

대체 가능한 그림책

*미로와 문제해결이 등장하는 그림책
–『미로 비행』(알렉산드라 아르티모프스카 글·그림, 2017, 보림)
–『파랗고 빨갛고 투명한 나』(황성혜 글·그림, 2019, 달그림)
–『깜빡 할아버지와 사라진 물건들』(B. B. 크로닌 글·그림, 조윤진 역, 2017, 리틀씨앤톡)

음성언어로 반응하기

*내가 만들고 싶은 바다 레시피
−바다에 사는 여러 재료들로 만들고 싶은 음식들을 이야기 나누어 본다.

그림책 개요

- 제목: 바다 레시피
- 저자: 윤예나 글, 서평화 그림
- 출판: 노란상상, 2020
- 내용: 낭만 한 덩이, 모기 물린 데가 샌들 끈에 쓸리듯 깔짝거리는 마음 등은 바다를 요리하는 데 필요한 재료들이다. 주인공은 레시피에 따라 조심스레 완성한 바다를 맛보며 친구와 함께 바다를 거닐던 추억을 떠올린다.

글로 반응하기

* CF(광고)를 위한 대본 만들기
−다양한 CF를 살펴본다. 내가 만든 음식을 소개하는 CF를 위한 대본을 글로 적는다. 글과 함께 움직임에 대한 지시사항도 간략하게 적는다.

책 만들기

*내 음식 레시피 북
−자신의 만들고 싶은 음식에 대한 레시피를 글과 그림으로 적어 책으로 만든다.
−내 음식의 이름과 맛, 모양, 가격 등을 소개하는 전단지를 만든다.

5세

극놀이로 반응하기

*나만의 레시피로 CF 찍기
−글로 적은 CF 대본을 읽으며 직접 동영상으로 CF를 촬영한다.
−서로 역할을 정하여 CF 촬영을 한다.
*직접 한 요리로 식당놀이하기
−파우더로 만들 수 있는 간단한 요리 생각해 본다.
−음식을 만들어 식당놀이를 한다.

유아 경험의 이해

−친구들과의 대화나 자료 검색을 통해 알지 못했던 음식이나 음식을 만드는 방법에 대한 새로운 정보를 습득한다.
−자신이 생각한 것들을 글로 옮기고, 글로 적은 것을 영상으로 만들어 보는 통합적 경험을 한다.
−직접 요리를 만들면서 물체와 물질의 변화를 탐색한다.
−가게놀이를 통해 통합적이고 주도적 놀이의 즐거움 경험한다.

교사의 지원

−공간: CF를 촬영할 수 있도록 교구장 등으로 단독공간을 마련하여 준다.
−자료: 디지털 매체를 제공하여 유아가 새로운 경험으로 놀이를 전개하도록 지원한다.
−일과: 융통성 있게 일과를 조절하여 유아들의 놀이가 서로 연결되며 확장되도록 돕는다.
−상호작용: 도움을 요청할 때에만 구체적인 상호작용을 지원한다.
−안전: 요리활동 시 다치지 않도록 유의한다.

대체 가능한 그림책

*요리 레시피가 등장하는 그림책
−『꼬물꼬물 그림책 레시피』(니지 글·그림, 2021, 키즈엠)
−『샌드위치 소풍』(이수연 글, 강은옥 그림, 2021, 키즈엠)
−『앗! 피자』(정호선 글·그림, 2015, 사계절)
−『소시지 탈출』(미셸 로빈슨 글, 토 프리먼 그림, 김영선 역, 2019, 보림)

제7장

아동문학교육과정

#아동문학교육과정 #국가수준 문학교육과정

개요

제4차 표준보육과정과 2019 개정 누리과정에 대하여 살펴보고, 국가수준 문학교육과정에서 다루고 있는 아동문학을 중점적으로 살펴본다.

학습 목표

1. 우리나라 국가수준 문학교육과정에 대하여 안다.
2. 제4차 표준보육과정과 2019 개정 누리과정에서 다루고 있는 아동문학교육과정을 이해한다.

　　현재 우리나라 국가수준 교육과정은 제4차 표준보육과정과 2019 개정 누리과정이 있다. 제4차 표준보육과정은 0~1세 보육과정, 2세 보육과정 그리고 2019 개정 누리과정을 포함하는 3~5세 보육과정으로 구성되어 있다. 반면, 2019 개정 누리과정은 3~5세를 대상으로 구성되어 있으며, 제4차 표준보육과정에 포함되어 있는 3~5세 보육과정과 그 궤를 같이하고 있다. 두 교육과정 모두 교육내용을 간략화하고 영유아가 주도하는 놀이를 통해 배움이 구현될 수 있도록 영유아·놀이중심 교육과정을 강조하였다. 유아는 놀이하면서 자연스럽게 5개 영역을 통합하여 경험하므로, 교사는 유아의 놀이를 존중함으로써 5개 영역의 목표를 실천할 수 있다. 또한 교사는 미리 정해진 생활주제가 아니더라도, 유아의 놀이에서 나타나는 주제, 그림책, 사물 등을 활용하여 유아의 관심과 흥미를 중심으로 누리과정을 통합적으로 실천할 수 있다(교육부, 보건복지부, 2019).

　　다양한 통합방식이란 무엇을 의미하는가? 예를 들어, 그림책『친구에게』(김윤정 글·그림, 국민서관, 2016)를 읽고, 그림이 그려진 새로운 재료에 호기심을 가지거나 친구에게 전하고 싶은 이야기를 글과 그림으로 표상하여 우리 반만의 그림책 만들기 놀이로 전개할 수 있다. 또 지역 축제인 단오제에 참석한 후, 단오제에서 연희되는 관노가면극에 관심을 가진 유아들이 관련된 그림책을 감상하고 직접 극놀이 대본과 소품, 배경 등을 만들어 관노가면극 놀이를 전개할 수 있다. 이처럼 교사가 정한 생활주제가 아닌, 그림책이나 유아의 놀이를 중심으로 통합함으로써 유아의 관심과 흥미를 불러 모아 교육과정을 통합적으로 실천할 수 있다.

　　다음에서는 문학교육내용 구성과 가장 관련이 높은 우리나라 국가수준 교육과정 의사소통영역을 중심으로 문학교육과 관련된 부분을 살펴봄으로써 문학교육에 대한 이해를 높이고자 한다. 편의상 0~1세와 2세를 대상으로 하는 보육과정(0~1세 보육과정과 2세 보육과정)과 공통 교육과정인 3~5세를 대상으로 하는 누리과정으로 나누어 살펴보기로 하겠다.

 알아 두세요

- 0~1세 보육과정은 6개 영역(기본생활, 신체운동, 의사소통, 사회관계, 예술경험, 자연탐구)의 내용 40개, 2세 보육과정은 6개 영역(기본생활, 신체운동, 의사소통, 사회관계, 예술경험, 자연탐구)의 내용 43개로 구성되어 있습니다.
- 3~5세 누리과정(보육과정)은 5개 영역(신체운동, 의사소통, 사회관계, 예술경험, 자연탐구)의 내용 59개로 구성되어 있습니다.

1. 0~1세 보육과정 의사소통영역의 목표와 문학교육 내용

1) 0~1세 보육과정 의사소통영역의 목표

0~1세 보육과정 의사소통영역은 영아가 일상에서 다른 사람과 소통하는 다양한 방식을 경험하면서 의사소통의 즐거움을 느끼며, 의사소통능력의 기초를 형성하기 위한 영역이다. 0~1세 영아가 일상생활에서 다른 사람의 말이나 이야기를 듣고 말하기를 즐기며, 주**변의 그림이나 다양한 상징에 관심을 갖고 자유롭게 끼적이기에 관심을 갖는 것과 다양한 이야기**를 접하며 관심을 가지는 것을 목표로 한다(보건복지부, 2019). 0~1세 보육과정 의사소통영역의 목표는 다음 세 가지이다.

첫째, 일상생활에서 듣기와 말하기를 즐긴다.
둘째, 읽기와 쓰기에 관련된 관심을 가진다.
셋째, 책과 이야기에 관심을 가진다.

2) 0~1세 보육과정 의사소통영역의 문학교육 내용

0~1세 영아는 적극적인 의사소통자로서 비언어와 언어를 이용하여 자신의 생각, 느낌, 감정을 표현하고 상대방의 표현과 반응을 보고 들으며 소통한다. 친구의 옆으로 다가가 장난감을 건네며 함께 놀이하자는 생각을 표현하고, 서로를 마주 보며 놀다가 즐겁게 말소리를 나눈다. 교사가 이름을 부르면 손을 들며 대답하거나 흥얼거리는 이름을 따라 하기도 한다. 또한 옷에 그려진 그림이나 벽에 붙은 포스터에 관심을 가지고 종이나 매체 위에 이를 끼적이거나, 소리가 나는 책을 이리저리 눌러 탐색하고, 교사가 들려주는 이야기에 관심을 기울인다. 이처럼 영아는 자신만의 방법으로 늘 주변과 적극적으로 의사소통한다.

의사소통영역은 '듣기와 말하기' '읽기와 쓰기에 관심 가지기' '책과 이야기를 즐기기'의 세 가지 내용범주로 구성된다. 내용범주별 문학교육 관련 내용을 살펴보면 〈표 7-1〉과 같다.

〈표 7-1〉 0~1세 보육과정 의사소통영역 문학교육 관련 내용 체계

내용범주	내용
듣기와 말하기	• 표정, 몸짓, 말과 주변의 소리에 관심을 갖고 듣는다. • 상대방의 이야기를 들으면서 말소리를 낸다. • 표정, 몸짓, 말소리로 의사를 표현한다.
읽기와 쓰기에 관심 가지기	• 주변의 그림과 상징에 관심을 가진다. • 끼적이기에 관심을 가진다.
책과 이야기 즐기기	• 책에 관심을 가진다. • 이야기에 관심을 가진다.

(1) 듣기와 말하기

'듣기와 말하기'는 영아가 다른 사람의 표정, 몸짓, 말 등에 관심을 갖고 보고 들으며, 표정, 몸짓, 말소리로 자신의 의사를 표현하는 내용이다.

- 표정, 몸짓, 말과 주변의 소리에 관심을 갖고 듣는다.

  0~1세 영아가 주변 사람의 표정과 몸짓에 관심을 가지고 반응하며, 주변에서 들리는 말소리와 소리에 관심을 보이면서 다양한 말과 소리에 주의를 기울여 들으며 소통하는 내용이다.

- 상대방의 이야기를 들으면서 말소리를 낸다.

  0~1세 영아가 주변에서 말하는 이야기에 주의를 기울여 들으면서 다양한 발성과 옹알이로 반응하고 점차 적극적으로 말소리를 내며 소통하는 내용이다.

- 표정, 몸짓, 말소리로 의사를 표현한다.

  0~1세 영아가 표정과 몸짓의 비언어적인 방법을 포함하여 점차 말소리와 같은 언어적인 방법으로 표현하게 되면서 소통의 방식을 다양하게 활용하여 의사를 표현하는 내용이다.

할아버지를 바라보며 "까까" 소리를 내고 입을 두드리는 영아

☞ 과자를 달라는 의사를 언어와 비언어를 사용하여 정확히 표현하는 모습

소리가 나는 그림책을 감상하다 강아지 짖는 소리가 나자, "개! 개!"라고 말하고 울며 책에서 멀리 떨어져 일어나는 영아

☞ 동물 소리가 나는 그림책을 보다가, 강아지 소리에 대한 무서움을 표현하는 모습

영아는 비언어와 언어를 사용하여 자신의 생각, 느낌, 감정을 표현하고, 타인과 의사소통하기를 즐긴다.

(2) 읽기와 쓰기에 관심 가지기

'읽기와 쓰기에 관심 가지기'는 영아가 주변의 그림과 상징에 관심을 가지고, 자유롭게 끼적이기에 관심을 가지는 내용이다.

- 주변의 그림과 상징에 관심을 가진다.

  0~1세 영아가 자기 주변에서 볼 수 있는 친숙한 그림이나 표지판, 상표와 같은 상징에 관심을 가지는 내용이다.
- 끼적이기에 관심을 가진다.

  0~1세 영아가 손에 무엇인가를 쥐고 벽이나 바닥에 끼적이기를 시도하며, 의도적인 움직임에서 발생하는 결과물에 관심을 가지는 내용이다.

(3) 책과 이야기 즐기기

'책과 이야기 즐기기'는 영아가 책과 이야기에 관심을 가지는 내용이다.

- 책에 관심을 가진다.

  0~1세 영아가 다양한 형태의 책을 탐색하는 경험을 하며 책에 관심을 가지고, 책과 자신의 경험을 관련짓는 내용이다. 영아가 그림책 속 토끼 그림을 가리키며 토끼 흉내를 내는 등의 상징 행동을 하고, 이야기를 상상해 보면서 책에 대한 선호가 생기는 내용이다.

| 천으로 만든 흑백의
헝겊북을 탐색하는 영아 | 내지가 딱딱한
보드북을 탐색하는 영아 | 누르면 소리가 나는 사운드북을
탐색하는 영아 |

- 이야기에 관심을 가진다.

0~1세 영아가 이야기를 자주 접하게 되면서 점차 자신이 좋아하는 이야기에 대한 선호가 생기게 되는 것과 관련되는 내용이다.

■ 영아 경험의 실제(0~1세_공으로 할 수 있는 놀이)

공이다, 공!	어 똑같은 공이다!	나도 공을 그릴 수 있어!
○○이가 친구와 함께 공놀이를 즐긴다. 선생님이 "이쪽으로 주세요"라고 말하자, 선생님의 말을 듣고 선생님 쪽으로 공을 던진다. 그러고는 친구와 공을 반복적으로 던지며 놀이한다.	공놀이에 관심을 가지게 된 ○○이. 공놀이를 하다 친구와 함께 공이 나오는 그림책을 본다. 좋아하는 공이 나오자 손으로 가리키며 "오! 오!"라고 말한다. 서로 책장을 넘기며 집중하여 책을 본다.	끼적이기 판에 공처럼 동그란 모양을 계속해서 끼적인다. 그러자 교사는 "우리 ○○이가 어제 봤던 공을 그리고 있구나? 선생님도 같이 해 볼까?"라며 옆에서 원을 그린다. ○○이는 선생님이 그려 준 모양을 보더니 따라 끼적인다.

■ 영아 경험의 이해

• 공놀이에 관심을 가지고 친구와 함께 상호작용하며 공놀이를 하였다. 또래와 신호를 주고받거
나, 교사의 이야기에 반응하여 공을 던지며 의사소통하였다.

• 관심을 가지고 있던 공이 그림책에 나오자 큰 흥미를 보였다. 또래와 함께 그림책에 등장하는
공을 가리키며 말을 하였고, 집중하여 책보기를 즐겼다.

• 경험한 것을 끼적이며 집중하였고, 교사의 상호작용에 반응하며 따라 하기도 하였다.

■ 교사의 지원

• 공간: 영아의 공놀이를 위하여 유희실과 같은 좀 더 넓은 장소를 제공하였다.

• 자료: 영아들이 관심을 가지게 된 공놀이를 주제로 한 그림책을 제시하였으며, 영아가 끼적일
수 있는 매체를 제공하였다.

• 상호작용: 영아에게 언어적 · 비언어적 상호작용을 하며 영아가 다양한 의사소통을 경험할 수
있도록 기회를 주었다.

• 안전: 안전하게 공놀이를 할 수 있도록 다칠 수 있는 물건들은 미리 치워 두었다.

2. 2세 보육과정 의사소통영역의 목표와 문학교육 내용

1) 2세 보육과정 의사소통영역의 목표

2세 보육과정 의사소통영역은 2세 영아가 자신의 의사를 다른 사람에게 표현하여 전달하
고, 상대방의 이야기를 듣고 말하며, 일상에서 읽기, 쓰기와 관련되는 경험에 관심을 가지도
록 한다. 또한 책과 이야기를 즐기고 상상해 보는 경험을 지원하는 영역이다. 이를 통해 2세
영아는 일상의 기초적인 어휘를 습득하여 말로 소통하는 능력이 향상되고 상징과 문자를 읽
고 쓰며 글로 소통하는 방식을 경험한다(보건복지부, 2019). 2세 보육과정 의사소통영역의 목
표는 다음의 세 가지이다.

첫째, 일상생활에서 듣기와 말하기를 즐긴다.

둘째, 읽기와 쓰기에 관심을 가진다.

셋째, 책과 이야기에 재미를 느낀다.

2) 2세 보육과정 의사소통영역의 문학교육 내용

의사소통영역은 '듣기와 말하기' '읽기와 쓰기에 관심 가지기' '책과 이야기를 즐기기'의 세 가지 내용범주로 구성된다. 내용범주별 문학교육 관련 내용을 살펴보면 〈표 7-2〉와 같다.

〈표 7-2〉 2세 보육과정 의사소통영역 문학교육 관련 내용 체계

내용범주	내용
듣기와 말하기	• 표정, 몸짓, 말에 관심을 갖고 듣는다. • 상대방의 이야기를 듣고 말한다. • 표정, 몸짓, 단어로 의사를 표현한다. • 자신의 요구와 느낌을 말한다.
읽기와 쓰기에 관심 가지기	• 주변의 그림과 상징, 글자에 관심을 가진다. • 끼적이며 표현하기를 즐긴다.
책과 이야기 즐기기	• 책에 관심을 가지고 상상한다. • 말놀이와 이야기에 재미를 느낀다.

(1) 듣기와 말하기

'듣기와 말하기'는 영아가 다른 사람의 표정, 몸짓, 말에 관심을 갖고 듣고, 상대방의 이야기를 듣고 말하며, 표정, 몸짓, 단어로 자신의 의사를 표현하며, 자신의 요구와 느낌을 자유롭게 말하는 내용이다.

- 표정, 몸짓, 말과 주변의 소리에 관심을 갖고 듣는다.
  2세 영아가 상대방의 표정, 몸짓, 말에 관심을 갖고 적극적으로 들으며, 상대방의 생각과 의도를 파악하고, 다양한 말과 소리의 차이에 관심을 가지고 듣는 내용이다.
- 상대방의 이야기를 듣고 말한다.
  2세 영아가 상대방의 말 혹은 이야기를 듣고 반응하며 자신의 느낌, 생각을 상대방에게 말하는 경험을 하는 내용이다.
- 표정, 몸짓, 단어로 의사를 표현한다.
  2세 영아가 표정과 몸짓의 비언어를 포함하여 단어 혹은 말로 자신의 의사를 표현하여 상대방과 소통하는 경험을 하는 내용이다.
- 자신의 요구와 느낌을 말한다.

2세 영아가 상대방에게 자신의 요구와 느낌을 자유롭고 편안하게 말하는 경험을 하는 내용이다.

(2) 읽기와 쓰기에 관심 가지기

'읽기와 쓰기에 관심 가지기'는 영아가 주변의 그림과 상징, 글자에 관심을 가지고, 이를 활용하여 자유롭게 끼적이며 표현을 즐기는 내용이다.

• 주변의 그림과 상징, 글자에 관심을 가진다.

2세 영아가 주변 인쇄물의 그림이나 표지판, 상표와 같은 상징, 자신의 이름과 같이 친숙한 글자에 관심을 가지며 상징 읽기를 시도하는 내용이다.

언어영역의 글자-그림 카드에　　　벽에 붙은 글자-그림 카드에　　　신문의 글자에 관심을 가지는 영아
　관심을 가지는 영아　　　　　　　관심을 가지는 영아

영아는 자신의 주변에 있는 다양한 글자에 관심을 가지고 이를 탐색하기를 즐긴다.

• 끼적이며 표현하기를 즐긴다.

2세 영아가 다양한 쓰기 도구를 이용하여 의도적으로 끼적이며, 이를 상징화하여 표현하는 것에 관심을 갖고 즐기는 내용이다.

■ 영아 경험의 실제(2세_내 몸 그림 위에 끼적이기)

인형의 팔다리가 나랑 같아!	내 몸 인형을 그려 볼까?	몸 인형 그림에 끼적여요♬
○○이는 인형을 눕혀놓고 선생님을 부르더니, "이거는 팔, 이거는 다리, 이거는 머리, ○○이(자신의 이름)랑 똑같지요?"라고 한다. 선생님도 똑같이 인형을 짚으며, "그러게 인형에 있는 팔이랑 다리랑 몸이랑 머리가 다 ○○이랑 똑같구나."라며 상호작용한다.	그 이후 다른 아이들도 인형을 눕혀 놓고 몸의 기관을 탐색하는 모습을 보였다. 교사는 이를 관찰하였다가, "우리 커다란 ○○이 인형을 그려 볼까?"라고 말하며 전지 위에 아이를 눕혀 그림을 그려 주었다. 그림을 그리며 "여기는 머리~ 여기는 엉덩이~"라고 하자, △△가 "재밌겠다."하며 지켜본다.	△△가 "나도 해줘"라고 눕자 친구들이 △△의 몸을 따라 그림을 그렸다. 영아들은 그림을 다 그린 후 자연스럽게 그림 위에 끼적이기를 하였다. ○○이가 똥 그림을 그리며 "여기는 △△응가가 나오고~"라고 말하니, □□이가 "이건 ○○이가 먹은 빵이고요~"라고 말하며 배 부분에 빵을 끼적였다.

■ 영아 경험의 이해

• 교실 내 인형을 보고 자신의 몸을 떠올리며, 자신이 생각한 것을 교사에게 언어로 설명하였다.
• 영아가 교사의 이야기에 언어와 비언어적으로 반응하였다.
• 친구와 교사가 놀이하는 모습을 보고, 자신의 생각을 언어로 표현하였다.
• 친구들과 생각을 나누며 언어적 상호작용을 하였다.

■ 교사의 지원

• 공간: 책상을 옮겨 넓은 공간에서 놀이할 수 있도록 배려하였다.
• 자료: 영아의 신체 부위에 대한 호기심을 몸 그리기 활동으로 확장하기 위해 전지를 제공하였다.
• 상호작용: 놀이시간 중 영아와 적극적으로 언어적 · 비언어적 의사소통하였다.

(3) 책과 이야기를 즐기기

'책과 이야기를 즐기기'는 영아가 다양한 책과 이야기에 관심을 가지고 상상하기를 즐기며, 말놀이와 이야기 짓기에 재미를 느끼는 내용이다.

- 책에 관심을 가지고 상상한다.

  2세 영아가 다양한 책 보는 것을 즐기며 책의 내용을 자유롭게 상상하는 내용이다. 영아는 선호하는 책이 생기고, 책 보기를 즐기게 되는 내용이다.

선생님이 들려주는 이야기에 관심을 갖는 영아들 / 산책하며 보았던 곤충들을 책에서 찾아보는 영아들 / 책의 내용을 서로 이야기 나누는 영아들

영아들은 자신만의 다양한 방법으로 책읽기를 즐긴다.

- 말놀이와 이야기에 재미를 느낀다.

  2세 영아가 말로 다양한 표현을 하고 이야기 짓기를 즐기면서 말놀이와 이야기에 재미를 느끼게 되는 내용이다.

"우끼우끼 우끼기!" / "우쌰삭 우끼끼 쇼쇼쇼쇽" / "하트! 뽀로롱 쇽쇽쇽"

등에 업은 원숭이 흉내를 내다 서로 말놀이를 지어 만들며 놀이하는 영아들
영아는 놀이 중 또래와 다양한 말놀이와 이야기, 노래들을 주고받으며 상호작용을 한다.

■ 영아 경험의 실제(2세_쿵짝 쿵짝 수상한 그림책?!)

이건 무슨 책이지??	책에 나오는 것처럼 쿵짝쿵짝!	쿵쿵짝 체조도 같이 해요♬
악기와 함께 놓인 그림책을 보고 관심을 보이는 솔이. "얘들아! 여기야 여기! 여기 무지개 책이 나타났어!"라고 외치자 모두들 책 근처로 몰려들었다. 솔이가 손으로 그림책을 가리키며, "이거 언제 나타났지?"라고 하자, 지하가 "선생님. 이 책 읽어 주세요!"라고 말하였다.	지하가 악기로 바닥을 두드리며 "쿵짝! 쿵짝! 쿵쿵짝!"이라고 외치자, 다른 친구들도 악기를 들고 몰려들었다. 민재가 "아니 일어나서 쿵짝해야지. 책에서처럼."이라고 말하며 일어나 연주하였다. 그러자 다른 친구들도 모두 일어나 "쿵짝 쿵짝" 노래를 지어 부르며 연주하였다.	교실에서는 그림책에 나온 쿵짝 연주 따라하기 놀이가 한창이다. 유빈이는 "핑크퐁에 쿵쿵짝 체조도 같이해!"라고 말하며, 친구들의 연주에 맞춰 체조를 하였다. 손을 휘젓는 동작을 보고 교사가 "얘들아 이걸로 해 보면 어떨까?"라고 하자, "우와!"라고 외치며 리본막대를 들고 체조하였다.

■ **영아 경험의 이해**

• 그림책에 관심을 가지고 내용을 궁금해하였다.

• 책의 내용을 기억해 두었다가, 그대로 따라 악기를 연주를 하였다.

• 그림책에 반복적으로 등장하는 "쿵짝!"이라는 단어로 노래를 지어 부르며 연주하였다.

• "쿵짝!"이라는 단어에서 알고 있던 "쿵쿵짝"체조를 떠올려 체조를 하였다.

■ **교사의 지원**

• 공간 및 일과: 영아들이 뛰면서 악기연주를 하자 교구장 등을 재배치하여 넓은 공간을 확보하였다.

• 자료: 악기와 함께 악기가 등장하는 그림책을 제공하였다. 영아가 손을 많이 쓰는 체조장면을 보고, 손에 쥐고 할 수 있도록 리본막대를 사용할 수 있도록 제안하였다.

• 상호작용: 교사가 원하는 대로 악기연주를 알려 주는 것이 아니라, 영아가 자유롭게 그림책에 있는 내용대로 악기를 탐색하고 연주할 수 있도록 지원하였다.

3. 2019 개정 누리과정(3~5세 보육과정) 의사소통영역의 목표와 문학교육 내용

1) 2019 개정 누리과정 의사소통영역의 목표

유아는 주변 사람들과 소통하며 관계를 맺는 능동적인 의사소통자이다. 유아는 다른 사람의 말을 주의 깊게 듣고 자신의 생각과 느낌을 다양한 방법으로 표현하며 소통하는 것을 즐기고, 책과 이야기에 관심을 갖는다. 의사소통영역은 유아가 다른 사람과 소통하며, 일상에서 만나는 글자나 상징에 관심을 가지고 책과 이야기를 즐기는 경험과 관련된 내용이다(교육부, 보건복지부, 2019). 2019 개정누리과정 의사소통영역의 목표는 '일상생활에 필요한 의사소통 능력과 상상력을 기른다.'이며, 구체적인 목표는 다음과 같다.

첫째, 일상생활에서 듣고 말하기를 즐긴다.
둘째, 읽기와 쓰기에 관심을 가진다.
셋째, 책이나 이야기를 통해 상상하기를 즐긴다.

2) 2019 개정 누리과정 의사소통영역의 문학교육 내용

의사소통영역은 '듣기와 말하기' '읽기와 쓰기에 관심 가지기' '책과 이야기를 즐기기'의 세 가지 내용범주로 구성되는데, 이는 영아를 대상으로 하는 교육과정인 표준보육과정의 내용범주와 같다. 내용범주별 문학교육 관련 내용을 살펴보면 〈표 7–3〉과 같다.

〈표 7–3〉 2019 개정 누리과정 의사소통영역 문학교육 관련 내용 체계

내용범주	내용
듣기와 말하기	• 말이나 이야기를 관심 있게 듣는다. • 자신의 경험, 느낌, 생각을 말한다. • 상황에 적절한 단어를 사용하여 말한다. • 상대방이 하는 이야기를 듣고 관련해서 말한다. • 바른 태도로 듣고 말한다. • 고운 말을 사용한다.

읽기와 쓰기에 관심 가지기	• 말과 글의 관계에 관심을 가진다. • 주변의 상징, 글자 등의 읽기에 관심을 가진다. • 자신의 생각을 글자와 비슷한 형태로 표현한다.
책과 이야기 즐기기	• 책에 관심을 가지고 상상하기를 즐긴다. • 동화, 동시에서 말의 재미를 느낀다. • 말놀이와 이야기 짓기를 즐긴다.

의사소통영역의 목표와 내용범주는 유아가 일상생활에서 다른 사람의 말이나 이야기를 듣고 말하기를 즐기고, 주변의 상징을 읽고 글자와 비슷한 형태로 써보기에 관심을 가지며, 다양한 책과 이야기를 통해 상상하기를 즐기는 내용으로 구성되어 있다. 이때 의사소통영역의 세 개의 내용범주는 별개로 경험이 이루어지거나, 또는 '듣기와 말하기 → 읽기와 쓰기에 관심 가지기 → 책과 이야기를 즐기기'의 차례를 지켜서 이루어지는 것이 아님을 명심하여야 한다. 이에 교사는 유아가 자신의 느낌과 생각을 적절하게 말하는 경험을 통해 바른 언어생활을 할 수 있도록 관심을 가지는 것이 중요하다. 또한 유아가 아름다운 우리말이 담긴 책과 이야기에 흥미를 가지고 언어가 주는 재미와 상상을 충분히 즐길 수 있도록 지원해야 한다.

(1) 듣기와 말하기
'듣기와 말하기'는 유아가 다른 사람의 말이나 이야기를 관심 있게 듣고, 자신의 경험, 느낌, 생각을 상황에 적절한 단어를 사용하여 말하고, 고운 말을 사용하는 내용이다.

- 말이나 이야기를 관심 있게 듣는다.
  유아가 다른 사람이 하는 말과 흥미로운 주제, 익숙한 경험이 담긴 이야기에 관심을 가지며 듣는 내용이다.
- 자신의 경험, 느낌, 생각을 말한다.
  유아가 상대방에게 자신의 경험, 느낌, 생각을 자유롭게 말하는 내용이다.
- 상황에 적절한 단어를 사용하여 말한다.
  유아가 때와 장소, 대상과 상황을 고려하여 적절한 단어와 문장을 선택하여 말하는 내용이다.
- 상대방이 하는 이야기를 듣고 관련해서 말한다.
  유아가 다른 사람이 이야기하는 내용을 듣고 말하는 사람의 생각, 의도, 감정을 고려하여 말하는 내용이다.

• 바른 태도로 듣고 말한다.

유아가 말하는 사람에게 주의를 기울이며 듣는 내용이다. 말을 끝까지 듣고, 자신의 의견을 말하는 내용이다.

• 고운 말을 사용한다.

유아가 일상생활에서 자주 쓰는 유행어, 속어, 신조어, 상대방을 비난하는 말을 사용하지 않고, 우리말을 바르게 사용하는 내용이다.

■ **유아 경험의 실제(3세_ 친구들에게 내가 주인공인 그림책을 소개해요)**

내가 주인공인 책을 소개해요♬

유아들이 프로젝트 중 '나'와 관련된 다양한 물건들을 집에서 가지고 와 소개하는 날, 지율이가 자신이 주인공이 된 그림책을 가지고 와 친구들에게 소개한다. "얘가 나야. 아기 지율이야. …… 엄마가 말했어요. 꿀벌이 향기로운 꽃을 사랑하듯이 지율이를 사랑해~라고". 집중해서 이야기를 듣던 친구 혜영이가 "그래서 아기 지율이가 뭐래?"라고 묻자. "음. 몰라 그건 여기 안 나왔는데 '나도 사랑해'라고 한 것 같아."라고 답한다.

몇몇 아이들끼리 모여 자연스럽게 이야기를 듣자, 주변의 아이들이 모두 모여들어 지율이의 이야기를 들었다. 교사는 "궁금한 친구들은 모두 모여서 들어도 좋아요. 선생님도 들어 볼까?"라고 상호작용하였다. 그러자 아이들이 모두 자신들이 집에서 가지고 온 물건을 들고 모여들었다.

■ **유아 경험의 이해**
• 유아는 집에서 가지고 온 그림책을 친구들에게 소개하였다.
• 글자는 읽지 못하지만, 집에서 엄마와 함께 읽은 책의 내용을 기억했다가 친구들에게 이야기를 만들어 들려주었다.
• 다른 유아들은 지율이의 이야기를 듣고 궁금한 내용을 이야기가 끝나자 물어보았다.
• 이야기를 듣던 친구가 질문하자, 지율이는 자신의 생각을 정리하여 대답하였다.

■ 교사의 지원
- 일과 및 공간: 물건을 가지고 온 유아들이 자신들의 물건을 주제로 이야기를 나눌 때, 자연스럽게 이야기 나누기가 이루어질 수 있도록 일과를 운영하였다. 유아들의 놀이가 이루어지고 있는 공간에서 자연스럽게 가지고 온 물건들을 소개할 수 있도록 하였다.
- 자료: 가정통신문을 보내 유아들이 '나'와 관련된 물건들을 가지고 올 수 있도록 준비하였다.
- 상호작용: 유아 스스로 친구들에게 그림책을 소개할 수 있도록 배려하였다. 아이들이 그림책 소개에 관심을 가지자, 다른 친구들이 모두 참여할 수 있도록 격려하고, 함께 참여하였다.

(2) 읽기와 쓰기에 관심 가지기

'읽기와 쓰기에 관심 가지기'는 유아가 말과 글의 관계에 관심을 가지고, 주변의 상징, 글자 등을 읽으며, 자신의 생각을 글자와 비슷한 형태로 표현해 보는 내용이다.

- 말과 글의 관계에 관심을 가진다.
  유아가 일상에서 말이 글로, 글이 말로 옮겨지는 것에 관심을 갖는 내용이다.
- 주변의 상징, 글자 등의 읽기에 관심을 가진다.
  유아가 일상에서 자주 보는 상징(표지판, 그림문자 등)이나 글자 읽기에 관심을 가지는 내용이다. 유아가 상징이나 글자에는 사람들의 생각과 감정, 정보가 담겨 있다는 것을 이해하는 내용이다.
- 자신의 생각을 글자와 비슷한 형태로 표현한다.
  유아가 자신의 생각이나 말을 끼적거리거나 글자와 비슷한 선이나 모양, 글자와 비슷한 형태로 표현하는 내용이다.

■ 유아 경험의 실제(4세_이름 글자 적어 보기)

내 이름 좀 적어 줄래?

나리반 유아들이 닷지펜(종이에 대고 누르면 점이 찍히는 쓰기 도구)을 가지고 이름 글자 쓰기 놀이를 하고 있다. 그때 아직 이름 글자를 정확히 모르는 두헌이가 친구들에게 "나도 하고 싶은데…… 내 이름 좀 적어 줄래?"라고 말한다. 그러자 채민이가 "그래, 내가 도와줄게."라고 대답하며 흰 종이에 두헌이의 이름을 적어 준다. 두헌이는 "어, 채민이가 써 준 거 이쁘다. 나는 초록색으로 해야지~ 고마워."라고 말한다. 채민이는 "요기에서 해, 요기."라며 옆자리를 내준다.

■ **유아 경험의 이해**
• 친구들끼리 모여 자유롭게 이름 글자 쓰기 놀이를 즐긴다.
• 다른 친구에게 자신의 이름을 써 달라고 정확하게 요청한다.
• 친구에게 이름 글자를 적어 주고 함께 놀이를 제안한다.

■ **교사의 지원**
• 공간: 유아들이 놀이하며 함께 대화를 나눌 수 있도록 책상을 넓게 배치하였다.
• 자료: 닷지펜, 다양한 모양의 색지와 같은 쓰기 도구를 제공하여 유아들이 스스로 쓰기 놀이를
  즐길 수 있도록 지원하였다.
• 상호작용: 교사가 대신 이름을 적어 주지 않고, 유아들이 스스로 해결할 수 있도록 지켜보며 기
  다려 주었다.

(3) 책과 이야기 즐기기

'책과 이야기 즐기기'는 유아가 책에 관심을 가지고 상상하며, 동화, 동시에서 말의 재미를
느끼고, 말놀이와 이야기 짓기를 즐기는 내용이다.

• 책에 관심을 가지고 상상하기를 즐긴다.
  유아가 책에 흥미를 가지며 책 보는 것을 즐기고 상상하는 즐거움을 경험하는 내용이다.
• 동화, 동시에서 말의 재미를 느낀다.
  유아가 동화와 동시를 자주 들으며 우리말의 재미와 아름다움을 느끼는 내용이다.
• 말놀이와 이야기 짓기를 즐긴다.
  유아가 끝말잇기, 수수께끼, 스무고개 등 다양한 말놀이를 즐기는 내용이다. 자신의 경
  험, 생각, 상상을 기초로 새로운 이야기를 만드는 과정을 즐기는 내용이다.

■ 유아 경험의 실제(5세_책으로 친구와 상호작용하기)

어흥! 너를 잡아먹겠다!

동네 작은 도서관으로 그림책을 보러 간 유아들이 그림책을 보고 있다. 현승이가 혼자 『해와 달이 된 오누이』 그림책을 꺼내어 "어흥~그래서 내가 너를 다~ 잡아먹겠다! 으허어어흥!!"이라고 한다. 한참을 혼자 이야기하며 책을 읽다가 주변을 두리번 거리더니, 옆 책상에 앉아 있는 시현이에게로 가서 이야기한다.

현승: 으어허헝 시현이 잡으러 왔다! 이거 같이 볼래? 으어허어어흥~ 웃기지?
시현: 이거 애기들 보는 거 아니야? 인형 뭐야?
현승: 아니야. 이거 형님들 보는 거야. 글자 엄청 많아. 봐봐~ 자! 이제 내가 너희를 찾아 올라간다! 기다려
      라~으허허허헝!!!! 쭉쭉! 쭉쭉! 자 간다!
시현: 아아악!!! 도망갈 거야 물지 마! 냐냐!! 쭉쭉 내가 더 빨리 간다!

■ 유아 경험의 이해

• 그림책을 혼자 또는 함께 보며 그림책 속 대사를 읽기도 하고, 상황을 상상하며 대사를 지어 내어 놀이를 즐겼다.

• 친구에게 함께 그림책을 읽자고 제안을 하고, 또 친구의 제안을 받아들이며 놀이하였다. 언어적 상호작용을 통해 놀이를 즐기는 경험을 하였다.

■ 교사의 지원

• 공간 및 일과: 기관 주변에 있는 작은 도서관을 찾아 아이들이 색다른 공간에서 책을 접할 수 있는 기회를 제공하였으며, 하루 일과를 조절하여 도서관 견학을 갈 수 있도록 하였다.

• 안전: 유아들 스스로 안전과 규칙을 지키며 도서관을 이용할 수 있도록 미리 함께 이야기를 나누었다.

• 상호작용: 유아들이 저마다의 자유로운 방식으로 책을 즐길 수 있도록 허용적인 분위기와 상호작용을 지원하였다.

■ 의사소통영역의 통합적 이해를 위한 놀이 실제(5세_생각이 켜진 집)

놀이 흐름
따라가기

그림책 『생각이 켜진 집』(리샤르 마르니에 글, 오드 모렐 그림, 2017, 책과콩나무)을 감상한 유아들은 저마다의 놀이를 즐기느라 바쁩니다. 그림책 한 권을 중심으로 교실에서 일어난 유아들의 놀이가 어떠한 방식으로 전개되는지 사례를 통해 살펴봅니다.

집 짓기에 필요한 재료는?

1. 세상에 이런 집이?!

3. 내가 만들고 싶은 집

2. 검색에서 얻은
아이디어는?

5. 내 맘대로 집 만들기

6. 가자, 집집투어!

세상에 이런 집이?!

평소보다 더 시끌벅적한 교실. 알고 보니 한켠에서 토론이 한창입니다. 토론의 주제는 "아니, 세상에 이런 집이 어디 있어?!" 언어영역에서 그림책 『생각이 켜진 집』을 본 후 두 친구가 나누던 이야기에 다른 친구들이 몰려든 것이죠. 이 토론, 어떻게 이어질까요? 정말 그림책에 나오는 것처럼 '진짜로 정말로 이상한 집(유아들 표현)'이 있을지, 아이들은 검색을 통해 확인하며 그런 집을 갖길 꿈꿉니다. 이 꿈은 아이들을 집에 대한 놀이로 이끌어 줍니다.

"아니, 세상에 이런 집이 어디 있어?!" 각자 나름의 이유를 대며 저마다의 주장을 펼치고 있는 아이들.

민아: (손으로 책 속 다양한 집들을 짚으며) 아 있을 수도 있지! 집을 만드는 사람이 그대로 생각에 따라 만들면 그 집이 생기지 !!

주영: (손가락으로 창밖을 가리키며] 아니, 세상에 이런 집이 어디 있어? 이건 책이니까 그렇지. 너 이런 집 밖에서 본 적 있어?

지민: 그러니까, 못 봤으니까 신기하지. 근데 책에 있는 거 보니까 진짜 있을 것 같아!

토론이 격해지며 점차 친구들이 모여들었다. 토론에 참여하던 교사는, 아이들이 현재 바깥에서 실제로 볼 수 있는 집들의 그림을 그려 소개해 보기로 제안하였다.

준우: 아니 없다고 진짜 !! 그런 집은 본 적이 없어!

시아: 지난 번에 우리 박물관 갔을 때 거기서 봤잖아! 다른 나라 집들 특이한 거!

지민: 그건 집처럼 생긴 거 잖아. 근데 여기 구두랑 모자처럼 생긴 집이 세상에 어디 있냐?

······ 〈중략〉 ······

교사: 그럼 얘들아! 우리가 밖에서 볼 수 있는 집들의 모습은 어떤 게 있는지 그림으로 그려서 소개해 보자! 어때요?

그림책처럼 '진짜로 정말로 이상한 집'이 세상에 존재한다고 주장한 아이들도 아주 평범한 집들을 그려 소개하였다. 이유는 바로, 있을 것 같긴 하지만 직접 본 적이 없다는 것! 직접 볼 수 없는 것들은 어떻게 찾을 수 있을까? 그때 연재가 친구들에게 유튜브 검색을 제안한다!

교사: 그럼, 친구들이 집 그림을 소개해 줄까요?

민재: 저는 무지개 아파트를 그렸어요.

······ 〈중략〉 ······

교사: 아까 다양한 모양의 집들이 있을 수 있다고 이야기했는데, 왜 우리가 자주 보았던 집들을 그렸어요?

시아: 분명히 있을 것 같은데 보지는 못해요, 이런 집만 봤어요.

교사: 그렇구나. 그럼 보지 못한 집이 있는지 어떻게 알아볼 수 있을까요?

연재: 유튜브로 검색해요!

준우: 맞아 거기는 책에 안 나오는 것도 많이 나와!

······ 〈후략〉 ······

**검색에서 얻은
아이디어는?
&
내가 만들고
싶은 집**

모두의 의견이 일치하여 소그룹으로 나누어 태블릿 PC를 이용하여 자유롭게 집을 검색해 보기로 했습니다. 검색어와 검색 프로그램은 모두 자유! 소그룹마다 조사한 내용들을 발표하며 생각들을 공유하였지요. 그 이후에는 이를 토대로 각자 내가 만들고 싶은 집을 그리거나 만들며 놀이를 이어 갔답니다.

소그룹별 태블릿 PC로 집을 검색해 보았다. 검색어와 검색 프로그램들은 모두 자유롭게 결정하였다. 아이들은 검색을 하며 실제로 보는 색다른 집들에 열광하였고, 교실은 다시 시끌벅적해졌다.

연재: 우리는 유튜브에 검색하자!
지환: 뭐라고? '신기한 집'으로 할까?

〈중략〉

수아: 으하하하! 이게 뭐야 지붕이 바닥에 있어 이건!
지민: 기린집도 있어!
연재: 그림책처럼 버섯집도 있어. 신기해!
지환: 아, 나는 저 강아지 모양 집이 제일 신기하다!
수아: 신발 모양 집도! 책에는 여자구두 모양인데, 저건 남자구두 같아!

유아들은 여러 모양을 가진 집들을 찾아보면서, 자연스럽게 내가 만들고 싶은 집에 대해 고민하기 시작했다. 처음에는 자석 블록으로 만들다가 교사가 박스를 제공하자 입체조형물을 만들며 놀이를 하였다. 그러다 우리가 그린 다양한 모양의 집을 만들 수 없다는 문제가 생겨났다.

지민: 나는 집들이 쌓여 있는 블록집을 지을 거야. 그럼 친구들이 집마다 들어가서 놀 수도 있다~
수아: 그럼 집 무너지는 거 아니야? 집이 많으면 무겁지!
지민: 자석은 다 붙으니까 무너지는지 잘 모르겠어.

(교사가 박스를 제공함)
지민: 여기는 길게 올려야 안 무너지지!
수아: 너무 길어서 옆이 무너져~
지민: 그럼, 내가 들어가서 안 무너지게 벽돌 블록 넣고 올게!
수아: 근데 책처럼 맘대로는 못해! 지금 박스밖에 없는데 어떻게 만들어?
지민: 다른 재료로 만들어야지!
수아: 무슨 다른 재료?
지민: 내가 만들고 싶은 대로 만들 수 있는 재료! 선생님한테 물어보자!

집 짓기에
필요한 재료는?
&
내 맘대로
집 만들기

앞선 놀이에서 미리 그린 그림대로 집을 만들고 싶었지만, 그림 속 집의 재료와 교실 속 재료들이 다르다는 사실을 발견했어요. 친구들의 문제해결 방법은 집을 만들기 위해 필요한 재료를 직접 구한 후, 그 재료를 가지고 자유롭게 집을 만들어 보는 것! 시행착오를 겪으며 내 맘대로 집을 만들었습니다.

유아들은 자신이 만들고 싶은 집 그림을 그리고 필요한 재료들도 옆에 적었다. 어떤 재료가 왜 필요한 것인지 이야기를 나누어 보고, 친구집에 대한 아이디어도 서로 공유하며 재료를 생각하였다.

연재: 내가 집을 지으려면 벽돌이 필요해!
수아: 왜? 뭐할 건데?
지민: 아까 벽돌집 짓는다는데?
연재: 근데 벽돌이 있지? 선생님한테 물어볼까?
수아: 돌멩이 주워서 돌멩이 집 해!

어디에서 재료를 구할 것인지 논의한 후, 교사에게 본인들이 결정한 곳이 갈 수 있는 곳인지 물어보기도 하였다. 박스, 휴지심, 계란판, 접시 등 원하는 재료를 구해 온 후에는 각자 놀이 일정에 맞추어 집을 만들었다.

집을 만들며 집의 재료나 구조, 모양 등에 대해 친구와 소통하며 놀이하였다.

지환: 이것 봐라~ 인디언 집이야!
수아: 어? 이거는 뭐야?
지환: 인형 들어있던 통! 어제 연재가 갖다 줬어! 여기는 셀로판지 붙인 거야! 이거 불 켜면 불 나오는 집이야!
수아: 불도 나온다고? 신기하겠다!

계획한 대로 집을 짓기도 했지만, 친구의 재료나 집을 보고 집을 만들며 즐겁게 놀이한다.

재영: 나는 이렇게 컵을 쭉 이어서 수영장 집을 만들 거야.
지유: 이게 동그란 게 다 수영장이야?
재영: 어 수영장인데, 이게 색깔별로 달라. 파란 건 수영장이고, 노란 건 모래 놀이터고, 빨간 건 슬라임 놀이터야.
지유: 그럼 수영장 집이 아니라, 놀이터 집 아니야?
재영: 맞다! 그럼 동그라미 놀이터 집으로 해야겠다!

가자, 집집투어!

내 맘대로 집을 만든 친구들이 교실 곳곳에 전시했어요. 그러다 텔레비전 프로그램에서 본 것처럼 투어여행을 떠나자는 의견이 나왔지요! 투어의 이름을 집집투어로 함께 짓고, 자유롭게 만들어진 집들을 함께 구경했답니다.

유아들마다 집의 모양도 제각각이었지만 크기도 모두 달라 한곳에 전시를 할 수 없었다. 전시방법을 찾던 중 무거운 집들은 바닥에, 가벼운 집들은 벽에 전시하자는 의견이 나왔다. 교사가 벽에 전시를 도와주었고, 유아들은 집들을 감상하며 이야기를 나누었다.

수아: 저건 로켓 집인가? 우주선 집인가?
지민: 몰라 왜 이건 이름을 안 써 놨지?
수아: 오! 이거는 접시로 만든 회오리바람 집이래!
지환: 신기하다! 그치?
지민: 이거 공주의 성도 이쁘다! 근데 책에서 본 진짜 성같이 생겼어.
수아: 어 맞네. 이거 라푼젤이 사는 성 아니야?
지민: 아하하하! 맞아 맞아!

친구들의 집을 구경하던 중, 지환이가 텔레비전에서 보았던 투어 프로그램을 언급하였고, 유아들이 모두 동의하며 투어 여행을 떠나기로 하였다. 유아들이 지은 투어의 이름은 바로, 집집투어! 각자 집 안에서 하고 싶은 일들을 생각해 여행을 떠나기로 하였다!

유아들이 만든 다양한 집

■ 유아 경험의 이해
– 그림책을 보고 갖게 된 집에 대한 작은 호기심이 교실 전체 아이들의 호기심과 놀이의 시작이 되었다.
– 유아들은 자신이 궁금한 것들에 대한 답을 스스로 찾아가는 과정에서 서로 의견을 나누고, 새로운 정보를 찾고, 직접 문제를 해결하며 집 만들기 놀이를 경험하였다.
– 문학작품에 대한 반응이 구두, 글, 시각예술, 역할놀이까지 이어졌으며, 그 과정에서 유아들은 문학을 중심으로 다양한 통합적 경험을 얻게 되었다.

■ 교사의 지원
– 공간: 영역 구분 없이 교실 곳곳에서 집 만들기 놀이가 이루어질 수 있도록 지원하였다.
– 일과: 유아들이 원하는 방향으로 놀이를 전개할 수 있도록 놀이의 흐름에 따라 일과를 운영하였다.
– 안전: 재료를 구하러 가기 위해 바깥에 나갈때에는 안전을 위하여 함께 이동하였다.
– 상호작용: 유아들의 토론에 함께 참여하거나 질의응답의 대상이 되어 필요한 상황에 상호작용을 해 주었다.
– 자료: 주제와 상관없는 그림책도 교실에 배치하여 유아의 호기심을 자극하였다. 태블릿 PC와 같은 멀티미디어 매체를 놀이에 적극 활용하여 유아 스스로 정보에 접근하고 이를 비교하여 문제를 해결할 수 있도록 지원하였다. 교사의 관찰과 유아의 요구에 따라 필요한 자료들을 제공하거나 유아가 직접 이를 계획하여 구할 수 있도록 하였다.

제8장

아동문학교육 평가

#아동문학 평가 #그림책 평가 #영유아 평가 #문해 환경 평가

개요

아동문학교육의 평가 의미에 대해 알아보고, 아동문학교육을 평가하기 위하여 그림책 평가, 영유아 평가, 문해 환경 평가에 대해 구체적으로 알아보고자 한다. 이를 통해 영유아에게 양질의 아동문학을 제공하기 위한 교사의 역할에 대해 알아본다.

학습 목표

1. 아동문학교육 평가의 의미에 대해 안다.
2. 아동문학교육 유형별 평가방법에 대해 알고 적절한 평가방법을 활용한다.

이 장에서는 아동문학교육 평가의 의미와 중요성을 탐구하며, 구체적인 평가 방법과 교사의 역할을 자세히 다룬다. 아동문학 평가는 그림책, 영유아, 그리고 문해 환경 평가를 포함하여, 아동문학의 질과 효과를 측정하는 과정이다. 이를 통해 교사는 교육 내용과 방법을 개선하고, 아동의 문학적 경험을 풍부하게 하는 방안을 모색할 수 있다.

그림책 평가는 그림책의 예술성, 문학성, 교육적 가치를 평가하며, 영유아 평가는 아동 개개인의 문학 이해도와 반응을 관찰한다. 문해 환경 평가는 아동이 문학에 접근하고 상호작용하는 유아교육기관의 교실 문해환경과 가정 문해 환경의 적절성을 평가한다. 이러한 평가들은 아동의 발달 수준과 필요에 맞춰 이루어져야 하며, 각 평가 결과는 교육 프로그램의 개선과 교육 내용의 조정에 활용할 수 있다.

교사는 평가 과정에서 중요한 역할을 수행한다. 교사는 아동의 문학 경험을 지원하고, 평가 결과를 통해 아동의 문학적 발달을 촉진하는 교육 전략을 개발하며, 아동에게 적합한 문학 자료를 선정하는 데 기여한다. 이 장은 아동문학교육의 효과적인 평가가 어떻게 아동의 전반적인 학습과 발달에 기여하는지를 설명하며, 독자들에게 평가의 실제적 적용 방법과 그 중요성을 이해시키는 데 중점을 둔다.

1. 아동문학교육 평가의 의미

평가(評價, evaluation)는 어떤 대상의 가치를 규명하여, 대상의 수준 따위를 평하는 것 또는 그 가치나 수준을 뜻한다. 교육학에서는 학생의 수행 혹은 교수 전략 등에 대하여 양적·질적 측정과 가치판단을 포함하는 의사결정을 평가라고 정의한다. 한편, 유아교육기관에서의 평가는 학습자인 영유아가 학습을 어떻게 수행하는지, 교수자인 교사가 어떠한 교수활동을 실시하는지를 측정하여 보다 나은 질적 변화를 꾀하는 것이다. 이로 미루어볼 때, 유아교육기관에서 평가를 실시하는 목적은 영유아가 중심이 되고 놀이가 살아나는 교육과정 운영을 자체적으로 평가하여, 교육과정 운영의 질을 진단하고 보다 나은 방향으로 개선하는 데 있다(교육부, 보건복지부, 2019). 2019 개정 누리과정은, 첫째, 누리과정 운영의 질을 진단하고 개선하기 위해, 둘째, 유아의 특성 및 변화 정도와 누리과정 운영을 위해 평가를 실시하고, 셋째, 평가의 목적에 따라 적합한 방법을 사용하고, 넷째, 평가의 결과는 유아의 이해와 누리과정 운영 개선을 위한 자료로 활용할 것을 평가의 중점사항으로 제시하고 있다.

이러한 관점에서 살펴볼 때, 유아교육기관에서 아동문학교육 평가는 아동문학의 질을 진단하여 영유아의 발달 특성 및 변화 정도에 따른 적절한 문학교육을 실행하기 위함이며, 그 결과 문학을 활용한 놀이 및 활동이 영유아가 중심이 되어 즐거운 놀이 과정으로 이루어지고 있는지를 살펴보고 개선하는 데 목적이 있다.

교사는 영유아의 발달 특성과 변화 정도를 파악하기 위하여 영유아들의 실제 놀이 모습을 놀이실행안에 기록할 수 있고, 놀이 결과물과 작품 등을 일상적으로 수집할 수 있다. 영유아들의 놀이를 관찰할 때에는 영유아의 말, 몸짓, 표정 등에서 드러나는 놀이의 의미와 특성에 주목하여 이 중 필요한 내용을 메모나 사진 등 교사가 할 수 있는 가장 용이한 방법으로 기록한다. 이러한 관찰기록 자료는 교실에서 자율적으로 수립한 계획안에 포함하여 영유아의 특성과 변화 정도를 파악하는 데 활용할 수 있다

교사는 영유아의 놀이, 일상생활, 활동을 통해 수집된 자료를 평가의 목적에 맞게 종합하여 평가의 결과를 얻을 수 있으며, 영유아 평가의 결과는 영유아가 행복감을 느끼고 전인적으로 발달하도록 도움을 주는 데 활용한다. 그렇기 때문에 교사는 아동문학을 활용한 영유아의 다양한 놀이, 일상생활, 활동을 통해 자료를 수집하고 이를 토대로 영유아를 평가하여 영유아의 교육 전반에 활용해야 할 것이다.

또한 평가 결과는 표준보육과정과 누리과정이 추구하는 인간상과 목적 및 목표 등에 비추어 영유아의 특성과 변화 정도를 이해하고 영유아의 배움과 성장에 도움이 되도록 지원하는 데 활용한다. 수집된 모든 자료를 바탕으로 개별 영유아의 특성과 변화 정도를 종합적으로 이해하여, 이를 부모와의 면담자료 및 영유아의 생활지도 등에 활용할 수 있다. 예를 들어, 영아가 그림책을 읽으며 그림책 장면에 등장하는 그림의 명칭을 이야기한 사례, 유아가 자신이 좋아하는 그림책 등장인물을 직접 그림으로 그리고 놀이한 사례 등을 통해 영유아가 유아교육기관에서 놀이하고 생활하는 모습을 부모에게 제시할 수 있다. 한편, 유아교육기관에서 자율적인 방식을 통해 실시한 표준보육과정과 누리과정 운영 평가의 결과는 각 유아교육기관에서 교육과정의 운영을 보다 나은 방향으로 개선하는 데 활용할 수 있다. 한 해 동안 아동문학을 활용한 다양한 놀이사례를 영유아의 반응 등을 중심으로 평가하여 다음 해의 교육과정 계획에 반영할 수 있다.

2. 아동문학교육 평가방법

아동문학교육 평가의 방법은 그림책 평가, 아동문학 놀이 및 활동 과정에서의 영유아 평가, 문해 환경 평가로 구분하여 살펴보기로 한다.

1) 그림책 평가

좋은 그림책을 선정하기 위한 준거는 무엇일까? 많은 연구에 따르면, 유아교육현장의 교사들은 영유아를 위하여 좋은 그림책을 선정해야 한다는 것에는 동의하지만 실제로 좋은 그림책 선정에는 어려움을 겪고 있음을 보고하고 있다. 이는 좋은 그림책을 선정하기 위한 준거가 매우 다양함에서 기인한다. 그림책을 읽는 독자인 영유아들이 좋아하는 흥미 요소가 있는지, 교육적인 요소를 포함하고 있는지, 그림책을 구성하는 글과 그림이 우수한지 등이 그것이다.

노민자(2014)는 유아 사회정서교육 프로그램 개발에 적합한 그림책 선정 기준을 제시하였다.

첫째, 주제의 적합성을 고려해야 한다. 그림책의 주제와 내용이 유아의 관심을 충분히 끌어들일 수 있어야 함은 물론 후속 활동이 교육적으로 진행될 수 있도록 구성되어 있는 것이 좋다. 즉, 그림책의 주제가 정서 인식과 조절, 타인의 인식 및 조절을 조망해 보는 경험, 사회적 갈등 출현과 해결 과정에서 주도성, 협동성, 사교성 등 사회 · 정서 교육의 구성 요소를 만족할 만한 내용으로 구성된 것이어야 한다.

둘째, 발달적 적합성을 고려해야 한다. 유아를 위한 그림책의 글은 이해 가능한 줄거리, 구체적인 사건, 관념적이지 않은 주제, 이해하기 쉬운 어휘 등 유아의 관점에서 쓰인 것이어야 한다. 즉, 유아의 수준에 적합하며 풍부하고 존재감이 있는 언어로 쓰여 있어서 마음으로부터 공감할 수 있는 것이 좋다. 또한 그림책의 주제와 표현방식이 유아의 발달 수준과 흥미를 불러일으키는 것이어야 한다.

셋째, 다른 활동과 연결 가능성이 높아야 한다. 이야기 나누기, 토의, 언어활동, 게임, 신체표현, 동극 등 유아의 놀이에 사용할 수 있도록 단순하고 기억하기 쉬운 줄거리의 책이어야 한다.

넷째, 그림책의 구성이 명확해야 한다. 이야기의 전개가 이해하기 쉬우며 이야기 속에 포함된 갈등이나 다양한 감정들이 명확하고 분명한 책이어야 한다.

마지막으로, 문학성과 예술성이 좋아야 한다. 좋은 그림책은 그림이 이야기를 전달해 주어야 하고, 문장 구조가 명확하고, 알기 쉽게 쓰여 있으며, 작가가 말하고자 하는 내용이 유아에게 잘 전달될 수 있도록 문장과 그림이 일치해야 한다. 그림, 글의 형식과 내용 면에서도 유아에게 적절하고, 그림과 글의 연관성이 확실한 것이 좋다. 또한 그림과 글이 효과적으로 의미를 전달해야 하며 통일성이 있고, 기억하기 쉬우며, 유아에게 호소력이 있어야 한다. 즉, 이야기의 내용이 문학적으로 아름답게 표현된 책이어야 한다.

또한 박진옥(2021)은 그림책을 활용한 유아 놀이교육 방안을 제시하면서 그림책의 선정 기준을 다음과 같이 제시하였다.

첫째, 그림의 형태가 분명하고 단순하면서도 대상의 특징이 잘 나타나는 것이 적합하다. 유아의 사고구조는 단순하기 때문에 복합적인 의미를 상징적으로 단순하게 표현하여 함축적인 의미를 전달하는 것이 적합하다. 복잡한 주제보다 단순하고 명쾌하게 표현된 주제가 유아의 관심과 흥미를 유발하기 때문이다. 또한 그림책의 글과 그림의 구조가 전체적으로 조화로운 것이 적합하다. 유아가 글이나 그림을 봄으로써 기본 개념이나 이야기 줄거리를 알 수 있고 이해하기 때문이다.

둘째, 유아의 경험이 잘 드러나며, 유아의 관심과 흥미를 끌 수 있는 친근한 소재의 그림책이 적합하다. 또한 유아가 쉽게 이해하고 접근할 수 있는 이야기나 유아의 일상생활에서 경험하는 것을 담고 있어 긍정적인 정서를 경험할 수 있어야 한다.

셋째, 유아의 흥미와 요구를 잘 표현하는 그림책이 적합하다. 유아는 움직이는 형상에 관심과 흥미를 갖기 때문에 주인공의 동작이나 동세의 표현이 효과적이어야 한다. 따라서 움직임이 많은 역동성을 가진 그림이나 의인화된 상징성을 가진 소재의 그림책이 유아가 즐기기에 적합하다. 유아는 이어지는 그림이나 움직임에서 만족과 즐거움을 느끼기 때문이다. 예를 들어, 움직임이 많은 역동적인 그림이나, 크고 작은 그림이 대비되어 있거나, 갑자기 큰 그림이 나타나듯이 표현된 그림에서 유아는 즐거움을 느낀다. 이와 마찬가지로 공간의 확장이나 대상의 크기를 크고 작게 표현하는 것도 유아에게 호기심을 줄 수 있다.

넷째, 다양한 지식이나 정보를 경험할 수 있는 현실감을 주는 그림책이 적합하다. 자연관찰이나 협동성, 사회적 정서가 나타나는 주제의 그림책을 제시하는 것이 바람직하다. 유아는 그림책에서 다양한 지식과 정보를 접한다. 그림책으로 사전경험을 제공하고 확장 활동으로 이를 현장경험과 연결하여 놀이를 지원할 수 있다. 따라서 지식과 정보를 정확하게 전달하도록 선이나 형태 색이 선명한 것이 적합하다. 유아는 그림책의 감각적 경험을 통해 지식이나 정보를 학습하는 기회를 얻기 때문이다.

다섯째, 작가가 전달하고자 하는 의미를 정확하게 전달하는 그림책이 적합하다. 유아가 이해 가능한 줄거리와 구체적인 사건을 전달할 때, 이해하기 쉬운 어휘나 유아의 관점에서 쓰인 그림책, 그리고 유아가 그림책의 이야기를 통해 시간의 흐름을 경험하도록 구성한 것이 적합하다.

여섯째, 유아의 시지각을 유도하기 위해 공간의 의미를 살리는 여백이 있는 그림책이 적합하다. 유아는 적절하게 생략되어 있거나 여백에서 호기심을 가지고 즐거움을 느끼며, 생략된 공간에 자신만의 이야기를 만들어 낸다.

종합하면, 그림책은 영유아의 발달 특성에 적합하며, 흥미를 불러일으키고 문학성, 예술성이 풍부해야 한다. 이를 통해 영유아가 그림책 읽기를 즐기고, 그림책에서 다양한 놀이를 발현시킬 수 있어야 한다.

그림책은 글과 그림이 함께 사용되는 매체로서 그림의 예술성에 대한 평가도 꾸준히 이루어져 왔다. 그림책의 예술성에 대한 평가는 그림의 예술적 요소인 선, 색, 모양, 질감 등이 어떠한지를 주로 평가하게 되는데, 연구자들이 제시한 그림책의 예술성 평가 준거는 〈표 8-1〉과 같다.

〈표 8-1〉 **그림책의 예술성 평가 준거**

학자	준거
Jalongo (1988)	• 일러스트레이션과 글이 통일된 의미를 가지는가? • 일러스트레이션이 전달하는 분위기가 이야기의 분위기를 보완하는가? • 세부묘사가 글과 일치하는가? • 유아가 일러스트레이션을 봄으로써 기본적 개념이나 이야기 줄거리를 알게 되는가? • 아름다움을 느낄 수 있는 표현인가? • 인쇄(명확성, 형태, 선, 사진)가 양질의 것인가? • 그림을 보면 볼수록 더 많은 것을 느끼고 알게 하는가? • 스타일(양식)과 복잡성이 유아의 연령 수준에 맞는가?
Norton (1991)	• 자세한 부분까지 내용과 완전히 일치하는가? • 배경, 구성, 분위기들을 보충 설명해 주는가? • 인물의 성격을 이해하는 데 도움을 주는가? • 글과 일러스트레이션에 인종이나 성에 대한 고정관념이 나타나지 않는가? • 글, 그림, 구조, 글씨체들이 전체적으로 조화를 이루고 있는가?

Sutherland & Arbuthnot (1981)	• 색: 어떠한 색을 썼는가? 색이 화려하거나 흑백인 경우, 본문의 내용과 잘 조화를 이루는가? 페이지를 나눌 때 색이 중요한 요소인가? 색은 그림의 선을 불명확하게 해 주는가? 혹은 보완해 주는가? • 선: 선을 효과적으로 굵거나 섬세하게 그리고 있는가? 선이 움직임을 나타내는가? 선이 사람이나 사물을 묘사하는 데 특별히 강조점을 두고 있는가? 선이 다양한가? • 모양: 이야기의 분위기와 작가의 의도에 적합하게 모양을 그려 넣었는가? 페이지에서 각각의 모양들이 어떻게 관련되어 있는가? 사실적인 그림이라면 원근법이 잘 맞게 되어 있는가? 주인공의 모습이 작가의 의도와 같은가? • 질감: 질감이 느껴지도록 표현되어 있는가? 예를 들어, 동물의 털의 촉감을 나타내거나, 콜라주를 이용하여 다양한 질감을 느끼게 해 주는가? • 페이지 배정: 각각의 페이지와 마주 보는 페이지들이 잘 조직되어 있는가? 여백 처리와 구성이 작가의 의도와 잘 배합되어 있는가?
Raines & Isbell (1994)	• 글과 일러스트레이션이 조화를 이루고 있는가? • 일러스트레이션이 행동에 초점을 두고 표현되었는가? • 일러스트레이션이 이야기의 줄거리에 적절한가? • 일러스트레이션이 이야기의 분위기를 창조하거나 강조하고 있는가? • 유아들이 시간과 장소를 이해하는 데 일러스트레이션이 도움을 주고 있는가? • 글과 일러스트레이션이 인종, 성별, 연령에 의한 고정관념을 피하고 있는가?
Hillman (1995)	• 일러스트레이션이 이야기를 잘 말해 주고 있는가? • 일러스트레이션이 세부적인 내용과 정확하게 일치하는가? • 일러스트레이션과 글은 효과적으로 의미를 전달하고 있는가? • 색깔, 선, 형태, 질감, 모양, 매체 등이 전체적으로 조화를 이루고 있는가? • 그림이 독창적이어서 유아들을 즐겁게 만들 수 있는가? • 글과 일러스트레이션에 고정관념이 나타나지 않는가?
이경우 외 (1997)	• 글과 일러스트레이션이 조화를 이루고 있는가? • 일러스트레이션이 간결하면서도 효과적으로 표현되어 있는가? • 일러스트레이션이 이야기의 줄거리를 보다 풍부하게 표현하고 있는가? • 일러스트레이션이 세부적인 이야기의 내용까지 정확하게 표현하고 있는가? • 지식과 정보, 개념을 전달하는 책의 경우 일러스트레이션이 사실적으로 정확히 표현되어 있으며, 내용을 충분히 설명해 주고 있는가? • 처음부터 끝까지 연결된 체계를 갖고 일관된 세계를 보이는가? • 색의 표현이 이야기의 분위기를 적절하게 나타내고 있는가? • 아동의 시각에서 보이는 그림을 그리고 있는가? • 일러스트레이션이 이야기의 배경, 구성, 분위기 등을 보완해 주고 있는가? • 일러스트레이터의 독자적인 세계가 나타나는가?

최근에는 그림책의 교육성에 더하여 놀이성과 상상성이 강조되고 있는데, 그림책의 교육
성, 놀이성, 상상성 측면에서의 평가 내용은 다음과 같다(박진옥, 2021).

〈표 8-2〉 **그림책의 교육성, 놀이성, 상상성 평가 준거**

고려 요소	내용
교육성	• 유아를 위한 그림책은 발달적 특성을 고려하여 유아의 경험이 연속적으로 반영될 수 있고 동일시를 느끼는 주제가 나타나는 것이 적합하다. 또한 역동적인 움직임이 나타나는 것이 적합하다. 이를 신체로 표현하며 유아의 신체발달을 돕는다. • 유아 주변에서 경험할 수 있는 소재나 주제로 주인공이나 소재가 상징성을 가진 것이 적합하다. • 유아를 닮은 주인공, 이해 가능한 줄거리, 구체적인 사건이나 시간적인 개념을 이해하기 쉬운 어휘로 표현한 것이 적합하다. 이를 통해 유아의 인지·언어 발달을 돕는다. • 타인의 경험이나 상황을 통해 사회성 발달을 돕는 내용이 적합하다. 타인의 정서를 경험하며 다양한 사회적 규범이나 가치를 경험할 수 있어야 한다. • 자연탐구나 지식, 수학적 탐구가 이야기로 나타나는 정보 그림책, 탐구하는 태도, 자연존중, 더불어 사는 태도를 길러 주는 인지발달을 돕는 그림책이 적합하다. • 내용의 주제에서 타인을 이해하는 우정, 사랑, 협동, 나눔, 질서, 배려, 협동, 양보, 공감, 정직, 자기조절 등의 이타적인 가치와 인성적인 요소를 경험하는 그림책이 적합하다. • 유아의 발달적 흥미나 욕구에 맞는 흥미로운 내용이 글과 그림으로 함께 제시되어 사회성과 도덕성을 발달시키는 데 도움이 되어야 한다.
놀이성	• 숨은그림찾기, 숨바꼭질, 수수께끼 놀이, 거울 놀이, 까꿍놀이 특성이 나타나는 것이 좋다. • 크기의 비교, 리듬감, 반복성을 가진 그림책이 적합하다. • 그림책이란 글과 그림이 보조적 역할을 하며 어우러진 이야기를 통해 의미를 정확하게 전달하는 것이 좋다. 글과 그림의 완성도를 통해 글에서 표현하고 있는 주제, 등장인물, 배경 등의 정보가 그림으로 잘 나타나야 한다. • 글과 그림의 조화로 언어나 사물의 정보나 의미가 잘 전달될 수 있어야 한다. 이를 통해 놀이를 확장할 수 있어야 한다.
상상성	• 현실 세계와 상상의 세계를 경험할 수 있도록 재미와 즐거움을 느끼고 그림책 이야기의 세계를 형성해 가며 상상력과 호기심을 자극하고 창의적인 사고를 격려하는 데 도움이 되어야 한다. • 다양한 미술적 표현기법이나 재료를 탐색할 수 있는 그림책이 적합하다. • 공간의 확장성을 돕도록 여백이나 상상 공간이 나타나는 것이 적합하다. • 그림이 연속적으로 이어지는 그림책이 적합하다. • 배면의 색이 감성적인 전달이 가능한 것이 바람직하다. • 그림책의 다양한 예술적 경험을 통해 미적 감각을 기르고 심미감 발달에 도움을 주어야 한다. • 그림의 형태나 색채가 아름답고 부드러운 시각적 경험으로 감성 발달에 도움을 주어야 한다. • 인식적 상상하기, 해석적, 비판적 상상하기, 창의적 상상하기가 나타나는 그림책이 적합하다.

출처: 박진옥(2021).

🗣 생각해 보아요

우리는 그림책의 예술성을 다양한 관점에서 소개한 연구자들을 살펴보았습니다. 이제 한 가지 주제 (예: '엄마')를 선택하여 2~3권의 그림책을 선택해 보세요. 그리고 각각의 그림책에 나타난 예술성이 어떻게 다른지 평가해 보세요.

『엄마 마중』
(이태준 글, 김동성 그림, 2013, 보림)

『착한 엄마가 되어라, 얍!』
(허은미 글, 오정택 그림, 2014, 웅
진주니어)

『건전지 엄마』
(강인숙, 전승배, 2023, 창비)

지금까지 제시한 준거를 활용하여 교사는 그림책에 영유아가 좋아하는 요소가 있는지, 교육적인 요소를 포함하고 있는지, 그림책을 구성하는 글과 그림이 우수한지 등을 고려하여 제공할 수 있다. 또 교사가 제시한 그림책 중에서 영유아가 읽고 싶은 그림책과 그림책 놀이를 하고 싶은 그림책을 스스로 선정할 수 있는 기회를 제공해 줄 수 있다. 그림책으로 놀이를 하기 전, 교사와 함께 그림책을 살펴보고, 어떤 그림책으로 놀이하는 것이 좋은지를 유아가 직접 선택하게 한다. 또한 유아가 직접 고른 책의 표지를 따라 그려 소개하는 코너를 운영할 수도 있다. 이러한 과정을 통해 유아는 자신만의 준거에 따라 그림책을 감상하고, 선택할 수 있는 안목을 기를 수 있게 된다.

교사가 미리 선정한 여러 가지 그림책의 이야기를 들은 후, 어떤 그림책으로 놀이할 것인지 유아들이 선택한 결과

유아들이 선택한 그림책의 표지를 꾸며 부모참여 수업 때 소개한 모습

종합하면, 그림책을 평가하는 준거는 매우 다양하며, 그림책을 읽는 영유아에게 어떤 그림책이 적합한지를 교사와 부모 등 성인이 사려깊게 고려하여 선택해야 할 것이다. 그림책 선정 준거 중 가장 중요한 것은 영유아가 좋아하는 그림책이어야 한다는 것이며, 이를 통해 영유아가 그림책을 읽는 과정이 매우 즐거운 과정임을 느낄 수 있도록 해야 한다.

2) 영유아 평가

우리나라 국가수준 교육과정에서 0~2세 영아에 대한 교육 내용은 '제4차 어린이집 표준보육과정', 유아는 '2019 개정 누리과정'에 제시되어 있다. '0~2세 표준보육과정'은 기본생활, 신체운동, 의사소통, 사회관계, 예술경험, 자연탐구 영역으로 구성되어 있으며, '2019 개정 누리과정'은 신체운동·건강, 의사소통, 사회관계, 예술경험, 자연탐구의 5개 영역으로 구성되어 있다. 2019 개정 누리과정은 이전의 3~5세 연령별 누리과정과는 달리 의사소통 영역에 독립적으로 '책'에 대한 내용을 제시하여 유아의 문학적 감수성과 문학적 상상력 증진을 강조하였다. 앞서 국가수준 교육과정의 내용은 이미 살펴보았으므로, 여기에서는 영유아 평가를 위한 관찰척도를 중심으로 살펴보겠다.

(1) 0~2세 보육과정에 기초한 영아 관찰척도

2014년 육아정책연구소에서는 표준보육과정의 목표와 내용에 근거하여 영아의 특성과 변화 정도를 평가할 수 있도록 0~2세반 영아관찰척도를 개발하여 보급하였다(이미화, 엄지원, 정주영, 2014). 이 척도는 제3차 어린이집 표준보육과정을 반영하였기 때문에 현재 제4차 표준보육과정의 내용과 다소 상이할 수 있으나, 유아교육현장에서 영아의 행동을 관찰하는 척도로 부분적으로 활용할 수 있다.

아동문학교육에 관한 관찰척도는 의사소통 영역에 포함되어 있으며, 4점 척도로 이루어져 있다. 교사는 영아의 행동을 관찰하여 점수화할 수 있으며, 0~2세 영아 관찰척도 중 1세를 중심으로 제시하고자 한다.[1] 구체적인 내용의 예시는 〈표 8-3〉과 같으며, 전체 내용은 육아정책연구소 홈페이지에서 찾아볼 수 있다.

〈표 8-3〉 0~2세 보육과정에 기초한 의사소통영역 영아 관찰척도(1세)

관찰문항 (관찰요소)	척도				관찰 및 활동 사례
	1	2	3	4	
자신의 이름과 친숙한 낱말에 반응할 수 있다. [이름, 낱말 인식]					• 비언어적 사인 없이 마주보기, 손짓하기 등의 소리로만 불리는 이름에 반응한다. • 신발, 가방, 옷 등 영아의 물건 위치를 물어보는 말을 듣고, 해당되는 곳을 가리키거나 답한다.
일상적 양육 경험과 관련된 말에 반응할 수 있다. [익숙한 문장 인식]					• "손 씻자."라고 말하면 대답하거나 손을 씻으러 이동하는 등의 반응을 한다. • "기저귀 갈자."라고 말하면 대답하거나 교사에게 오는 등의 반응을 한다.
운율이 있는 짧은 말을 관심 있게 듣는다. [듣기에 대한 관심]					• 교사의 간단한 노랫말 "○○이는 어디 있나?"를 듣고 교사를 쳐다보거나 그 내용에 따라 친구를 손으로 가리킬 수 있다. • 교사의 익숙한 노랫말 "모두 제자리, 모두 제자리"를 듣고 교사를 쳐다보거나 놀잇감을 정리하는 움직임을 보인다.
말하는 사람을 바라보며 듣는다. [주의집중]					• 짧은 동화를 들을 때 주의해서 듣거나 반응한다. • 교사의 익숙한 노랫말을 듣고 교사를 쳐다보거나 따라 부르려고 노력한다.
여러 가지 말소리, 의미 있는 음절을 내 볼 수 있다. [발음 시도]					• 그림책을 혼자 또는 교사와 보면서 "빠방 간다." "사과" 등 사물을 지칭하며 말한다. • "안녕" "바이" 등의 인사를 한다.

---

1) 0세와 2세에 해당되는 내용은 육아정책연구소 홈페이지 내 KICCE 연구〉연구보고서〉영아보육 질 제고를 위한 평가도구 개발 및 활용방안(https://kicce.re.kr/main/board/view.do?menu_idx=230&board_idx=28298&manage_idx=102&old_menu_idx=0&old_manage_idx=0&old_board_idx=0&group_depth=0&parent_idx=0&group_idx=0&group_ord=0&viewMode=NORMAL&search_text=%EA%B4%80%EC%B0%B0%EC%B2%99%EB%8F%84&rowCount=10&viewPage=1)의 내용 참고

교사의 말을 모방하여 발음할 수 있다. [발음 모방]				• "빠방" "맘마" "코자" 등 놀이 중 교사가 하는 말을 듣고 따라 하려고 노력한다. • 노랫말을 들으면서 또는 듣고 난 후, 끝 음절을 따라하려고 노력한다.
표정, 몸짓, 말소리로 의사표현을 할 수 있다. [언어와 비언어적 표현 시도]				• 지칭하고 싶은 것이 있을 때, 손가락으로 가리키거나 명칭을 말한다. • 가지고 싶은 것이 있을 때, 손으로 가리키거나 쳐다보며 "주세요."라고 말한다.
그림책, 사진, 환경 인쇄물에 관심을 보인다. [책에 대한 관심]				• 익숙한 환경 인쇄물 또는 가족 사진을 보고 소리 내어 칭하거나 손가락으로 가리킨다. • 책장을 넘기며 스스로 그림책을 본다.
읽어 주는 짧은 그림책에 관심을 가진다. [읽기에 대한 관심]				• 교사가 읽어 주는 그림책의 그림을 보고 가리키거나, 웃거나, 놀란 표정을 짓는 등의 반응을 보인다. • 다른 놀이를 하고 있다가 교사가 그림책을 읽어 주면 교사 옆으로 와서 그림책을 본다.
끼적이기에 관심을 가진다. [끼적이기에 대한 관심]				• 낮은 책상이나 벽 또는 바닥에 제시되어 있는 큰 종이에 크레용으로 끼적이기를 한다.

(2) 유아관찰척도

육아정책연구소(2021)에서는 유아를 관찰하여 유아의 경험 정도를 평정할 수 있도록 누리과정 5개 영역의 총 59개 관찰 문항을 개발하여 보급하였다. 이 관찰척도는 누리과정 5개 영역에 따라 신체운동건강 12문항, 의사소통 12문항, 사회관계 12문항, 예술경험 10문항, 자연탐구 13문항이 4점 척도로 구성되어 있다. 또한 각 척도별 관찰사례가 제시되어 있어 유아교육기관에서의 놀이, 일상생활, 활동 상황에서 유아의 지식, 기능 태도를 평가할 수 있도록 구성되어 있다.

2019 개정 누리과정의 5개 영역이 유아의 문학 경험과 통합된다고 볼 수 있으나 이 중 특히 유아 문학 경험과 관련한 내용은 의사소통영역의 '책에 관심을 가지고 상상하기를 즐긴다.' '동화, 동시에서 말의 재미를 느낀다.' '말놀이와 이야기 짓기를 즐긴다.' '자신의 경험이나 이야기를 극놀이로 표현한다.'와 예술경험영역의 '자신의 경험이나 이야기를 극놀이로 표현한다.'로 구체적인 관찰척도 내용은 〈표 8-4〉와 같다.

〈표 8-4〉 유아의 문학 경험과 관련한 유아관찰척도 내용

관찰문항	관찰수준		관찰사례
책에 관심을 가지고 상상하기를 즐긴다.	1	책을 보거나 이야기 듣기에 관심을 가지지 않는다.	놀이
			교사가 새로운 그림책을 제공하자 책꽂이를 바라보다 자신이 하던 놀이를 지속한다.
		일상생활	휴식시간, 교사가 읽어 주는 이야기에 관심이 없고 자신의 손이나 옷을 만진다.
		활동	책을 읽어 주면 집중하지 않고 다른 곳을 보거나 친구에게 말을 건다.
	2	교사가 읽어 주거나 또래가 책을 읽는 경우에만 관심을 가진다.	놀이
			교사가 새롭게 제공한 그림책에 친구가 관심을 보이며 책을 읽자, "같이 보자."라고 말하며 옆에 앉아 책을 본다.
		일상생활	휴식시간, 교사가 책을 읽어 주면 관심을 갖고 듣지만, "혼자서 책을 읽어 보자." 하면 관심이 없고 장난감을 만지는 등의 행동을 한다.
		활동	친구들이 읽고 싶은 그림책을 가져와 교사에게 읽어 달라고 모여 있으면, "나도 볼래요."라고 하며 참여한다.
	3	책에서 보거나 들은 내용에 대해 인상 깊거나 재미있는 장면에 관심을 보인다.	놀이
			친구가 책을 보며 "버스가 변신했어."라고 말하자 그림을 가리키며, "신기해. 진짜 재밌다."라고 말한다.
		일상생활	교사가 읽어 주는 이야기를 들은 후, "선생님, 아까 거기 엄마 양이 아기 양 구해주던 거 다시 읽어 주세요."라고 말한다.
		활동	교사가 읽어 주는 그림책에 그림을 가리키며, "호랑이는 엄청 커요!"라고 말한다.
	4	책에서 보거나 들은 내용을 통해, 머릿속에 그려지는 상상을 말이나 그림으로 표현한다.	놀이
			친구가 말해 주는 그림책 내용을 들으며, "버스가 비행기로 변신했으면 좋겠다."라고 말한다.
		일상생활	휴식시간, 교사가 읽어 주는 이야기를 들은 후 친구들에게 "우리 이따가 엄마 양, 아기 양 놀이하자. 내가 엄마 양 해서 너네 다 구해줄게."라고 말한다
		활동	교사가 읽어 주는 그림책의 내용을 들으며, "호랑이가 나무에서 떨어져도 힘이 세서 다시 올라오면 어떡해요?"라며 자신이 상상한 것을 말한다.

동화, 동시에서 말의 재미를 느낀다.	1	교사가 들려주는 동화, 동시에 흥미를 보이지 않는다.	놀이	친구들이 교사에게 책을 읽어 달라고 해서 읽어 줄 때, 동화에 흥미를 보이지 않고 다른 놀이로 이동한다.
			일상생활	이 닦기 관련 동화를 교사가 들려주고, 다른 친구들이 이를 닦는 흉내를 내어도 큰 관심을 보이지 않는다.
			활동	동시 속 반복되는 구절을 들으며 다른 친구들이 흥미를 갖고 웃어도 크게 반응하지 않는다.
	2	동화, 동시를 들으면서 반복되는 구절이나 표현에 다른 사람이 관심을 보이면 따라서 관심을 가진다.	놀이	읽어 주는 동화 속 반복되는 구절을 들으면서 친구들이 "쿵, 쿵"이라고 말하면서 발을 구르면 따라서 "쿵, 쿵" 하고 따라 말해 본다.
			일상생활	동화 속 반복되는 구절을 들으며 친구들이 이 닦는 흉내를 내며 웃자, 따라 웃으며 '쓱싹쓱싹' 하고 구절을 따라 말한다.
			활동	동시 속 반복되는 구절을 들으면서 친구들이 웃자, 따라 웃으면서 '후다닥후다닥'하고 구절을 따라 말해 본다.
	3	동화, 동시에서 반복되는 구절이나 재미있는 표현에 관심을 가진다.	놀이	동화 속 반복되는 '짝짝이 양말'이라는 표현을 듣고 "짝짝이, 짝짝이"라고 따라 말하면서 웃는다.
			일상생활	동화 속 반복되는 구절을 들려주자, 따라 말하면서 "쓱싹쓱싹? 청소하는 것 같다. 쓱싹쓱싹" 하고 자신이 생각한 재미있는 표현에 흥미를 느끼고, 이 닦는 흉내를 낸다.
			활동	동시 속 반복되는 구절을 들려주자, 이를 따라 말해 보면서 "쿵쿵쿵? 꿍꿍꿍?"과 같이 우연히 발견한 재미있는 표현에 재미를 느끼며 웃는다.
	4	동화, 동시에서 재미를 느낀 표현을 반복해서 말하고, 자신이 생각해 낸 의성어, 의태어 등의 표현을 덧붙인다.	놀이	동화 속 반복되는 표현을 듣고 "짝짝이 신발, 찍찍이 양말, 쭉쭉이 양말, 쪽쪽이 양말" 등 자신이 생각해낸 표현을 말하며 즐거워한다.
			일상생활	동화 속 반복되는 구절을 듣고, "그럼 세균들이 도망갈 때, 으아아악 소리 내겠다." "양치를 빨리하면 사각사각 소리 난다."라고 자신이 생각한 의성어를 인용해 다양하게 표현한다
			활동	동시 속 반복되는 구절을 듣고 "그럼 우리도 후다닥후다닥 하나? 후다다다닥" "머리카락은 쉬웅 쉬웅 하나? 쉬웅 쉬웅 쏭쏭."라며 자신이 생각한 의성어, 의태어를 인용해 재미있는 표현을 만든다.

말놀이와 이야기 짓기를 즐긴다.	1	그림책의 장면이나, 친구의 이야기를 듣고 이어서 이야기 짓기를 어려워한다.	놀이	그림책을 보면서 물고기 그림을 보며 "이 물고기는 무얼 하고 있을까?" 하고 묻자, "몰라요."라고 말한다.
			일상 생활	그림책의 장면을 보고 교사가 "어떻게 되었을까?"라고 말하자, "잘 모르겠어요."라고 말한다.
			활동	친구들이 시작한 이야기를 듣다가 차례가 오면, "나는 그냥 안 할래요."라며 어려워한다.
	2	다른 사람의 시범이나 도움이 있으면, 간단한 문장으로 이야기 짓기를 시도한다.	놀이	교사가 "물고기가 마주 보며 무얼 하고 있을까?" 하자, "둘이 이야기하고 있는 것 같아요." 하고 말한다.
			일상 생활	그림책의 장면을 보고 친구가 "걸어가다가 집이 나왔어요."라고 말하자, "걸어가다가 동물을 만났어요."와 같이 간단한 짓기를 시도한다.
			활동	"바다 속 동굴에서 작은 불빛을 발견했대. 그다음에는 무슨 일이 생겼을까?"라고 도와주면 "음…… 불이 꺼졌나?"처럼 간단한 짓기를 시도한다.
	3	그림책이나 친구 이야기에 연결된 이야기 짓기를 시도하지만 앞의 내용을 반복하는 단순한 내용이다.	놀이	그림책의 내용을 회상할 때 앞의 친구가 "물고기들이 서로 이야기를 했어요."하고 하자, 다음 상황을 말하지 못하고 "물고기들이 말했어요."와 같이 거의 비슷하게 반복한다.
			일상 생활	친구가 "걸어가다가 집이 나왔어요."라고 말하자, "엄청 큰 집이 나왔어요."라고 앞 친구의 이야기와 비슷하게 반복하여 말한다.
			활동	도움이 없어도 이야기를 짓지만, 앞 친구의 바다 속 동굴 이야기와 상관없이 "나비들이 꽃이 피어 있는 숲속을 좋아해요."라고 하며 관련 없는 이야기를 연결한다.
	4	그림책이나 친구 이야기와 연관되도록 이야기 짓기를 하며 확장하여 표현할 수 있다.	놀이	그림책의 내용을 회상할 때 앞의 친구가 "물고기들이 서로 이야기를 했어요."라고 하자, "이쪽 큰 물고기가 작은 물고기랑 비늘이 똑같아서 친구하자고 말하는 것 같아요."라고 말한다.
			일상 생활	친구가 "걸어가다가 집이 나왔어요."라고 말하자, "그 집에는 예쁜 공주와 동물들이 살고 있었어요."라고 앞 친구의 이야기에 내용을 확장하여 표현한다.
			활동	"그런데 그 동굴은 엄마 물고기가 아기 물고기를 기다리고 있는 곳이었어. 그리고 맛있는 음식도 차려져 있었지."처럼 앞 친구의 이야기와 연관된 내용으로 이야기를 확장하여 즐긴다.

자신의 경험이나 이야기를 극놀이로 표현한다.	1	극놀이에 관심을 가지지 않는다.	놀이	친구들이 하고 있는 가게 놀이를 한 번 쳐다보고 관심을 가지지 않는다.
			일상생활	친구가 간식으로 나온 과자로 집 모양을 만들어 보여 주어도 관심을 보이지 않는다.
			활동	극놀이를 위해 역할을 정해도 관심이 없다.
	2	도움이 있으면 극놀이에 관심을 가진다.	놀이	친구가 하고 있는 가게 놀이에 교사가 "우리 음식이 필요한데, 친구가 만든 가게에 가볼까?" 하고 제안하자, 교사와 함께 물건 사는 놀이를 한다.
			일상생활	친구가 간식으로 나온 과자로 집 모양을 만들어 보여 주자, 자신도 같은 모양을 따라 만들며 이야기 나눈다.
			활동	교사가 극놀이의 소품을 건네 주자, 놀이하는 데 참여한다.
	3	경험이나 이야기를 이용하여 극놀이를 할 수 있다.	놀이	주말에 캠핑을 다녀왔다고 하며 블록과 색 스카프로 화덕을 만들어 음식 모형을 이용해 요리를 해서 먹는 놀이를 한다.
			일상생활	친구가 간식으로 나온 과자로 집 모양을 만들어 보여 주자, 자신은 다른 모양을 만들어 "나는 길쭉한 집에 살고 있어."라고 말한다.
			활동	'브레멘 음악대' 동극을 하기 위해 역할을 정하고, "우리 브레멘으로 가지 않을래?" "그래, 좋아!"라고 하며 친구들과 간단한 대사를 주고받는 극놀이에 자발적으로 참여한다.
	4	경험이나 이야기를 극으로 표현하는 것을 즐긴다.	놀이	여행 다녀온 경험을 회상하며 블록으로 공간을 구성하고 가방에 지갑과 수첩을 넣고 "나랑 여행 가자." 하며 친구와 함께 여행 놀이를 즐긴다. 이후에도 자주 여행 놀이를 한다.
			일상생활	과자로 만든 모양에 이야기를 지어 붙인다. 모양을 바꾸어 가며 이야기를 짓는다.
			활동	'검피 아저씨의 뱃놀이' 동극 배경을 위해 아이들과 배를 만들고 꾸며 동극 활동 소품으로 활용하며 즐겁게 동극에 참여하는 태도를 가진다.

이러한 관찰문항은 유아의 연령별 성취수준이 아니기 때문에 교사는 놀이상황과 일상생활, 그리고 활동과정 중에서 유아의 행동을 관찰하고 이해하는 자료로 활용해야 한다.

(3) 그림책을 활용한 유아 창의성 루브릭

변윤희(2004)는 유아의 창의성을 평가할 수 있는 루브릭을 개발하였다. 루브릭(Rubric)이란 일종의 채점 기준표로, 학습자의 학습 결과물이나 성취 정도를 평가하기 위한 기준이나 가이드 라인이라고 할 수 있으며, 수행 수준과 평가 영역별로 세분화되어 제시된다. 즉, 어느 영역을 평가할 것인지를 세분화하여 제시하고, 그에 따른 학습자의 수행 수준 정도를 최우수, 우수, 보통, 미흡, 매우 미흡 등으로 구분하여 평가하는 것이다.

그림책을 활용한 유아 창의성 루브릭은 유아가 그림책을 읽은 후, 그림책 내용과 관련된 언어, 미술, 음악, 신체 활동을 실시하고 그에 따른 창의성 요소(유창성, 융통성, 독창성, 정교

⟨표 8-5⟩ **유아 그림책을 활용한 창의성 루브릭 예시(언어활동)**

활동	평가준거	활동에 따른 준거 해석	4	3	2	1
그림책: 『달사람』 활동: 달사람에 대한 비평하기	유창성	• 주인공에 대해서 떠오르는 생각과 느낌을 다양한 어휘로 표현하기	• 주인공을 표현한 문장이 9가지 이상이다.	• 주인공을 표현한 문장이 7~8가지 이상이다.	• 주인공을 표현한 문장이 4~6가지 이상이다.	• 주인공을 표현한 문장이 3가지 이상이다.
	융통성	• 주인공에 대하여 다양한 각도로 파악하고 표현하기	• 주인공의 사는 곳, 감정, 성격, 생김새, 옷차림, 행동 중 4가지 이상의 범주를 표현했다.	• 주인공의 사는 곳, 감정, 성격, 생김새, 옷차림, 행동 중 3가지 이상의 범주를 표현했다.	• 주인공의 사는 곳, 감정, 성격, 생김새, 옷차림, 행동 중 2가지 이상의 범주를 표현했다.	• 주인공의 사는 곳, 감정, 성격, 생김새, 옷차림, 행동 중 1가지 범주를 표현했다.
	독창성	• 주인공에 대하여 그림책에 묘사된 성격과 외양에서 탈피하여 얼마나 희귀하고 참신하며 독특하게 평가하기	• 다른 대상이나 사물에 빗대어 표현한다(은유적인 표현). • 같은 표현을 한 유아가 같은 반에 한명도 없다.	• 다른 대상이나 사물에 빗대어 표현한다(은유적인 표현). • 같은 표현을 한 유아가 같은 반에 1~2명 있다.	• 같은 표현을 한 유아가 같은 반에 4~5명 있다.	• 같은 표현을 한 유아가 같은 반에 6명 이상 있다.
	정교성	• 주인공에 대한 성격을 세밀하게 파악하고 언어로 표현하기	• 감탄사와 형용사와 부사의 수식어를 사용한다.	• 형용사와 부사의 수식어를 사용한다.	• 수식어인 부사를 사용한다.	• 형용사나 부사 등의 수식어를 사용하지 않는다.

성)를 4단계로 평가하였다. 이 중 언어활동의 루브릭은 미국의 그림책 작가 데이비드 위즈 너의 『1999년 6월 29일』과 토미 웅거러의 『달사람』 그림책을 읽고 유아가 다양한 어휘를 사 용하는지, 시점을 바꿀 수 있는지, 새로운 이야기를 만들 수 있는지, 이야기를 세밀하게 묘 사하는지 등을 평가하였다.

이 중 『달사람』 그림책을 읽고 달사람에 대한 내용 비평하기 활동을 한 후, 평가할 수 있는 루브릭의 예시를 제시하였다. 구체적인 내용은 〈표 8-5〉와 같다.

(4) 이야기 이해능력 검사도구

유아의 이야기 이해능력을 측정하기 위한 이야기 이해능력 검사도구는 모로우(Morrow, 1984)의 이야기 이해 기준에 따라 랜드(Rand, 1991)가 제작한 검사도구를 박미영(2011)이 수 정·보완한 것을 살펴보기로 한다. 이야기 이해능력 검사도구는 이야기 구조 이해와 이야 기 추론 이해로 구분되며, 이야기 구조적 이해는 8문항, 이야기 추론적 이해는 12문항으로 총 20문항이다. 각각의 문항은 0~1점으로 문항에 응답하지 못하면 0점을 부여한다. 유아가 받을 수 있는 이야기 이해능력 총 점수는 0~20점이다.

〈표 8-6〉은 그림책 에즈라 잭 키츠의 『피터의 편지』의 내용을 기초로 구성한 문항의 예시 이다.

이야기 구조 이해능력은 유아에게 그림책을 읽어 주고, 유아가 그림책에 제시된 이야기 속에 있는 사실, 인과관계, 이야기 속에 표면적으로 드러난 정보의 명료성을 얼마나 이해하 였는지에 대해 평가한다. 하위 항목은 이야기 내의 주인공, 등장인물, 공간적 배경, 이야기

〈표 8-6〉 **이야기 이해능력(이야기 구조 이해능력) 검사의 문항**

문항	하위 항목	문항 내용	점수
1	주인공	이야기 속에 나오는 주인공은 누구일까?	1점
2	등장인물	주인공 말고 그 밖에 또 누가 나오니?	1점
3	공간적 배경	이 이야기는 어디에서 일어난 일이니?	1점
4	이야기 속 문제	(주인공)에게 무슨 문제가 생겼니?	1점
5	문제 해결 여부	문제는 해결 되었니?	1점
6	문제 해결 방법	(주인공)은 어떻게 문제를 해결했니?	1점
7	이야기 순서	이야기를 순서대로 놓아 보자. (이야기에 대한 4장의 컷: 구성배경-주제-구성-해결)	1점
8	이야기 속 에피소드	피터가 편지를 쓸 때 빠트린 것은 무엇이었니?	1점

속의 문제, 문제에 대한 해결 여부, 해결 방법, 이야기 순서, 이야기 속 에피소드로 구성되어 있다.

이야기 추론 이해능력은 인물의 감정과 행동을 추론하고 해석하는 데 중점을 두고 있으며 유아 자신이 행동과 관련짓는 질문에 초점이 맞춰져 있다. 총 12문항으로 이루어져 있으며 문항은 특정 사건에 대한 문항과 그 원인에 관한 문항으로 구성되어 있으며, 각 문항은 0~1점으로 문항에 응답하지 못하면 0점을 부여한다. 유아가 받을 수 있는 총 점수는 0~12점이다. 구체적인 내용은 〈표 8-7〉과 같다.

〈표 8-7〉 이야기 이해능력(이야기 추론 이해능력) 검사의 문항 내용

문항	문항 내용	점수
1	만약에 피터의 생일에 에이미가 오지 않았다면 어떻게 되었을까?	1점
2	왜 그렇게 생각하니?	1점
3	피터가 에이미하고 부딪히고 편지를 편지함에 넣고 집으로 돌아왔지? 피터의 마음은 어땠을까?	1점
4	왜 그렇게 생각하니?	1점
5	편지지가 톡톡 하늘로 올라갔다가 떨어질 수 있다고 생각하니?	1점
6	왜 그렇게 생각하니?	1점
7	만일 네가 피터라면 에이미하고 부딪혔을 때 어떻게 하였을까?	1점
8	왜 그렇게 생각하니?	1점
9	피터의 생일에 에이미가 문을 열었을 때 피터는 어떤 마음이 들었을까?	1점
10	왜 그렇게 생각하니?	1점
11	마지막으로, 피터는 생일 케이크를 보고 어떤 소원을 빌었을까?	1점
12	왜 그렇게 생각하니?	1점

(5) 읽기 능력

영유아는 그림책의 글과 그림을 다양한 방식으로 읽는다. 처음에는 그림 등의 단서에 의존하여 자신이 아는 사물을 지칭하기도 하고, 그림을 단서로 하나의 이야기를 만들기도 하며 점차 그림책에 적힌 글을 읽는 행동을 보인다. 이러한 과정에서 나타나는 것이 바로 '문해(文解)'이다. 문해는 문자를 읽고 쓸 수 있는 일 또는 그러한 일을 할 수 있는 능력을 이야기하며, 영유아는 그림책 등의 아동문학 작품을 접하면서 문해력을 발달시킨다.

여기에서는 유아의 읽기능력을 알아보기 위한 검사 도구인 '읽기 능력 검사 도구'를 알아보고자 한다. 유아 읽기 능력 검사도구는 박혜경(1988)이 개발하고, 김옥분(1994)이 수정·

보완하였는데, 측정 요소는 시각 변별, 문자 지각, 의미 이해로 구성되어 있으며, 총 24문항이다. 구체적인 내용은 다음 〈표 8-8〉과 같다.

〈표 8-8〉 **유아 읽기 능력 검사 도구의 구성**

문항	측정 요소		측정방법
1~2	시각 변별	자음	피검자에게 측정한 보기 문자를 제시하고 4지 선다형 응답란에서 보기 문자와 같은 모양을 지적하게 한다.
3~4		모음	
5~8		음절	
9~12	문자 지각	음절	피검자에게 소리를 들려주고 4지 선다형 응답란에서 해당하는 문자를 지적하게 한다.
13~16		낱말(2음절)	
17	의미 이해	낱말(3음절)	낱말(구 또는 문장)과 4개의 그림을 제시하여 피검자가 그림을 보고 해당하는 문자를 지적하게 한다.
18~20		구/문장	
21~22	의미 이해	낱말	그림과 4개의 낱말(구/문장)을 제시하여 피검자가 그림을 보고 해당하는 문자를 지적하게 한다.
23~24		구문장	

유아의 읽기 능력을 검사하기 위해서 검사자는 유아에게 비슷한 자음과 모음, 음절이 그려진 카드를 제시하고 같은 자음, 모음, 음절을 선택하게 하거나 유아에게 그림카드를 제시하고 그림카드가 뜻하는 것이 어떠한 낱말인지 선택하게 한다.

(6) 쓰기 능력

영유아는 아동문학을 접하면서 자연스럽게 글자를 익히게 되고 읽기와 쓰기 능력을 발달시킨다. 노영희(1994)는 린드버그(Lindberg, 1987)의 'Kindergarten Writing Assessment'를 번안하여 '유아의 쓰기 능력 평정 척도'를 제시하였다. 유아들이 아동문학을 접한 후, 자신의 생각과 느낌을 글로 적고 유아의 쓰기 능력을 검사하는 것이다. '유아 쓰기 능력 평정 척도'는 의미 표현을 위한 쓰기 능력과 관습적 쓰기 능력에 대한 평가 척도로 구성되어 있으며, 구체적인 내용은 다음 〈표 8-9〉와 같다.

〈표 8-9〉 **유아 쓰기 능력 검사 도구의 구성**

	측정 요소	점수	내용
의미표현을 위한 쓰기 능력	I. 그림 · 말 · 쓰기의 협응성	0~3점	유아가 그린 그림, 쓴 내용, 말로 표현한 내용 간에 협응되는 정도
	II. 그림의 정교성과 통합성	0~3점	유아가 사물, 사람, 집과 같은 대상을 구체적으로 관련되게 그린 정도
	III. 글 내용의 복잡성과 통합성	0~6점	글자, 단어, 구 및 문장을 다양하게 관련되게 쓰는 정도
	IV. 쓰기의 유창성	0~8점	문장 속에 나타난 동사의 사용 정도
	V. 쓰기의 상세성	0~8점	문장 속에 나타난 형용사 또는 부사의 사용 정도
관습적 쓰기 능력	VI. 글자의 모양	0~4점	글자, 숫자의 형태와 방향의 정확성 정도
	VII. 소리/상징의 관계성	0~3점	글자와 소리의 일치성 정도
	VIII. 철자법	0~3점	단어들을 철자법에 맞게 쓴 정도
	IX. 구두법	0~3점	구두법 기호를 맞게 사용한 정도
	X. 띄어쓰기	0~3점	단어들을 띄어쓰기에 맞게 쓴 정도

(7) 관찰기록

영유아의 발달 특성상, 교사는 유아의 발달 정도를 파악하기 위하여 자연스러운 놀이 상황을 관찰하고 이를 기록하여 평가하는 것이 효과적이다. 유아의 놀이와 활동을 관찰하여 기록할 때에는 유아의 발달 과정이 잘 드러나도록 1회적 관찰에 그치지 말고, 지속적으로 관찰하여 기록하는 것이 중요하다.

다음은 아동문학 놀이 및 활동에 대한 관찰기록 사례이다. 관찰 내용에 따라 잘함과 보통, 부족함으로 척도를 구분하고 1학기와 2학기 동안 각 1회씩 관찰하여 유아의 발달 변화과정에 대해 기록하였다.

의사소통 영역

나의 생각 말하기

듣기 > 이야기 듣고 이해하기, 바른 태도로 듣기
말하기 > 느낌, 생각, 경험 말하기

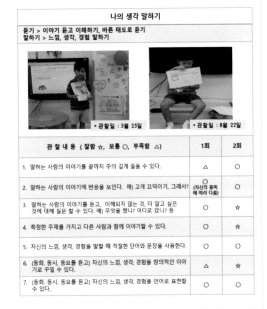

• 관찰일 : 5월 25일   • 관찰일 : 8월 22일

관찰 내용 (잘함 ☆, 보통 ○, 부족함 △)	1회	2회
1. 말하는 사람의 이야기를 끝까지 주의 깊게 들을 수 있다.	△	○
2. 말하는 사람의 이야기에 반응을 보인다. 예) 고개 끄덕이기, 그래서?	○ (자신의 흥미에 따라 다름)	○
3. 말하는 사람의 이야기를 듣고, 이해되지 않는 것, 더 알고 싶은 것에 대해 질문 할 수 있다. 예) 무엇을 했니? 어디로 갔니? 등	○	☆
4. 특정한 주제를 가지고 다른 사람과 함께 이야기할 수 있다.	○	☆
5. 자신의 느낌, 생각, 경험을 말할 때 적절한 단어와 문장을 사용한다.	○	○
6. (동화, 동시, 동요를 듣고) 자신의 느낌, 생각, 경험을 창의적인 이야기로 꾸밀 수 있다.	△	☆
7. (동화, 동시, 동요를 듣고) 자신의 느낌, 생각, 경험을 언어로 표현할 수 있다.	○	○

의사소통 영역

똑똑 북타임

읽기 > 책 읽기에 관심 가지기

• 관찰일 3월 20일   • 관찰일 11월 30일

관찰 내용 (잘함 ☆, 보통 ○, 부족함 △)	1회	2회
1. 책에 관심을 갖고 자발적으로 책을 읽는다.	○	○
2. 바른 자세로 책을 읽으며, 책을 소중히 다룬다.	○	○
3. 읽은 내용을 정확히 이해한다.	○	☆
4. TO CHILDREN : 교사가 책을 읽어줄 때 집중하여 듣는다.	☆	
5. WITH CHILDREN : 다른 친구들과 함께 책을 매개로 상호작용을 한다.	○	○
6. BY CHILDREN : 정해진 시간에 조용히 책을 읽을 수 있다.	○	○
7. 책을 통해 다양한 사실과 필요한 정보를 얻을 수 있음을 안다.	○	☆

해석

**이는 교실이나 도서관에서 책을 읽거나 도서관 견학 시, 바른 자세로 혼자 읽기 보다는 엎드려 책을 읽는 자세를 취하여 교사가 이를 바른 자세로 책을 읽을 수 있도록 이야기합니다. 그리고 책을 꺼내어 책을 바닥에 던지거나 책의 모서리 부분으로 바닥을 두드리는 행동을 보이고 바닥에 둔 채로 다른 장소로 이동하는 모습을 보이며, 책을 또한 혼자 조용히 책을 읽는 것보다 친구와 함께 책을 읽고 책의 내용에 대해 이야기하는 것을 좋아합니다.
Sulzby가 제시한 읽기 발달 단계 중 모르는 단어를 익숙한 다른 단어로 만들어 읽는 형태로 정확하게 읽는 단계인 문자보며 읽기 단계에 해당합니다. 또한 세민이는 글자를 보고 읽을 때 한문장을 기준으로 75%이하를 똑바로 읽을 수 있습니다.

예술경험 영역

배고픈 달팽이와 너무 먼 채소밭, 목욕은 즐거워

예술적 표현하기 > 극놀이로 표현하기

• 관찰일 : 6월 28일   • 관찰일 : 8월 20일

관찰 내용 (잘함 ☆, 보통 ○, 부족함 △)	1회	2회
1. 극놀이 활동에 관심을 가진다.	☆	
2. 극놀이에 필요한 공간, 시간, 인물을 표현하기 위해 소품, 배경, 의상 등을 적극적으로 계획할 수 있다.	○	○
3. 극놀이에 필요한 소품을 창의적으로 만들 수 있다.	○	○
4. 자신이 맡은 역할을 표현할 때 정확한 언어와 적절한 목소리 크기로 전달한다.	○	☆
5. 자신이 맡은 역할을 구체적인 동작으로 표현한다.	☆	
6. 다른 유아와 협동적으로 극놀이를 할 수 있다.	○	○

해석

**이는 극놀이 활동에 관심을 갖고 참여하는 편입니다. 자신이 맡고 싶은 역할을 적극적으로 표현하고 구체적인 동작으로 표현하려고 합니다. 배고픈 달팽이와 너무 먼 채소밭 동극을 할 때에 동극의 내용을 각각의 것에 관심을 보이고, 소품을 제작하는 일에도 적극적으로 참여하였습니다. 그러나 소품을 만들 때에는 다른 유아들과 협의하는 것을 어려워하며 협의과정 없이 자신의 의견대로 소품을 제작하려고 하여 갈등이 유발되기도 하였습니다.
또한 동극 공연을 할 때에는 자신이 맡은 역할인 '바람'역할에 적극적으로 참여하였으며, '목욕은 즐거워' 동극을 할 때에도 자신이 맡은 역할을 인식하고 적극적으로 참여하는 모습이었습니다.
이에 **이가 다른 사람들과 협의하는 과정을 통해 성취의 기쁨을 느낄 수 있도록 구체적인 지도가 필요합니다.

[그림 8-1] 극놀이 활동에 대한 변화과정을 기록한 관찰기록

또한 예술경험영역의 극놀이하기 역시 관찰기록할 수 있다. 다음은 유아의 극놀이 활동 참여에 대한 발달 변화과정을 교사가 관찰하여 기록한 것이다. 관찰 내용에 따라 유아의 행동을 잘함, 보통, 부족함으로 구분하여 평가하였으며, 유아의 행동을 해석하여 기록하였다.

아동문학 놀이 및 활동에 참여한 느낌과 소감을 중심으로 유아는 자기평가를 실시할 수 있다. 활동에 적극적으로 참여하였는지, 즐겁게 참여하였는지 등을 자기 스스로 평가하고 다음 활동에 이를 적용할 수 있다. 이때 유아는 글이나 그림으로 자신의 경험을 표현할 수 있고, 소감을 이야기로 표현할 수 있다. 또한 교사와의 면담을 통해 아동문학 놀이 및 활동에 참여한 자신의 소감을 표현할 수 있다.

아동문학 놀이 및 활동에 대한 유아 자기 평가 항목은 유아의 흥미와 태도 뿐 아니라 유아의 전반적인 발달에 관한 정보를 얻는 데 유용하다. 유아 자기 평가지는 아동문학작품에 대한 선호도와 느낀점 등을 유아가 스스로 평가해 볼 수 있도록 하며, 글을 잘 모르는 유아의 수준을 고려하여 얼굴 표정을 이용하여 표시할 수 있도록 한다.

다음은 만 4세 유아들이 그림책 놀이를 한 후, 느낀 점을 글로 적은 예시이다. 유아들이 그림책 놀이를 한 후, 자신의 감정을 글과 그림으로 자유롭게 표현하는 과정을 통해 유아들은 그림책을 자신만의 준거에 따라 평가해 볼 수 있고(그림책 평가), 그림책으로 놀이하는 과정에서 자신의 참여와 흥미 등을 직접 평가해 볼 수 있다(영유아 평가). 이러한 과정이 반복되어 결과물이 누적된다면 영유아의 발달 사항에 대한 근거 자료로 충분히 활용할 수 있다.

그림책 『나쁜 말 먹는 괴물』을 읽고 유아들이 느낀 감정을 글과 그림으로 표현한 모습

〈표 8-10〉은 극놀이 활동에 대한 관찰기록으로 유아가 자기 평가를 실시한 것과 교사가 관찰하여 기록한 방식을 함께 사용한 관찰기록 사례이다. 관찰 기록에 교사가 평가한 체크리스트와 면담 기록, 놀이 사진, 그리고 그에 따른 해석이 함께 기록되어 있어 유아의 문학활동 결과에 대해 좀 더 풍부한 평가를 할 수 있다.

〈표 8-10〉 **극놀이 활동에 대한 관찰기록 예시**

유아명	김 ○ ○		성별	여
생년월일	2018.04.07		평가일시	2022.06.15
영역	역할놀이		그림책명	수박 수영장

체크리스트					
	문항	예	아니요	비고
1	극놀이 활동에 흥미를 가지고 즐겁게 참여하는가?	∨		
2	극놀이 활동시 적극적·협동적으로 참여하는가?	∨		
3	극놀이 소품 준비과정에 관심을 가지고 참여하는가?	∨		
4	극놀이를 감상하고 생각과 느낌을 나누는가?	∨		
5	이야기를 극놀이로 표현할 수 있는가?	∨		

면담 내용	놀이 사진
1. 무엇이 가장 재미있었나요? 수영장 안에서 튜브를 타고 수영하는 것이 재미있었어요. 2. 무엇이 가장 어려웠나요? 수영장이 조금 좁아서 아쉬웠어요 3. 친구와 협동적하면서 극놀이에 참여하였나요? 친구와 함께 수영을 하였어요. 4. 극놀이를 하고 난 후의 느낌은 어땠나요? 주인공처럼 수영을 하는 것이 재미있었어요. 더 큰 수영장에서 놀이하고 싶어요.	

해석	'수박 수영장' 극놀이에 흥미를 갖고 즐겁게 참여하였다. 수박 수영장을 구성할 때에 수박 수영장 안에 백업과 모래놀이 도구를 소품으로 사용하자는 의견을 제시하였으며, 그림책의 장면을 기억하고 수박 수영장 안에서 자유롭게 헤엄치는 장면을 적극적으로 표현하였다.

영유아들이 아동문학 관련 놀이와 활동을 한 과정을 동영상으로 제작하여 학부모들과 공유할 수 있다. 다음의 예시는 유아교육기관에서 유아들이 일 년 동안 그림책을 이용하여 놀이한 전 과정을 동영상으로 제작하여 가정에 배부한 사례와 경기도육아종합지원센터에서 주최하는 즐거운 놀이 운영 사례에 '책'으로 놀이한 과정을 공모하여 최우수상을 수상한 기관의 사례이다.

앞서 제시한 바와 같이, 영유아 평가는 영유아의 특성과 변화 정도를 이해하고, 영유아의 배움과 성장에 도움이 되어야 한다. 그렇기 때문에 영유아 평가 결과를 가정과 공유하는 것은 가정과의 연계 측면에서 매우 바람직하다고 볼 수 있다.

유아의 놀이과정을 동영상으로 제작한 예

2022년 즐거운 놀이 운영 사례(군포시립당정동어린이집)
출처: 경기도육아종합지원센터 2022년 즐거운 놀이 운영 사례-어린이집 공모전https://www.youtube.com/watch?v=S8voRfk1rxM&list=PLN_arLVZmXjbjuvgRLCXiU-0y82wtiTJZ&index=4

 생각해 보아요

다양한 책들을 많이 읽는 것! VS 같은 책만 반복해서 읽는 것!

유아는 자신이 재미있다고 느끼는 책을 무한정으로 읽기를 즐깁니다. 같은 책을 백 번이고 천 번이고 읽어 달라고 가지고 오지요. 그런데 다양한 책들을 많이 읽는 것이 더 좋은 거 아닌가요?

여러분은 어떻게 생각하나요? 함께 토론해 봅시다!

다양한 책들을 많이 읽는 것이 좋은 거 아닌가요?
우리 반에 매일 같은 책만 읽어 달라고 가지고 오는 아이가 있어요.
저는 다양한 책을 접하게 해 주고 싶은데, 꼭 그 책만 골라 오더라고요!
아이가 같은 책을 갖고 오더라도 계속 읽어 주어야 하는 건가요?

같은 책을 반복해서 읽는 것이 좋은 거 아닌가요?
한 권의 책을 읽더라도 재미있게, 집중해서 읽는 것이 좋을 것 같아요.
같은 책을 반복해서 읽으면 책 속의 글자나 어휘력을 기르기 쉽잖아요!
무엇보다 책 읽는 것에 대한 즐거움을 느끼기에는 좋은 방법 아닌가요?

3) 문해 환경 평가

유아교육기관에서 영유아의 문해 발달 촉진을 위하여 어떠한 환경을 제공하고 있을까? 유아교육기관의 교실 문해환경을 평가하기 위하여 모로우(Morrow, 2012)의 '문해환경 및 자료 체크리스트'는 문해영역과 문해 영역 이외의 교실 환경을 평가하였다. 여기서 문해영역이란 문해 공간 구성, 도서영역과 쓰기영역을 뜻하며 문해 공간구성은 유아의 문해 참여도, 문해영역에 적합한 자료, 문해를 위한 가구와 공간의 적절한 배치 등을 평가하고, 도서영역은 책의 분류와 보관, 도서 대여, 녹음 자료 및 이야기 관련 소품의 비치 등을 평가한다. 마지막으로, 쓰기 영역에서는 쓰기를 위한 탁자와 의자, 다양한 쓰기 도구와 자료, 쓰기 결과물 보관 폴더와 우편함 비치 등을 평가한다. 문해 영역 이외의 교실 환경에서는 주제와 관련된 문해 자료 비치 및 문해 결과물 게시 공간에 대한 평가를 한다. 구체적인 평가 척도 내용은 〈부록 1〉에 제시되어 있다.

우리는 유아교육기관뿐 아니라 가정의 교육환경이 영유아의 발달에 미치는 영향이 매우 중요함을 이미 알고 있다. 글을 읽고 해독할 수 있는 문해력 역시, 유아교육기관에서만 길러지는 것이 아니다. 가정에서 부모가 어떤 문해 환경을 조성하느냐가 영유아의 문해력 발달에 큰 영향을 미친다. 특히 인쇄물보다 디지털 기기나 매체를 쉽게 접할 수 있는 요즘, 가정에서 영유아가 접할 수 있는 인쇄물의 양과 종류는 개인차가 크다. 따라서 가정의 문해 환경을 측정하여 문해 환경을 점검해 보고 영유아의 문해력을 증진할 수 있는 지표로 활용하는 것도 좋은 방법이다. 샤피로(Shapiro, 1979)는 만 5~7세 아동의 가정에서 도서나 잡지 등의 인쇄물의 양과 다양성, 성인이 아동에게 책을 읽어 주는 빈도, 문해 경험의 유형 및 시기, 부모의 문해 기술 모델링 등을 통해 문해 환경 지표(Home Literacy Environment Index)를 제시하였다. 〈부록 2〉에 샤피로(Shapiro, 1979)의 가정 문해 환경 지표(HLEI)를 김수희(2003)가 수정 · 보완한 가정 문해 환경 평가 문항을 제시하였다. 각 문항을 살펴보고 영유아 가정의 문해 환경을 직접 평가해 보거나, 본인의 어린 시절을 생각하면서 체크해 보자.

지금까지 아동문학 평가에 대해 알아보았다. 아동문학을 평가하기 위하여 아동문학의 장르인 그림책 평가, 영유아 평가, 문해 환경 평가로 구분하여 살펴보았다. 이 중 영유아 평가는 영유아의 이야기 이해도, 읽기와 쓰기 능력을 알아볼 수 있는 검사도구를 중심으로 알아보았으며, 교사가 영유아의 아동문학 관련 놀이와 활동 과정 중에서 영유아를 관찰하여 평가할 수 있는 평가 방법도 알아보았다. 그러나 지금까지 제시한 모든 평가 방법을 실시해야 하는 것은 아니다. 영유아의 발달 상황 그리고 맥락을 고려하여 필요한 경우 적절한 평가 방법을 선택하여 실시할 수 있다. 중요한 것은 평가를 실시하는 것에 있는 것이 아니라 평가를 다회적이고 누적적으로 실시하여 영유아의 발달을 지원할 수 있는 근거로 삼는 것이다.

 읽어 보아요

도서관의 날! 서점의 날! 알고 있나요?

책이 주인공인 특별한 날들이 있습니다. 바로 도서관의 날과 서점의 날입니다. 유아들과 함께 특별한 날을 주제로 한 그림책들을 살펴보는 색다른 시간은 어떤가요? 다음 소개하는 그림책들을 보며 책에 대한 마음을 키워 보세요. 무엇보다 도서관이나 서점으로 직접 나들이를 떠나 책과 함께 행복한 시간을 만들어 본다면 좋을 것 같습니다.

도서관의 날

4월 12일인 '도서관의 날'은 지식과 문화의 자유로운 접근과 공동체 연대의 새싹을 피우는 도서관의 사회·문화적 가치를 확산하고 도서관 이용을 촉진하고자 법정기념일로 지정한 날입니다. 도서관은 유아들이 유아교육기관에서 단체로 방문하거나, 가족들과 함께 방문하는 경우가 많지요. 요즘에는 어린이 도서관이 따로 있기도 하고, 큰 도서관 내 어린이 코너가 마련되어 있기도 합니다. 유아들과 함께 도서관 나들이를 떠나보세요.

이가을 글, 국지승 그림, 2023, 한울림어린이

톰 채핀·마이클 마크 글, 척 그로닝크 그림, 2000, 다림

황숙경 글·그림, 2021, 한림출판사

권재희 글·그림, 2016, 노란상상

로라 엘런 앤더슨 글·그림, 2020, 에듀엔테크

최지혜·김성은 글, 김유진 그림, 2020, 책읽는곰

권오준 글, 경혜원 그림, 2022, 모든요일그림책

지드루 글, 유디트 바니스텐달 그림, 2023, 바람북스

서점의 날

여러분은 서점을 얼마나 자주, 혹은 언제 마지막으로 가보셨나요? 한국서점조합연합회는 11월 11일을 '서점의 날'로 정하였습니다. '서가에 꽂혀 있는 冊(책)'과 이를 읽기 위해 '줄지어 서점에 방문하는 사람들'을 연상케 하는 날짜라고 하네요. 요즘은 많이 찾아볼 수 없는 서점이지만 그곳에는 많은 이야기들이 담겨 있기에 늘 그리워지는 장소인 것 같습니다.

리우브카 글 · 그림, 2024, 별글

나카야 미와 글 · 그림, 2016, 웅진주니어

이주희 글 · 그림, 2022, 한림출판사

전경남 글, 홍기한 그림, 2022, 창비

이시카와 에리코 글 · 그림, 2023, 여유당

요시타케 신스케 글 · 그림, 2018, 온다

히구치 유코 글 · 그림, 2021, 우리아이들(북뱅크)

케이티 클랩햄 글, 커스티 뷰티맨 그림, 2019, 찰리북

제3부

아동문학교육의
실제

책을 망가뜨리는 게 늘 나쁘기만 한 건 아니잖아?
오히려 책은 누군가 읽고 만져 주는 걸 좋아한다고!
거침없이 만져 줄수록 행복해한대.

-『이 그림책을 ??하라』(케리 스미스 글·그림, 2023, 우리학교) 중에서-

교수매체 활용 동화 들려주기

#동화구연 #구연매체

개요

다양한 매체를 활용하여 동화를 들려주는 것은 유아에게 큰 재미와 감동을 선사한다. 이 장에서는 유아에게 동화를 들려줄 수 있는 다양한 방법에 대하여 살펴본다. 유아교육기관에서 활용하고 있는 구연 매체의 유형과 제작 방법을 알아보고, 이를 활용한 활동을 살펴본다.

학습 목표

1. 동화 구연의 의미와 방법에 대하여 알아본다.
2. 다양한 유형의 구연 매체 제작 및 활용 방법에 대하여 살펴본다.

유아교육기관에서는 다양한 방법으로 동화를 들려줌으로써 문학작품에 대한 유아의 흥미와 관심을 높인다. 동화의 내용에 따라 각기 다른 방법으로 들려주면, 동화를 처음 접하는 유아에게 좀 더 큰 재미와 감동을 줄 수 있다. 교사는 동화의 내용에 적합한 교수매체를 선택하여 음성이나 표정, 몸짓 등의 변화를 줌으로써 유아에게 흥미롭게 이야기를 들려줄 수 있다. 이에 이 장에서는 동화 구연의 의미와 방법, 그리고 다양한 구연 매체의 제작 및 활용 방법에 대하여 알아보고자 한다.

1. 동화 구연

1) 동화 구연의 의미와 교육적 가치

구연(口演, storytelling)은 이야기를 들려주는 가장 오래되고 단순하며 매우 효과적인 전달 방법으로, 동화 구연이란 동화의 내용을 말로 전달하는 것이다(최운식, 김기창, 1988). 동화 구연은 구연자가 동화를 듣는 청자를 대상으로 이야기를 들려주는 것으로, 도구를 사용하지 않고 구연자의 음성, 몸짓, 표정 등의 비언어적 표현을 더하여 동화 내용을 흥미 있게 전달하는 것(김원기, 1998)이다.

대부분의 연구자는 동화 구연의 개념을 도구를 사용하지 않고 구연자의 음성, 몸짓, 표정 등을 통해 동화를 흥미롭게 전달하는 것으로 정의하고 있다. 그러나 연령이 어린 유아를 대상으로 하는 동화 구연의 경우, 약간의 매체를 첨가함으로써 동화에 대한 흥미를 유발하고, 동화 내용을 이해하는 것을 도울 수 있다. 따라서 유아를 위한 동화 구연은 비언어적(표정, 동작, 매체) 표현뿐 아니라 적절한 매체의 도움을 받아 언어로 이야기를 전달하는 것으로 정의할 수 있을 것이다.

동화 구연은 글자를 모르는 유아에게는 동화를 만나게 하는 가장 바람직한 방법인 동시에 글자를 아는 유아에게도 동화를 듣는 즐거움을 알게 하는 방법이다. 교사는 동화의 주제, 분위기 및 정서를 잘 살펴 이해한 후 동화구연을 해야 한다. 유아는 즐겁게 동화를 들으며 주제를 이해하고, 동화에 담긴 정서에 공감하게 될 것이다. 동화를 처음 듣거나, 그림책 읽기 경험이 풍부하지 않은 유아는 동화의 주제에 내포된 정서나 감정에 공감하기 어렵다. 그러나 동화 속의 정서와 감정을 이미 자기 것으로 소화한 구연자의 이야기를 들음으로써 깊이 감동하고 생각해 보는 기회를 제공받는다. 이러한 기회를 통해 동화에 대한 흥미를 일깨우고, 동화를 스스로 만나고자 하는 태도를 기른다. 동화구연을 경험하는 것은 동화를 읽고자 하는 욕구를 불러일으키며, 동화를 통하여 경험할 수 있는 풍요롭고, 차원 높은 감정과 지성을 경험할 수 있는 계기를 제공하게 되는 것이다.

동화구연의 교육적 가치를 정리하면 다음과 같다(이송은 외, 2021; Zaro & Salaberri, 1995).

첫째, 글자를 모르는 유아가 문학의 심미적 감상에 발을 들여놓는 최초의 문학 형태라는 문학적, 예술적 측면으로서의 가치가 있다.

둘째, 유아가 이야기의 상황과 맥락을 토대로 자신만의 상상력과 창의성을 발휘하고, 사람과 사물에 대한 지식과 이해를 넓혀 가며, 이야기에 등장하는 크고 작은 문제들을 접하면서 문제해결력과 삶의 지혜를 얻도록 하는 인지적 측면으로서의 가치가 있다.

셋째, 모국어의 패턴을 익히고 어휘 확장과 언어 표현력 향상을 돕는 언어적 측면으로서의 가치가 있다.

넷째, 이야기 속에 담겨 있는 다양한 정서와 인간관계를 경험하고, 이야기를 통해 다른 사람을 이해함은 물론 자신을 보다 객관적으로 바라볼 수 있게 하는 사회정서적 측면으로서의 가치가 있다.

2) 구연에 적합한 동화

구연에 적합한 동화는 연령 및 발달의 적합성뿐만 아니라 단순명쾌성, 흥미성 및 교육성이 조화를 이루는 것이어야 한다. 이를 구체적으로 살펴보면 다음과 같다(Morrow, 1979; Trealese, 1995).

첫째, 연령 및 발달에 적합한 것이어야 한다. 우선 구연을 듣는 유아의 연령과 발달을 고려하여 동화를 선정한다. 대체로 유아는 그림책의 주인공이나 자신의 생활 경험과 관련된 내용들에 동일시하는 경향이 있다. 따라서 구연을 듣는 유아와 비슷한 또래의 인물이 등장하고, 유아의 생활 경험과 그 생활에서 겪게 되는 심리적인 특성이 반영된 동화라야 한다.

둘째, 단순명쾌성을 지녀야 한다. 이야기의 구성은 시작과 중간, 결말이 단순하고 분명한 것이 좋다. 등장인물이 구체적으로 묘사되어야 하며 그 수가 적어야 한다. 해설보다는 등장인물 간 대화 등장하는 동화가 적절하며, 대화는 유아가 이해하기 쉬운 내용으로 구성되어 있는 것이 좋다. 듣는 유아의 연령이 높아질수록 사건이 구성이 복잡한 것을 선택한다.

셋째, 흥미성을 지녀야 한다. 내용에 반복의 요소가 있으면서도 변화를 통해 유아에게 흥미를 주는 동화를 선정한다. 주인공이 모험을 통해 새로운 경험을 해 나가는 내용이나, 환상의 세계가 펼쳐지는 내용이 담긴 것도 좋다. 등장인물의 성격이 매력적이거나 유아의 흥미를 자극하는 행동을 담은 내용은 가능한 빨리 유아의 관심을 끌 수 있으며, 유아가 동화에 빠져들을 수 있도록 돕는다.

넷째, 교육성이 있어야 한다. 이는 반드시 책 속에 교훈적 가르침이 있어야 한다는 것이 아니라, 아직 개념이나 가치관의 형성이 미완인 유아의 전인 발달을 염두에 둔 동화를 선정해야 한다는 의미이다. 무엇보다 유아에게 즐거움을 줄 수 있어야 하고, 긍정적 세계관 및 자아존중감의 형성을 도울 수 있어야 한다. 어린이의 감정을 풍요롭게 하면서 아울러 지성을 높일 수 있는 내용이 좋다. 예를 들어, 남을 사랑하고 이롭게 하는 내용, 자신만의 아름다운 꿈과 희망을 찾아가는 내용, 자신의 생활 태도를 돌아보게 하여 다른 사람을 이해하고 돕는 내용이 반영되어야 한다. 덧붙여, 좋은 우리말을 통해 심미적 경험을 제공하는 것도 적절하다.

3) 동화 구연의 구성요소

동화구연을 하기 위해서는 이야기를 듣는 이(청자), 이야기를 하는 이(구연자), 듣는 내용(동화)의 세 가지 요소가 충족되어야 한다. 이 밖에도 구연의 시기와 구연의 장소에 따라 동화 구연의 요소에 다소 차이가 있을 수 있으나, 다음에서는 동화 구연의 세 가지 구성요소를 중심으로 알아보기로 한다.

(1) 이야기를 듣는 이(청자)

구연의 내용을 귀로 듣는 사람은 모두 청자가 된다. 좋은 청자가 되기 위해서는 들려주는 사람(구연자)과 듣고 있는 내용에 주의를 집중하며 바르게 듣는 태도를 가져야 한다(이은경, 2002). 바른 태도란 듣고 있는 내용에 집중하며 화자와 적절하게 상호 소통하며 듣는 것을 의미한다. 청자가 바른 태도로 듣기 위해서는 내용 전달 과정에서 발생할 수 있는 여러 방해요인을 사전에 차단하는 것이 필요하다. 이를 구체적으로 살펴보면 다음과 같다(Heinich et al., 2001)

첫째, 소리의 크기가 너무 작거나 크지 않도록 성량을 조절한다.

둘째, 소리가 너무 단조로우면 청각 피로 현상을 초래할 수 있으므로 소리를 적절하게 변화시킨다.

셋째, 개인의 청각 능력은 생리적인 현상에 의해 좌우될 수 있다. 예를 들어, 몸이 아플 경우 청각 능력이 떨어질 수 있으므로 개개인의 현재 상태를 파악하는 것이 필요하다.

넷째, 청자가 전달된 내용을 이해하고 내면화하기 위해서는 과거의 경험과 지식에 의한 배경지식이 요구되므로, 이를 고려한 내용을 선택하는 것이 좋다.

다섯째, 소리가 잘 흩어지는 실외보다는 집중하여 들을 수 있는 실내 공간이 구연 장소로 더 적절하다.

(2) 이야기를 하는 이(구연자)

동화를 들려주고자 하는 사람은 누구나 구연자가 될 수 있다. 구연자의 자격이 특별히 정해져 있는 것은 아니지만, 동화를 구연하고자 하는 사람은 기본적으로 유아를 사랑하는 마음을 가지고 있어야 한다. 이에 덧붙여, 청자인 유아의 생활과 심리적 특성을 알고 있어야 하며, 대상 유아에게 적합하면서 동시에 예술성이 있는 문학작품을 선택할 수 있어야 한다. 또한 작품에 담긴 정서를 구연자의 것으로 내면화하여 감정을 담아 표현할 수 있는 표현력을 가져야 한다.

동화구연은 말로 이야기를 전달하는 것이므로 구연자인 교사가 동화를 재미있게 전달하는 구연 기법을 갖추면 더욱 좋다. 구연 기법은 동화를 구연할 때 필요한 기술을 의미한다. 구연 기법은 화자, 즉 들려주는 사람의 화술과 태도에서 발현되며, 적절한 구연 기술을 사용하면 같은 내용의 동화라고 하더라도 유아들의 흥미를 쉽게 이끌어낼 수 있을 것이다. 그러나 교사가 모두 전문 구연가가 될 필요는 없다(심성경 외, 2010). 교사의 고유한 음색이나 발성, 표정과 몸짓, 감정 표현을 사용하여 동화의 분위기에 맞게 전달하면 충분하다. 이를 위해 동화를 들려주기 전에 미리 들려줄 동화를 읽으며 동화의 주제나 서사, 흐름, 등장인물의 특성 등 동화의 전반적인 내용과 분위기를 파악하여 이와 어울리는 '구연방법-화술과 태도(몸짓)-'를 선택하는 것이 필요하다. 그 외에도 위치, 집단 규모, 시간 그리고 필요에 따라 동화구연 매체를 사용할 수 있다.

동화구연 시 교사가 고려해야 할 사항은 다음과 같다(이상금, 장영희, 2007).

첫째, 표정과 몸짓이다. 교사는 밝고 편안한 미소로 유아들의 눈을 골고루 보면서 구연하는 것이 좋다. 자연스러운 몸짓으로 유아들이 쉽게 알아들을 수 있는 말을 사용하여 전달한다.

둘째, 동화의 내용이다. 구연을 위한 동화는 그 내용이 교육적 목적이나 유아의 발달에 적합한지를 고려하여 선정하며, 발달적 적합성뿐만 아니라 단순명쾌성, 흥미성, 교육성, 예술성 등을 고려하여 선택하도록 한다.

셋째, 화술이다. 화술은 이야기를 전달하는 재주나 솜씨를 의미하는데, 교사가 유아에게 동화를 들려줄 때 가장 직접적으로 맞닿는 부분이다. 너무 목소리를 과장하여 미성에 가까운 음성으로 거리감을 만들기보다, 교사 자신의 고유한 목소리에 적절한 음색의 범위를 찾아 상황과 역할에 맞게 이야기를 들려준다.

넷째, 태도이다. 유아가 이야기의 내용을 상상하며 들을 수 있도록 교사는 자연스러운 태도를 가지는 것이 좋다. 교사 내면의 감정을 잘 담아내어 전달하는 것이 구연이므로, 교사는 구연하기 전에 동화 내용을 내면화하여 감동을 전달하도록 한다.

다섯째, 위치이다. 교사는 전체 유아를 한눈에 볼 수 있으면서도 친밀한 상호 관계를 나눌 수 있는 위치에서 유아와 눈을 마주치며 이야기를 전달해야 한다.

여섯째, 집단의 규모이다. 15명 이내의 소그룹이 이상적이며 가능한 한 같은 연령의 집단이 좋다. 대집단으로 동화를 들려주는 전통적인 방법은 교사 대 유아, 유아 대 유아 간 상호작용이 최소화되고 교사나 몇몇 적극적인 유아가 주도하여 진행되는 경향이 있으므로 적절한 집단을 구성하는 것이 좋다.

일곱째, 시간이다. 동화 내용의 길이나 동화의 특성, 연령, 집단 크기 등 유아의 반응에 따라 융통성 있게 조절이 가능하나, 대체로 유아의 연령이 어릴수록 짧아야 한다. 4세 이하는 8분 이내, 5세 유아는 10~15분이 적당하다.

여덟째, 동화 전달 매체이다. 동화구연은 기본적으로 전달 매체 없이, 동화를 들려주는 사람의 구연기술을 중심으로 한다. 그러나 유아를 대상으로 동화 구연을 할 때 적절한 매체를 활용하면 이야기에 대한 관심이나 흥미를 좀 더 쉽게 끌어낼 수 있다. 일반적으로 사용하는 매체는 그림동화와 융판동화, 테이블 동화 등이 있으며, 최근 미디어의 발달로 새롭게 등장한 빅북, 스톱워치 애니메이션 등이 있다. 동화전달 매체와 관련된 내용은 다음 절에 자세하게 제시하였다.

(3) 듣는 내용(동화)

구연의 내용은 대단히 광범위하다. 신화, 전설, 민담, 환상 동화, 생활 동화, 과학 동화 등 어떤 종류의 동화라도 구연의 내용이 될 수 있다. 그러나 이러한 동화가 구연되기 위해서는 듣는 사람의 수준과 구연에 적합하게 개작하는 것도 필요하다. 동화를 선정할 때에는 다양한 유형의 문학작품을 선정하고, 유아들이 들었을 때 이해가 가능하고, 유아의 생활과 관련되며, 흥미와 즐거움을 유발하는 사건이 이어지는 내용의 동화를 선택하는 것이 좋다. 동화

구연을 하기 전 구연 내용이 적절한지 알아보기 위해 쿠디(Coody, 1983)가 제안한 다음과 같은 사항을 고려하여 점검해 보자.

- 구연자에게도 이야기의 내용이 재미있고 즐거운가?
- 이야기가 구연자의 성격과 스타일에 맞는가?
- 이야기가 유아의 수준에 알맞은가?
- 내용을 개작하여도 줄거리에 변화가 없는가?
- 이야기 전개 과정에 대화와 동작이 충분히 포함되어 있는가?
- 문장이 너무 길지 않는가, 그리고 내용을 쉽게 요약 · 정리할 수 있는가?
- 구연자가 준비하기에 쉽고 적절한가?

유아에게 동화를 들려주기 위해서는 유아의 수준에 맞지 않는 부분을 삭제한다거나 수정해서 유아의 흥미를 끌 수 있도록 개작하는 과정이 필요하다. 개작(改作)은 이미 써 놓은 글이나 원작을 고치는 작업을 의미하는데, 개작의 기본원리인 보존, 삭제, 첨가의 세 가지 원리를 고려해야 한다(류혜원, 2008).

- 보존: 원작에서 작가가 말하고자 하는 중심 생각이나 가치는 보존해야 한다.
- 삭제: 현 시대에 맞지 않거나 비교육적인 부분, 불필요한 부분은 삭제한다.
- 첨가: 청자의 이해 수준에 맞고 구연의 효과를 위해 필요한 부분은 첨가한다.

동화를 개작할 때 고려해야 할 점은 다음과 같다(박선희, 이송은, 1997; 마쯔이 다다시, 2012).

첫째, 문학작품의 주제와 내용은 매우 중요하다. 따라서 교사는 이야기의 내용과 주제를 잘 파악하여 본래의 의미가 훼손되지 않도록 주의하여 개작한다.

둘째, 읽는 동화를 듣는 동화로 고친다. 듣는 동화로 바꾸기 위해 문어체(~했습니다)는 구어체(~했어요, ~했답니다)로 바꾸고, 해설부분도 대화체로 바꾸는 것이 좋다. 긴 문장은 짧고 리듬감이 있으면서 말하기 쉽게 고치고, 의성어와 의태어를 적절히 넣어 생동감을 불어넣는다. 어미 처리에 변화를 주어 이야기가 지루하지 않도록 한다. 예를 들어 '먹다' '먹고' '먹으면' 등으로 다양하게 고치면 이야기를 듣는 유아들이 재미있게 들을 수 있다. 어휘나 사건의 반복 등을 통해 리듬감이 잘 살아나도록 구성한다.

셋째, 유아가 쉽게 이해할 수 있는 상황으로 이야기를 재구성한다. 유아의 경험, 일상 그리고 주변 상황과 비슷한 맥락으로 수정하여 유아가 이해하기 쉽게 개작한다.

넷째, 이야기를 듣는 유아의 연령에 따라 이야기의 길이를 조정한다. 이야기가 너무 길면 지루하고 집중이 어렵다. 반대로 이야기가 너무 짧으면 유아에게 흥미와 만족감을 주지 못한다. 따라서 듣는 유아의 연령을 고려하여 이야기의 길이를 조절하는 것이 필요하다.

다섯째, 비교육적인 부분을 교육적으로 개작한다. 지나치게 잔인하거나 유아가 모방하기 쉬운 행동을 하는 악인은 상세히 묘사하지 않는 방향으로 수정하는 것이 좋다. 또한 내용이 잔인하거나 기이하며 공포심을 유발하는 이야기는 상세하게 묘사하지 않아야 한다.

다음은 이에 근거하여 개작한 동화의 예이다.

개작 전
나무꾼은 누가 잘했는지 잘못했는지를 물어보자고 했습니다. 늙은 소나무에게 물었더니 사람들이 나무들을 베어 가고 짐승들을 잡아 목을 베어 죽이는 사람이 나쁘다고 대답했습니다. 두 번째로 만난 황소는 죄 없는 짐승들을 실컷 부려 먹고 잡아먹으니 사람이 나쁘다고 했습니다. 마지막으로 토끼에게 물어보았더니 토끼는 호랑이에게 어떻게 하다 함정에 빠지게 되었는지 처음부터 보자고 했습니다. ······ 〈중략〉 ······

개작 후
나무꾼은 누가 잘했는지 잘못했는지 물어보자고 했어요. "소나무님, 소나무님, 사람들이 잘못했나요? 호랑이가 잘못했나요?" "사람들이지. 사람들은 나무를 베어 가고 짐승들을 잡아버리니 사람이 나빠." 마지막으로 토끼에게 물었어요. "토끼님, 토끼님, 누가 더 잘못했나요?" "음, 잘 모르겠어요. 그러니 호랑이님이 어떻게 함정에 빠지게 되었는지 보아야겠어요." ······ 〈중략〉 ······

4) 동화 구연의 과정

동화 구연은 '동화 소개하기' '동화 들려주기' '정리하고 회상하기'의 과정으로 나누어 생각해 볼 수 있다. 각 단계에서는 동화를 구연하고자 하는 교사 혹은 부모가 고려해야 할 내용이 있다. 다음에서 간단하게 살펴보기로 한다.

(1) 동화 소개하기

청자인 유아로 하여금 동화에 대한 흥미와 호기심을 갖게 하며, 적당한 정도의 긴장 속에서 동화를 들으려는 마음을 만들어 주는 단계이다.

먼저 동화의 제목을 알려주고 어떤 이야기를 듣게 될 것인지 예측해 보면서 이야기에 대한 관심을 갖도록 한다. 이때 들려줄 동화의 주인공을 중심으로 등장인물들의 특성이 생생하게 나타나도록 하며, 유아가 듣게 될 이야기의 내용을 상상할 수 있도록 감정적인 표현을 잘하는 것이 중요하다.

(2) 동화 들려주기

청자인 유아에게 동화를 들려주는 단계이다. 구연자는 동화의 내용과 그 안에 담겨진 정서를 대사, 몸짓, 표정 등을 통해 표현함으로써, 유아들이 그 감정을 공감하며 내면화하도록 돕는다. 이를 위해 구연자는 동화 구연을 하기 전에 선택한 동화를 분석하여 구연 계획을 세워 충분히 연습한다. 충분한 연습으로 음성의 안정감과 자신감을 갖게 되면, 다음과 같은 점을 고려하여 동화를 들려준다(이송은 외, 2021).

- 일방적으로 들려주지 않고 청자와 시선을 마주치며 반응을 살핀다.
- 들은 내용을 마음속에 그리고 상상할 수 있도록 여유를 가지고 들려준다.
- 잘 알아들을 수 있도록 입 모양을 정확하게 벌려 발음을 한다.
- 목소리의 변화와 음성의 고저, 장단, 완급 등을 조절하며 들려준다.
- 시작 부분과 끝나는 부분은 약간 천천히 구연하여 시작과 끝을 알린다.

유아는 구연을 들으며 상상한 이야기와 실제 이야기를 비교하면서, 주인공과 동일화되어 가는 경험을 한다. 등장인물들과 함께 슬플 때는 슬퍼하고 기쁠 때는 기뻐하며 긴장할 때는 긴장하면서 점차 동화 속에 담긴 정서와 주제에 다가가게 된다.

(3) 정리하고 회상하기

이야기의 주제에 담겨진 감정에 공감한 유아들이 이야기의 내용을 회상하면서 자기가 경험했던 감정들을 떠올려보는 단계이다. 이 단계에서 유아는 이야기의 등장인물과 주요 사건 등을 되짚어 보고, 동화에 대한 자신의 생각이나 느낌을 또래와 함께 이야기를 나누어 봄으로써 들었던 이야기에 대해 생각하고 느끼는 경험을 가질 수 있다. 교사는 유아들과 함께 이야기의 내용을 짧게 요약해 보거나, "어떤 부분이 가장 재미있었니?" "만약 내가 주인공이라면 어떨까?"와 같은 확산적 질문을 통해 유아가 자유롭게 자신의 생각을 정리하도록 지원할 수 있다. 또래와 함께 이야기를 하지 않더라도 느낀 점이나 생각한 점을 개인적으로 떠

올려 정리할 수 있도록 글과 그림으로 표현해 보는 기회를 통해 이를 지원해 주는 것도 좋은
방법이다.

 생각해 보아요

구연! 나도 잘할 수 있을까?

아이들 앞에서 실감 나게 동화를 읽어 줘야 한다고?! 난 아무렇지 않게 할아버지 목소리를 내고, 사자
처럼 으르렁거릴 용기가 없다. 목소리도 별로인 것 같고 그 많은 내용을 외울 자신도 없다. 나는 정말 구
연을 잘할 수 있을까? 예비유아교사라면 누구나 했을 고민은 이제 그만!! 구연에 재능이 없는 나 같은 평
범한 사람도 구연을 잘할 수 있을까요? 다음의 Q&A를 보며 고민을 해결해 보세요!!

Q. 질문있어요!	A. 이렇게 생각해 보세요!
동화구연은 목소리가 예쁜 사람이 하는 거 아니에요?	동화구연은 미성을 가진 사람들만 할 수 있는 특별한 장르가 아니랍니다. 누구나 자신의 음색을 살려 할 수 있는 게 동화구연이에요. 나만의 장점을 살려 보세요!
동화구연은 목소리를 과장하거나 꼭 성대모사를 하는 것 같아요!	동화구연은 오버 액션이나 성대모사의 장르가 아닙니다. 상황과 인물을 연상시키는 데 도움이 될 만큼, 8할 정도의 분위기를 내면 되지요. 혹시 닭살이 돋을 정도로 오버하는 구연을 보았다면, 좋지 않은 본보기를 본 것이니 걱정하지 마세요.
구연 내용을 다 못 외울 것 같아요!	동화구연은 무조건 외우는 게 아니에요. 줄거리를 기억할 뿐, 대본을 외울 필요는 없답니다. 보다 수월하게 실수를 줄이려 연습을 조금 더 할 뿐이지요.
동화구연에 정해진 방법이 있나요?	동화구연을 꼭 어떻게 하라는 법은 없습니다. 대체로 문어체보다는 구어체로 하는 게 생동감을 살릴 수 있고, 주인공 각각의 역할을 입체적으로 설정해 주는 것이 유아가 내용 이해하는 데 도움이 되긴 합니다.
동화구연을 많이 들으면 유아가 혼자 책 읽기를 싫어하지 않을까요?	이런 생각은 정말 괜한 걱정입니다. 재미있는 이야기를 들으면 유아는 그 이야기가 들어 있는 책에 흥미를 갖고, 본인이 직접 확인하고 싶어 합니다. 동화구연은 자발적 독서로 가는 징검다리인 셈이지요.
미디어 매체가 발달한 요즘에도 군이 사람이 이야기를 들려줄 필요가 있을까요?	미디어 매체가 발달한 오늘날에도 직접 들려주는 동화구연이 필요한 것은 인스턴트 즉석요리가 엄마표 된장찌개를 대체할 수 없는 것과 같지요. 이야기를 들려주는 사람과 듣는 사람은 서로 눈을 맞추고, 얼굴에 번지는 미소와 모국어의 파장을 피부로 함께 감지할 수 있기에 누군가가 직접 읽어 주는 과정은 꼭 필요하다 볼 수 있어요.

출처: 이송은 외(2021).

2. 구연매체 제작 및 활용하기

유아의 발달 특성과 동화의 특성에 따라 언어로 동화의 내용을 전달하면서 동시에 동화의 특성을 잘 반영하여 제작한 매체의 도움을 받을 수 있다. 특히 글자를 읽을 줄 모르는 유아나 동화를 처음 듣는 유아, 동화의 내용이나 사건의 변화 과정이 너무 빠르거나 복잡한 경우에도 매체를 활용하면 동화 내용의 이해를 도울 수 있다.

다음에서 동화구연에 도움을 줄 수 있는 매체의 제작과 활용방안에 대하여 알아보겠다.

1) 그림 동화

그림 동화는 낱장에 그린 그림들을 순서대로 정리하여 이야기를 들려주는 방법을 의미한다. 유아교육기관에서 가장 일반적으로 사용하고 있는 이 방법은 그림책을 크게 제작하여 동화 듣기에 참여한 모든 유아가 잘 볼 수 있도록 하기 위한 것이다.

그림 동화는 그림을 크게 볼 수 있다는 것 이외에도 많은 장점이 있다. 구체적인 그림을 중심으로 동화를 전달함으로써 말로만 동화를 들려주었을 때보다 동화의 내용을 쉽게 이해하고, 더 잘 기억할 수 있도록 도울 수 있다. 언어를 통해 얻을 수 없는 단서와 정보를 그림을 통해 습득함으로써, 자신이 상상했던 것과 비교하며 문학적 상상력도 기를 수 있다. 그림책의 크기가 여러 명이 함께 보기에 작은 동화의 경우 그림동화로 제작하여 들려줄 수 있다. 또한 그림책의 내용은 좋은데 원작의 그림이 유아에게 적절하지 못한 경우 그림 동화로 만들면 좋다.

제작된 그림 동화는 순서대로 정리하여 무릎이나 낮은 책상에 놓고 차례대로 들려준다. 이때 보여 주는 그림의 내용은 교사 앞의 그림 동화 뒷면에 쓴다. 교사 쪽으로 그림을 한 장 넘겼을 때 다음 장면 그림에 해당하는 글 내용이 교사 쪽으로 넘긴 장면의 뒤쪽에 적혀 있도록 한다. 최근에는 출판사에서 큰 책(big book)을 함께 만들기도 한다. 크기는 일반 단행본의 2~3배이고, 가격은 4~5배 정도이다. 가격이 부담스럽다면 근처 도서관이나 육아종합센터 등에서 무상으로 대여가 가능하다.

그림책 『위대한 건축가 무무』(김리라B 글·그림, 2015, 토토북)의 빅북과 일반 단행본

빅북 그림책 『따라쟁이 물고기』(아만다 스테르 글, 마갈리 르 위슈 그림, 2015, 삼성출판사)를 감상하는 유아와 학부모들

빅북은 대집단을 대상으로 동화를 들려줄 때 적합한 매체로 최근에는 출판사에서 판매하는 빅북이 많아
교사가 직접 제작하지 않아도 활용 가능하다.

출처: 출판사 토토북(좌), 한국경제신문(우)

(1) 기본형 그림 동화

① 낱장 동화

동화의 장면을 종이 위에 낱장으로 그리는 방식이다. 낱장 동화로 제작하기 위해 선정한 그림책을 살펴보고, 필요한 장면과 불필요한 장면을 선택한다. 선택한 장면을 중심으로 몇 장면으로 그릴 것인지, 어떤 재료로 그릴 것인지, 어느 정도의 크기로 그릴 것인지를 결정한 후 제작한다.

• 낱장 동화에 적합한 동화

낱장 동화는 유아들이 이야기의 흐름과 내용에 집중하며 듣기 적합하므로 흐름이 다소

낱장 동화로 제작한 그림책 『이건 막대가 아니야』(앙트아네트 포티스 글·그림, 2008, 베틀북)

복잡한 내용의 동화도 괜찮다. 또한 각 장면을 교사가 직접 그림으로 그려 제작해야 하므로 그림의 예술성보다 이야기를 중심으로 제작된 전래 동화, 창작 동화 등 다양한 종류의 이야기로 낱장 동화로 만들기에 적절하다.

- 낱장 동화로 동화를 들려줄 때 유의점
- 동화 내용이 낱장 동화 뒷면에 붙어 있기는 하지만, 교사는 동화의 내용을 가급적 완전히 파악하여 유아의 반응을 살피면서 이야기를 들려준다.
- 낱장의 그림은 교사의 가슴 정도의 높이로 올리는 것이 적당하다. 그림을 너무 높이 올리면 교사의 얼굴 부분이 가려지고, 너무 낮게 위치하면 교사의 고개가 숙여지므로 교사의 말이 유아들에게 잘 전달되지 않기 때문이다.
- 낱장 동화를 잡을 때, 교사의 손에 의해 그림이 가려지지 않도록 가장자리만 살짝 쥐고 한 장씩 넘기면서 이야기를 들려준다. 그림을 넘길 때에도 이야기가 끊기지 않도록 한다.
- 연령이 높은 유아의 경우, 낱장 동화를 들려주기 전후에 언어영역에 그림 자료를 제시하여 유아 스스로 이야기를 구성해 보도록 한 후 교사가 들려주는 내용과 비교해 보는 것도 좋다.

② TV 동화

동화를 장면별로 종이에 그려 긴 두루마리 위에 차례로 붙인 후, TV 모양의 틀 안에 넣어 그림을 돌려주며 이야기를 들려주는 방식이다. 만들기는 다소 번거롭지만 이야기의 흐름이 자연스럽게 이어질 수 있고, TV 매체와 같은 모양으로 제시되어 유아들의 흥미를 이끌어 내기 쉽다.

TV 동화로 제작한 그림책 『뭐든 될 수 있어』(요시타케 신스케 글 · 그림, 2017, 스콜라)

• TV 동화에 적합한 동화

TV 동화는 그림이 일정한 방향으로 움직이면서 이야기가 진행된다. 따라서 주인공이 어디론가 여행을 떠나며 겪는 일들이 담긴 동화(예: 『괴물들이 사는 나라』), 장면장면에 독립적인 이야기가 담겨 있는 동화(예: 『뭐든 될 수 있어』), 주인공이 이동하며 여러 다른 등장인물을 만나는 동화(예: 『누가 내 머리에 똥 쌌어』) 등이 잘 어울린다.

• TV 동화로 동화를 들려줄 때 유의점

- 이야기를 듣는 유아들의 반응을 살피며, 회전봉을 적절한 속도로 조절하며 들려준다.
- 유아들의 눈높이에 맞는 작은 책상에 TV 동화를 올려놓고 교사는 책상 뒤쪽에서 회전봉을 돌리며 동화를 들려주면 안정적으로 진행할 수 있다.
- TV 틀이 너무 작을 경우 유아들이 그림을 보기 어려울 수 있으므로 유아들의 수를 고려하여 크기를 조절한다.
- 도화지 대신 유선지(기름종이)나 종이호일에 검은 색으로 그림을 그려 그림 두루마리를 만들고 TV 틀 안에 작은 손전등이나 램프를 넣어 이야기를 들려주면, 그림자 동화로도 활용할 수 있다.

(2) 변형 그림 동화

① 융판 동화

융판은 하드보드와 같이 딱딱한 판 위에 융이나 펠트와 같이 보풀이 있는 천을 씌우고, 융판 자료의 뒷면에 벨크로를 붙여서 제작한다. 융판 동화를 제작하기 위해서는 복잡한 구조의 이야기를 단순한 구조를 가진 이야기로, 등장인물은 가급적 꼭 필요한 인물을 중심으로

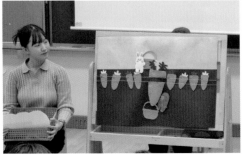

융판 동화로 제작한 그림책 『으쌰 으쌰 당근』(멜리 글 · 그림, 2021, 책읽는곰)

줄이는 것이 좋다. 『아기 돼지 삼형제』처럼 3~5 이내의 등장인물과 단순하고 반복적인 이야기 구성을 가지고 있는 동화를 선택하는 것도 방법이다.

• 융판 동화에 적합한 동화

융판 동화는 한 장면에 등장인물과 배경이 모두 드러나는 기본형 동화와는 달리 배경과 등장인물이나 사물이 시간차를 두고 각각 제시된다. 따라서 동화의 줄거리를 이해하는 데 핵심이 되는 장면이나 반복적인 장면을 간추려 기본 배경을 만든 후, 이야기가 진행되면서 등장인물이나 사물이 하나 둘 등장하도록 구성해야 한다. 따라서 재미있는 사건이 반복되고, 이야기가 진행되면서 새로운 등장인물이나 요소가 첨가되는 형식의 이야기가 융판 동화에 적합하다. 예를 들어, 『검피 아저씨의 뱃놀이』의 경우, 이야기가 진행되면서 새로운 동물들이 한 마리씩 추가로 등장하기 때문에 융판 동화의 장점을 최대한 살릴 수 있다.

• 융판 동화로 동화를 들려줄 때 유의점

－교사는 융판의 오른쪽이나 왼쪽에 자리를 잡는다. 이때 본인이 주로 사용하는 손을 기준으로 위치를 잡는 것이 좋다. 오른손잡이라면, 유아를 바라보았을 때를 기준으로 융판의 왼쪽에, 왼손잡이라면 융판의 오른쪽에 자리를 잡아야 한다. 그래야 자료를 융판에 붙일 때 뻗은 손이 융판을 가리지 않게 되고, 유아들을 등지지 않고 마주 보며 이야기를 들려줄 수 있다.

오른손잡이인 교사는 융판의 왼쪽에 서서 자료를 붙이는 것이 좋다(좌측). 오른쪽 사진의 경우 교사의 오른팔이 융판을 가림과 동시에 유아들에게 등을 지게 되어 적절하지 않다(우측).

－동화를 들려주기 전에 미리 이야기의 흐름에 방해되지 않도록 등장인물과 사물 등 융판 자료를 순서대로 정리해 둔다.

- 융판자료를 붙였다 떼어 낼 때에는 교사의 손가락이 자료를 가리지 않도록 자료의 끝을 잘 잡은 후 되도록 **빠른** 시간에 조작해야 유아들이 이야기에 집중할 수 있다.
- 교사는 등장인물이나 필요한 자료를 조작할 때를 제외하고, 가급적 유아들의 눈을 보며 이야기를 들려준다.
- 융판 위에 너무 많은 자료를 한꺼번에 붙여 놓지 말고, 적절히 붙였다 떼었다 한다.

② 자석 동화

자석 동화는 융판 대신 자력을 가지고 있는 자석판을, 융판자료의 뒷면에 벨크로가 아닌 자석을 붙인다는 점에서 융판 동화와 다소 차이가 있지만, 기본판에 붙이거나 떼어 내는 자료를 기본으로 한다는 점은 같다. 자석판이란 판의 표면에 얇은 철판을 씌워 작은 자석을 판의 표면에 쉽게 부착시킬 수 있도록 만든 것으로 '스틸보드'라고도 한다. 자석 동화는 자석이 붙여진 그림 자료나 사진을 자석판에 붙여 놓고, 자석판 뒤에서 다른 자석을 대고 조작하면서 원하는 방향으로 자연스럽게 움직이며 이야기를 들려줄 수 있다.

• 자석 동화에 적합한 동화

자석 동화에 적합한 동화는 이야기의 구조가 단순하고 등장인물의 수가 너무 많지 않아야 하며, 배경 변화가 심하지 않은 동화가 좋다. 그리고 이야기의 흐름에 움직임이 포함된 동화가 적합하다. 예를 들어, 작은 물고기가 서로 모여 커다란 물고기처럼 모였다가 다시 흩어지게 만드는 장면(『감기 걸린 물고기』(박정섭 글・그림, 2016, 사계절)이나, 도깨비들이 방망이를 두드려 보석이 마구 쏟아지는 장면(『도깨비 감투』(강정연 글, 장경혜 그림, 2016, 비룡소)의 움직임을 효과적으로 구현할 수 있는 자석 동화를 활용하면 유아들의 집중을 끌어내기 좋다. 또한 자석이 서로 붙는 성질을 이용하여 자료들을 서로 겹치며 들려줄 수 있다. 예를 들어, 『쾅글왕글의 모자』(에드워드 리어 글, 헬린 옥슨버리 그림, 1996, 보림)의 경우 쾅글왕글의 커다란 모자 위에 리본이나 종, 단추, 레이스 등 여러 물건들이 주렁주렁 달리는 주요 장면에서 효과적으로 활용할 수 있다.

• 자석 동화로 동화를 들려줄 때 유의점

- 자료의 뒷면에 자석을 붙일 때에는 글루건으로 단단하게 고정하여 구연 도중 분리되지 않도록 한다.
- 자석의 힘이 약할 경우 진행 도중 자석 자료가 떨어져서 유아의 집중을 분산시킬 수 있

으므로 자력의 세기에 유의한다.

－자료의 크기가 큰 경우에는 여러 개의 자석을 붙이기보다 넓은 자석판 하나를 오려 붙
여 자료를 만드는 것이 효과적이다.

자석 동화를 듣는 유아들

③ 앞치마 동화

앞치마 동화는 융판 동화와 활용 방법이 유사하다. 융판 동화는 융판에 부착하며 이야기
를 들려준다면, 앞치마 동화는 장소에 상관없이 앞치마만 두르면 이야기를 들려줄 수 있다.
앞치마 동화는 기본적으로는 융판 자료의 형태로 만들어진(뒷면에 벨크로가 부착된) 자료를
사용하게 되지만, 이에 더하여 손 인형이나 막대 인형을 같이 활용할 수 있다. 앞치마 동화
에 사용하는 자료는 부직포로만 만들기보다는 여러 종류의 재질을 사용하여 입체 자료로 만
드는 것도 가능하다(예: 도마는 나무, 칼은 은박지, 접시는 스티로폼 등으로 만들 수 있음).

• 앞치마 동화에 적합한 동화

앞치마 동화로 제작하기에 적절한 동화는 융판 동화나 자석 동화와 마찬가지로 새로운
요소들이 첨가 혹은 삭제되거나, 한 요소는 고정적으로 있고 다른 요소들이 계속 변화하는
것이 좋다. 예를 들어, 새로운 요소가 첨가되는 작품은 『오싹오싹 당근』(에런 레이놀즈 글, 피
터 브라운 그림, 2023, 주니어RHK), 『쓰레기 귀신이 나타났다』(백지영 글 · 그림, 2021, 미세기),
『나랑 같이 놀자』(매리 홀 엣츠 글 · 그림, 2000, 시공주니어)가 있고, 한 요소는 고정적으로 있
고 다른 요소들이 계속 변화하는 작품은 『요셉의 작고 낡은 오버코트가』(심스 태백 글 · 그림,
2000, 베틀북), 『이건 막대가 아니야』(앙트아네트 포티스 글 · 그림, 2008, 베틀북), 『아낌없이 주
는 나무』(쉘 실버스타인 글 · 그림, 2000, 시공주니어) 등을 들 수 있다.

『아빠, 달님을 따 주세요』(에릭 칼 글·그림, 2007, 더큰) 앞치마동화 | 두 명의 유아가 함께 앞치마 동화를 조작하며 이야기를 들려주는 모습 | 앞치마 동화를 이용하여 교사가 들려주는 이야기를 듣고 있는 유아들

- 앞치마 동화로 동화를 들려줄 때 유의점
- 평평한 융판에 붙이는 것이 아니라 교사가 직접 입고 동화를 들려주며 자료를 부착하게 되기 때문에 상대적으로 잘 떨어질 수 있다. 따라서 앞치마를 제작할 때 너무 얇거나 흐물거리는 재료보다 다소 빳빳한 형태를 유지할 수 있는 재료를 사용한다. 또한 자료의 모양에 따라 뒷면에 벨크로의 크기와 개수를 조절하여 쉽게 떨어지지 않도록 한다.
- 앞치마의 특성상 이야기의 배경판이 크지 않기 때문에 자료의 크기를 적절히 조절해야 한다. 자료의 크기가 너무 크면 잘 붙어 있지 않거나 복잡해 보이고, 너무 작으면 이야기를 듣는 유아들에게 잘 보이지 않는다.
- 붙이는 자료는 앞치마의 뒷면에 주머니 형태로 만들어 보관할 수 있도록 한다.
- 앞치마를 유아용으로 작게 만들어 언어영역에 비치해 두면, 유아들이 직접 사용하며 이야기를 즐길 수 있다.
- 앞치마 동화로 구연을 할 때 교사가 커다랗고 화려한 머리띠나 머리 모양을 하는 경우가 있는데, 유아들의 시선을 분산시키므로 별로 좋은 방법이 아니다. 유아들이 앞치마 동화에 집중할 수 있도록, 교사는 단색이나 차분한 색의 옷을 입고 화려한 장신구도 피하도록 한다.

2) 입체 동화

입체 동화는 말 그대로 입체로 된 매체를 활용하여 유아들에게 이야기를 들려주는 것이다. 유아교육기관에서는 입체 형태의 인형으로 등장인물을 만들고 입체적인 무대나 모양으로 이야기의 배경 틀을 만든다. 입체 동화의 경우, 평면 형태로 제작되는 그림 동화로 이야기를 듣는 것보다 유아의 흥미를 이끌어 내기 쉽고, 자료가 움직이는 것처럼 보여 실감 나게 이야기를 들려줄 수 있다는 장점이 있다.

다만, 만드는 방법이 그림 동화보다 복잡하고 어려운 경우가 많아 교사의 노력이 많이 요구된다. 입체 동화의 배경 틀을 하나하나 만들기보다는 재활용품을 이용하면 좀 더 쉽게 입체 동화를 만들 수 있다. 입체 인형의 경우에도 전통적인 펠트 인형이나 부직포 인형 외에 종이컵이나 요구르트 병, 아이스크림 막대 등의 재료를 이용하면 간편하게 제작할 수 있다. 최근에는 다양한 크기와 모양의 입체북이 시중에 출판되어 있으므로 이를 활용하는 것도 좋은 방법이다.

(1) 테이블 동화

테이블 동화는 테이블을 무대 삼아 이야기를 들려주는 방식이다. 테이블이나 상자에 간단한 배경을 그려 무대를 꾸민 후, 입체 인형을 무대에 놓아 움직이면서 이야기를 들려준다.

그림책 『사랑에 빠진 개구리』(맥스 벨트하우스 글 · 그림, 1995, 마루벌)로 만든 테이블 동화

그림책 『호랑이와 곶감』(김기정 글 · 김대규 그림, 2020, 비룡소)으로 만든 테이블 동화

• 테이블 동화에 적합한 동화

등장인물들의 움직임이 돋보이는 형태이므로 동화 또한 각각의 특징을 가진 여러 등장인물들이 나와 이야기가 전개되는 형태의 그림책이 적절하다. 예를 들어, 오리를 사랑하게 된 개구리의 이야기를 담은『사랑에 빠진 개구리』의 경우, 종과 생김새가 다른 오리, 개구리, 토끼, 돼지 등 동물 등장인물들이 차례로 등장하며 이야기가 전개되고, 전래 동화『호랑이와 곶감』의 경우, 도둑, 호랑이, 송아지, 곰 등의 동물이 순서대로 등장하는 이야기이므로 테이블 동화에 적절하다.

• 테이블 동화로 동화를 들려줄 때 유의점
- 테이블 동화의 배경은 3~4개 정도가 적합하다.
- 배경을 넘길 때 인형이 배경과 부딪히지 않도록 동선을 미리 연습한다.
- 인형을 조작할 때에는 앞뒤, 좌우 등으로 움직여 가며 등장인물의 대사를 들려주어야 하며, 각 등장인물이 나오는 순서나 인형이 뒤바뀌어 혼동되지 않도록 매직펜으로 막대에 각 등장인물의 이름과 순서를 적어 둔다.
- 테이블 동화를 올려놓을 책상은 유아의 연령이나 앉아 있는 대형에 따라 높이를 조절한다.

(2) 인형 동화

인형은 다른 어떤 매체보다도 유아에게 매력적인 자료이다. 특히 인형은 유아에게 동화적인 세계를 다양하게 경험시키고, 창의력과 상상력을 풍부하게 하며, 부드럽고 친밀한 정서를 느끼게 하는 등 교육적 가치가 큰 교수매체이다. 동화의 주제에 따라 적절히 응용할 수 있으므로 활용방안이 다양한 것도 장점이다.

인형은 재료와 형태, 제작 방법 등에 따라 다양한 종류로 나눌 수 있다. 다음에서는 막대인형, 손 인형, 손가락 인형, 줄 인형 등 유아교육기관에서 가장 많이 활용하고 있는 인형들에 대하여 알아보고자 한다.

① 막대 인형

가장 단순한 형태의 인형으로, 인형 몸체에 막대를 연결하여 그 막대로 조정하는 것이다. 막대 인형은 평면 그림이나 입체 인형에 막대를 달아 만든다. 평면 막대 인형은 잡지나 광고전단지 등에서 필요한 대상을 오리거나 유아가 직접 그린 그림을 코팅해서 튼튼하게 만든 후, 뒤에 빨대나 나무젓가락 등을 대어 고정한다. 입체 막대 인형은 일반적으로 헝겊이나 부직포 등의 재료에 솜을 넣어서 만들고 인형의 키보다 10~15cm 긴 막대를 몸에 끼워서 만든다.

그림책 『미운오리새끼를 읽은 아기 오리 삼남매』(곽민수 글, 조미자 그림, 2021, 도서출판 봄볕)로 만든 막대 인형 동화 들려주기

  움직이는 부분에 Y핀(할핀)을 꽂아 움직일 수 있도록 하고, 막대나 빨대 등으로 손잡이를 만들어 붙이면 부분적으로 움직이는 막대인형이 완성된다. 등장인물이 많이 나오는 동화의 경우에는 막대 인형의 수 또한 늘어나므로, 등장하는 인형들을 꽂아 둘 수 있는 틀을 만들어 두면 구연하기 편리하다. 간단한 형태의 막대 인형은 유아가 직접 만들어 친구들에게 이야기를 들려주며 놀이할 수 있다.

유아들이 직접 만든 막대 인형   부분적으로 움직이는 막대 인형

여러 형태의 막대 인형을 활용한 동화 들려주기

막대 인형을 꽂아 둘 수 있는 틀

② 손 인형

인형의 머리와 두 손을 조정자의 세 손가락에 끼워 움직임을 조작하는 인형으로, 막대 인형보다 움직임이 자유로워 조금 더 세밀한 동작까지 표현할 수 있다. 양말, 종이봉투, 접시, 종이 등 다양한 재료의 특성에 따라 움직이는 부위를 다르게 만들 수 있다.

입을 움직이게 하는 손 인형은 양말로 만들면 쉽다. 손을 양말 속에 넣어 입을 열었다 닫았다 하며 인형이 말을 하는 것처럼 움직일 수 있다. 종이봉투를 이용하여 입을 움직이게 하는 손 인형은 봉투를 거꾸로 한 후 겉면에 털실, 헝겊, 부직포 등 다양한 재료를 붙인 후 속으로 손을 넣어 움직인다. 팔과 머리를 움직이게 하는 손 인형은 머리 부분에 검지, 중지, 약지 손가락을 한꺼번에 넣고 양쪽 팔 부분에는 엄지와 소지 손가락(새끼손가락)을 끼워 조작한다. 이런 형태의 손 인형은 등장인물이 물건을 잡거나 인사를 하는 등의 다양한 움직임을 나타낼 수 있어서 보다 실감 나는 표현을 보여 줄 수 있다.

2. 구연매체 제작 및 활용하기   325

여러 형태의 손인형

양말로 만든 손인형을 조작하며 그림책을 읽는 유아

③ 손가락 인형

손가락에 인형을 끼우거나, 손가락에 직접 그림을 그려 움직이면서 이야기를 들려준다. 손가락 인형은 규모가 작고 움직임이 단순하여 손쉽게 조작해 볼 수 있으므로, 유아의 동화 회상하기 활동에 유용하게 쓰일 수 있다.

손가락 인형에는 여러 종류가 있는데, 손가락에 끼우는 인형, 손가락이 다리의 역할을 하는 인형, 손가락이나 손등에 그림을 그려 사용하는 인형 등이 있다.

• 손가락에 끼우는 인형

부직포나 두꺼운 종이로 손가락 하나가 들어갈 만한 원통을 만들어 그 위에 여러 가지 모습의 인형을 꾸민다. 원통을 만드는 것 대신 고무로 코팅되어 있는 목공용 장갑의 손가락에 인형을 꾸미는 방법을 사용할 수 있다. 간단한 종이접기를 이용하여 등장인물의 모습을 종이로 접은 후, 이를 손가락에 끼워 인형으로 활용할 수도 있다.

• 손가락이 다리 역할을 하는 인형

손가락의 검지와 약지를 인형의 뒷부분에 끼워 두 다리의 움직임을 나타내 주는 형태이다. 이러한 형태의 인형은 움직임이 많이 요구되는 등장인물에 적절히 이용될 수 있다. 인형의 몸을 그림으로 그리고 다리가 되는 부분에는 손가락이 들어가도록 구멍을 뚫거나 뒤에 손가락을 끼워 고정시킬 수 있도록 고정대를 만들어 인형을 완성한다.

• 손가락이나 손등에 그림을 그려 이용하는 인형

손가락과 손등에 직접 그림을 그려 인형을 만들 수 있는데, 대상의 인물이나 동물의 특징적인 부분을 물감으로 그린 후 손을 직접 움직이므로 생동감이 있다.

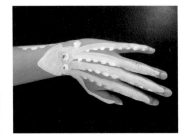

여러 형태의 손가락 인형

④ 줄 인형

교사는 막대 한 개 혹은 십자 막대를 이용하여 한 줄, 두 줄, 세 줄 혹은 네 줄로 연결된 인형을 사용함으로써 쉽게 이야기를 전달할 수 있다.

• 줄 인형으로 동화를 들려줄 때 유의점
-줄 인형은 막대가 보이지 않도록 무대를 중심으로 위와 아래를 가리는 것이 전형적인 방법이다. 그러나 유아교육현장에서는 교사가 유아들의 반응도 살피면서 이야기를 들려주게 되므로 교사의 인형 조작 과정을 보여 줘도 무방하다. 그러나 이렇게 할 경우 철저한 연습으로 실수 없이 자연스럽게 줄 인형을 다룰 수 있도록 해야 한다.
-줄 인형 동화는 줄의 수에 따라 정교한 움직임이 나올 수도 있으나, 줄의 수가 적더라도 인형을 조작하는 이에 따라 마치 인형이 살아 움직이는 것처럼 보이게도 하므로 너무 많은 줄을 사용하지 않아도 흥미로운 시연이 가능하다.
-배경 음악이나 효과음을 적절히 사용하면 유아에게 인상적인 경험을 제공할 수 있다.

−줄 인형은 사용 후 줄이 엉키지 않도록 걸어서 보관한다.

여러 형태의 줄 인형과 줄 인형극

줄 인형극 출처: 세계일보(체코 줄 인형극 〈돈 지오바니〉)

3) 그림자 동화

빛을 비추어 막에 비치는 그림자를 활용하여 이야기를 들려주는 방식이다. 스크린 뒤로 빛을 받아 그림자를 만들어서 유아들에게 보여 주게 되므로 신비감과 상상력을 불러일으킬 수 있고, 조명의 위치에 따라 인형의 크기와 모양을 변화시킬 수 있다. 그림자 인형을 이용하기 위해서는 조명과 인형을 다루는 기술이 필요하지만 조금만 연습하면 쉽게 조작이 가능하다. 유아교육기관에서는 인형 없이 손으로 토끼, 새, 강아지 등의 그림자를 만들어 보는 경우도 많다. 손전등이나 라이트테이블을 활용하면 유아 스스로 재미있는 그림자 동화 놀이를 즐길 수 있다. 교사의 동화 들려주기 외에도 유아 주도의 놀이에서 그림자 동화를 진행할 수 있다.

그림책 『저리 가! 잡아먹기 전에』(애덤 레르하우프트 글 · 스콧 매군 그림, 2019, 키즈엠)로
만든 그림자 동화 들려주기

- 그림자 동화로 동화를 들려줄 때 유의점
- 조명을 가까이에서 비출 때와 멀리서 비출 때의 그림자 크기와 선명도가 달라지므로 이를 적절히 조절하면 효과적인 그림자 인형극 놀이가 가능하다. 조명등으로는 거위 목처럼 길게 구부릴 수 있는 책상용 램프나 휴대폰 뒷면의 손전등 기능을 켜서 활용할 수도 있다.
- 램프나 손전등을 색 셀로판지로 감싸면 원하는 색의 조명이 비춰지므로 다양한 장면을 효과적으로 표현할 수 있다.
- 기기를 활용할 수도 있는데, 기관에 OHP(Over Head Projector)나 라이트테이블이 있다면 유아 주도의 간단한 그림자 인형극 놀이가 가능하다.

셀로판지로 만든 그림자 인형에 손전등을 비추어 그림자 인형극 놀이를 즐기는 유아들

손전등과 라이트테이블로 그림자 동화 놀이를 즐기는 유아들

흰 벽과 OHP를 활용하여 그림자 동화 놀이를 즐기는 유아들

유아가 주도하는 그림자 동화 놀이

유아는 자신이 들은 이야기를 토대로 자유롭게 자발적인 그림자 동화 놀이를 주도할 수 있다. 또한 그림자 놀이와 관련된 그림책[예: 『그림자 놀이』(이수지 글 · 그림, 2010, 비룡소)]을 직접 읽고 그림책에 등장하는 손 그림자 놀이를 할 수 있다.

4) 디지털 미디어 및 IT 기술을 활용한 동화

다양한 디지털 미디어와 IT 기술을 활용하여 간단하면서도 흥미로운 동화 매체를 제작할 수 있다. 교사가 제작할 수도 있지만 유아가 직접 자신의 아이디어를 활용하여 만들고 이를 통해 놀이하는 것이 가능하므로, 교사는 전통적인 동화 매체와 더불어 새로운 방식의 동화 매체도 적극 활용하는 것이 좋다. 다음에서 파워포인트와 3D 프린팅 기술을 활용한 매체 만들기, 스톱워치 기술과 AI 프로그램을 활용한 움직이는 매체 만들기에 대해 간단히 알아본다.

(1) 파워포인트를 활용한 매체 만들기

그림책을 스캔한 이미지 파일을 파워포인트로 간략하게 편집한 후, 등장인물의 움직임과 특성을 고려하여 다양한 애니메이션 효과를 적용하면 움직이는 빅 북을 만들 수 있다. 간편하게 작업할 수 있어, 컴퓨터를 잘 사용하지 못하는 교사들도 쉽게 만들 수 있다. 그림책을 움직이는 형태로 만들어 제공하므로 유아들은 보다 실감 나고 재미있게 동화를 감상할 수 있다.

① 그림책을 스캔하여 이미지 파일로 저장 후, 폴더에 순서대로 정리

② 파워포인트의 각 슬라이드마다 이미지 파일 삽입하여 크기 조절

③ 각 슬라이드마다 어울리는 애니메이션 효과 적용

④ 장면에 어울리는 소리파일 삽입하여 완성한 후, 슬라이드 쇼 보기를 하여 실행

⑤ 완성된 빅북을 큰 화면을 통해 유아들과 함께 감상

⑥ 빅북 파일을 태블릿 PC에 넣어 유아에게 제공

파워포인트를 활용한 매체 만들기—「할머니의 비밀스러운 취미생활」(오하나 글 · 그림, 2019, 웅진주니어)
파워포인트의 애니메이션 효과를 활용하면 간편한 방법으로 움직이는 빅 북의 형태의 매체를 만들 수 있다. 완성된 빅북은 대집단으로 유아들과 함께 감상할 수도 있고, 파일을 태블릿 PC에 넣어 주면 유아 스스로 개별 또는 소집단 형태의 그림책 읽기가 가능하다.

단, 「저작권법」 제2조 제22호는 저작물을 유형물로 다시 제작하는 행위뿐만 아니라 유형물에 고정하는 행위(스캔)까지를 모두 포함하는 행위로 정의하고 있으며, 일시적인 복제의 경우도 그 범위에 포함하고 있다. 그림책을 스캔하는 것은 그림책의 표현과 내용을 하드디스크에 고정하는 행위이기 때문에 「저작권법」이 규정하는 '복제'에 해당한다. 그림책을 개인이 스캔해서 자신이 소유하거나 개인적으로 이용하는 것은 「저작권법」 제30조가 규정하는 사적 복제에 해당이 되어서, 저작권자의 허락 없이도 가능하다. 그렇지만 이것을 공중을 대상으로 보여 준다면 사적 복제의 범위를 벗어나는 것이기 때문에 저작권자의 허락을 필요로 한다(국립중앙도서관, 2014).

(2) 3D 프린팅 기술을 활용한 매체 만들기

3D 프린터와 3D 펜을 도구로 하는 3D 프린팅 기술을 활용하여 원하는 형태의 인형을 제작할 수 있다. 교사가 들려주고자 하는 동화의 등장인물과 배경을 만들어 들려줄 수도 있고, 유아들이 직접 그린 그림을 입체 인형으로 만들어 인형놀이로 즐길 수도 있다.

3D 프린팅을 위한 모델링 ➜ 3D 프린팅 ➜ 색칠을 하여 완성한 인형

3D 프린팅 기술을 활용한 인형 만들기

3D 프린팅 기술을 활용하면 동화의 등장인물이나 배경을 간단하게 입체 인형으로 만들 수 있다. 유아들이 직접 그린 그림도 입체 인형으로 만드는 것이 가능하므로 이러한 기술을 활용하면 재미있는 동화 들려주기와 이를 연계한 놀이가 가능하다.

출처: 네이버 블로그_ 곰나으리(https://blog.naver.com/gonali/220764788412)

(3) 타임랩스 기술을 활용한 애니메이션 만들기

타임랩스(time-lapse)란 움직이는 대상을 일정한 시간적 간격을 두고 촬영하는 기법으로, 식물의 싹이 돋아나 꽃이 피고 열매가 맺히는 장면, 구름의 이동 장면, 일몰 장면 등과 같이 긴 시간에 걸쳐 일어나는 과정들을 압축해 보여 줄 수 있다. 흔히 볼 수 있는 상업용 애니메이션은 수백, 수천 장의 그림을 빠르게 연결하여 움직이는 영상으로 변환한 후 자연스러운 특수 영상효과를 주어 제작한다. 그러나 타임랩스 기능을 사용하면 앞서 설명한 과정을 간단하게 만들 수 있다. 연속적 움직임이 그려진 그림책의 이미지를 스캔한 후, 타임랩스 프로그램으로 변환시키면 움직이는 영상을 만들 수 있다. 또는 유아가 직접 그림을 그리는 과정을 휴대폰의 타임랩스 기능으로 촬영하면 비슷한 효과를 얻을 수 있다.

(4) AI 프로그램을 활용한 애니메이션 만들기

AI 기술이 접목된 '마이 헤리티지(myheritage)'나 '스케치 메타(sketch.meta)' 등 다양한 AI 프로그램들은 이미지를 몇 번만 클릭하면 즉석에서 움직이는 애니메이션으로 변환해 준다. 별도의 설치나 구매 없이 웹 사이트에 접속하여 쉽게 활용할 수 있다. 완성된 애니메이션은 동영상 파일로 다운로드가 가능하다. 얼굴표정이 잘 드러나는 그림책을 선정하여 표정이 바뀌는 장면을 애니메이션으로 구현하거나, 유아가 직접 그린 그림을 애니메이션으로 제작할 수도 있다. 교사뿐만 아니라 유아도 손쉽게 프로그램을 사용할 수 있으므로 교사와 함께 프로그램을 사용 후, 유아 스스로 직접 사용하도록 지도한다.

① '마이 헤리티지' 홈페이지에 접속하여 가입한 후, 그림책 속 인물이 등장하는 장면을 업로드

② 그림 속 인물을 인식하여 애니메이션으로 변환할 때까지 1분 정도의 시간 소요

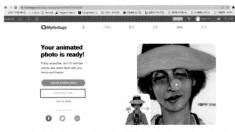

③ 애니메이션으로 변환된 것을 확인하고 필요시 영상으로 다운로드 가능

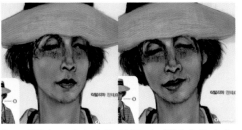

④ 그림책 속 고개 숙인 등장인물이 다양하게 움직이는 애니메이션으로 변환

'마이 헤리티지' AI 사이트를 활용한 애니메이션 만들기

'마이헤리티지'는 사진을 움직이는 애니메이션으로 변환해 주는 사이트이다. 얼굴이 명확하게 드러난 그림책의 장면을 활용하면, AI가 인식한 후 움직이는 애니메이션으로 변환시켜 준다. 사진을 주양식으로 사용한 그림책이나 얼굴 표정이 잘 드러나 있는 그림책을 선정하는 것이 좋다.

출처: https://www.myheritage.co.kr/deep-nostalgia?via=aitoolsarena.com

① '스케치 메타' 홈페이지에 접속하여 원하는 그림 업로드

② 펜 도구를 활용하여 그림의 신체 부위를 선택하거나 지우개 도구로 수정 후 다음

③ 움직이길 희망하는 신체 부위의 관절을 선택한 후 다음

④ 왼쪽 움직임 기능을 클릭하면 오른쪽에 움직임 영상으로 출력되며 다운로드 가능

'스케치 메타' AI 사이트를 활용한 움직이는 책 만들기

'스케치 메타'는 그림을 애니메이션으로 바꿔 주는 AI 사이트로 그림책 속 등장인물이나 유아가 직접 그린 그림을 움직이도록 만들어 준다.

출처: https://sketch.metademolab.com

3. 교수매체를 활용한 그림책 들려주기

　만들기가 복잡한 교수매체는 교사로 하여금 매체 사용에 대한 거부감과 피로감을 높이는 원인이 된다. 따라서 교사는 간단한 방법으로 효과적인 매체를 만드는 방법에 대해 고민할 필요가 있다. 다음에서는 간단한 아이디어로 만든 교수매체를 활용한 그림책 읽어 주기에 대해 연령별 사례를 소개한다. 전통적 교수매체와 비교하여 살펴보면서 현장에서 효과적으로 적용할 수 있는 방안에 대해 생각해 보자.

전통 교수매체 만들기

*앞치마 동화 만들기
1. 초록색 부직포로 앞치마 모양을 만든다.
2. 알록달록 색을 상징하는 동물들의 주머니를 만든다.
3. 색깔 펠트지를 기다란 똥 모양으로 꿰매어 솜을 넣어 색깔 똥 인형을 만든다.
4. 색깔 동물 주머니에 넣었다 빼며 동화를 들려준다.
★ 팁! 색깔 양말에 솜을 넣으면 쉽게 색깔 똥 인형을 만들 수 있어요!

그림책 개요

• 제목: 색깔 똥
• 저자: 오서진 글 · 그림
• 출판: 2019, 밥북
• 내용: 일곱 가지 무지개 빛 색깔 똥! 어떤 색의 음식을 먹었길래 이런 색의 똥이 나올까? 색에 대한 경험은 물론 자연스럽고 친근한 배변 훈련을 도와 줄 수 있는 재미난 그림책이다.

간단한 교수매체 활용하기

*'코인티슈'로 입체 동화 만들기
–동그란 동전 모양의 물티슈. 물에 닿으면 불어나는 성질을 활용하여 매체를 만든다.
–활용 가능한 그림책
• 『배고픈 애벌레』(에릭칼 글 · 그림, 2007, 더큰)
• 『코끼리 코가 출렁출렁』(허은미 글, 나애경 그림, 2005, 웅진주니어)
• 『피노키오』(카를로 콜로디 원작, 김세실 글, 조혜원 그림, 2008, 삼성출판사)

0~1세

매체를 활용한 그림책 들려주기 tip

그림책 『색깔 똥』은 영아에게 친숙하면서 뭔가 우스운 존재인 '응가'에 대한 이야기입니다. 영아의 배변 훈련과 색깔 탐색에 재미있게 활용할 수 있지요. 다양한 색과 흥미로운 전개로 진행되는 그림책의 내용은 앞치마 동화 매체를 통해 영아들에게 더 흥미롭게 다가올 수 있습니다. 간단하게는 물을 묻히면 늘어나는 특징을 가진 코인티슈를 활용하여 그림책 들려주기를 시도해 보세요. 응가가 늘어 가는 신기한 입체 동화를 통해 보다 즐거운 이야기 시간이 될 수 있답니다.

전통 교수매체 만들기

*TV동화 만들기
1. 상자 가운데에 화면 모양의 구멍을 뚫고 검은색 시트지를 붙인다. 위쪽에 동그란 구멍 두 개를 뚫어 놓는다.
2. 하얗고 긴 도화지에 그림책의 장면을 인쇄하여 순서대로 붙인다. 양 끝에 긴 막대를 붙인 후, 말아 준다.
3. 2를 1에 잘 끼워 준 후, 겉면을 TV 모양으로 꾸민다.

★ 팁! 두꺼운 과일 선물 상자의 뚜껑을 활용하면 쉽게 TV 동화 틀을 만들 수 있어요!

그림책 개요

• 제목: 세모
• 저자: 존 클라센, 맥 바넷 글 · 그림, 서남희 역
• 출판: 2018, 시공주니어
• 내용: 세모 모양의 문이 있는 세모 모양의 집에 사는 세모가 장난을 치기 위해 네모네 집으로 가는 과정을 담은 그림책

2세

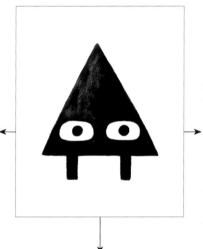

간단한 교수매체 활용하기

*'하드스틱'으로 막대 동화 만들기
–아이스크림을 먹으면 나오는 막대로 서로 연결하면 쉽게 막대인형을 만들 수 있다. 또는 문구사에서 구매가 가능하다.
–활용 가능한 그림책
• 『동그라미 세모 네모 나라의 임금님』(스기 사나에글, 다치모토 미치코 그림, 2022, 제제의 숲)
• 『아기 곰과 찾아요! 동그라미 세모 네모』(가시와라 아키오 글 · 그림, 2021, 키즈엠)

매체를 활용한 그림책 들려주기 tip

그림책 『세모』는 온 세상이 세모인 세모나라에 사는 세모가 네모네 집으로 가는 과정이 간단한 그림과 색, 모양의 조합으로 이루어져 있어요. 한참 주변의 모양에 대해 관심이 많은 2세 영아에게 적합한 주제입니다. 이야기의 흐름이 단순하고, 세모가 어디론가 움직이는 과정이 주로 나타나 있으므로 대상의 움직임을 효과적으로 보여 줄 수 있는 TV 동화 매체가 적절합니다. 간단하게는 영아들과 직접 매체를 만들어 이야기를 즐길 수 있지요! 기관에서 흔히 사용하는 아이스크림 막대로 영아들 저마다 세모 막대 인형을 만들고, 막대를 움직이고 놀면서 자신만의 이야기를 꾸밀 수도 있답니다. 세모 인형 위에 영아들의 얼굴 사진을 붙여 주면, 더욱 재미있는 동화 매체가 탄생할 테니 도전해 보세요!

전통 교수매체 만들기

*손인형 동화 만들기
1. 녹색 긴 양말을 준비한다.
2. 발바닥 쪽에 손을 넣어 입체 모양 틀을 만든 후, 빨간 부직포를 입 모양으로 잘라 붙여 입을 완성한 다.
3. 녹색 펠트지를 동그랗게 자른 후, 눈알 인형을 붙여 1의 머리 부분 에 붙인다.
4. 녹색 펠트지와 구슬솜으로 개구리 손을 만들어 붙인 후, 손 부분에 긴 빨대를 달아 움직일 수 있도록 한다.
★ 팁! 일반 양말보다는 수면양말이 손인형의 부드러운 재질을 잘 살릴 수 있어요!

그림책 개요

• 제목: 입이 큰 개구리
• 저자: 키스 포크너 글, 조나단 램 버트 그림, 정채민 역
• 출판: 2001, 미세기
• 내용: 개구리와 동물 친구들은 커 다란 입을 벌려 먹이를 잡아먹는 다. 저마다 동물들의 입이 팝업 형 식으로 되어있어 흥미롭다.

3세

간단한 교수매체 활용하기

*색종이 접기로 만들기
−우리에게 익숙한 동서남북 접기로 입이 커다랗게 벌어지는 동물 손인 형을 만들 수 있다.

*계란판으로 만들기
−계란판을 잘라 색칠하여 꾸미면, 입 이 큰 동물이 주인공인 구연매체에 잘 어울린다.

−활용 가능한 그림책
• 『악어 입으로 뛰어든 개구리』(프란 세스코 피토 글, 베르나데트 제르 베 그림, 2008, 보림)
• 『빠짝이와 배고픈 상어』(폴 코르 글 · 그림, 2015, 뜨인돌어린이)

매체를 활용한 그림책 들려주기 tip

그림책 『입이 큰 개구리』는 입체 동화의 형식을 가진 팝업북입니다. 입을 벌리면 아주 커다랗게 변하는 모습을 잘 담고 있지 요. 그래서 양말을 활용한 손인형 동화 매체의 형태로 이야기를 들려주기 적절합니다. 입 부분을 크게 벌리면서 그림책의 내 용을 효과적으로 전달해 줄 수 있기 때문이에요. 간편하게는 우리가 쉽게 접는 '동서남북 접기'를 활용한 인형과 계란판을 활용한 인형을 사용한 매체를 만들 수 있어요! 두 인형 모두 입이 크~게 벌어지는 개구리의 모습을 잘 나타내어 줄 수 있기 때문이지요. 만 3세가 직접 만들기에도 적당한 수준의 난이도이므로 직접 인형을 만들어 극놀이를 즐긴다면, 보다 통합적인 그림책 놀이로 이어질 수 있답니다.

전통 교수매체 만들기

*그림자 동화 만들기
1. 그림책 위에 투명 필름을 올려놓고, 테두리를 검은색 매직으로 따라 그린다.
2. 색이 있는 부분은 색깔 매직으로 칠한다.
3. 라이트에 비추어 그림자 동화를 즐긴다.
★ 팁! 컬러 잉크젯 프린터가 있다면, 그림책을 스캔한 후, 용지 대신 투명 필름을 넣고 인쇄할 수 있다.

그림책 개요

• 제목: 색깔을 훔치는 마녀
• 저자: 이문영 글, 이현정 그림
• 출판: 2004, 비룡소
• 내용: 새하얀 몸을 가진 마녀는 요술봉으로 여기저기 색을 훔치고 다닙니다. 그러던 어느 날 마녀의 몸이 까맣게 변했어요!! 무슨 일이 일어난 걸까요?

4세

간단한 교수매체 활용하기

*'투명 테이프'로 그림자 동화 만들기
–투명 테이프를 테이프 테두리에 붙이고, 매직으로 그림을 그린다. 아랫부분에 핸드폰 불빛을 비추면 멋진 효과를 낼 수 있다.
–활용 가능한 그림책
• 『파랑이와 노랑이』(레오리오니 글 · 그림, 2003, 파랑새어린이)
• 『나비야 다 모여!』(석철원 글 · 그림, 2023, 여유당)
• 『뱀이 색깔을 낳았어요』(도다고시로 글 · 그림, 2004, 다빈치 기프트)

매체를 활용한 그림책 들려주기 tip

그림책 『색깔을 훔치는 마녀』는 다양한 색이 있다 사라지는 모습, 다양한 색들이 마구 섞이는 모습들이 주요 장면으로 등장하고 있어요! 그래서 빛을 통해 아름다운 색과 색의 혼합을 효과적으로 나타내 줄 수 있는 그림자 동화를 매체로 만드는 것이 가장 적절하답니다. 투명 필름에 그림을 옮기기 어렵다면, 기관에 있는 투명테이프를 활용해 볼 수 있어요! 유아들이 직접 색깔 매직으로 그림책의 여러 장면을 그린 후, 휴대폰 손전등을 아랫부분에 넣어 주면 화려한 색의 세계로 유아들과 즐거운 이야기 여행을 떠날 수 있어요!

전통 교수매체 만들기

*티슈 동화 만들기
1. 손수건에 주요한 장면 장면을 그림으로 그린다.
2. 종이상자를 티슈 모양으로 자른다.
3. 완성된 장면을 종이상자에 넣어 티슈처럼 뽑아 들려준다.

그림책 개요

- 제목: 오싹오싹 당근
- 저자: 애런 레이놀즈 글, 피터 브라운 그림, 홍연미 역
- 출판: 2013, 주니어RHK
- 내용: 당근을 아주 좋아하는 토끼가 겪은 으스스한 이야기! 프레임처럼 구성된 장면 장면마다 새로운 이야기가 펼쳐진다.

5세

간단한 교수매체 활용하기

*'물티슈 보관함'과 '반투명 트레싱지'로 티슈 동화 만들기
- 시판되는 물티슈 보관함을 티슈 동화의 틀로 활용한다!
- 티슈 동화 내용은 그림책을 스캔한 후, 반투명 트레싱지(기름종이)에 컬러로 인쇄하면 쉽게 만들 수 있다.
- 활용 가능한 그림책
  - 많은 장면이 등장하고, 뒷 이야기가 궁금해지는 그림책이면 무엇이든 가능!

매체를 활용한 그림책 들려주기 tip

그림책 『오싹오싹 당근』은 장면 장면이 만화처럼 프레임으로 구분되며 이야기가 전개됩니다. 그래서 하나의 장면마다 유아들이 집중하며 이야기를 들을 수 있지요. 이러한 특징을 가장 잘 표현하는 것이 낱장 동화를 응용한 티슈 동화입니다. 티슈에서 하나씩 뽑으며 등장하는 이야기에 유아들은 재미와 함께 다음 전개될 이야기에 큰 관심을 보이지요. 상자를 직접 만들기 번거롭다면 생활용품점에서 티슈 케이스를 사서 활용하면 됩니다. 교사가 만들어서 들려주기도 하지만, 유아들 각각이 이야기를 만들어 동화를 이어 붙이면 우리 반만의 새로운 동화가 탄생할 수도 있어요. 반 전체의 이야기 놀이를 즐겨보는 것도 유아들에게 즐거운 경험이 된답니다.

📖 읽어 보아요

교실에서 유아들과 함께 볼 수 있는 인형극을 소개합니다.

다양한 유형의 인형극을 관람하는 것은 유아에게 문학을 좀 더 가깝고 재미있게 즐길 수 있도록 도와줍니다. 직접 인형극을 관람하러 가는 것이 가장 좋지만, 거리나 비용 문제로 기관에서 자주 관람하기에는 부담스럽기도 하지요.

다음에서는 교실에서 클릭 한 번으로 유아와 함께 볼 수 있는 재미난 인형극을 소개합니다. 교사와 함께 관람할 수도 있고, 컴퓨터 영역의 PC나 태블릿 PC를 활용하여 자유롭게 관람할 수도 있답니다.

👆 하나! 주변의 물건과 재활용품을 이용한 인형극 〈피노키오〉

주변에서 쉽게 볼 수 있는 물건과 재활용품으로 만든 인형들이 나옵니다. 원작과는 살짝 다르지만, 나쁜 거짓말이 아닌 상상의 거짓말을 만들어 내는 순수한 피노키오가 주인공으로 등장합니다. 이야기를 통해 진짜 사람, 진정한 아이의 모습을 유아와 고민해 볼 수 있어요. 인형극을 다 관람한 후에는 직접 인형을 만들어 극놀이를 즐길 수 있답니다.

인형극 〈피노키오〉
영상

▲ 인형극 〈피노키오〉의 영상 캡처본
출처: Art Play 모두의 예술놀이 유튜브 채널

✌ 둘! 나무로 깎은 목각인형이 등장하는 민속인형극 〈덜미: 꼭두각시놀음〉

'덜미'는 나무로 깎은 목각인형의 목덜미를 잡고 논다고 하여 붙여진 이름이래요. 덜미 인형으로 즐기는 신나는 민속인형극은 대잡이(인형 조종사)와 산받이(악사)가 재담(재미난 만담)을 주고받으며 풍자와 해학을 전해 줍니다. 평소에 자주 접하기 어려운 태평소, 꽹과리, 장구, 북 등 국악기의 신명 나는 연주와 반복적인 가락이 유아에게 흥미를 불러일으킵니다. 유아에게 우리 이야기와 가락으로도 아름답고 재미난 인형극을 즐길 수 있음을 경험하도록 해 주세요.

민속인형극 〈덜미: 꼭두각시놀음〉 영상

▲ 민속인형극 〈덜미: 꼭두각시놀음〉의 영상 캡처본
출처: 바우덕이TV 유튜브 채널

✌️ 셋! 모래로 만드는 신기한 샌드아트 〈무지개 물고기〉

'샌드아트'는 라이트테이블 위에 빛과 모래로 그린 그림으로 이야기를 전달하는 예술을 의미해요. 다른 도구를 사용하지 않고 손과 모래만을 이용하는 것이 가장 큰 특징이랍니다. 모래를 뿌리거나 지우면서 만들어지는 순간의 모습이 특징인 흥미로운 창의 문화예술을 유아들과 함께 경험해 보세요. 그림책 『무지개 물고기』를 함께 읽은 후, 샌드아트를 감상하는 것도 특별한 경험이 됩니다.

샌드아트: 〈무지개 물고기〉 영상

▲ 샌드아트: 〈무지개 물고기〉의 영상 캡처본
출처: 프란의 샌드아트월드 유튜브 채널

잠깐! 간단한 재료로 라이트테이블 만들기

요즘에는 라이트테이블을 구비해 둔 기관이 많아졌기 때문에 교실에서 직접 유아가 샌드아트를 즐길 수 있어요. 만약 없다면, 흔한 재료들로 간단하게 만들 수 있어요!

① 플라스틱 공간박스(혹은 커다란 플라스틱 반찬통)와 손전등, 쿠킹호일, 흰 종이 1장을 준비해 주세요!

② 쿠킹호일로 공간박스 안을 감싼 후, 가운데 손전등 올려 두세요. 면적이 넓은 LED 등이 가장 효과가 좋아요. 휴대폰 손전등도 OK!

③ 뚜껑 안쪽은 흰 종이로 감싸 주세요. 흰색이면 어떤 종이도 상관없어요.

④ 멋진 라이트테이블 완성!

1. 모래로 샌드아트 즐기기
2. 투명한 색 구슬로 놀이하기
3. 셀로판지를 활용하여 놀이 즐기기
4. 나뭇잎, 꽃잎과 같은 자연물 올려놓고 탐색하기

▲ 다양한 라이트테이블 활용법

출처: 블로그_꿈꾸는 하루하루(https://blog.naver.com/plhmaker/220647582466)

아동문학중심의 일과운영

#아동문학활동 #아동문학놀이 #통합적 운영 #아동문학중심 일과운영의 사례

개요

아동문학중심의 일과운영에 대하여 알아본다. 문학을 중심으로 이루어지는 활동과 놀이를 유아의 실제 사례를 중심으로 살펴본다.

학습 목표

1. 유아교육기관에서의 아동문학중심 일과운영에 대하여 알아본다.
2. 문학을 중심으로 이루어지는 활동과 놀이 사례를 살펴본다.

이 장에서는 유아교육기관에서 아동문학을 중심으로 한 일과운영의 중요성을 탐구한다. 문학교육의 통합적 운영과 놀이중심 문학교육을 중심으로, 문학 활동이 어떻게 유아의 전반적인 발달을 촉진하며 창의적이고 통합적인 학습 경험을 제공하는지 살펴본다. 놀이를 통한 문학교육은 유아들이 자연스럽게 이야기와 등장인물에 몰입하도록 하며, 언어 능력과 사회적 상호작용, 감정 표현 능력을 동시에 개발할 수 있는 기회를 제공한다.

유아교육기관에서의 실제 사례를 통해, 아동문학 기반의 놀이와 활동이 어떻게 효과적으로 구현되는지 보여 준다. 이는 유아가 문학적 요소를 자신의 놀이와 일상 활동에 자연스럽게 통합하도록 유도하며, 이는 학습에 대한 자연스러운 동기부여와 지속적인 관심을 유발한다. 또한 교사들이 아동문학을 일과에 통합하는 다양한 방법과 그 과정에서 고려해야 할 교육적 요소들을 제시함으로써, 보다 효과적으로 문학중심의 교육환경을 조성할 수 있는 지침을 제공한다. 이를 통해 아동문학이 유아교육에서 어떻게 중요한 역할을 하는지, 실제 교육현장에서 이를 어떻게 적용할 수 있는지에 대한 실질적인 안내를 제공하고자 하였다.

1. 문학교육의 통합적 운영

산책을 하던 중 그림책에서 보았던 거미줄을 만난 유아들. 평소에 큰 관심 없이 지나쳤던 거미줄이 오늘따라 신기하게 보인다. 나뭇잎 사이 넓게 펼쳐진 거미줄을 손으로 눌러 보기도 하고 당겨 보기도 하며 이야기를 주고받는다. 그때 거미를 발견한 태오가 "어, 여기 진짜 거미가 있어! 얘도 아주 바쁘게 거미줄을 엄청 많이 만들었어!"라고 외치자, 다른 유아들이 우르르 거미에게 몰려가 이리저리 거미를 관찰한다.

유아들은 교실로 들어와서 직접 거미가 되기로 한다. 거미가 된 유아들은 교실에 있는 줄과 닮은 재료들을 골라 벽이며, 교구장이며, 의자 등 교실 여기저기를 연결하여 바쁘게 거미줄을 만든다. 누군가는 거미줄에 걸린 먹이가 되어 줄 위에 누워 있고, 누군가는 거미의 먹이들을 그림으로 그려 거미줄에 붙여 주기도 한다. 색연필로 거미들의 이름을 적어 붙여 주는 친구, 하나 둘 셋 거미줄에 걸린 먹이를 세어 보는 친구, 언어영역에서 교사와 함께 읽었던 그림책 『예술가 거미』(탕무니우 글 · 그림, 2020, 보림)를 꺼내어 거미줄의 여러 가지 모양을 살펴보는 친구 등 자신이 원하는 놀이를 적극적으로 즐긴다.

– M유치원 김교사의 놀이 기록 중에서 –

앞선 놀이 기록에서 알 수 있듯이, 유아의 일상은 놀이로 가득하다. 놀이의 주인공은 유아 자신이고, 누군가로부터 시작된 놀이는 반 전체의 큰 놀이로 이어져 유아들의 일과를 채운다.

2019 개정 누리과정에서는 놀이의 가치와 중요성을 바탕으로 유아가 주도하는 놀이를 통해 배움이 일어날 수 있는 유아 · 놀이중심 교육과정을 지향한다(교육부, 보건복지부, 2019). 유아는 유아교육기관에서의 일과를 통해 다양한 놀이를 즐기고, 놀이안에서 배움을 실현한다. 교사는 유아의 놀이를 관찰하여 흥미와 관심을 파악하고, 유아의 놀이가 확장될 수 있도록 지원한다. 다음에서는 문학(여기에서는 문학의 모든 장르를 아우르고 있는 그림책)을 중심으로 놀이와 활동, 그리고 일상생활이 이루어지는 유아교육기관의 일과운영에 대하여 알아보겠다.

1) 자유놀이영역과 그림책 놀이

대부분의 유아교육기관에서는 언어영역이나 도서영역을 마련해 놓고 있다. 동시판을 만들어 벽에 게시하거나 책꽂이에 책을 꽂아 두고 동화를 들을 수 있는 카세트와 헤드셋을 제공하며 인형들과 인형극장을 두어 극놀이를 즐길 수 있도록 한다.

그러나 유아가 주도하는 놀이는 교사의 통제와 간섭이 최소한으로 이루어졌을 때, 그리고 다양하고 자유로운 놀이환경이 제공될 때 가장 활발하게 나타난다. 이 때문에 유아는 교사가 구성해 놓은 실내외의 제한된 영역에서 미리 준비된 놀잇감을 선택하여 놀이하기보다는, 자신의 흥미와 관심에 따라 자연스럽고 자유롭게 놀이를 즐길 수 있어야 한다. 앞서 제시한 거미 사례는 이러한 놀이의 전개 방식을 그대로 담고 있다. 교사와 함께 읽었던 그림책을 떠올리며 산책 시간에 다양하고 자발적인 탐색 및 탐구 활동을 하고, 영역 구분 없이 교실 전체에 거미줄을 연결하며 공간을 구성한다. 각자 관심 있는 방향에 따라 자연스럽게 역할을 나누어 극놀이를 하거나 극놀이를 위한 배경과 소품을 위해 미술활동을 하고, 글과 그림을 이용하여 표지판을 만들어 붙이기도 한다. 이를 통해 우리는 놀이의 출발과 과정에 문학이 존재하고, 문학을 중심으로 하는 유아의 놀이에는 어떠한 공간과 영역의 구분이 없음을 알 수 있다.

따라서 유아교육기관은 유아가 다양한 문학작품을 접하고 즐기며, 문학작품을 통해서 놀이가 이루어질 수 있는 환경을 구성하여야 한다. 유아가 자유로운 분위기에서 편안하게 문학작품을 즐길 수 있어야 하며, 문학작품에 대한 호기심을 놀이로 이어갈 수 있도록 다양한 놀잇감과 매체를 제공해 주어야 한다. 문학작품, 즉 그림책 놀이가 언어영역에 국한되어 이루어지는 것이 아님을 인식하고, 다양한 영역에 그림책 놀이를 확장할 수 있는 환경을 제공하는 것이 바람직하다. 자유놀이영역에 제공할 수 있는 그림책 놀이 환경을 제시하면 다음과 같다.

첫째, 언어영역에는 동시와 동요, 사실 그림책, 환상 그림책, 옛이야기 그림책 등 다양한 장르의 책을 구비해 두어야 한다. 그림책의 표지를 컬러 복사하여 넣어 주면 유아가 글자를

언어영역 내 도서영역

현관 앞에 마련된 도서영역

언어영역에서 다양한 놀이를 즐기는 유아들

오려 작은 책을 만들거나 따라 쓰는 등의 놀이를 할 수 있다. 그림책으로 극놀이를 즐길 수 있도록 손인형, 막대인형 등의 소품과 이야기를 들을 수 있는 플레이어와 동화 음성 파일, 헤드셋을 제공해 준다. 영아의 경우, 소리가 나는 사운드북이나 헝겊책, 촉감책 등 감각을 자극하는 형태의 책을 마련해 둔다. 언어영역뿐만 아니라 기관 내 자투리 공간을 이용하여 문학작품을 즐길 수 있도록 하는 것도 좋다.

둘째, 미술영역에서는 등장인물의 가면이나 인형을 만들거나 극놀이 시 필요한 배경을 직접 제작할 수 있도록 만들기, 그리기, 꾸미기 재료들을 구비하고, 그림책의 장면들을 인쇄하여 제공할 수 있다. 간단하게 만들 수 있는 책 만들기 방법을 벽에 게시하고, 완성된 작품을 친구들에게 소개할 수 있는 작품 게시판도 마련해 두면 좋다. 등장인물의 이름표나 놀이에 필요한 필기도구도 함께 제공한다.

미술영역에서 협동하여 책 만들기를 하는 유아들

『아이스크림이 꽁꽁』(구도 노리코 글 · 그림, 2018, 책읽는곰)을 읽은 후 미술영역에서 아이스크림
가게놀이를 위해 재료와 메뉴판을 만드는 유아들

셋째, 과학영역에서는 유아가 관심 있어 하는 주제나 현재 진행 중인 놀이에 필요한 정보
그림책을 제공하여 유아의 호기심을 충족할 수 있도록 도와주며, 유아들이 직접 선택한 정
보그림책을 함께 전시하여 놀이를 하는 중에도 계속 그림책을 접할 수 있도록 한다. 유아들
이 탐색하고 발견한 내용들을 벽에 게시하여 두는 것도 좋은 방법이다. 인공지능 로봇을 활
용하여 미디어로 변환된 그림책을 소리와 영상으로 감상할 수도 있다.

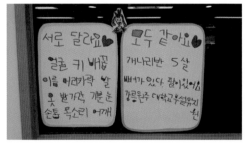

아기의 탄생과정이 담긴 정보 그림책 『아기는 어디서 오는 걸까요?』(소피 블래콜 글 · 그림, 2014, 키즈엠)와 실제 유아들의 어린 시절 사진 자료

어릴 적 나와 지금의 나를 비교 분석한 결과를 벽에 게시한 자료

넷째, 음률영역에서는 극놀이에 어울리는 배경음악을 연주할 수 있는 다양한 악기를 제
공할 수 있다. 커다란 천이나 스카프, 리듬막대 등의 소품을 제공해 주어 다양한 극놀이를
지원한다. 음악이 수록된 그림책을 음원자료와 함께 제공하여 책과 음악을 동시에 감상할
수 있도록 돕는다. 최근에는 세이펜과 같이 책에 기계를 대면 소리가 나는 책의 형태도 있어

유아의 풍부한 음악 및 문학놀이를 지원한다.

『비가 오는 날에…』(이혜리 글, 정병규 꾸밈, 2001, 보   책과 음악을 동시에 감상할 수 있는 세이펜
림)을 보며 악기를 연주하는 유아들

　다섯째, 컴퓨터영역에서는 그림책을 영상으로 옮겨 놓은 파일을 PC 또는 태블릿 PC에 넣어 두어 유아가 자유롭게 미디어로 변환된 문학작품을 감상할 수 있도록 한다. 이때에는 문학적 · 예술적 가치가 증명된 그림책을 움직이도록 구성한 미디어를 선택하여 양질의 문학작품을 경험할 수 있도록 한다. 증강현실 그림책과 함께 PC나 태블릿 PC에 관련 애플리케이션을 설치해 두면, 유아가 움직이는 그림책을 감상할 수도 있다. 또한 유아가 간단한 컴퓨터 조작으로 자신이 그린 그림을 움직이는 동영상으로 만들어 주는 AI 애니메이션 제작 웹사이트, 사진이나 그림을 넣으면 어울리는 음악이 나오는 AI 음악 제작 웹사이트, 태블릿 PC를 화면에 가져다 대면 인형극에 어울리는 배경으로 만들어 주는 애플리케이션, 주인공의 목소리를 녹음할 수 있는 애플리케이션 등 디지털미디어를 바탕화면에 미리 설치해 두어 유아의 문학놀이를 지원할 수 있다.

태블릿 PC로 그림책을 감상하는 유아들   증강현실 그림책을 감상하는 유아들

이처럼 유아교육기관에서는 유아의 다양한 문학적 경험과 문학놀이를 지원하기 위한 환경구성이 필요하다. 이와 동시에, 유아가 진행하고 있는 놀이의 흐름이나 유아의 필요에 의해서 영역의 구분 없이 놀이가 이루어질 수 있는 환경과 분위기를 제공해 주어야 한다.

2) 대·소집단 활동과 문학교육

그동안 대부분의 유아교육기관에서 대·소집단 활동을 중심으로 문학활동이 진행되는 경향이 있었다. 그러나 유아·놀이중심의 2019 개정 누리과정이 도입되면서 교사들은 놀이중심 교육에 대한 모호성, 자율적 교육계획에 대한 부담감과 어려움을 겪고 있다(홍지명, 2020). 놀이는 '즐겁고 자유로운 행위로서의 놀이' 자체가 목적이라는 놀이의 특성을 강조하는 개정 누리과정을 따른다면, '의도성과 목적성을 가지고 보다 나은 미래에 대한 변화를 이루고자' 하는 교육활동은 지양해야 한다. 그럼에도 불구하고, 유아교육기관이라는 특성상 놀이와 교육활동을 이분하기는 어려우며, 이 둘 사이의 적절한 균형을 잡는 것이 필요하다.

이는 교사가 교육활동에 놀이를 어느 정도, 어떤 방식으로 반영할 것이냐의 방법론적 문제라기보다 교육활동과 놀이를 바라보는 인식론의 문제로 볼 수 있다(오채선, 2019). 교사가 교육활동과 놀이, 그리고 무엇보다 유아를 이해하기 위해서는 교육방법으로서의 놀이뿐만 아니라 놀이를 유아의 삶으로 이해하고 교육하고자 하는 인식론적 전환이 필요하다는 것이다.

따라서 교사는 특정한 목적이 있는 교육활동이라도 그것이 유아의 발달과 성장의 기능으로서의 중요성과 교육적 가치가 있다면, 그 또한 의미 있는 놀이가 될 수 있음(Hirsh, 2004; Johnson et al., 2005)을 기억해야 한다. 의도된 교육활동이라 하더라도 이를 기반으로 유아의 놀이가 이어진다면, 교사는 그 안에서 놀이 맥락과 상황, 놀이 과정 관찰을 통해 유아들의 놀이를 어떻게 지원하여 확장할 수 있을 것인지 고민해야 한다. 이러한 과정을 통해 교사는 교육활동과 유아·놀이중심 교육과정 사이의 접점을 찾아 효과적으로 놀이를 통한 유아의 배움을 지원할 수 있을 것이다.

다음에서는 그림책『나쁜 말 먹는 괴물』을 이용하여 대·소집단 활동으로 이루어지는 유아의 문학활동과 이를 기반으로 한 문학놀이의 전개 과정을 소개하고자 한다.

(1) 그림책 소개 및 교육활동계획안(통합적 교육과정 구성망)

이야기나누기 · 언어

- 그림책 읽고 탐색하기
- 생각 모으기(브레인스토밍)
- 내가 생각하는 나쁜 말 좋은 말
- 그림책 인형극 놀이
- 주인공에게 편지쓰기
- 우리가 느낀 감정 거울 놀이
- 비슷한 이야기책 찾아 함께 읽기

그림책 개요

- 제목: 나쁜 말 먹는 괴물
- 저자: 카시 르코크 글, 상드라 소이네 그림, 김수진 역
- 출판: 2016, 시공주니어
- 내용: 나쁜 말을 먹으면 몸집이 커지는 괴물이 나를 따라다닌다면? 재미있는 발상을 통해 나쁜 말에 대해 스스로 생각해 볼 수 있는 기회를 주는 그림책이다.

미술

- 그림책 표지 만들기
- 함께하는 마슈말모 모자이크
- 내가 생각하는 괴물 인형은?
- 마슈말모 디자인하기
- 점점 커지는 마슈말모 책만들기

동화 · 동시

- 『나쁜 말 먹는 괴물』
- 소리 괴물
- 말들이 사는 나라
- 세상에서 가장 힘이 센 말
- 동시 「좋다고 하니까 나도 좋다」

수 · 조작 · 과학

- 기분 좋은 말 찾아 글자 수세기
- 나쁜 말과 좋은 말 비교하기
- 예쁜 말 고리
- 어떤 말을 먹었을까?
- 그림책의 부분과 전체 비교
- 요리활동: 마슈말모 머핀 만들기

음률 · 동작

- 새 노래 「함께라서 행복해」
- AI로 장면별 어울리는 음악 연주하기
- 감상: 베를리오즈 「요정의 춤」
- 고운 말 대잔치 칭찬 릴레이
- 키가 쑥쑥! 마슈말모 게임
- 우리 반의 특별한 인사

교사의 지원

- 공간: 유아들의 활동을 관찰하여 융통성 있게 공간을 구성한다.
- 자료: 영역별 놀이에 필요한 자료를 제시한다.
- 일과: 활동 및 놀이 흐름에 따라 일과를 탄력성 있게 운영한다.
- 상호작용: 반응에 따라 언어적, 비언어적 상호작용으로 격려한다.
- 안전: 동적인 활동과 정적인 활동 시 부딪히지 않도록 유의한다.

쌓기 · 역할

- 마슈말모 동네 구성하기
- 친구와 함께 구성하기
- 우리가 만드는 장면별 인형극 놀이 즐기기
- 역할 정해 인사 놀이하기

(2) 활동내용

하나	동화 · 이야기나누기	그림책을 탐색해요

활동목표
- 그림책을 살펴보고, 그림책의 내용에 대해 안다.
- 자신의 생각을 말과 글로 표현한다.

활동자료
- 그림책 『나쁜 말 먹는 괴물』, 빅북, 이야기 나누기 자료

활동과정 📖 그림책 『나쁜 말 먹는 괴물』을 읽고 탐색한다.

- 그림책의 겉표지를 보고, 어떤 내용의 이야기일지 예측하여 본다.

교사: 우리 이 책의 표지를 보니까 어떤 내용인 것 같아요?

유아1: 괴물이 나쁜 말들을 다 잡아먹는 내용 같아요.

유아2: 말들이 없어져서 아무 말도 못하는 내용인가요?

유아3: 괴물이 나쁜 말들을 먹어 치워서 행복해지는 내용 같아요.

- 그림책의 내용에 대하여 이야기를 나누어 본다.

교사: 그림책의 내용 중 기억나는 것이 있나요?

유아1: 괴물이 나쁜 말을 잡아먹는 거예요.

유아2: 나쁜 말이 많아져서 괴물이 점점 커졌어요!

- 그림책을 보고 느낀 점들에 대하여 이야기를 나눈다.

교사: 친구들은 그림책에서 어떤 것이 가장 기억에 남았나요?

유아1: 입에서 나쁜 말이 나올 때마다 괴물이 쑥쑥 자라는 장면이 기억에 남았어요.

유아2: 나는 아침에 다시 작아지는 거요!

유아3: 괴물 때문에 아무도 친구랑 안 놀아 줘서 슬픈 모습이 생각나요.

교사: 주인공이 슬펐을 때? 그럼 주인공은 또 어떤 기분이 들었을까?

유아1: 아 큰일났다. 나 이제 어떡하지? 이랬을 것 같아요.

유아2: 나쁜 말을 해서 괴물이 커지면 친구들이 안 놀아 주겠다고 생각하니까 슬플 것 같아요.

유아3: 괴물이 커지려면 나쁜 말을 해야 되니까 피곤하고 힘들었을 것 같아요.

📖 그림책을 읽고 난 후 유아들의 생각을 모아 브레인스토밍을 한다.

- 그림책을 읽고 떠오르는 것들을 모두 이야기해 본 후, 단어카드에 적는다.

▲생각나는 것들을 단어카드에 적어 칠판에 모아요.

📖 브레인 스토밍한 내용을 토대로 주제망을 구성한다.

• 비슷한 내용을을 서로 모아보고, 이를 토대로 주제망을 구성한다.

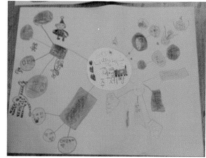

▲주제망을 구성해요.

둘	언어	점점 커지는 마슈말모 책 만들기

활동목표
• 기분이 좋아지는 고운 말 예쁜 말에 대해 안다.
• 글로 나의 생각을 표현한다.

활동자료
• 그림책, 도화지, 색연필, 사인펜, 풀, 가위 등

활동과정
• 기분이 좋아지는 고운 말 예쁜 말에 대하여 이야기를 나눈다.
　－나는 어떤 말을 들었을 때 기분이 좋은가요?
　－기분이 좋아지는 고운 말 예쁜 말에는 어떤 것들이 있을까요?
• 고운 말 예쁜 말을 먹으면 점점 커지는 괴물 단어 책을 만든다.
　－간단한 접기를 이용해서 책을 만들어 보아요!
　－어떤 단어나 문장으로 점점 커지는 마슈말모 책을 만들까요?
　－생각하는 대로 자유롭게 적고 꾸며 보아요.
• 만든 책을 교실에 전시하여 친구들의 작품과 생각을 공유한다.

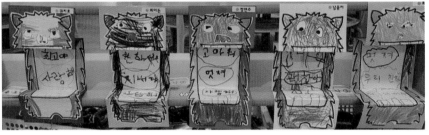

셋	미술	그림책 표지 만들기

활동목표
- 글자에 관심을 가진다.
- 그림책의 표지를 자유롭게 꾸며 완성한다.

활동자료
- 도화지, 풀, 가위, 사인펜 등

활동과정
- 그림책을 읽은 후, 내가 작가가 되어 표지를 만든다면 어떤 제목과 그림으로 만들 수 있을지 생각하여 본다.
  - 우리가 작가가 된다면, 어떤 제목으로 책을 만들고 싶나요?
  - 어떤 그림이 표지에 적절할까요?
- 다양한 재료를 자유롭게 활용하여 책표지를 만들고 나만의 제목을 지어 본 후, 이를 전시하여 친구들과 함께 감상한다.

넷	동작	고운 말 대잔치 칭찬릴레이

활동목표
- 신체를 이용하여 나의 생각을 표현한다.
- 신체활동에 즐거운 마음으로 참여한다.

활동자료
- 그림책, 그 동안 직접 찍은 기분이 좋아지는 순간의 사진, 스케치북

활동과정
- 그동안 유아가 직접 찍은 기분이 좋아지는 순간이 담긴 사진들을 보고, 내가 기분 좋아졌던 친구의 말과 행동에 대해 이야기를 나눈다.
  - 이 사진은 누가 찍은 것인가요? 어떤 장면인지 설명해 줄까요?
  - 이 때 친구가 어떤 말과 행동을 했나요?
- 오늘 나왔던 기분이 좋아지는 말과 순간을 스케치북에 정리하고, 이를 신체를 이용하여 표현한다.
- 칭찬하는 말과 행동을 동영상으로 찍어 우리반 칭찬 릴레이 영상을 만든다.
- 영상을 캡쳐하여 교실에 게시하여 함께 공유한다.

다섯	언어	우리가 느낀 감정 거울 놀이

활동목표
- 그림책을 보고, 기분이 좋아지는 말과 나빠지는 말을 떠올려 적을 수 있다.
- 기분이 좋아지는 말과 나빠지는 말을 들었을 때의 기분을 거울을 보며 표정으로 나타내어 본다.

활동자료
- 도화지, 사인펜, 거울

활동과정 • 그림책을 살펴보고, 기분이 좋아지는 말과 나빠지는 말을 떠올려 종이에 적은 후, 친구
들과 이야기를 나눈다.
• 기분이 좋아지는 말과 나빠지는 말을 들었을 때의 기분을 거울을 보며 표정으로 나타내
어 본다.
• 거울에 나타난 표정을 사진으로 촬영하여 벽에 게시한 후, 친구들과 감상한다.

여섯	언어	주인공에게 편지 쓰기

활동목표 • 주인공에게 편지를 써 본다.
• 자신의 생각과 느낌을 정확하게 알고 편지를 써 본다.

활동자료 • 편지지, 연필, 지우개 등

활동과정 • 그림책 속에 나오는 주인공과 괴물 마슈말모에게 편지를 써 본다.
−마슈말모에게 어떤 이야기를 해 주고 싶나요?
−그림책에 나오는 주인공 아이에게는 어떤 내용의 편지를 쓸까요?
• 친구들의 편지글을 감상하며, 활동을 마무리한다.

일곱	수 · 조작 · 언어	어떤 말을 먹었을까?

활동목표 • 고운 말과 나쁜 말을 구분할 수 있다.

• 친구들과 함께 즐겁게 게임활동에 참여한다.

활동자료 • 돌림판, 게임판, 고운 말 나쁜 말 단어카드, 빈 카드, 보드펜 등

활동과정 • 돌림판을 돌려 멈춘 단어를 살펴보고, 고운 말과 나쁜 말을 구분하는 게임을 한다.

[활동방법]

1. 돌림판을 돌린다.

2. 멈춘 단어를 살펴보고, 고운 말과 나쁜 말을 구분하여 본다.

3. 해당되는 단어가 적힌 글자 카드를 게임판에 붙인다.

4. 칸을 모두 채우면 승리한다.

5. 돌림판을 돌려 고운 말과 나쁜 말이 나오면 이에 속하는 단어들을 직접 생각하여 적은 후, 칸을 모두 채우면 승리하는 빙고 게임으로 연계할 수 있다.

• 서로 찾거나 적은 단어들을 공유하며 활동을 마무리한다.

여덟	조작 · 언어 · 미술	예쁜 말 고리

활동목표 • 자신이 원하는 모양의 가방고리를 만들어 걸어 본다.

• 예쁜 말과 고운 말에 대하여 안다.

활동자료 • 말풍선 모양 카드, 유성매직, 플라스틱 색 고리, 펀치

활동과정 • 예쁜 말과 고운 말을 적어 말풍선 모양카드에 적은 후, 직접 구멍을 뚫고 플라스틱 색 고리를 끼워 가방 고리를 완성한다.

[활동방법]

1. 내가 마음에 드는 말풍선 모양카드를 선택한다.

2. 유성매직으로 내가 가장 좋아하는 예쁜 말이나 고운말을 적은 후, 여러 재료로 예쁘게 꾸민다.

3. 말풍선 카드에 펀치로 구멍을 뚫은 후, 플라스틱 색 고리를 끼워 완성한다.

4. 완성된 예쁜 말 고리를 가방에 건다.

• 친구가 만든 고리의 예쁜 말과 고운 말에 어떤 말들이 적혀있는지 함께 살펴보며 활동을 마무리한다.

아홉	언어	마슈말모 디자인하여 만들기

활동목표
• 다양한 매체를 활용하여 입체작품을 만들 수 있다.
• 즐겁게 미술활동에 참여한다.

활동자료
• 다양한 종류의 만들기 재료, 종이, 풀, 가위, 테이프 등

활동과정
• 준비된 재료들을 살펴보고 어떠한 재료로 어떤 작품을 만들지 생각해 본다.
    −어떤 재료들이 있을까요?
    −그림 그리기 말고 어떤 방법으로 마슈말모를 만들 수 있을까요?
• 다양한 종류의 만들기 재료를 활용하여 자유롭게 마슈말모를 만든다.
• 친구들 작품을 감상하고 어떤 매체를 어떠한 방법으로 사용하였는지에 대해 이야기를 나누며 마무리한다.

열	동작	키가 쑥쑥! 마슈말모 게임

활동목표   • 주사위를 굴려 나온 지시에 따라 움직인다.

            • 신체활동에 즐거운 마음으로 참여한다.

활동자료   • 마슈말모 게임막대, 고운 말 나쁜 말 주사위, 입술 꾹 마스크

활동과정   • 주사위를 굴려 나온 고운 말 나쁜 말에 따라 마슈말모의 키를 늘린다.

           [게임방법]

            1. 주사위를 굴려 고운 말과 나쁜 말을 구분한다.

            2. 고운 말이 나왔을 경우에는 해당하는 단어를 외치며 게임막대의 마슈말모의 키를 한 칸 늘이고, 나쁜 말이 나왔을 경우에는 입술 꾹 마스크를 쓴 후, 키를 한 칸 낮춘다.

            3. 고운 말로 마슈말모의 키를 먼저 쑥쑥 키우면 승리한다.

열하나	언어	그림책 인형극 놀이

활동목표   • 그림책 속 주인공이 되어 자유롭게 인형극놀이를 즐긴다.

            • 자신의 생각이나 느낌을 타인에게 전달한다.

활동자료   • 직접 만든 인형, 인형 극장, 그림책 등

활동과정   • 어떤 방법으로 인형극 놀이를 즐길 것인지 친구들과 함께 상의한다.

            −어떤 내용으로 인형극 놀이를 할까?

            −누가 어떤 역할을 맡아서 인형극 놀이를 하면 좋을까?

           • 친구들과 함께 인형극 놀이를 즐긴다.

3) 지역사회 내에서 이루어지는 문학교육

일상이 곧 놀이인 유아는 유아교육기관이 속해 있는 지역사회에서의 여러 경험을 통해서도 문학을 접하고 느낀다. 유아가 주로 경험하는 지역사회 시설로는 어린이도서관이 대표적이다. 어린이도서관은 영유아를 포함한 아동을 도서관으로 끌어들여 책과 친숙해지고 바람직한 독서습관을 형성하게 함으로써 궁극적으로는 평생 책과 가까이하는 유아로 성장하도록 돕고자 함에 목적을 두고 있다. 대체로 어린이도서관은 모든 아동에게 개방되어 있으므로, 유아교육기관에서는 유아들과 함께 자유롭게 시설을 이용할 수 있다. 단, 어린이도서관에서 운영하는 프로그램에 참여하기 위해서는 미리 예약을 통해 이용 가능하다. 동네 곳곳에 작은 도서관의 형태로 운영되는 어린이도서관은 영유아가 하루 일과 중 도보로 이동하여 쉽게 접근할 수 있는 공간이다. 규모는 작지만 예약을 통해 우리 반 유아만 쓸 수 있어, 교사와 유아들이 자유롭게 책과 관련된 이야기나 책놀이를 하며 책 읽기를 즐길 수 있다.

국립어린이청소년도서관 1층 어린이자료실   동네 작은 어린이도서관

유아는 자연 공간인 숲에서도 문학경험을 즐길 수 있다. 숲에서는 방법과 형식이 정해져 있지 않은 자연스럽고도 주도적인 문학놀이가 가능하다. 숲에 있는 모든 자연물은 유아에게 커다란 무대이자 놀잇감이 된다. 숲에 있는 나뭇가지와 솔방울로 집과 무대를 꾸며 극놀이를 즐기기도 하고, 커다란 나무에 올라타 그림책 속 주인공이 되어 숲을 누비기도 한다. 숲에 그림책을 가지고 가 함께 읽기도 하는데, 이때에는 자연물 탐색을 위한 정보그림책 뿐만 아니라 다양한 장르의 그림책을 통해 숲을 탐색의 공간에서 벗어나 문학놀이가 가능한 열린 공간으로 이용할 수 있다.

동네에 있는 공원이나 공터, 대형 놀이터와 같은 공간도 교실에서 하지 못했던 활발한 형태의 문학놀이를 가능하도록 돕는다. 따라서 교사는 유아교육기관 외 지역사회에 있는 다양한 공간(예: 도서관, 숲, 공원 등)을 활용하여 유아가 자유롭고 새로운 공간에서 즐겁게 문학놀이를 지원할 수 있도록 생각의 전환을 할 필요가 있다.

독일 숲유치원
자연물을 이용하여 그림자극놀이를 즐기는 유아들

출처: mbc스페셜 〈일곱살의 숲〉

대관령 유아 숲 체험원
숲에서 그림책을 읽고 책 속에 등장하는 나무집을 짓는 유아들

동네 대형 놀이터에서 즐기는 문학놀이
그림책 『얼쑤 좋다 단오가세!』(이순원 글, 최현묵 그림, 2008, 책읽는곰)를 읽고 동네 대형 놀이터에서
그림책에 등장하는 놀이를 즐기는 유아들

2. 놀이중심 문학교육

그림책은 글과 그림, 즉 언어와 미술 이외에도 미술과 음악, 미술과 동작, 언어와 극의 다양한 예술적 결합을 통해 글과 그림이 만들어가는 의미를 전달하는 예술매체이다(변윤희, 2004). 그림책이 가지고 있는 언어적 · 미술적 · 음악적, 신체적 요소와 이들의 통합은 미술, 음악, 신체표현, 극과 같은 예술적 영역뿐 아니라 언어나 수 · 과학과 같은 비예술적 영역의 놀이로도 전개될 수 있다. 교사는 이러한 놀이가 깊고 넓게 확장될 수 있도록 지원한다.

유아교육기관에서는 놀이의 중심에 그림책을 두고 일과가 진행되는 상황을 자주 접할 수 있다. 유아는 그림책의 등장인물이 되어 그림책 속 문제를 해결하기도 하고, 유아 자신만의 새로운 결말을 만들어 친구와 공유하기도 하며, 그림책 속 동물이 되어 온 교실을 누비기도 한다. 또한 책으로 미로를 구성하여 놀거나, 그림책의 장면에 어울리는 음악을 만들어 연주놀이를 즐기기도 한다. 이처럼 그림책은 유아의 문학적 경험을 다양한 유형의 놀이와 연결 짓는 매체이자, 유아의 자발적이고 자유로운 놀이를 지원하는 매체라 볼 수 있다.

다음에서는 문학을 중심으로 이루어지는 유아 문학놀이의 전개 과정을 놀이의 흐름에 따라 살펴보겠다.

0~1세	상자가 좋아

그림책

- 저자: 송선옥 글 · 그림
- 출판: 봄봄출판사(2020)
- 내용: 아기와 상자! 아기는 상자를 손으로 두드리고, 발로 밟으며 놀기 시작한다. 뚫린 구멍으로 까꿍놀이도 하고, 형아가 오면 숨어서 장난을 칠 수 있다. 상자에 대한 아기의 호기심을 담은 재미난 그림책이다.

그림책 탐색	📖 그림책 탐색하기

• 그림책을 자유롭게 탐색한다.

　－아기! 아기야!

　－아기 여기 들어갔네?

　－(상자 그림을 짚으며) 이거 뭐야?

그림책 놀이 속으로	📖 빈 상자로 놀이하기

• 상자를 마음대로 탐색한다.

교사는 영아가 그림책에 지속적으로 관심을 가지자, 책에 등장한 빈 상자를 놀이영역에 제공해 주었다. 영아들은 상자로 몰려들어 던지고 들어가고 두드리는 등 마음대로 상자를 탐색하며 놀이한다.

★ 교사지원 tip. 그림책에 등장한 소재인 빈 상자를 제공하여 영아의 호기심을 자극하고 그림책 놀이를 활성화!

• 상자를 꾸민다.

지한이가 색연필로 상자에 끼적이기를 한다. 이를 본 다른 친구들도 색연필을 하나씩 들고 와 그림을 그린다. 교사가 스티커를 제공하자, 영아들이 신나게 꾸미기 놀이를 한다. 윤호는 그 안에 들어가 부릉부릉~ 소리를 내며 운전흉내를 내며 놀이한다.

★ 교사지원 tip. 다채로운 표현을 위해 스티커 제공

• 우리가 만든 상자 자동차로 경주 놀이를 한다.

교사는 영아들이 함께 만든 상자 자동차를 교실 한켠에 전시해 두었다. 영아들은 상자 자동차를 자유롭게 탐색하며 자동차 경주놀이를 한다. 교사가 복도로 놀이 공간을 이동해 주자, 보다 자유롭게 경주놀이를 즐긴다.

★ 교사지원 tip. 영아가 만든 놀이 결과물을 교실에 전시. 신체놀이를 위해 넓은 복도로 공간 이동

• 상자를 머리에 쓰고 동물 흉내내기 놀이를 한다.

교사가 작은 상자에 구멍을 뚫어 제공하자 윤호가 이를 머리에 쓰며 "어흥~ 나는 호랑이다!" 소리를 내며 놀이한다. 그러자 민준이도 윤호를 따라하며 "으헝~~으헝~ 사자다" 소리를 내며 뛰어다닌다.

★ 교사지원 tip. 영아가 새로운 상자놀이를 즐길 수 있도록 상자에 구멍을 뚫어 제공

가정연계 • 집에 있는 다양한 종류의 상자들을 직접 탐색하고, 이를 자유롭게 꾸며 재미난 놀이를 즐긴다. 가족과 함께 상자 놀이를 해 본다.

함께
볼 수 있는
그림책

『예쁜 상자』
• 저자: 세나 게이코 글·그림, 김난주 역
• 출판: 비룡소(2000)
• 내용: 예쁜 상자가 바다에 떨어져 있어요! 누가 주울까? 상자를 둘러싼 멍멍이와 야옹이의 재미난 이야기를 보고 상상의 세계에 빠져 볼 수 있다.

『이건 상자가 아니야』
• 저자: 앙트아네트 포티스 글·그림, 김정희 역
• 출판: 베틀북(2007)
• 내용: 아기 토끼는 상자로 무얼할까? 산이 되었다가, 자동차가 되었다가, 로켓이 되어 우주로 날아가는 상자! 또 어떤 것들로 변신하게 될지 상상해 본다.

2세	낙엽 스낵

그림책

• 저자: 백유연 글·그림
• 출판: 웅진주니어(2019)
• 내용: 지글지글, 바삭바삭, 고소고소! 울긋불긋 낙엽이 가득한 가을날의 풍경, 낙엽 스낵이 맛있게 구워지는 냄새, 바삭바삭 낙엽 스낵을 베어 무는 소리, 바스락거리는 낙엽의 촉감, 고소한 낙엽 스낵의 맛. 아기 고라니가 낙엽 스낵을 만드는 과정을 따라가다 보면 아름다운 가을 풍경과 함께 더욱 풍성한 책 읽기 경험을 즐길 수 있다.

| 그림책 탐색 | 📖 그림책 탐색하기 |

- 그림책을 자유롭게 탐색한다.
  - 우와! 이거 나뭇잎이다! 예쁘다!!
  - 우리 산책 가서 본 거랑 똑같아!
  - 이거 누구지? 곰돌이인가?
  - 맛있겠다! 이걸로 과자 만드네. 냠냠!!!.

그림책 놀이 속으로

📖 산책하며 낙엽으로 놀이하기

- 그림책에서 보았던 낙엽을 실제로 보며 꼬치 만들기 놀이를 한다.

산책을 떠난 영아들. 낙엽을 보고 그림책의 내용을 떠올리며 놀이한다.

태오가 "나는 낙엽으로 꼬치 만들 거야!"라고 하며, 긴 나뭇가지에 나뭇잎을 하나씩 꾼다. 이를 본 민재도 얼른 뛰어가 함께 꼬치를 만든다.

- 낙엽 이불을 만들어 덮으며 놀이한다.

낙엽을 열심히 모은 우진이가 낙엽을 하늘로 뿌린다. 친구들도 우진이를 보며 낙엽을 많이 모아 뿌린다. 그때 지아가 낙엽이 쌓인 바닥에 구르며 "뒹굴뒹굴~ 다람쥐다!"라고 하자, 우진이가 "내가 이불 덮어 줄게, 다람쥐야~"라고 하며 지아 위로 낙엽을 뿌린다. 이를 본 주현이가 "나도 나도, 낙엽 이불 덮어 주세요."라며 낙엽 위에 눕자 친구들이 낙엽을 뿌려 준다.

★ 교사지원 tip. 영아들이 마음껏 낙엽 놀이를 할 수 있도록 안전한 공간 확보

그림책
놀이
속으로

📖 교실에서 낙엽으로 놀이하기

• 낙엽을 탐색하며 놀아요.

교사가 산책을 하며 가지고 온 낙엽을 투명 비닐에 얇게 담아 교실 바닥에 붙여 두자, 태도가 돋보기를 들고 와 자세히 낙엽을 탐색한다.

★ 교사지원 tip. 산책하며 영아들이 흥미를 보인 낙엽을 교실로 가지고 와 놀잇감으로 제공하여 놀이로 연계

• 낙엽 이불을 덮으며 낮잠 놀이를 즐긴다.

윤호가 인형들을 가지고 오더니, 바닥에 있는 낙엽판을 떼어 인형에게 덮어 주며, "얘들아, 이걸로 덮고 자자!"라고 한다. 민재가 다른 인형들을 안고 오며, "여기 이 친구들도 재워 주세요!" 하며 함께 논다.

윤호가 "아, 이제 나도 자야겠다. 우리 같이 자자!" 하며 인형들 옆에 누워 낙엽이불을 덮자, 민재도 옆에 누워 "쿨~쿨" 소리를 내며 자는 흉내를 한다.

놀이 모습을 관찰하던 교사가 "어머나, 우리 친구들이 낙엽 이불을 덮고 쿨~쿨 잘 자고 있구나. 푹 잘 수 있게 음악을 틀어 줘야겠네~"라고 말하며 낮잠 시간에 듣는 음악을 틀어 준다. 윤호와 민재는 같이 누운 인형을 토닥이며, "하음~하음" 소리를 내며 놀이한다.

★ 교사지원 tip. 영아들이 낮잠 놀이를 확장할 수 있도록 낮잠 시간에 듣는 음악을 제공

• 알록달록 종이를 활용하여 낙엽놀이를 한다.

교실에서 낙엽을 뿌리고 싶어 하는 영아들이 많아 실제 낙엽을 김장 매트에 넣어 제공하였는데, 너무 부스러져 영아의 입에 계속 들어간다. 고민하던 교사는 낙엽 대신 알록달록한 습자지를 넣어 주며 "우리 교실에 종이 낙엽들이 놀러 왔어요!"라고 이야기한다.

영아들은 환호를 하며 달려와 종이 낙엽을 뿌리며 신나게 놀이한다. 그때 민재가 "민재 다람쥐 이불 덮어 주세요!"라고 말하자, 다른 영아들이 민재에게 종이 낙엽을 덮어 준다.

연서는 종이 낙엽을 뿌리며, "우리 민재 다람쥐, 잘자요."라며 인사를 해 준다.

★ 교사지원 tip. 실내에서도 낙엽 놀이를 할 수 있도록 실물 자료를 지원. 영아의 안전을 고려하여 대체 자료를 제시

| 가정연계 | • 가족과 산책을 하며 다양한 자연물들을 탐색하고, 자유롭게 신체놀이를 즐긴다. |

| 함께
볼 수 있는
그림책 |  | 『놀라운 가을』
• 저자: 마이클 홀 글 · 그림,
　김은재 역
• 출판: 키즈엠(2022)
• 내용: 가을의 다양한 모습
　을 보여 주는 그림책이에
　요. 달콤한 과일을 수확하
　는 모습과 단풍과 낙엽으
　로 물든 가을의 모습, 그
　리고 낙엽 더미에서 신나
　게 노는 아이들의 모습까
　지. 가을의 모습을 한껏
　만끽해 본다. |  | 『낙엽속으로 풍덩』
• 저자: 캐럴 거버 글, 레
　슬리 에번스 그림, 곽정
　아 역
• 출판: 한솔수복(2017)
• 내용: 알록달록 예쁜 낙
　엽 속에 가을이 담겨 있
　다! 가을 낙엽 더미에는
　서로 다른 모양과 색깔
　이 몇 개나 있을까? 함께
　낙엽 속으로 풍덩 뛰어
　들어 찾아본다. |

| 3세 | 너에게 주는 말 선물 |

| 그림책 |  | • 저자: 이라일라 글, 서영 그림
• 출판: 파스텔하우스(2021)
• 내용: '안녕?' '고마워' '미안해' 등 아주 간단하고 흔한 인사말. 이런
　말을 했을 때 어떤 느낌인지, 다른 사람에게 이런 말을 들을 때는
　어떤 느낌인지 생각해 볼 수 있는 그림책이다. |

그림책
감상

📖 그림책 함께 읽기

• 그림책을 감상하며, 그림책에 대하여 자유롭게 이야기를 나눈다.
  – 나도 친구가 사랑해~ 인사할 때 기분이 좋아!
  – 나는 고마워~할 때! 꼭 안아 주고 싶지? 아하하하!
  – 나는 이거 같이 할래? 할 때도 좋아!!
  – 선생님은요? 언제가 좋아요?
  – 선생님도 친구들이 사랑해요~ 하고 인사해 줄 때 기분이 좋지요!
  – 기분 좋은 말이 나오는 다른 그림책도 보고 싶어요!

★ 교사지원 tip. 기분 좋은 말이 나오는 다른 그림책을 보고 싶다는 유아들의 요구에 따라 기관 내 도서관으로 이동하여 유아들이 그림책 속에서 기분이 좋아지는 여러 가지 말들을 찾을 수 있도록 지원

그림책
놀이
속으로

📖 말을 어떻게 선물하지?

• 말을 선물할 수 있는 방법에 대한 생각들을 나눈다.
  – 말은 만질 수도 없는데 선물을 할 수 있을까?
  – 말을 어떻게 선물해요~! 포장을 할 수가 없는데!
  – 아니야! 말을 그냥 말로 해 주면 왜요! 포장은 못하고 그냥 말로 말해 주는 거야!
  – 그럼, 어떤 방법으로 말을 선물해 볼까?
  – 친구에게 직접 가서 예쁜 말을 선물하는 거예요!
  – 귓속말을 해도 좋겠다~
  – 편지를 써 주는 건 어때?

(친구에게 편지를 적어 말 선물을 하고 싶다는 이야기에 상자를 제공하였다. 유아들은 '말 선물상자'를 꾸며 편지를 넣어 보기로 하였다.)

★ 교사지원 tip. 생각을 확장할 수 있는 질문 건네기!
  "말은 만질 수도 없는데 선물을 할 수 있을까?"
  "어떤 방법으로 말을 선물해 볼까?"

★ 교사지원 tip. 말 선물 놀이로 이어질 수 있는 상자를 자료로 제공하여 말 선물상자를 만들 수 있게 지원

📖 친구에게 말 선물을 해 봐~!

- 편지로 말 선물을 해 보자!
  - 선생님 저는 서아에게 말 선물을 해 줄래요~!
  - '너랑 놀이하면 행복해!'라고 쓰고 싶어요! 도와주세요!
  - 나는 '우리 사이좋게 지내자~!' 해야지!
  - 나는 '태경아 보고 싶어~!' 맞다, 태경이 이름은 가방에 이름표 보고 쓰면 되겠다.
  - 이거 '좋아해' 카드 맞지? 나 도윤이한테 보낼 거다~

(선물해 주고 싶은 말을 편지에 담아 친구의 말 상자에 쏘옥 넣어 주었어요. 친구들은 어떤 말 선물을 주고받을까요?)

★ 교사지원 tip. 글을 잘 모르는 유아를 위해 글자를 적어 주거나, 많이 사용하는 단어를 카드로 만들어 제공

- 우리 반 인사를 만들어서 몸으로 말 선물을 주고 받는다.
  - 선생님! 예쁜 말 선물에는 '~해'로 끝나는 말이 많네요?
  - 맞아. 이것 봐요! '사랑해' '좋아해' '행복해'
  - 오! 정말?! '아임해피' 할 때도 '해'가 들어가!!

(반복되는 말 '~해'에 관심을 보이는 친구들. 놀이를 하며 '~해'로 끝나는 인사말을 서로 주고 받더니, 우리 반 인사를 만든 후, 몸으로 인사를 하기 시작했습니다.)
  - (선생님에게 하이파이브를 하며) 선생님, 이제 우리 반끼리는 이렇게 인사해요!!
  - (친구를 안아 주며) 그럼, 정리 시간에는 사랑해, 좋아해, 정리해~

– 아침에는? (무릎끼리 부딪히며) 사랑해, 좋아해, 인사해!!

– 간식 먹을 때는 (양손을 야호 외치는 것처럼 입에 대며) 좋아해, 맛있어서 행복해~

(여러 상황에서 몸으로 다양한 인사를 나누며 교실 분위기가 더욱 돈독해졌답니다.)

★ 교사지원 tip. 교사도 유아들과 함께 몸으로 말 선물을 주고 받으며 언어적 · 비언어적 상호작용을 활용

📖 **내가 직접 선물이 되어 말을 전달해요.**

• 우리가 말 선물 상자에 들어가 볼까?

(유아들은 지난 놀이를 하며 만든 파란 블럭으로 구성한 커다란 집을 이대로 정리하기 아쉬웠는지 집이 아닌 말 선물 상자로 이름을 바꾸어 놀기 시작했답니다. 가은이가 들어가자 친구들이 밖에서 예쁜 말 선물을 해 주네요.)

– 차례차례 한 명씩 들어가야지!!

– (지아가 들어가자) 지아야, 오늘 같이 놀아 줘서 사랑해 행복해!!

– 지아야, 아까 구슬 찾아줘서 사랑해, 고마워!!

가정연계 • 부모와 서로 선물하고 싶은 말을 크게 외치면서 풍선을 주고받는 풍선 배구 놀이를 해 본다. 손으로 치거나 굵은 백업을 동글게 말아 칠 수도 있다.

사진 출처: 베이비뉴스(https://www.ibabynews.com/news/articleView.html?idxno=29342)

| 함께
볼 수 있는
그림책 | | 『정말 정말 정말 고마워』
• 저자: 헬로 럭키 글·그림, 한소영 역
• 출판: 키즈엠(2023)
• 내용: 다른 사람에게 고마운 마음이 들때에는 어떤 방법으로 그 마음을 전하는 것이 좋을까? 글로 표현하기 어려운 주인공들이 자신만의 특별한 방법으로 마음을 전한다. |  | 『말들이 사는 나라』
• 저자: 최미란 글, 윤여림 그림
• 출판: 스콜라(2019)
• 내용: '나쁜 말'은 무조건 하면 안 되는 걸까? 그래도 살다보면 '나쁜 말'이 꼭 필요한 순간이 있다! 착한 말이든 나쁜 말이든 상황에 맞게 지혜롭게 쓰는 것이 중요하다는 사실! |

4세	고구마구마

| 그림책 |  | • 저자: 사이다 글·그림
• 출판: 반달(2017)
• 내용: 주렁주렁 자란 고구마 덩굴을 쭈욱 뽑아 보니, 세상에 이렇게나 다양한 모양의 고구마가 있다니! 둥글구마, 길쭉하구마, 크구마, 작구마~ 조금 이상하고 재밌는 모양을 가진 고구마도 외친다. 나도 고구마구마! |

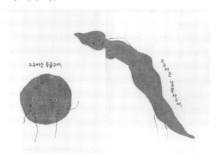

| 그림책 감상 | 📖 그림책 함께 읽기 |

• 그림책을 감상하며, 그림책에 대하여 자유롭게 이야기를 나눈다.
  – 구마가 엄청 많이 나오네?
  – 책 같이 보자구마
  – 배가 고프구마~!
  – 하하하, 바깥놀이 가고 싶구마~!

| 그림책 놀이 속으로 | 📖 구마 구마~ 말놀이와 글자놀이를 즐겨요! |

• 그림책을 보며 그림책에서 반복되는 글자인 '구마'가 몇 번 나오는지 세어 보거나 자신들이 아는 글자를 찾아본다.
  – 봐봐, 귀엽구마, 크구마, 작구마, 둥글구마, 길쭉하구마……
  – 도대체 몇 번이나 나오는거야! 웃겨!
  – 하하하, 엄청 웃기는구마!
  – 어, 여기 내 이름에 들어가는 '고'다!
  – 아 맞네, 고아영이구마!

★ 교사지원 tip. 그림책 『고구마구마』를 자세히 탐색하고 싶은 유아들이 많아 인근 도서관, 가정에서의 지원 등을 활용하여 교실 내에 여러 권을 구비

• 고구마 책 말고 또 어디서 글자를 찾아볼 수 있을까?
  – 다른 그림책이요!
  – 신문지에 글자가 엄청 많아요!
  – 여기! 글자카드에도 있어요!
(다양한 의견을 모아 기관 내 도서관에 있는 그림책, 신문지, 글자 카드 등에서 '구마'를 찾아보았습니다.)

- 여기 '구마'가 있어!
- 여기는 '구마'가 다섯 개나 있네.
- 어?! 'ㄱ'이 엄청 많아!

★ 교사지원 tip. 유아들의 흥미와 관심을 따라가며 놀이의 흐름이 이어질 수 있도록 장소와 자료, 일과의 변경 등을 통해 지원

📖 나를 소개하구마!!

• 나는 어떤 구마인지 이야기를 나누어 보아요.
- 나는 귀엽구마 할래!
- 나는 공주구마~!
- 너네 또 구마놀이해~? 나도 같이하자!

(교실에서 인기 있는 '고구마 역할놀이' 입니다. '멋지구마' '키가 크구마' '힘이 쎄구마' 등 여러 가지 '구마'로 표현하며 놀이하는 아이들과 나를 어떤 고구마로 소개할지 이야기를 나누어 보았습니다.)
- 선생님! 저는 당연히 태권도를 잘하니까 태권도를 잘 하구마죠~!!
- 나는 엄마가 매일 잘생겼다고 해 주니까 잘 생겼구마예요!
- 나는 잘 먹는구마야!

• 나는 어떤 구마인지 그림으로 그려 친구들에게 소개해 보아요.

(한 명도 빠짐없이 나의 긍정적인 점을 잘 알고 자신 있게 본인을 소개합니다.)
- 역시 율겸이는 자전거를 잘 타는 구마일 줄 알았어~!
- 피카츄구마 누구야! 하하 태경이 포켓몬 엄청 좋아하나보네~?
- 그림처럼 태오는 정말 키카 크구마다. 그치?

★ 교사지원 tip. 유아들의 작품을 게시판에 전시하여 서로의 작품을 보며 또 다른 상호작용을 만들어 갈 수 있도
록 지원

📖 몸으로도 신나게 노는구마!

• 몸의 움직임으로 어떤 구마인지 표현하여 퀴즈를 내어 맞춰 보아요.

  – 이거 뭐지? 음…… 작구마?

  – 정답! 이건 뭐게!!

  – 둥글구마! 나도 퀴즈 내 볼래!

(아이들이 신체로 어떻게 표현할지 기대를 가지고 그림책 『고구마구마』에 등장하는 고구마 그림을
카드로 만들어 제공해 주었습니다. 제공된 카드가 한정적이자 유아들은 스스로 생각한 고구마를
몸으로 표현하며 놀이를 합니다. 자는구마, 배고프구마, 아프구마, 할머니구마, 응가하는구마 등등
재미있는 신체놀이를 즐깁니다.)

★ 교사지원 tip. 그림책 『고구마구마』에 등장하는 고구마 그림을 카드로 만들어 제공

• 여러 가지 고구마 모양을 그린 그림카드를 숨긴 후, 이를 찾아내면 몸으로 표현하는 '고구마 찾기'
놀이를 만들어 놀아요.

  – (속닥속닥) 선생님한테 말해 보자!

    선생님! 우리 고구마찾기 놀이해요!

    고구마를 찾으면, 몸으로 따라하기 놀이에요!

(새로운 놀이를 제안하는 유아들과 고구마 찾기 놀이를 함께 해 보았습니다. 고구마 그림카드를 찾
으면 카드에 있는 고구마처럼 몸으로 표현하는 놀이라고 소개합니다. 유아들은 팀을 나누어 교실
곳곳 고구마 그림카드를 숨기고 찾으며 신체놀이를 합니다.)

★ 교사지원 tip. 유아의 제안에 따라 새로운 놀이를 수용하고, 함께 놀이에 참여하며 놀이 즐기기

📖 고구마에 싹이 났구마!!

• 집에서 가지고 온 고구마에서 싹이 자랄까요?
(한 친구가 집에서 가지고 온 고구마들! 친구들은 고구마를 투명한 컵에 넣고 싹이 자라기를 바라며 하루하루 관심 있게 살펴보고 있답니다.)

　　– 선생님! 이 고구마들 중에서는 '싹났구마'가 없어요!
　　– 정말 싹이 나는 거 맞아? 아, 얼른 나라 얼른!
　　– 고구마 꼭대기에서 싹 날 것 같아! 그치?
　　– 그림책에 나온 크구마를 넣어 볼까?
　　– 크면 빨리 나나?

★ 교사지원 tip. 가정에서 가지고 온 자원을 교실에 배치해 두어 유아들이 탐색하며 놀이할 수 있도록 배려

| 가정연계 | • 삶은 고구마를 으깬 후, 유아가 원하는 모양의 고구마구마를 만들어 본다. |

함께 볼 수 있는 그림책

『고구마유』
• 저자: 사이다 글 · 그림
• 출판: 반달(2021)
• 내용: 『고구마구마』가 돌아왔어유! 기억을 잃은 고구마, 여기가 어디유? 나는 누구유? 살려 줘유! 다른 고구마 친구들은 괜찮아유!를 외치며 힘을 모읍니다. 이번에는 어떤 이야기가 펼쳐질까유?

『가래떡』
• 저자: 사이다 글 · 그림
• 출판: 반달(2016)
• 내용: 기계 안에서 쿵하는 소리와 함께 뽑아지는 갓 만들어진 가래떡은, 길쭉길쭉, 따끈따끈, 구불텅구불텅, 쫄깃쫄깃, 탱글탱글, 꾸덕꾸덕, 노릇노릇, 쫀득쫀득~ 재미난 의성어와 의태어로 가득한 그림책!

5세	수박 수영장

그림책

- 저자: 안녕달 글 · 그림
- 출판: 창비(2015)
- 내용: 커다란 수박 안에 들어가 수영을 한다는 시원하고, 상상력이 돋보이는 그림책. 수박을 이용해 다양하게 노는 등장인물들의 모습을 통해 유아 주도의 다양한 놀이 전개가 가능하다.

그림책 감상

📖 그림책 함께 읽기

- 그림책을 감상하며, 그림책에 대하여 자유롭게 이야기를 나눈다.
  - 와하하! 수박이 정말 수영장이 됐네?!
  - 진짜 웃겨~!
  - 저거(미끄럼틀) 워터슬라이드야, 진짜 재미있겠다!
  - 정말 차가울 것 같아.
  - 나는 진짜 수박 수영장에 들어가고 싶었어.
  - 구름 장수가 솜사탕 팔러 온 줄 알았는데! 먹구름 샤워라니!
  - 메론 수영장도 있으면 좋겠다.
  - (수박을 밟으면) 정말로 서걱서걱서걱 소리가 날 것 같아.

그림책 놀이 속으로

📖 우리 반 수박 수영장 만들기

- 우리 반에 진짜 들어가서 놀 수 있는 수박 수영장을 만든다.
  - 선생님, 우리 정말 수박 수영장 만들 거예요.
  - 뭘 만들지? 사다리랑 또 미끄럼틀!
  - 짜잔~여기가 바로 수박 수영장이에요.
  - 잉. 다 만들었는데 물이 없네.
  - 화장실에서 물을 떠오는 건 어때?
  - 그럼 옷이 다 젖잖아. 역할영역에 있는 분홍색 보자기로 하자!
- 빨간색 습자지를 지원받아 원하는 수박 수영장에 빨간 물을 채운다.
  - 빨간색 종이가 있으면 좋겠어요! 수영장 물로 채우게요!
  - 오와오, 이거 진짜 수박물 같아!
  - 찢어서 채우면 화채가 되는 거 아니야?
  - 그럼 나도 화채 수영장 만들어야지.

★ 교사지원 tip. 유아의 아이디어를 듣고 분홍, 빨간색의 습자지를 제공

• 구름장사 아저씨를 위해 양산구름과 먹구름 샤워를 만들며 놀이를 확장한다.
　– 샤워하는 구름이 필요한데 어떻게 만들어요?
　– 상자로 할까? 근데 그러면 선생님이 도와줘야 해요!
　– 샤워하는 먹구름은 신문지를 붙이자.
　– 꾸깃꾸깃해서 붙이니까 정말 구름 같아!
　– 양산구름은 하얀색 종이로 꾸며 주자~!

• 만들어 놓은 수박 수영장에서 자유롭게 놀이를 한다.
　– 앗! 차가! 여기 들어와요! 시원해요~!
　– 어푸어푸, 나는 배영 중이야.
　– 머리 위에 (수박 물을) 올려놓으니까 시원해~!
　– 선생님 공격~! 수박 물폭탄~!
　– 너무 많이 들어오면 안 돼!
　– 우리는 그럼 샤워하고 있자!

• 새로운 놀이 공간인 수박 캠핑장과 시냇물 낚시터를 만들어 확장된 놀이를 즐긴다.
  – 선생님 시냇물 만들어 주세요,
    (캠핑놀이를 즐기며 아이들은 '낚시'에 대한 이야기를 계속해서 해 왔습니다.)
  – 선생님, 낚시놀이 해요~
  – 맛있게 구워 줄게요~!
  – 세진아, 너 오징어 좋아한다고 했지! 내가 잡아 줄게.
    (한 명, 두 명 붕어와 연어 등 물고기를 그려오며) 선생님 물고기에 자석 붙여 주세요!
★ 교사지원 tip. 바닥에 시냇물과 같은 파란색 시트지를 붙여 주어 실감 나는 낚시놀이로의 흥미 확장을 지원
  – (시트지가 붙은 바닥 둘레에 벽돌 블록을 내려 놓으며) 우와! 진짜 시냇물이 생겼어! 여기다가
    놓으면 되겠다!
  – 이제 우리가 만든 물고기를 넣어!
  – 이야! 두 마리를 동시에 잡았어!
  – 나도 물고기를 많이 잡아서 캠핑할 때 먹을 거야!!
  – 오늘의 생선구이입니다. 맛있게 드세요~

- 친구가 집에서 가지고 온 진짜 수박으로 수박화채를 만들어 먹는다.
  - 이걸로 화채해서 먹으면 정말 맛있는데,
  - 아이반 친구들이랑 화채 만들어서 먹으면 안 돼요?
  - 조리사 선생님께 말해 봐요!
    (화채를 만들기로 결정하여 바로 화채만들기를 시작했습니다.)
  - 수박을 자르니까 각두기 같아! 하하.
  - 맛있겠다 얼른 먹고 싶어!!
  - 섞으니까 수박 물이 더 맛있어진다! 먹어봐 엄청 달콤해~!
    (다음에도 또 화채만들기를 하기로 약속하고, 새롭게 필요한 재료를 적어 투표하고, 화채를 새롭게 만들 수 있는 방법들을 이야기해 보았습니다.)

가정연계
- 마트에 가서 직접 수박을 골라 사 보고, 가정에 있는 블록이나 인형 등 놀잇감 등을 활용하여 수박수영장 극놀이를 즐긴다.

함께
볼 수 있는
그림책

『태양 왕 수바:수박의 전설』
- 저자: 이지은 글·그림
- 출판: 웅진주니어(2023)
- 내용: 둘 머리 용에게 날개를 떼어 먹힌 채 데굴데굴 구르기 좋은 모양새로 할머니 앞에 나타난 태양왕 수바! 할머니에게 용을 무찌르기 위한 부탁을 하며 재미난 이야기가 펼쳐진다.

『개미의 수박 파티』
- 저자: 다무라 시게루 글·그림, 서지연 역
- 출판: 비룡소(2017)
- 내용: 무더운 어느 여름날, 아주 아주 작은 개미는 아주 아주 커다란 수박 수박을 만난다. 개미와 친구들은 수박을 옮기기 위해 힘을 모으다 재미난 아이디어를 떠올린다.

5세	숲 속 재봉사

그림책

- 저자: 최향랑 글 · 그림
- 출판: 창비(2010)
- 내용: 숲 속 동물 친구들의 옷을 책임지는 숲속 재봉사! 특징에 따라 어울리는 옷을 만들어 준다. 조개껍데기, 돌멩이, 말린 꽃잎, 씨앗 등 자연물을 이용한 콜라주로 그림이 재미를 더한다.

그림책 감상

📖 그림책 함께 읽기

- 그림책을 감상하며, 그림책에 대하여 자유롭게 이야기를 나눈다.
  - 아까 책에서 오징어 다리에 무지개 스타킹이랑 신발 만들어 준 거 웃겼지?
  - 맞아! 스타킹을 신으니까 진짜 무지개 오징어로 변신했어!
  - 그럼 나는 고슴도치한테 어울리는 옷을 만들 거야! 뾰족한 털을 하나씩 넣게 주머니를 많이 많이 달아야지!
  - 나는 오리한테 마스크 만들어 주고 싶어! 오리는 부리가 나와서 우리가 쓰는 거 못쓰니까 새로 만들어야지!
  - 나는 우리 집 강아지 옷 만들고 싶다. 추울 때 귀까지 다 들어갈 수 있게 귀를 길게 달아 주면 좋겠어.

★ 교사지원 tip. 그림책을 읽은 후 교사와 함께 이야기를 나눌 수 있지만, 유아들끼리 북토크를 할 수 있는 시간을 제공해 주는 것도 유아의 새롭고 재미난 생각을 자유롭게 나누도록 하는 데 필요!

그림책 놀이 속으로

📖 우리도 재봉사 놀이할까? 옷을 만들어 보는 놀이!

- 우리가 재봉사가 된다면 어떤 재료로 어떤 옷을 만들지 글과 그림으로 표현해 본다.
  - 나는 하늘을 날 수 있는 옷을 만들고 싶어!
  - 나는 반짝반짝 야광옷을 만들고 싶어!
  - 나는 엄청 빨리 달릴 수 있는 옷!
  - 나는 사랑이 넘치는 옷!!
  - 뭐로 만들지 적어 봐!
  - 책에서는 나무랑 꽃 같은 걸로 만들었어!
  - 그래? 그럼 밖으로 나가서 만들까?

★ 교사지원 tip. 접착 메모지를 제공하여 유아들이 쉽고 편하게 자신의 생각들을 표상하여 친구들과 공유할 수 있도록 지원!

- 숲에서 재료를 구한 후, 자연물로 옷을 만들어 본다.
  - 이 나뭇잎으로 반팔 옷 꾸미면 되겠다!
  - 꽃잎으로는 꽃 치마 만들자~
  - 어? 저기 종이에 있는 꽃을 가위로 오려서 붙이면 어때? 작은 나뭇잎도 있다!
  - 나는 색종이에 그림 그려서 붙일래!
  - 그럼 나는 색연필이랑 사인펜으로 직접 색칠해서 꾸며 볼까?

★ 교사지원 tip. 숲에서 자유롭게 재료를 구할 수 있도록 허용

- 집에서 가지고 온 작아진 옷들로 어떤 옷을 어떤 방법으로 만들 것인지 서로 의견을 나누어 본다.
  - 이 옷에 있는 레이스를 써 볼까? 공주 옷 만들기!
  - 여기는 분홍색으로 잘라 붙이면 치마가 될 것 같아!

  ······〈중략〉······

– 모자 위에 귀마개를 붙이는 거지?

– 응. 그럼 털을 따로 안 붙여도 되니까 더 좋을 것 같아~

　(옷을 함께 만들고 싶은 친구들끼리 모여서 서로 의견을 공유했어요. 어떤 옷을 만들지 미리 그
　림으로 그려 보고 재료와 만드는 방법을 적은 후, 옷 만들기 놀이를 시작했어요.)

★ 교사지원 tip. 유아들의 생각을 한눈에 정리할 수 있도록 미리 의상 만들기 계획안과 같은 자료를 A4용지 한 장
　에 만들어 제공하는 것도 놀이의 깊이를 더하도록 돕는 방법

• 실제 재료들을 활용하여 옷 만들기 놀이를 한다.

– 여기가 두꺼워서 잘 잘리지 않네. 어떻게 하지?

– 그럼 선생님한테 이것만 도와 달라고 하자!!

– 여기 반짝이 오려서 붙일 건데 풀로 안 되는 것 같아!

– 저기 테이프로 붙여 보자!

　(옷을 만드는 과정은 계획과는 다르네요. 유아들은 여러 문제를 서로 협의하여 해결하며 진지
　하게 옷 만들기 과정을 즐깁니다.)

– 우와, 벽에 걸어놓으니까 옷가게 같다!

– 우리 나중에 커서 옷 디자이너가 되어도 잘할 것 같지 않아?

– 작아진 옷으로 만들었더니 옷이 작아서 입지 못하는 게 조금 아쉽기는 하다!

　(직접 만든 옷들을 보며 아쉬운 점이나 뿌듯한 마음을 나누기도 합니다.)

★ 교사지원 tip. 유아들이 놀이에 몰입할 수 있도록 개입하지 않고 유아의 요청이 있을 때만 지원

📖 그래서 재봉사가 어떻게 되었다고? 이야기를 지어 동극놀이를 해 보자!

• 나만의 뒷이야기를 지어 글과 그림으로 표상해 본다.
(그림책에 푹 빠진 몇몇 친구들이 언어영역에서 저마다 뒷이야기를 짓느라 바빴답니다. 지은 이야기를 글과 그림으로 그려보며 서로 대화를 나누기도 했습니다.)
  - 친구들이 모두 집으로 돌아가자 재봉사는 자신을 위한 옷을 만들기로 했어요!
  - 이렇게 멋진 옷은 처음인걸? 첫눈에 반했소! 재봉사는 왕자와 결혼하여 행복하게 살았답니다.
  - 장갑과 안대를 다 만든 재봉사는 새와 물고기에게 갔어요. 짜잔 다 만들었어. 마음에 드니? 정말 고마워. 옷이 나한테 너무 잘 어울리네!

★ 교사지원 tip. 빈 도화지를 언어영역에 제공해 주어 자유롭게 뒷이야기를 지어 볼 수 있도록 함. 유아마다 편지를 쓰거나 말풍선을 넣어 대화를 주고받는 형식 등 다양한 방식으로 자유롭게 뒷이야기를 짓는 모습이 나타남

• 친구들과 함께 하나의 뒷이야기를 짓고, 이를 동극놀이로 연결한다.
(교사가 벽에 각자 지은 뒷이야기를 붙여 두자, 유아들은 함께 하나의 이야기를 짓기 시작했습니다. 유아들은 자신들이 지은 이야기를 보며, "관노가면극을 했을 때처럼 또 동극하자! 재미있을 것 같아!"라며, 동극놀이를 하기로 의견이 모아졌답니다. 이야기를 대본으로 만든 후 준비해야 할 것들과 필요한 것들을 생각하여 이야기를 나누어 보고, 직접 이를 해결하기로 합니다.)

피곤함에 잠들었던 재봉사가 자신의 코고는 소리에 잠에서 깼어요!
잠에서 깬 재봉사는 다시 동물 친구들을 만나러 갔지요.
동물 친구들의 대화를 들은 재봉사는
친구들에게 도움을 줄 수 있는 옷들을 만들어 주었어요.
동물들은 너무나 행복해하며 집으로 돌아갔답니다.
혼자 남은 재봉사는 갑자기 쓸쓸한 기분이 들었어요.
그러다 초라한 옷을 입고 있는 자신의 모습을 보게 되었지요.
재봉사는 처음으로 자신을 위한 예쁘고 아름다운 옷을 만들었어요.
옷이 완성되자 재봉사는 멋지게 차려 입고 산책을 나갔지요.
그때 숲을 지나던 왕자가 재봉사에게 첫눈에 반해 버리고 말았어요.
둘은 함께 놀고 이야기를 하며 서로 사랑에 빠졌어요.
그래서 둘은 결혼에 골인하여 숲 속에서 행복하게 살았답니다!

- 행복한 반 친구들 모두 힘을 모아 지음 -

– 일단 동극할 때 배경이 있으면 더 멋있을 것 같아! 어때?
– 좋아! 그럼 우리가 그려야겠다.
– 숲속 재봉사니까 재봉틀도 있어야겠다!
– 역할 머리띠도!
– 새한테서 떨어지는 깃털이 있으면 더 괜찮을 것 같은데?
– 그건 뭘로 만들어?
– 그림으로 그리고, 또 우리 옷 만들다 남은 걸로 하면 되지!

우리가 준비해야 할 것들은?
재봉사네 집, 하늘과 바다 배경
동물들 머리띠, 재봉틀,
하트, 새 깃털, 옷(안대, 장갑),
동극 공연 초대장!

(숲속 재봉사 동극의 소품을 모두 만든 뒤 연습이 시작되었어요. 각자 어떤 역할을 할지 먼저 뽑기로 정해 보았답니다.)

– 재봉사 하고 싶어! 잘 할 수 있을 것 같아. 옷 만드는 척도 잘해!
– 나는 글씨 읽을 수 있으니까 이야기 알려 주는 사람 할까?
– 음~ 그럼 나는 뭐하지? 상어 할까~ 물고기 할까~ 새 할까?
– 하고 싶은 사람이 너무 많은데? 어떻게 정하지?
– 물음표 상자에서 뽑기로 하자! 빨간 공이 나오면 당첨이야!

(이제 본격적인 대사연습 시작! 즉흥적으로 대사를 추가하기도 하고, 움직임도 맞춰 보고 즐겁게 동극놀이를 합니다. 그러다 문득 누군가에게 보여 주고 싶다는 생각을 한 친구들은 동생들을 초대하여 공연을 보여 주기로 했습니다.)

    – 동생들을 초대하러 가보자! 어디로 갈까?

    – 내가 초대장을 읽는 역할을 할게!

    – 우리가 직접 만든 이야기를 동극으로 보여 줄게! 우리 교실에 놀러와 주겠니?

가정연계   • 집 주변의 공원이나 숲을 산책하면서 자연물들을 수집한 후, 이를 자유롭게 활용하여 이야기 속한 장면이나 내가 자유롭게 상상한 내용을 구성해 본다. 아이 혼자 만드는 것보다 엄마 아빠도 각자 만들어 서로에게 소개하면서 놀이하는 것이 좋다.

함께
볼 수 있는
그림책

『봄 숲 놀이터』
• 저자: 이영득 글, 한병호 그림
• 출판: 보림(2017)
• 내용: 다람쥐를 뒤쫓아 숲으로 들어간 강아지 구슬이와 함께 숲으로 들어간 강이! 숲속에는 친구들도 재미난 놀이도 가득하다. 모두가 어떻게 행복한 하루를 보냈을지 알아본다.

『춤바람』
• 저자: 박종진 글, 송선옥 그림
• 출판: 소원나무(2021)
• 내용: 봄이 찾아온 수목원으로 소풍을 간 선동이, 율동이 가족! 아름다운 꽃밭 앞에서 사진을 찍으려는 엄마와 춤을 추느라 바쁜 아이들! 이 봄 소풍, 무사히 끝날 수 있을까?

부록

부록 1 유아교육기관 문해 환경 평가 문항

문해 영역	문해공간 구성	유아들이 교실의 규칙과 영역의 이름을 정하거나 자료 구성 등 영역을 계획하는 데 참여한다.
		문해 영역은 조용한 곳에 위치하고 있다.
		문해 영역은 눈으로 식별이 가능하고 접근도 쉬우나 다른 영역과는 가구를 사용하여 분명하게 구분되어 있다.
		문해 영역에는 카펫, 쿠션, 푹신한 의자, 봉제인형 등이 있다.
		문해 영역에는 숨어들어가서 책을 읽을 수 있는 별도의 공간이 있다.
		문해 영역은 전체 교실 면적의 약 10%를 차지하고 유아 5~6명이 동시에 활동할 수 있다.
	도서 영역	책등이 보이도록 보관할 수 있는 책꽂이가 있다.
		책은 분류되어 비치되어 있다.
		책의 앞표지가 보이도록 보관할 수 있는 책꽂이가 있다
		주제나 유아의 흥미와 관련된 책이 10권 이상 구비되어 있다.
		책의 난이도 수준은 3~4년 정도의 차이가 있으며 다양한 장르의 책이 구비되어 있다.
		2주 동안 20권 정도의 책이 소개된다.
		도서 대출 프로그램을 운영한다.
		녹음된 이야기 자료와 헤드셋이 구비되어 있다.
		이야기 등장인물 인형과 소품이 구비되어 있다.
		이야기 구성에 사용할 수 있는 조작물(막대 인형, 부직포 인형 등)이 구비되어 있다.
		녹음기가 구비되어 있다.
		같은 책이 여러 권 비치되어 있다.
	쓰기 영역	탁자(낮은 책상)와 의자가 구비되어 있다.
		유아의 쓰기물이 게시될 수 있는 게시판이 구비되어 있다.
		쓰기 도구(색연필, 크레용, 사인펜, 연필 등)가 구비되어 있다.
		쓰기 자료(다양한 크기와 색깔의 종이, 작은 공책 등)가 구비되어 있다.
		컴퓨터 관련 기기(데스크톱, 노트북, 태블릿 등)가 구비되어 있다.
		꾸민 이야기를 책으로 엮을 수 있는 재료가 구비되어 있다.
		유아, 교사가 서로에게 메시지를 전달하는 메시지 보드가 구비되어 있다.

		자신이 좋아하는 단어를 모아두는 곳이 있다.
		유아의 글을 보관하는 개별 폴더가 구비되어 있다.
		유아 서로가 편지를 주고받을 수 있는 우편함이 있다.
		책 만들기 재료가 있다.
문해영역 이 외의 교실 환경	주제와 관련된 문해 자료	교실의 모든 영역에 문해 관련 자료가 제공된다.
		주제 관련 표시, 지시 사항, 규칙 등과 같은 글이 교실 환경에 부착되어 있다
		달력 관련 표시, 지시 사항, 규칙 등과 같은 글이 교실 환경에 부착되어 있다.
		오늘 혹은 이번 주의 행사 알림판 관련 표시, 지시 사항, 규칙 등과 같은 글이 교실 환경에 부착되어 있다
		책, 잡지와 신문 관련 표시, 지시 사항, 규 칙 등과 같은 글이 교실 환경에 부착되어 있다.
		쓰기 도구 관련 표시, 지시 사항, 규칙 등과 같은 글이 교실 환경에 부착되어 있다
		여러 종류의 종이 관련 표시, 지시 사항, 규칙 등과 같은 글이 교실 환경에 부착되어 있다.
	문해 결과물 게시 공간	유아의 문해 활동 결과물을 게시할 수 있는 공간 관련 표시, 지시 사항, 규칙 등과 같은 글이 교실 환경에 부착되어 있다.
		교사나 유아가 서로에게 메시지를 남길 수 있는 공간 관련 표시, 지시 사항, 규칙 등과 같은 글이 교실 환경에 부착되어 있다.
		단어 게시판 관련 표시, 지시 사항, 규칙 등과 같은 글이 교실 환경에 부착되어 있다.

출처: 서미지(2021).

부록 2   가정 문해 환경 평가 문항

1. 가정에 성인 대상 도서는 얼마나 많이 있습니까?
    ① 0~40권
    ② 41~80권
    ③ 81~120권
    ④ 121권 이상

2. 가정에 현재 해당 자녀가 읽을 만한 아동용 도서는 얼마나 많이 있습니까?
    ① 0~40권
    ② 41~80권
    ③ 81~120권
    ④ 121권 이상

3. 가정에 현재 해당 자녀가 읽을 만한 아동용 도서는 주로 어떻게 구입한 것입니까?
    ① 집을 방문한 출판사 사람에게 주로 전집으로 구입한 것이다.
    ② 학교나 사회기관에서 추천한 책을 위주로 주로 전집으로 구입한 것이다.
    ③ 주로 낱권으로 부모가 직접 서점에 가서 선택한 것이다.
    ④ 주로 낱권으로 아동이 좋아하는 책을 직접 서점에 가서 선택한 것이다.
    ⑤ 구입하기보다는 다른 사람(친지나 동료 등)에게 물려받은 것이다.

4. 가정에서 한 달을 기준으로, 구입하거나 구독하는 성인 대상 잡지나 신문은 얼마나 됩니까?
    ① 없음
    ② 1권
    ③ 2권
    ④ 3권
    ⑤ 4권 이상

5. 가정에서 한 달을 기준으로, 구입하거나 구독하는 아동용 잡지나 신문은 얼마나 됩니까?
    ① 없음
    ② 1권
    ③ 2권
    ④ 3권
    ⑤ 4권 이상

6. 가정 내 성인이 참고도서(사전, 지도 책자, 백과사전 등)를 사용하는 것을 해당 자녀는 얼마나 자주 보게 됩니까?

　① 전혀 없다.
　② 거의 드물다.
　③ 때때로
　④ 자주
　⑤ 매일

7. 부모님이 책을 읽는 것을 해당 자녀는 얼마나 자주 볼 수 있습니까?

　① 세 달에 1~2번
　② 한 달에 1~2번
　③ 한 주에 1~2번
　④ 한 주에 3~4번
　⑤ 매일

8. 부모님이나 다른 가족들은 해당 자녀와 얼마나 자주 도서관에 함께 가십니까?

　① 한 달에 한 번도 없다.
　② 한 달에 1번
　③ 한 달에 2번
　④ 한 달에 3~4번
　⑤ 한 달에 5번 이상

9. 해당 자녀가 몇 살 때부터 부모님은 자녀에게 책을 읽어주기 시작했습니까?

　① 만 1세 미만
　② 만 1~2세일 때
　③ 만 2~3세일 때
　④ 만 3~4세일 때
　⑤ 만 4세 이상일 때

10. 해당 자녀의 생일이나 명절 때, 해당 자녀가 책을 선물로 받은 적이 있습니까?

　① 전혀 없다.
　② 거의 드물다.
　③ 가끔
　④ 자주
　⑤ 항상

11. 해당 자녀는 부모님과 함께 얼마나 자주 서점에 가서 해당 자녀의 독서를 위한 책을 사고 있습니까?

   ① 한 달에 한 번도 없다.

   ② 한 달에 1번

   ③ 한 달에 2번

   ④ 한 달에 3~4번

   ⑤ 한 달에 5번 이상

12. 가정에서 해당 자녀는 자신이 원하는 책(학교 숙제용 책은 제외)을 얼마나 읽습니까?

   ① 한 달에 1권도 읽지 않는다.

   ② 한 달에 1~3권 읽는다.

   ③ 한 주에 1~3권 읽는다.

   ④ 한 주에 4~6권 읽는다.

   ⑤ 한 주에 7권 이상 읽는다.

13. 가정에서 해당 자녀는 책을 한 번 읽기 시작하면 보통 몇 분 정도 혼자서 책을 읽습니까?

   _____ 시간 _____ 분

14. 가정에서 해당 자녀가 책(학교 숙제용 책 제외)을 읽을 때 주로 어떻게 읽습니까?

   ① 부모가 읽으라고 권하면 자녀가 읽는다.

   ② 부모와 자녀가 책을 주로 같이 읽는다.

   ③ 규칙적으로 정해진 시간에 주로 책을 읽는다.

   ④ 자녀가 원할 때에 책을 읽는다.

15. 해당 자녀가 다음 중 현재 하고 있거나 가지고 있는 것에 ○표 해 주세요.

   ① 집으로 매주 몇 권씩 배달되는 책읽기 프로그램 (   )

   ② 공사립 어린이 도서관 회원증 (   )

   ③ 한글/국어 학습지 (   )

   ④ 어린이 전문서점 회원증 (   )

   ⑤ 독서관련 과외나 지도 (   )

   ⑥ 기타 (자세히 써 주세요.) _____

출처: 김수희(2003).

부록 3 월별 그림책

3월: 첫날, 진급, 입학, 새 친구

3월은 새 학기가 시작되는 달로 새로 유아교육기관에 입학하거나 위 학년으로 진급하게 되어 새로운 교사와 새로운 친구들, 새로운 환경에서 놀이를 시작하게 된다. 새로운 환경에 대한 설렘과 두려움을 겪는 아이들에게 그림책을 읽어 주어 아이들의 마음을 공감하고, 새로운 환경에 대한 기대감을 갖도록 해 주는 것은 어떨까?

『유치원에 처음 가는 날』그림책과 같이 유치원에 처음 가는 날 엄마와 떨어져 생활하게 되는 아이와 엄마의 감정이 잘 표현된 그림책들은 새로 입학하는 유아들의 마음을 살펴 주고 그들의 마음에 공감할 수 있을 것이다. 그림책을 읽어 준 후 아이의 마음과 엄마의 마음에 대해 함께 이야기해 보면 좋을 것이다.

■ 3월 그림책 list

그림책	그림책 정보	그림책 내용 간략 정보
	유치원에 처음 가는 날 코린 드레퓌스 글, 나탈리 슈 그림, 김희경 역, 2020, 키다리	유치원에 처음 가는 날은 처음으로 떨어져 생활하게 되는 엄마와 아이의 감정을 잘 표현한 그림책이다. 이 작품은 글은 물론 그림에서도 아이와 엄마의 감정변화를 세심하게 다루고 있다.
	부끄러움아, 꼭꼭 숨어라 김세실 글, 노석미 그림, 2010, 시공주니어	부끄러움이 많은 아이들이 책을 통해 자연스럽게 마음의 문을 열고 변화할 수 있도록 도와주는 감정 그림책으로 유치원에 처음 가는 아이의 이야기를 통해 아이들이 부끄러움을 느끼는 상황에 감정을 이입하고 자연스럽게 감정을 해소시킬 수 있도록 한다.
	유치원 가기 싫어 스테파니 블레이크 글·그림, 김영신 역, 2010, 한울림	자신을 슈퍼토끼라고 생각하는 시몽도 처음으로 유치원 가는 날은 무섭기만 하다. 엄마 아빠가 옆에서 아무리 응원해 주어도 가기 싫다고만 하는 시몽. 과연 시몽은 무사히 유치원에 갈 수 있을까? 재미있는 이야기와 원색의 단순하면서도 강렬한 그림이 아이들의 상상력과 감각을 자극하는 유쾌한 그림책이다.

눈물바다
서현 글 · 그림, 2019,
사계절

아이들의 하루를 위로하고 함께 울어 주는 그림책이다. 요즘 아이들의 하루 풍경이 그려지며, 눈물을 통해 스스로 마음을 달래는 아이들의 모습이 그려진다.

모모가 처음 유치원에 간 날
르네 구이슈 글,
악셀 판호프 그림,
백정선 역, 2015,
아름다운사람들

처음 홀로 서는 아이를 위한 성장 그림책으로 아이가 진정으로 바라는 부모의 사랑이란 무엇인지 깨닫게 해 준다. 또한 처음 홀로 서기를 시작하는 아이와 품 안의 아이를 떠나보내고 홀로 서는 부모 모두에게 성장의 계기를 제공한다.

4월: 자연, 산책, 봄 소풍

따뜻한 햇빛과 연두 빛 새싹, 여러 가지 예쁜 꽃들이 피기 시작하는 4월은 바깥 놀이하기 좋은 달이다. 아이들은 산책하며 여러 가지 꽃들과 새싹들에 관심을 보이고 계절의 아름다움을 느낀다. 또한 꽃들이 만발할 때쯤 봄 소풍을 많이 간다. 봄 소풍을 가기 전 자연, 봄, 산책, 소풍들과 어울리는 그림책 놀이를 소개하여 봄나들이에 대한 기대감을 높여 볼 수 있을 것이다.

■ 4월 그림책 list

그림책	정보	내용 간략 정보
	**봄이다!** 줄리 폴리아노 글, 에린 E. 스테드 그림, 이예원 역, 2012, 별천지	봄을 향한 희망찬 기다림에 대한 이야기를 담은 그림책이다. 한 소년과 그의 동물 친구들이 봄을 기다리는 과정을 담담하면서 희망차게, 그리고 재치 넘치게 그려 낸 작품이다.
	**나오니까 좋다** 김중석 글 · 그림, 2018, 사계절	짧은 순간에 찾아오는 기쁨, 일상의 작은 행복을 담은 그림책이다. 하룻밤 캠핑 이야기로 특별한 일 없는 일상이 담긴 책으로 별일 없어서 좋고 특별한 일 없어도, 가끔 예쁜 하늘을 볼 수 있는 것으로도 좋다고 말할 수 있는 따뜻한 마음이 전해지는 그림책이다.

봄 속으로 풍덩
주미경 글,
감연주 그림, 2018,
키즈엠

봄날 볼 수 있는 꽃들을 소개하는 그림책이다. 동물들이 봄꽃과 놀이하는 모습을 통해, 유아는 벚꽃은 물론, 자연에 순응하며 살아가는 생태계의 모습도 이해할 수 있다.

꽃이 핀다
백지혜 글·그림, 2007,
보림

자연에서 찾은 열세 가지 색깔이 시적인 글과 단아하고 섬세한 그림에 담겨 어린이를 색의 세계로 초대한다, 자연의 숨결과 우리 교유한 색감의 풍성함을 흠뻑 느낄 수 있는 아름다운 색깔 그림책이다.

민들레는 민들레
김장성 글,
오현경 그림, 2014,
이야기꽃

민들레는 흔하고 가까우면서도 예쁘다. 게다가 피고 지고 다시 싹틔우는 생명의 순환을 거의 동시에 다 보여 준다. 이 그림책도 민들레의 한살이 모습을 담고 있지만 자기다움의 이야기, 자기존중의 이야기를 들려준다.

5월: 어린이, 엄마, 아빠, 할머니, 할아버지, 선생님

꿈과 희망이 가득한 5월은 자연의 아름다움과 아이들의 마음이 최고로 조화를 이루는 때이다. 5월은 어느 때보다 기념일과 행사가 많은 달이므로 많은 기념일이 형식적인 행사에 그치지 않고 그 안에 담긴 올바른 의미와 사랑을 마음속에 되새길 수 있는 그림책을 소개하면 좋을 것 같다.

▣ 5월 그림책 list

그림책	그림책 정보	그림책 내용 간략 정보
	**엄마의 선물** 김윤정 글·그림, 2016, 상수리	엄마가 아이에게 들려주는 따스하고 힘찬 응원과 사랑의 메시지, 그리고 그런 엄마에게 아이가 전하는 사랑과 감사의 마음을 특별한 형식으로 담아낸 그림책이다.
	**할머니의 비밀스러운 취미생활** 오하나 글·그림, 2018, 웅진주니어	모두 집을 나선 그 시간, 우리 할머니는 무엇을 하실까? 새봄이의 머릿속에 그려진 할머니의 모습이 그러하듯, 집안일을 하시거나 손녀가 오기를 멍하니 기다리고 계시겠지 생각하겠지만, 이 그림책 속 할머니는 이런 뻔한 예상을 보기 좋게 뒤엎는다.

당근 유치원
안녕달 글·그림, 2020,
창비

새 유치원에 간 아기 토끼가 낯선 교사를 만나 마음을 나누며 유치원에 적응해 가는 과정을 담았다.

나의 엄마
강경수 글·그림, 2016,
그림책공작소

우리가 세상에 태어나 부모를 만나고 그 사랑을 받아 다시 부모가 되는 과정을 담은 그림책이다.

나의 아버지
강경수 글·그림, 2016,
그림책공작소

언제나 보이지 않게 뒤에 서 있는 아버지의 모습대로 타공으로 구현해 낸 표지에서부터, 세상 모든 아빠들의 모습을 가득 담은 마지막 장면에 이르기까지 시간이 지나도 변하지 않는 영웅, 아버지의 사랑을 담은 그림책이다.

우리는 언제나 다시 만나
윤여림 글,
안녕달 그림, 2017,
위즈덤하우스

엄마가 세상에 하나뿐인 아이에게 전하는 사랑과 응원의 메시지를 담아낸 그림책이다. 아이가 성장하면서 겪는 자연스러운 과정 '분리 불안'에 대한 이야기를 담고 있다.

6월: 단오, 고마우신 분

6월은 현충일이 있는 달이다. 위인은 국가를 위해 목숨을 바친 사람으로 우리는 알고 있다. 나라를 위해 돌아가신 위인을 생각하면서 가정에서, 그리고 유아교육기관에서 아이들의 작은 실천으로 위인을 만들어 보면 어떨까? 우리 식구 신발 정리, 식탁에 수저 놓기, 화분에 물 주기, 장난감 정리해 주기, 친구 도와주기 등 우리 집, 우리 반의 위인을 만들어 본다. 우리 집 위인이 우리나라 위인으로 우리나라 위인이 세계 속의 위인이 되지 않을까?

또 6월은 세계문화유산인 단오제가 열리는 단오(음력 5월 5일)가 있는 달이다. 『얼쑤 좋다 단오 가세』와 같은 그림책 소개로 단오의 풍경을 알아보고, 단오날의 분위기를 느껴 보고, 단오 축제를 계획할 때 도움을 얻을 수 있을 것이다. 그림책을 살펴보며 어린이들과 단오 축제를 유아교육기관에서 진행해 봐도 좋을 듯하다.

■ 6월 그림책 list

그림책	그림책 정보	그림책 내용 간략 정보
	얼쑤 좋다 단오 가세 이순원 글, 최현묵 그림, 2008, 책읽는 곰	할아버지를 따라 강릉단오제에 간 주인공 상준이가 처음엔 조금 낯설어하다가 볼 것도 많고, 할 것도 많은 단오 축제 속으로 점점 빠져들 듯이, 이 책을 읽는 아이들도 강릉단오제의 신명 나는 분위기를 함께 느껴 볼 수 있을 것이다.
	루이의 특별한 하루 세바스티앙 무랭 글·그림, 박정연 역, 2021, 진선아이	루이는 매일 매일 반복되는 정해진 일과에 지쳐 있다. 루이 곁에는 이런 마음을 잘 알고 이해하는 엑토르 아저씨가 있다. 루이와 엑토르 아저씨의 우정과 상상의 힘을 담은 따뜻한 이야기의 그림책이다.
	슬기로운 소시지 도둑 마리안네 그레테베르그 엔게달 글·그림, 심진하 역, 2021, 미래아이	도둑질이 하기 싫은 꼬마 도둑 셸의 이야기를 통해 자신만의 길을 만들어 나가는 방법을 유쾌하고 독창적인 시선으로 그리고 있는 그림책이다.
	다른 쪽에서 로랑스 퓌지에 글, 이자벨 카리에 그림, 김주열 역, 2014, 다림	소통의 장벽을 뛰어넘는 아이들에 대한 이야기를 담은 그림책이다. 우리 삶 곳곳에는 언어와 문화가 달라서, 신체적 장애나 성별의 차이로 인한 소통의 장애가 있다. 하지만 차이를 받아들이는 순간, 담장은 어느새 와르르 무너지고 만다.

7월: 비, 물놀이

친구들과 신나는 물놀이, 물총놀이를 즐기는 계절이다. 여름휴가를 앞두고 자칫 지루해지기 쉬운 계절, 물놀이 관련 그림책으로 유아의 흥미를 이끌어 보면 어떨까?

▣ 7월 그림책 list

그림책	그림책 정보	그림책 내용 간략 정보
	팔딱 팔딱 목욕탕 전준후 글 · 그림, 2018, 고래뱃속	더운 여름 어항 속에 갇혀 있는 물고기들이 자신의 모습처럼 안타깝게 느껴져 주인공 준우는 아빠 몰래 물고기들을 목욕탕으로 데려가 냉탕에 풀어 준다. 냉탕에 풀어 놓은 물고기들로 목욕탕은 한바탕 소동이 벌어진다.
	수박 수영장 안녕달 글 · 그림, 2015, 창비	햇볕이 쨍쨍한 여름날, 커다랗고 시원한 수박 속으로 들어가서 논다면? 커다란 수박은 수영장이 되고 모래사장도 되고, 아이들과 어른들이 모두 모여 한여름의 무더위를 즐긴다. 시원하고 호방한 상상력이 돋보이는 그림책이다.
	내마음 ㅅㅅㅎ 김지영 글 · 그림, 2021, 사계절	'내 마음 ㅅㅅㅎ'은 일상에서 표현하는 마음의 단어들을 'ㅅㅅㅎ' 글자로 산뜻하게 시각화하여 어린이의 마음을 투명하게 그린 그림책이다.
	노란 우산 류재수 글 · 그림, 2007, 보림	글이 없는 그림책으로 비 오는 날 학교 가는 노란 우산을 따라 정거운 동네를 지나가면서, 노란 우산이 만나게 되는 다양한 색깔들의 우산들, 우산들이 엮어 내는 다양한 색감과 조형적인 리듬을 볼 수 있을 것이다.

비오는 날 생긴 일
조히 글 · 그림, 2019,
봄봄출판사

우비를 입은 아이 머리 위에 먹구름이 한가득, 비가 내리고 있다 지나가는 빨간 차로 인해 빗물 웅덩이를 공유하게 된 두 친구는 비가 내리는 곳에 함께 들어간다. 빗방울이 모여 만든 바다의 세계는 끝도 없이 이어진다. 바다의 세계가 신나게 펼쳐지는 그림책이다.

8월: 여름휴가, 여름방학

여름휴가, 여름방학에 대한 기대감을 높일 수 있는 그림책을 살펴보면 다음과 같다.

■ 8월 그림책 list

그림책	그림책 정보	그림책 내용 간략 정보
	할머니의 여름휴가 안녕달 글 · 그림, 2016, 창비	어느 여름날, 손자가 집으로 찾아와 홀로 사는 할머니에게 바닷소리가 들리는 소라를 선물한다. 할머니는 소라를 통해 뜻밖의 여름휴가를 떠나게 되는 그림책이다.
	파도야 놀자 이수지 글 · 그림, 2009, 비룡소	바닷가에 놀러 온 소녀의 하루를 자유로운 먹선과 파랑색, 흰색만을 사용하여 역동적으로 담아낸 그림책이다.
	수영장 이지현 글 · 그림, 2013, 이야기꽃	글 없는 그림책으로 한 소년이 아무도 없는 푸른 수영장을 바라본다. 조용히 바라보던 소년은 수영장 한 귀퉁이를 찾아 물속으로 잠수해 들어간다. 수면 아래 소녀를 만나 물속 깊이 내려가 갖가지 신기한 생물들을 만나는 이야기로 상상의 나래를 펼칠 수 있는 그림책이다.

블레즈씨에게 일어난 일
라파엘 프리에 글,
줄리앙 마르티니에르 그림,
이하나 역, 2020,
그림공작소

평범한 회사원 블레즈씨는 오늘도 일찍 일어났다. 그런데 이게 어떻게 된 영문인지 발이 곰처럼 변해 있는 게 아닌가! 화요일도 수요일도 목요일도… 점점 곰으로 변해 가는 블레즈씨는 과연 어떻게 될까? 궁금증을 유발하는 그림책이다.

수잔네의 여름
로트라우트 수잔네 베르너
글·그림,
윤혜정 옮김, 2007,
보림큐비

독일 어떤 마을의 사계절 풍경과 사람 사는 모습을 따스하고 유머스럽게 표현한 그림책으로 독자에게 말을 거는 듯한 느낌을 주는 그림책이다.

파리의 휴가
구스티 글·그림,
최윤정 역, 2007,
바람의아이들

휴가를 이용해 바닷가로 휴가를 떠난 파리를 내세워 휴가지에서 벌어진 일을 유머러스하게 그린 그림책이다. 다양한 재료를 콜라주 기법을 이용해 재치있게 표현하였다.

9월: 추석, 민속놀이

가을 햇살처럼 풍요롭고 여유로운 마음으로 알밤 터지는 소리, 누렇게 변해가는 황금 들녘, 한 해의 풍요로움이 가득한 우리 고유 명절 한가위(추석)가 있는 달이다. 추석과 함께 다가오는 가을 9월에는 어떤 그림책을 선택하면 좋을까?

◼ 9월 그림책 list

그림책	그림책 정보	그림책 내용 간략 정보
	**하회탈 쓰고 덩실** 김명희 글, 윤미숙, 고승아 그림, 2018, 사파리	하회탈을 처음으로 만들었다고 전해져 오는 하회 마을 허 도령의 옛이야기를 통해 하회탈의 유래와 종류에 대해 쉽고 친근하게 알려 주는 전통문화 그림책이다.

토선생 거선생
박정섭 글,
이육남 그림, 2019,
사계절

'토끼와 거북이'이야기에 작가의 뒷이야기를 더해 토선생 거선생으로 완성한 그림책이다. 옛이야기를 풀어내는 변사의 톤과 과거의 배경 그림을 통해 독자를 이야기 세계로 훌쩍 빠져들게 하는 그림책이다.

슈퍼 거북
유설화 글·그림, 2017,
책읽는 곰

경주에서 토끼를 이긴 뒤 '슈퍼 거북'이라는 별명을 얻게 된 거북이 꾸물이는 이웃들이 제 본모습을 알고 실망할까 봐 걱정이 되기 시작하는데⋯⋯.
경주에서 토기를 이긴 거북이의 뒷이야기를 통해 나답게 사는 법에 대해 생각하게 하는 그림책이다.

팥빙수의 전설
이지은 글·그림, 2019,
웅진주니어

찌는 듯한 여름날 가장 생각나는 음식 중 하나인 팥빙수에 대한 엉뚱발랄한 상상을 담은 그림책이다.

달밤
이혜리 글·그림, 2013,
보림

보름달 뜨는 밤 고층 아파트 숲에서 펼쳐지는 마법과 같은 상상의 세계를 아름답게 보여 준다. 탑에 갇힌 라푼젤처럼 자유를 읽은 아이들이 꾸는 꿈, 아이들의 숨통을 틔워 줄 그림책이다.

10월: 한글날, 운동회

추분이 지나고 나면 점차 밤이 길어지므로 여름이 지나고 가을이 왔음을 실감케 한다. 논밭의 곡식도 거두어들이고 빠알간 고추도 말리고, 밤도 줍는 가을의 풍경은 풍요로움을 느끼게 한다. 이 계절 유아교육기관에서는 운동회를 계획하는 경우가 많다. 10월 9일 한글날과 가을 운동회와 관련된 그림책으로 행사의 의미를 더욱 흥미롭게 하면 어떨까?

■ **10월 그림책 list**

그림책	그림책 정보	그림책 내용 간략 정보
	가나다는 맛있다 우지영 글, 김은재 그림, 2016, 책읽는곰	'가, 나, 다, 라' 글자를 지루하고 딱딱하게 전달하기보다, 아이들에게 친근한 음식으로 자연스레 한글을 익히도록 한 그림책으로 서른 가지가 넘는 군침 도는 음식을 보면서 즐겁게 가나다를 배울 수 있도록 한다.
	꽃이랑 소리로 배우는 훈민정음 ㄱㄴㄷ 노정임 글, 안경자 그림, 2011, 웃는돌고래	'훈민정음' 원본을 응용한 그림책으로 글자 모양을 외우기보다 먼저 소리 내어 익히도록 하고 있다. 풀이름으로 소리 내어 한글 연습도 하고, 아름답고 정확한 그림으로 따뜻한 감성도 키울 수 있는 그림책이다.
	한글 비가 내려요 김지연 글 · 그림, 2014, 웃는돌고래	한글 자음 가, 나, 다 순서로 이어지는 이야기를 따라가며 한글의 재미를 느낄 수 있으며 한글의 아름다움과 새로운 매력을 느낄 수 있는 그림책이다.
	표정으로 배우는 ㄱㄴㄷ 솔트앤페퍼 글 · 그림, 2017, 소금과 후추	ㄱ부터 ㅎ까지 한글 자음 14자를 이용해 재미있는 표정을 만들어 한글에 대한 호기심을 자극하고 흥미를 돋워 주는 그림책이다.
	가을 운동회 임광희 글 · 그림, 2010, 사계절	가을이면 으레 하늘을 꽉 채우는 와아! 함성 소리. 운동회 날이다. 몸과 마음이 들썩거리는 가을 운동회를 담은 그림책이다.

고구마구마
사이다 글, 그림, 2017,
반달

아이들과 함께 밭에서 고구마를 수확하며 살펴본 고구마들의 생김새들이 머릿속에 술술 떠올라 신나게 만든 이야기로 구마로 끝나는 재미있는 글 놀이를 즐길 수 있는 그림책이다.

11월: 개천절, 가을

11월이 되면 나무는 최소한의 자양분으로 추운 겨울을 나기 위해 한 잎, 두 잎 자신의 옷을 떨구어 내고, 기온은 점차 내려가 모두 겨울을 준비한다. 겨울이 한층 다가오는 계절에 유아교육기관에서는 유아들의 체력을 점검하는 시간과 함께 김장을 체험해 보는 시간을 갖기도 한다. 11월 계절에 어울리는 그림책을 소개하면 다음과 같다.

■ **11월 그림책 list**

그림책	그림책 정보	그림책 내용 간략 정보
	수잔네의 가을 로트라우트 수잔네 베르너 글 · 그림, 윤혜정 역, 2007, 보림큐비	3층집부터 호수가 있는 공원에 이르기까지 독자들이 마을 한바퀴를 산책할 때, 한 장 한 장 등장인물들이 저마다의 이야기를 갖고 걸어간다. 평범한 사람들의 일상이 사랑스럽고 따뜻한 그림으로 펼쳐진다.
	생각하는 개구리 이와무리 카즈오 글 · 그림, 박지석 역, 2021, 진선아이	생각하기를 좋아하는 개구리가 친구 쥐와 함께 주변에서 일어나는 일들에 대해 끊임없이 질문하고 답을 찾아가는 과정을 그림 그림책이다.
	넌 어떻게 춤을 추니 티라 헤더 글 · 그림, 천미나 역, 2020, 책과콩나무	"넌 어떻게 춤을 추니?"라고 묻자, 나이와 인종, 직업이 모두 다른 다양한 사람들이 각자의 느낌대로 춤을 춘다. 그런데 단 한 사람, 남자아이는 절대로 춤을 추지 않는다. 춤추는 사람들 사이에 꼿꼿하게 선채 춤추기를 거부하는 내용으로 시작되는 그림책이다.

네모 네모 체육 시간
김리라 글·그림, 2020,
신빛 사진
한솔수북

상자별 학교의 체육 시간에는 네모들의 몸에 대해 배우고 튼튼한 네모가 되는 여러 가지 방법들을 배우고 익힌다. 그리로 위험한 상황이 닥쳤을 때 네모들을 안전하게 지킬 수 있는 방법에 대해 배워 나가는 그림책이다.

운동이 최고야
이시즈 치히로 글,
야마무라 코지 그림,
엄혜숙 역, 2012,
천개의 바람

다양한 운동의 종류를 가르쳐 주고 호기심을 가지게 하며, 힘껏 운동하기의 즐거움을 알게 하는 건강한 그림책이다. 표정이나 움직임이 제각기 살아 있는 그림으로 아이들이 이야기를 상상하며 공감하도록 이끌어 준다.

12월: 크리스마스, 겨울방학

한 해를 정리하는 마음을 갖게 되는 12월에는 어린이들이 좋아하는 크리스마스 행사를 하게 된다. 크리스마스와 관련된 그림책을 살펴보면 다음과 같다.

▣ 12월 그림책 list

그림책	그림책 정보	그림책 내용 간략 정보
	**눈사람 아저씨와 눈강아지** 레이몬드 브리그스 글·그림, 이명희 역, 2014, 마루벌	눈사람 아저씨는 귀에 양말을 쓴 새로운 친구, 눈강아지와 함께 더 특별하고 환상적인 모험의 세계로 어린이들을 초대하는 그림책이다.
	**크리스마스의 기적** 천 츠위엔 글·그림, 고정아 역, 2010, 미래아이	인물의 움직임과 표정이 살아있는 따뜻한 그림과 아기곰 가족이 만들어 낸 잔잔하면서도 가슴 뭉클한 이야기로 크리스마스와 가족에 대해, 우리가 주고 받는 선물에 대해 새롭게 생각해 보게 하는 그림책이다.

커다란 크리스마스 트리가 있었는데
로버트 베리 글 · 그림,
김영진 역, 2014,
길벗어린이

만화체의 익살맞은 그림과 단순하면서도 운율을 살려 쓴 글의 조화가 돋보이는 그림책으로 커다란 나무 하나에서 시작된 크리스마스의 기적을 이야기하고 있다.

메리 크리스마스, 늑대 아저씨!
미야니시 타츠야 글 · 그림,
이선아 역, 2002,
시공주니어

크리스마스엔 신기한 일이 생길 거라고 노래 부르면서 트리와 화환을 장식하는 아기 돼지 열두 마리, 그 모습을 지켜보는 늑대와 벌어지는 이야기로 크리스마스의 따뜻함을 알리는 독특하고 경쾌한 이야기를 담고 있는 그림책이다.

1월, 2월: 설날, 나이, 성장과 고마움

새해를 맞이하는 마음과 한 학년을 마무리해야 하는 달이다. 한 살 더 먹은 느낌과 한 해를 마무리하고 새로 진급하게 되는 마음 등을 공유해 볼 수 있는 그림책을 살펴보겠다.

■ **1, 2월 그림책 list**

그림책	그림책 정보	그림책 내용 간략정보
	도토리 마을의 1년 나카야 미와 글 · 그림, 김난주 역, 2019, 웅진주니어	1월부터 12월까지 도토리마을 식구들의 생활을 달력처럼 기록한 그림책이다. 소소하지만 누구나 행복해 보이는 도토리마을 누구나 주인공이 될 수 있는 곳, 자연이 주는 시간의 혜택을 소박하게 누리는 이야기가 펼쳐진다.
	눈 오는 날 에즈라 잭 키즈 글 · 그림, 김소희 역, 1995, 비룡소	어느 겨울날 아침 하얗게 쌓인 눈을 본 피터가 눈을 가지고 노는 모습을 통해 눈오는 날 아이의 행동과 심리를 잘 보여 주는 그림책이다.

토끼가 커졌어!
정성훈 글·그림, 2007,
한솔수북

작고 여리기만 하던 토끼가 어느 날 아침, 일어나 보니 몸집이 무시무시하게 커져 있다. 토끼가 힘을 얻었을 때 왜 까닭 없이 동물들을 괴롭혔을지에 대해 생각해 보게 하는 그림책이다.

중요한 사실
마거릿 와이즈 브라운 글,
최재은 그림,
최재숙 역, 2005,
보림

다홍빛 리본이 곱게 장식된 표지가 선물처럼 느껴진다. 비, 데이지, 풀, 눈 등의 사물에 대한 중요한 사실을 알려 주는 그림책이다.

시작해 봐 너답게
피터 H. 레이놀즈 글·그림,
김지은 역, 2021,
웅진주니어

자신의 목소리를 찾으려는 모든 이를 격려하는 힘찬 응원을 담고 있는 그림책으로 단순하고 짧은 메시지를 담담하고 힘차게 전하고 있다. 새롭게 세상을 바라보게 하는 강력한 힘을 느낄 수 있는 그림책이다.

▣ 계절과 관계없이 놀이할 수 있는 그림책 놀이(예시)

지은이	앙트아네트 포티스 글 · 그림, 김정희 역			
출판사	베틀북	**출판년도**	2007	
이야기는 질문과 대답으로 이어진다. 토끼는 계속 질문을 받는다. 질문과 대답, 평면과 입체로 이어지는 변화와 흐름을 거치며 아이들은 자연스럽게 마술 같은 상상력의 세계로 빠져든다. 그리고 토끼가 새로 만들어 낸 발명품을 자신의 머릿속에서 다시 만들어 보며 한층 더 정교한 사고를 하게 된다.				이건 상자가 아니야

▶ 관련 활동 1

▫ 활동방법

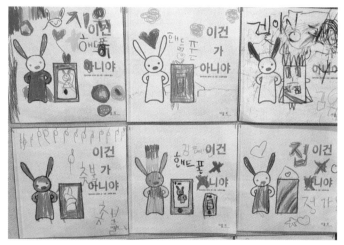 

1. 그림책 제목 '이건 상자가 아니야' 중 '상자' 부분을 포스트잇을 붙여 준비한다.

2. 그림책의 표지를 보며 제목을 유추하고 확인한다.

3. 『이건 상자가 아니야』 그림책을 읽어 본다.

4. 그림책 내용 중 상자가 아닌 부분을 여러 가지로 유추해 보고 그림으로 표현해 본다.

5. 친구들과 자연스럽게 내용을 알아보고 놀이해 본다.

▶ 관련 활동 2

▫ 활동방법

1. 재활용 상자를 종류별로 많이 모아 각자 만들고 싶은 물건을 만들어 본다.

2. 그룹으로 무엇을 만들 것이지 고민하고 계획하여 만들어 볼 수 있다.

3. 상자를 이용해 공던지기 구슬 게임을 할 수 있다.

숫자 순서대로 구슬 통과하기

출발선에서 목표지점 도달하기

4. 상자를 이용하여 악기를 만들어 음악 놀이를 할 수 있다.

5. 상자에 거울지를 이용하여 보로노이 빛 상자를 만들어 놀 수 있다.

거울지에 여러 가지 색깔을 칠한 뒤 빈 상자에 넣은 후 빛을 통과시키기

6. 상자를 이용하여 역할 놀이를 할 수 있다.

상자를 이용하여 붕어빵 가게를 만든 후 놀이를 즐기는 모습

부록 4 글자 그림책

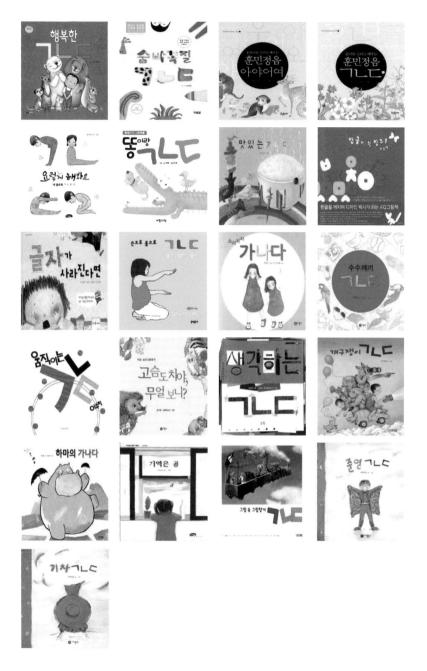

국내 출판된 글자 그림책 67권을 분석한 결과, 글자 그림책에서 제시하는 글자 정보 단위는 ㄱ, ㄴ, ㄷ과 같은 낱글자와 가, 나, 다와 같은 글자 단위로 구분되었다. 글자 그림책에서 소개하는 제시 글자의 사용 예로 제공되는 대응 단어의 품사는 명사 이외에도 동사, 형용사, 부사, 감탄사 등 다양한 것으로 나타났다. 글자 그림책의 유형은 놀이를 의도하는 책, 이야기가 있는 책, 하나의 주제로 연결된 책, 글자 정보 제공에 치중한 책, 그래픽의 성격이 두드러지는 책과 같이 다양하게 나타났다.

출처: 김민진, 이승륜(2022).

부록 5   국가별 대표 그림책 작가

【영국의 대표적인 그림책 작가】

■ 브라이언 와일드 스미스(Brian Lawrence Wildsmith, 1930~2016)

브라이언 와일드 스미스는 화가이자 동화삽화가로 알려져 있으며, 화려하고 다채로운 색상을 자유자재로 구사하여 '색채의 마술사'로 불린다. 존 버닝햄, 찰스 키핑과 더불어 영국 현대 그림책의 3대 작가 중 한 사람으로 꼽힌다. 1962년 출간한 첫 작품 『브라이언 와일드스미스의 ABC』로 '케이트 그린어웨이 상(Kate Greenaway Medal)'을 받았다. 대표 작품으로는 『데이지』 『서커스』 『다람쥐』 『회전목마』 『달님이 본 것은』 『아기 숲오리』 등이 있다.

「아기 숲오리」

「달님이 본 것은?」

「회전목마」

■ 존 버닝햄(John Burningham, 1936~2019)

존 버닝햄은 1936년에 태어났으며 영국의 대표적인 대안학교인 서머힐 스쿨에서 보낸 자유로운 어린 시절이 창작의 중요한 바탕이 되었음을 밝힌 바 있다. 미술공부를 했던 런던의 센트럴 스쿨 오브 아트에서 헬렌 옥슨버리(Helen Oxenbury, 1938~)를 만나 1964년 결혼하였다. 헬렌 옥슨버리도 남편의 영향을 받아 그림책을 만들기 시작해서, 뛰어난 그림책 일러스트레이터의 한 사람이 되었다.

버닝햄은 쉽고 반복적인 어휘를 많이 사용했으며, 어린이가 그린 그림처럼 의도적으로 결핍된 부분을 남기는 화풍이 독특했다. 그는 간결한 글과 자유로운 그림으로 심오한 주제를 표현하기로 유명하며, 어린이의 세계를 잘 이해하고 상상력과 유머 감각이 뛰어나, 세계 각국의 독자에게 사랑받는 그림책 작가이다. 첫 그림책 『깃털 없는 기러기 보르카』로 1964년 케이트 그린어웨이 상을 받았고, 1970년에 펴낸 『검피 아저씨의 뱃놀이』로 같은 상을 한 차례 더 수상했다. 대표작은 『우리 할아버지』 『코트니』 『지각대장 존』 『비밀 파티』 등 많은 작품이 있다.

「깃털없는 기러기 보르카」 　　　「지각대장 존」 　　　「검피 아저씨의 뱃놀이」

■ 찰스 키핑(Charles Keeping, 1924~1988)

찰스 키핑은 런던의 리젠트 스트릿 폴리테크닉(Regent Street Polytechnic) 미술학교에서 석판화와 일러스트레이션을 전공하였다. 졸업 후 신문에 만화그리는 일을 시작으로 일러스트레이터의 길에 들어섰으며 이후 200여 권의 책에 그림을 그렸는데 1966년 그림책 『검은 돌리』의 출간을 시작으로 평생 22권의 그림책을 쓰고 그렸다. 『찰리와 샬롯데와 황금 카나리아』(1967)과 『노상강도』(1981)로 케이트 그린어웨이 상을 두 차례 받았다.

「창 너머」 　　　「길거리 가수 새미」 　　　「낙원섬에서 생긴 일」

■ 앤서니 브라운(Anthony Edward Tudor Browne, 1946)

앤서니 브라운은 간결하면서도 유머러스한 표현 속에 담은 깊은 주제 의식과 세밀하면서도 이색적인 그림으로 사랑받는 그림책 작가이다. 1976년 『거울 속으로』를 발표하면서 그림책 작가의 길을 걷게 된 그는 1983년 『고릴라』와 1992년 『동물원』으로 케이트 그린어웨이 상을 두 번 수상하고, 2000년에는 전 세계 어린이책 작가들에게 최고의 영예인 한스 크리스티안 안데르센 상(일러스트 부분)을 받으며 그의 작품성을 세계에 알리게 되었다. 2009년에는 영국도서관협회와 북트러스트에서 주관하는 영국 계간 아동문학가로 선정되었으며, 2021년 대영제국 훈장 3등급인 대영제국 기사 작위(CBE)를 수여받았다. 국내에 소개된 책으로는 『돼지책』 『우리 엄마』 『우리 아빠』 『우리 형』 『나의 프리다』 『넌

나의 우주야』『어니스트의 멋진 하루』 등이 있다. 『기분을 말해 봐!』는 초등학교 1학년 국어 교과서에 실렸다.

| 『돼지 책』 | 『겁쟁이 빌리』 | 『기분을 말해봐』 |

【미국의 대표적인 그림책 작가】

■ 완다 가그(Wanda Gag, 1893~1946)

완다 가그는 고등학교를 졸업하자마자 교사로 취직하고 동시에 기념 카드, 달력, 전등갓 등에 그림을 그려 생계를 꾸리게 되었다. 이후 아트 스쿨에 진학한 후, 1917년 첫 그림책 『A Child's Book of Folk-Lore』를 출판하였다. 1928년 『백만 마리 고양이』가 첫 출간되었고, 1929년 뉴베리 상을 수상하였다. 이후, 1934년에는 『The ABC Bunny』로 뉴베리 아너 상을 받았으며, 1939년에는 『백설공주(Snow White and the Seven Dwarfs)』와 1942년에는 『Nothing at All』로 칼데콧 상을 받았다.

『백만마리 고양이』『심술쟁이 아기 괴물』 등은 펜과 잉크로 작업하였고, 석판화로 제작된 『The ABC Bunny』는 '진정한 예술'이라는 평가를 받았다. 완다 가그의 그림책은 독특한 검은 색과 흰색의 조화, 그리고 섬세하고 가는 선으로 표현하여 기존의 그림책과 분명한 차별점을 가지고 있다.

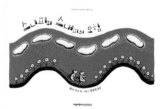

| 『백만 마리 고양이』 | 『심술쟁이 아기 괴물』 | 『스니피와 스내피의 모험』 |

■ **버지니아 리 버튼(Virginia Lee Burton, 1909~1968)**

버지니아 리 버튼은 1928년 『보스턴 트랜스크립트』에 그림을 그리면서 본격적으로 일러스트레이터로 활동을 시작하였다. 버지니아 리 버튼의 『말괄량이 기관차 치치(1937)』 『마이크 멀리건과 증기삽차(1939)』 『작은 집 이야기(1942)』 『케이티와 폭설(1943)』 『생명의 역사(1962)』 등은 모두 뛰어난 디자인 감각으로 인해 주목받았다.

버지니아 리 버튼은 그림책의 글과 그림이 함께 하나의 이야기를 '말할 수 있다'라는 것을 보여 준 대표적인 작가로 그림과 함께 역동적인 타이포그래피를 선보였다. 특히 책 전체를 아우르는 선과 색채와 장면의 줌 인, 줌 아웃 효과를 적절히 사용하여 책 속의 공간감을 잘 살려낸 작가로 평가받고 있다.

『작은 집 이야기』

『생명의 역사』

『말괄량이 기관차 치치』

■ **마거릿 와이즈 브라운(Margaret Wise Brown, 1910~1952)**

마거릿 와이즈 브라운은 교사로 아이들을 가르치면서 예술을 공부했다. 당시 아동문학의 대세는 옛이야기나 우화가 대부분이었는데 브라운은 아이들이 옛이야기나 우화보다 자신의 이야기를 읽고 싶어 한다고 생각했다. 1937년 『When the Wind Brew』가 출판된 후, 『엄마 난 도망갈 거야(1942년)』 『잘자요 달님(1947년)』 외 약 100편의 작품을 남겼다. 브라운은 자신의 작품의 성격과 출판사 등을 고려하여 골든 맥도널드(Golden MacDonald), 주니퍼 사계(Juniper Sage), 케인턱 브라운(Kaintuck Brown), 티모시 헤이(Timoshy Hay) 등의 필명으로 활동하였다. 이 중 골든 맥도널드 이름으로 출간했던 『The Little Island』로 1947년 칼데콧 상을 수상하였다.

『잘자요 달님』

『작은 기차』

『중요한 사실』

■ 모리스 센닥(Maurice Sendak 1928~2012)

모리스 센닥은 1947년 『원자 이야기(Atomics for the Millions)』라는 책의 삽화가로 데뷔하였다. 이후 1963년 『괴물들이 사는 나라(Where the Wild Things Are)』를 출간하였다. 『괴물들이 사는 나라』를 출간한 직후, 교사와 도서관 사서로부터 어린이 책으로는 잔인하다는 혹평을 받았으나 1964년 칼데콧 상을 수상하였다. 괴물들이 사는 나라 이전 그림책 속 아이들의 모습은 주로 어른들이 바라는 어린이의 이상향과 일상이 다루어졌는데, 이 책 이후 아이들의 솔직한 감정들이 현실적으로 표출되고 그림 속에 등장하는 환상세계가 일상에서 가상세계로, 다시 일상으로 돌아오는 그림책의 교과서적인 공식이 생겼다. 이 책은 토미 웅거러, 앤서니 브라운 등 수많은 그림책 작가에게 영향을 주었다.

모리스 센닥의 대표작은 『괴물들이 사는 나라』 이외에도 『깊은 밤 부엌에서』 『잃어버린 동생을 찾아서』(1981) 등이 있다. 모리스 센닥은 1964년 칼데콧 상을 비롯해 안데르센 상(1970), 국립도서재단에서 수여하는 도서상(1982), 미국 의회가 수여하는 예술상(1996), 아스트리드 린드그렌 기념상(2003)을 수상하였다.

『깊은 밤 부엌에서』　　　『괴물들이 사는 나라』　　　『잃어버린 동생을 찾아서』

■ 크리스 반 알스버그(Chris Van Allsburg, 1949~)

크리스 반 알스버그는 『마법사 압둘 가사지의 정원(The Garden Of Abdul Gasazi)』으로 1979년 『뉴욕 타임스』 올해의 그림책에 선정되었으며, 1980년 칼데콧 명예상과 보스턴 글로브 혼 북 상을 받았다. 1981년 『쥬만지(Jumanji)』와 1985년 『북극으로 가는 기차(The Polar Express)』로 칼데콧 상을 받았다. 『쥬만지』와 『북극으로 가는 기차』는 영화로도 만들어졌으며, 이 밖에도 『세상에서 가장 맛있는 무화과』 『벤의 꿈』 『리버벤드 마을의 이상한 하루』 『나그네의 선물』 『장난꾸러기 개미 두 마리』 등 섬세하면서도 사실적인 그림과 환상적인 이야기의 그림책을 출판하였다.

「마법사 압둘 가사지의 정원」   「세상에서 가장 맛있는 무화과」   「폴라 익스프레스」

■ 에릭 칼(Eric Carle, 1929~2021)

에릭 칼은 『뉴욕타임스』에서 그래픽 디자이너로 일했고, 1968년에 첫 번째 그림책 『1, 2, 3 동물원으로』를 출판하였다. 이후 70여 권의 책을 발표했는데, 1969년 발표한 『배고픈 애벌레』는 55개 나라의 언어로 번역되어서 전 세계에서 3,300만 권이 팔리기도 했다. 깊이 있고 매력적인 그의 작품 세계는 '로라 잉걸스 와일더 상(Laura Ingalls Wilder Medal), '볼로냐 아동 도서전 그래픽 상(Bologna Ragazzi Award: BRAW)' 등 세계적으로 권위 있는 상들을 수상하며 작품성을 인정받았다.

「아주 아주 배고픈 애벌레」   「아빠 해마 이야기」   「1,2,3 동물원으로」

【프랑스의 대표적인 그림책 작가】

■ 토미 웅거러(Tomi Ungerer, 1931~2019)

토미 웅거러는 1931년 프랑스 알자스 지방의 스트라스부르에서 태어났지만, 알자스 지역의 독일 편입으로 초등학교와 중학교에서 독일식 교육을 받았다. 알자스 지역이 다시 프랑스령이 되면서 고등 학교에서는 프랑스식 교육을 받았다. 웅거러는 이런 혼란스러운 시대 상황에서 학교에 잘 적응하지 못 하여 퇴학당하였다. 웅거러는 『뉴요커』의 표지를 그렸던 소울 스타인버그를 존경하여, 1954년 소울 스타인버그를 만나기 위해 뉴욕으로 향했다. 뉴욕에 정착한 후 『하늘을 나는 멜롭스』(1957), 『크릭터』 (1958), 『세강도』(1962), 『제랄다와 거인』(1967) 등을 내며 세계적인 작가가 되었다.

토미 웅거러는 혐오스러운 동물과 무시무시한 강도 등을 그림책의 주인공으로 등장시켜 사회의 왜 곡된 이미지와 편견을 깨려고 했다. 이후 유럽으로 활동 무대를 옮겨 1997년 『플릭스』를 출간하고, 1998년 『오토』를 출간하였다. 토미 웅거러는 『세 강도』 『제랄다와 거인』 『성냥팔이 소녀 알뤼메트』 등 에서 어린이를 어리고 나약한 존재가 아니라 용감하고 열심히 무언가를 하며 휴머니즘을 베푸는 인물 로 제시하였다. 토미 웅거러는 1981년 몬트리올에서 세계적인 만화작가 상, 1995년 프랑스 그래픽 아트 상, 1998년에는 안데르센 상을 수상하였다. 모리스 센닥은 토미 웅거러를 '글과 그림 사이의 균 형을 만족스럽게 창조해 낼 줄 아는 사람'이라고 평가하였다.

『크릭터』 　　　　　『세 강도』 　　　　　『곰 인형 오토』

■ 에르베 틸레(Hervé Tullet, 1958~)

에르베 틸레는 일러스트레이션과 비주얼 커뮤니케이션을 공부한 후 10년 동안 광고 분야에서 활동 했다. 1994년 첫 번째 그림책을 출판하였으며, 1999년 『혼동하지 마요』로 볼로냐 아동도서전에서 논 픽션 상을 수상하였고, 2009년에는 프랑스 생 폴 트루아 샤토 아동 도서전에서 어린이 문학 부문 최 우수상을 수상하였다. 2010년 출판한 『책 놀이』는 전 세계적으로 200만 부 이상 판매되었으며, 35개 이상 언어로 번역되었으며, 4년간 『뉴욕 타임스』 베스트 셀러 목록에 머물렀다.

에르베 틸레의 책은 기존의 서술 방식에서 벗어난 형식을 취한다. 책을 읽기 위해 몸을 움직여 보고 이야기 구성에 참여하게 된다. 이러한 책의 특징을 살려 2018년부터 그의 예술, 미학 및 철학을 기반으로 하는 다각적인 협업 프로젝트인 『The Ideal Exhibition』을 시작하여 지금까지도 이어지고 있다. 이 전시회는 단순히 그림을 전시하는 것이 아니라 놀이와 미술과 관련하여 퍼포먼스나 워크숍으로 진행된다.

『책놀이』

『감성 놀이책 색색깔깔:
손가락 모험 놀이』

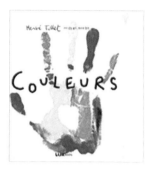

『감성 놀이책 색색깔깔:
색색깔깔놀이』

■ 레미 쿠르종(Remi Courgeon, 1959~)

레미 쿠르종은 미술학교에서 공부하며 순수 회화를 시작한 후, 오랫동안 광고 분야에서 활동했다. 잡지 기자로서 2006년 '국경없는 의사회'와 함께 케냐를 방문하였으며, 아이티 지진 참사 2주기였던 2012년에는 '세계의사회'와 함께 아이티를 찾아 지진 이후 아이티 사람들의 삶을 그림으로 알렸다.

레미 쿠르종은 생텍쥐페리 상과 엥코립티블 상, 『뉴욕타임스』 우수 그림책 상을 받았으며, 문화와 전자제품을 판매하는 프랑스의 대형 리테일 체인인 프낙FNAC의 '주목할 만한 작가'에 선정되기도 하였다. 『아무것도 없는 책』으로 2021년 랑데르노 상 그림책 부문 최종 후보에 올랐다. 대표적인 그림책으로 『커다란 나무』『말라깽이 챔피언』『진짜 투명인간』『레오틴의 긴 머리』 등이 있다.

『커다란 나무』

『진짜 투명인간』

『달 달 무슨 달』

【일본의 대표적인 그림책 작가】

■ **안노 미츠마사**(Mitsumasa Anno, あんの みつまさ ,安野 光雅, 1926~2020)

안노 미츠마사는 초등학교 미술 교사로 근무하면서 삽화를 그리거나 책을 디자인하는 일을 하였다. 마우리츠 코르넬리스 에셔(Maurits Cornelis Escher)의 작품에서 영향을 받아 불가능한 도형의 무의식적인 세계를 표현한 『이상한 그림책』을 1968년 발표하면서 그림책 작가로 데뷔하였다. 안노 미츠마사의 그림책을 살펴보면 미술뿐 아니라 과학, 수학, 문학 등에 관심이 많은 작가의 특성을 엿볼 수 있는데, 이러한 관심은 기발한 상상력을 기반으로 한 『여행 그림책』 시리즈를 통해 잘 드러나 있다.

1974년 예술선에서 문부대신 신인상을 수상하였고, 그 외 고단샤출판문화상, 쇼가쿠칸회화상을 수상하였으며, 케이트 그린어웨이 상, 혼북 상을 수상하였다. 1978년 볼로냐 국제어린이 도서전 그래픽 대상, 1984년 안데르센 상을 수상하였다.

『커다란 것을 좋아하는 임금님』

『수학 그림동화세트』

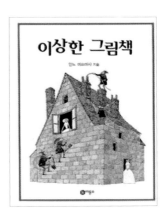

『이상한 그림책』

■ **사노 요코**(Yoko Sano 佐野 洋子 さの ようこ, 1938~2010)

사노 요코는 1938년 북경에서 태어났다. 이후 1971년 『야기씨의 이사』를 출간하면서 그림책 작가로 데뷔하였다. 사노 요코는 그림책 작가뿐 아니라 소설 작가, 수필가 등으로 유명하다. 사노 요코의 작품은 편안하고 느긋한 선과 따뜻한 색채로 인간에 대한 끝없는 호기심을 보여 준다.

대표적인 작품은 『100만번 산 고양이』 『하늘을 나는 사자』 등이 있으며, 산케이아동출판문화상, 니미난키치문학상, 고단샤출판문화상, 그림책일본 상, 쇼가쿠칸아동출판문화상 등을 수상하였다.

『100만 번 산 고양이』

『아저씨 우산』

『하늘을 사는 사자』

■ **다시마 세이조(Seizo Tashima 田島 征三 たしま せいぞう, 1940~)**

다시마 세이조는 1964년 『숲속의 낡은 집』을 출간하면서 그림책 작가로 데뷔하였다. 다시마 세이조는 아동들이 직접 그린 듯한 강하고 간결한 선과 삐뚤빼뚤한 모양새, 제멋대로인 듯한 색칠 등의 화법이 특징이다. 다시마 세이조의 이런 화법은 당시 상업적인 화법과는 매우 달라 사람들로부터 혹평을 받기도 하였다. 그러나 1969년 브라티슬라바 일러스트레이션 비엔날레(Biennail of Illustration Bratislava: BIB) 황금사과 상을 수상하며 많은 사람들에게 인정받았다. 이후 『뛰어라 메뚜기』를 출판한 후, 일본그림책상과 쇼가쿠칸회화상을 수상하였다.

1992년 작가의 유년시절을 담은 자전 소설 『그림 속 나의 마을』을 발표하였고, 이 내용을 영화화한 동명의 작품이 베를린영화제에서 은곰 상을 수상하였다. 2009년 니가타현 도카마치시에 폐교를 개조하여 '하치와 다시마 세이조 그림책 미술관(Hachi & Seizo Tashima Museum of Picture Book Art)'을 개관했다. 다시마 세이조는 "지구 환경을 보호하기 위해 작은 생명체를 예술로 바꾸는 것이 지구에 가장 중요하다."는 작가의 생각을 반영한 작품을 제작 전시하고 있다.

『뛰어라 메뚜기』

『모기 향』

『쌔근 쌔근 아기 염소』

■ **하야시 아키코(Akiko Hayashi ,はやし あきこ, 林 明子, 1945~)**

하야시 아키코는 1945년 태어났으며 그래픽 디자이너로 일하다 1973년 『종이비행기』를 발표하면서 그림책 작가로 데뷔하였다. 섬세하고 차분한 감성을 지녀 아동의 숨겨진 감성을 이끌어 내는 그림책을 그린다는 평을 받는다. 또한 아동들의 흥미를 효과적으로 유발할 수 있도록 적재적소에 알맞은 이야기와 요소를 넣어 그림책을 구성한다. 하야시 아키코는 사람들의 섬세한 행동을 놓치지 않고 세심하게 그림책에 반영하는 작가로 평가받는다.

1986년 『달님 안녕』을 발표하였으며, 『오늘은 무슨 날』로 제2회 그림책일본상, 『목욕은 즐거워』로 산케이아동출판문화 미술상, 『은지와 푹신이』로 고단샤출판문화상을 수상하였다. 『할머니 집 가는 길』은 마거릿 와이즈 브라운이 글을 쓰고, 하야시 아키코가 그림을 그린 작품이다.

『달님 안녕』 　　　　『목욕은 즐거워』 　　　　『할머니 집 가는 길』

■ 고미 타로(Taro Gomi, 五味 太郎, ごみ たろう, 1945~)

고미 타로는 산업디자인 분야에서 종사하면서 그림책 작가로 데뷔하였다. 1977년 그림책 작가로 데뷔한 후, 30여 년간 출간한 그림책만 350여 권이 넘는다. 고미 타로는 전 세계에서 유아 그림책 작가로 인기를 누리고 있는데, "지금까지 어린이를 위해 그린 작품은 하나도 없다."라고 해 세간의 주목을 받기도 하였다. 고미 타로는 어린이와 어른을 구분하는것은 어른의 기준일 뿐이라고 하였으며, 고미 타로의 심플하고 명쾌한 생각들은 그의 작품에 그대로 녹아 있다.

고미 타로는 산케이아동출판문화상, 볼로냐 국제어린이도서전 등에서 수상하였으며, 대표작으로는 『누구나 눈다』 『금붕어가 달아나네』 『악어도 깜짝, 치과 의사도 깜짝』 『창문으로 넘어 온 선물』 등이 있다.

『악어도 깜짝, 치과 의사도 깜짝』 　　　『창문으로 넘어 온 선물』 　　　『누구나 눈다』

■ **나카야 미와**(Miwa Nakaya 中屋 美和 なかや みわ, 1971~)

나카야 미와는 1971년 태어났으며, 그래픽 디자인을 전공하고 캐릭터 디자이너로 활동하였다. 주요 작품으로는 『도토리 마을』 시리즈, 『누에콩』 시리즈, 『채소 학교』 시리즈 등이 있으며, 주로 귀여운 캐릭터들의 활약이 돋보이는 유쾌한 작품들을 선보여 큰 사랑을 받고 있다.

『까만 크레파스』

『누에콩과 콩알 친구들』

『도토리 마을의 유치원』

■ **요시타케 신스케**(Shinsuke Yoshitake ヨシタケ シンスケ, 1973~)

요시타케 신스케는 사소한 일상 모습을 독특한 각도로 포착해 낸 스케치 집과 어린이책 삽화 및 표지 그림 등 다방면에 걸쳐 작품을 발표하고 있다.

첫 그림책 『이게 정말 사과일까?』로 제6회 MOE 그림책방 대상과 제61회 산케이아동출판문화 상 미술상을 받았다. 『이유가 있어요』로 제8회 MOE 그림책방 대상, 『벗지 말걸 그랬어』로 볼로냐 라가치 상 특별상, 『이게 정말 천국일까?』로 제51회 신풍상을 받는 등 여러 작품으로 수많은 상을 받으며 주목받았다. 그동안 그리고 쓴 책으로 『결국 못 하고 끝난 일』 『나도 모르게 생각한 생각들』 『더우면 벗으면 되지』 『도망치고, 찾고』 『심심해 심심해』 『아빠가 되었습니다만,』 『이게 정말 나일까?』 『있으려나 서점』 등이 있다.

『이게 정말 나일까?』

『벗지 말걸 그랬어』

『뭐든 될 수 있어』

【중국의 대표적인 그림책 작가】

■ 주청량(朱成梁, 1948~)

난징예술대학 미술과에서 유화를 전공했다. 중국의 유명한 그림책 작가로 중국 미술가협회 회원이다. 여러 차례 해외 문학상을 받았으며, 『반짝반짝 토끼』 등으로 유엔아시아문화센터 '야간(野間)' 가작상을 받았다. 『조왕신의 이야기』로 제4회 중국그림책 평가 2등에 올랐다. 『호랑이 신발』은 제2회 중국 우수아동도서 선정 1위, 『단원』은 제1회 펑즈카이 아동그림책 상 1위에 오르는 등 화려한 경력을 자랑하고 있다. 1985년 일본의 유명 작가 안노 미츠마사(Mitsumasa Anno, あんの みつまさ, 安野 光雅, 1926~2020)가 8개국 화가와 함께 만든 동화책 『세계의 하루(世界的一天)』 작업에 참여했다. 『탕씨 부부는 여행갈 수 있을까』의 독특한 화풍으로 2016년 볼로냐 국제아동도서전에서 올해의 일러스트레이터로 선정되었다.

『모모의 동전』
위리충 저, 주청량 그림

『낡은 타이어의 두 번째 여행』
지웨이 글, 주청량 그림

『초롱을 켜요』
왕야거 글, 주청량 그림

■ 천즈위엔(Chen Chih-Yuan 陳致元, 1975~)

천즈위엔은 중국 그림책 작가는 아니며, 대만 그림책 작가이다. 천즈위엔은 작가 자신의 성장 경험이 녹아든 진지한 그림을 그리는 작가로 평가받아 왔다. 매혹적인 표현기법으로 다양한 캐릭터들이 생생하게 살아 있는 천즈위엔의 그림책은 우리나라를 비롯해 미국, 스페인, 일본, 프랑스 등 전 세계 18개 언어로 번역되어 많은 사랑을 받고 있다.

『엄마의 생일』『심부름』『악어오리 구지구지』로 신이아동문학상을 받았고, 『샤오위의 산책』으로 2003년 볼로냐 국제아동 도서전에서 '올해의 일러스트레이터'에 선정되었다. 『악어오리 구지구지』로 2004년 『뉴욕타임스』 어린이 그림책 TOP 10에 선정되었으며 『워싱턴포스트』로부터 '그림책 중 최고의 보물'이라는 찬사를 받았다. 이 외에도 타이베이국제도서전 황금나비상 등 수많은 상을 받았다. 대표적인 그림책으로는 『털 없는 닭』『악어오리 구지구지』『회상』『샤오위의 산책』이 있다.

『악어오리 구지 구지』   『털 없는 닭』   『엄마의 생일』

그 외 우리나라에 번역되어 발표된 중국 그림책의 예시는 다음과 같다.

『바다가 그리울』   『처음 이가 빠진』   『흰둥』
천위진 글. 마이클 류 그림   리우쉰 글 · 그림   저우젠신 그림. 궈나이원 기획

【우리나라의 대표적인 그림책 작가】

■ 이억배(1960~)

이억배는 대학에서 조소를 공부하였다. 그림책 『솔이의 추석 이야기』 『개구쟁이 ㄱㄴㄷ』 『잘잘잘 123』 『이야기 주머니 이야기』 『비무장지대에 봄이 오면』을 쓰고 그렸으며, 『세상에서 제일 힘센 수탉』 『반쪽이』 『해와 달이 된 오누이』 『모기와 황소』 『손 큰 할머니의 만두 만들기』 『5대 가족』 등에 그림을 그렸다. 조선 민화와 기록화, 단원과 혜원의 풍속화, 겸재의 산수화 등 우리 전통 그림에 담긴 마음과 정신을 잇고 새롭게 하여, 현실에 뿌리를 둔 진솔한 그림을 그리려 애쓰고 있다. 2010년에 IBBY 어너 리스트, 2019년에 국제안데르센상 한국 후보로 선정되었다.

『솔이의 추석 이야기』   『세상에서 제일 힘 센 수탉』   『손 큰 할머니의 만두 만들기』

■ 김재홍(1958~)

　김재홍은 대학에서 서양화를 공부하였다. 인간과 환경을 주제로 특유의 작품 세계를 구축하며, 수 많은 개인전과 단체전을 열었다. 직접 쓰고 그린 그림책 『동강의 아이들』로 에스파스 앙팡 상을, 『영이의 비닐 우산』으로 BIB 어린이 심사위원상을 받았다. 『숨쉬는 책, 무익조』 『마사코의 질문』 『반지 엄마』 『아가 마중』 『우리 가족이 살아온 동네 이야기』 등에 그림을 그렸다.

『동강의 아이들』   『영이의 비닐우산』   『아가마중』
        윤동재 글, 김재홍 그림   박완서 글, 김재홍 그림

■ 권윤덕(1960~)

　권윤덕은 1995년 첫 그림책 『만희네 집』을 출간하면서 그림책 작가의 길에 들어섰다. 동양 재료를 바탕으로 산수화와 공필화, 불화를 공부하며, 옛 그림의 아름다움을 그림책에 재현하려고 노력하고 있다.

　권윤덕은 자신의 그림책에 제주도를 배경으로 하거나, 제주도의 이야기를 많이 담았다. 권윤덕은 그림책 『시리동동 거미동동』 작업을 위해 제주를 처음 찾은 후, 제주도에서 생활하면서 자신의 그림책에 제주의 바다, 돌담, 자연, 아이와 해녀의 모습을 생생하게 담아 많은 이들에게 사랑받았다. 제주와의 인연은 그 이후로도 계속 이어져 전시와 강연을 하기도 하고, 제주 4 · 3 사건을 담은 책 『나무 도장』을 2016년 펴냈다. 2019년과 2021년에는 '세계자연유산마을, 그림책을 품다' 프로젝트를 위해 제주에 머물며 함덕초등학교 선인분교 어린이 15명, 성산초등학교 어린이 18명과 그림책을 만들었다. 대표작은 『엄마, 난 이 옷이 좋아요』 『만희네 글자벌레』 『시리동동 거미동동』 『고양이는 나만 따라해』 『일과 도구』, 『꽃할머니』, 『피카이아』, 『나무 도장』, 『씩스틴』이 있다. 한국출판 문화상, CJ그림책 상, 올해의 여성문화인상–청강문화상, 롯데출판문화대상 본상 등을 수상했다.

『만희네 집』　　　　　　　『시리동동 거미동동』　　　　　　『엄마, 난 이 옷이 좋아요』

■ 백희나(1971~)

백희나는 1971년 서울에서 태어났으며 2005년 『구름빵』으로 볼로냐 국제아동도서전에서 '올해의 일러스트레이터'로 선정되면서 이름을 알리기 시작했으며, 2012년과 2013년에는 『장수탕 선녀님』으로 한국출판문화상과 창원아동문학상을 동시에 수상했다. 2018년에는 『알사탕』이 국제아동청도년도 서협의회 어너리스트((IBBY Honour List)에 선정되었고, 일본판 『알사탕(あめだま)』으로 '제11회 MOE 그림책서점대상'을 수상했다. 2019년에는 일본전국학교도서관협회와 마이니치 신문사가 주관하는 '제24회 일본그림책 대상' 번역 그림책 부문과 독자상 부문을 동시에 수상했다. 2020년에는 어린이책 의 노벨상이라고 불리는 '아스트리드 린드그렌 상'을 수상하면서 세계에 널리 이름을 알렸다. 대표작 으로 『나는 개다』, 『이상한 손님』, 『알사탕』, 『이상한 엄마』, 『꿈에서 맛본 똥파리』, 『장수탕 선녀님』, 『삐약 이 엄마』, 『어제저녁』, 『달 샤베트』, 『분홍줄』, 『북풍을 찾아간 소년』, 『구름빵』 등이 있다.

『구름빵』　　　　　　　　　　『알사탕』　　　　　　　　　『분홍 줄』

■ 이수지(1974~)

이수지는 우리나라와 영국에서 회화와 북아트를 공부하고 세계 여러 나라에서 그림책을 펴냈다. 그 림으로 이야기를 이끌어 나가는 힘과 책의 물성을 이용한 그림책 작업을 특징으로 꿈꾸고 상상하는 세계와 현실 세계의 묘한 경계를 표현하는 책들을 선보이고 있다. 우리나라 작가 최초로 한스 크리스티안 안데르센 상(그림 작가 부문)을 수상하였으며, 볼로냐 라가치 상 픽션 부문 스페셜 멘션, 한국출판문화상, 『뉴욕타임스』 그림책상, 『보스턴 글로브』 혼 북 명예상 등을 받았다.

대표작으로 『여름이 온다』, 『강이』, 『선』, 『파도야 놀자』, 『그림자 놀이』, 『움직이는 ㄱㄴㄷ』 등이 있고, 『우리는 벌거숭이 화가』, 『그림자는 내 친구』 등에 그림을 그렸다.

「파도야 놀자」

「그림자 놀이」

「여름이 온다」

참고문헌

강미희(2003). 아동 그림책으로서 삼강행실도의 특성과 가치 연구. 유아교육연구, 23(4), 105-137.

경기도유아교육진흥원(2013). 3-5세 연령별 누리과정 유아 평가예시문. 경기: 경기도유아교육진흥원.

고선옥, 국은순, 신리행, 백연희(2021). 아동문학교육. 서울: 학지사.

고선주(2006). 영국의 그림책 발전. 한국어린이문학교육학회 제8차 학술대회. 누가 그림책을 만드는가? 세계 여러나라의 그림책 발전 역사. 1-31. 서울: 성균관대학교 600주년 기념관.

공인숙, 김영주, 최나야, 한유진(2018). 아동문학. 경기: 양서원.

곽금주, 성현란, 장유경, 심희옥, 이지연, 김수정, 배기조(2005). 한국영아발달연구. 서울: 학지사.

곽아정, 이문정, 이현숙, 조경자(2023). 유아문학교육. 서울: 학지사.

교육부(2007). 2007 개정 유치원 교육과정 해설서.

교육부(2021a). 디지털 기반 놀이환경 현장지원자료. 세종: 교육부.

교육부(2021b). 유치원 교사의 디지털 역량 강화 연수 자료. 세종: 교육부.

교육부, 보건복지부(2019). 2019 개정 누리과정 해설서. 세종: 교육부, 보건복지부.

_____(2020). 2019 개정 누리과정 놀이운영사례집: 놀이, 유아가 세상을 만나고 살아가는 힘. 세종: 교육부, 보건복지부.

_____(2020). 관찰에 기반한 유아 놀이지원. 세종: 교육부, 보건복지부.

구현주(2002). 미적요소에 기초 한 미술비평활동이 유아의 미적어휘 및 언어표현력 발달에 미치는 영향. 덕성여자대학교 대학원 석사학위논문.

국립중앙도서관(2014). 도서관과 사서를 위한 저작권법 매뉴얼. 서울: 국립중앙도서관 도서관연구소.

권숙진(2021). 유아교육에서 텐저블 미디어를 활용한 디지털 놀이 개념 탐색 연구: 컴퓨팅 사고력 향상을 중심으로. 교육종합연구, 19(1), 1-15.

김경낭, 성소영(2012). 그림책을 활용한 역사교육이 유아의 자아존중감과 조망수용능력에 미치는 효과. 열린유아교육연구, 17(5), 47-67.

김단아(2009). 역사동화에서의 팩션 연구. 건국대학교 대학원 석사학위논문.

김민진(2018). 유아문학교육. 경기: 정민사.

김민진, 이승룡(2022). 국내 글자그림책의 특성 분석. 어린이문학교육연구, 23(2), 1-24.

김민화(2023). 시적 경험을 나누는 유아교사의 동시교육. 2023년 한국어린이문학교육학회 춘계학술대회. 시와 그림, 사람의 만남. 29-32. 천안: 호서대학교 천안캠퍼스 3호관 소강당.

김선희, 전연우, 조희숙(2011). 정보그림책에 대한 만 2세 영아의 반응. 어린이문학교육연구, 12(2), 121-146.

김세희(2005). 그림책의 이해. 서울: 사계절.

김수미, 현은자(2010). 그림책의 성인독자. 어린이문학교육연구, 11(2), 179-200.

김수연(2006). 영유아 부모와 교사의 그림책과 Toy Book(토이북)에 대한 인식 및 활용. 중앙대학교 대학원 유아교육학과 석사학위논문.

김수희(2003). 아동의 읽기 유창성과 가정 문해 환경의 관계. 연세대학교 대학원 석사학위논문.

김순녀(2008). 아름다운 문학, 프랑스 그림책. 그림책 상상, 3, 6-9.

김옥분(1994). 유아 초기 읽기지도를 위한 어머니 참여 프로그램의 효과. 중앙대학교 교육대학원 석사학위논문.

김원기(1998). 동화구연 발표교실. 서울: 꿈동산.

김은심(2015). 유아동작교육의 이론과 실제. 서울: 창지사.

김은심, 김정희, 유지안, 손미애(2018). 유아미술교육. 서울: 학지사.

김은심, 박성혜, 정미정(2004). 동화구연의 이론과 실제. 서울: 창지사.

김은심, 유지안(2019). 글자 그림책 선택 기준에 대한 유아교사의 주관적 태도 분석. 어린이문학교육연구, 20(1), 43-70.

김은심, 조정숙(2021). 영유아 언어교육의 실제. 경기: 정민사.

김은심, 조정숙(2013). 유아언어교육. 서울: 정민사.

김정선(2013). 그림책 언어로서의 프레임: 데이비드 위즈너의 그림책 텍스트를 중심으로. 조형미디어학, 16(1), 61~66.

김정원, 전선옥, 이연규(2014). 유아문학교육. 서울: 학지사.

김현희(2000). 정보를 제공하는 방식에 따른 정보그림책에 대한 유아의 반응. 어린이문학교육연구, 1(1), 43-61.

김현희, 박상희(2016). 유아문학: 이론과 적용. 서울: 학지사.

김혜경, 김홍은, 문혁준, 박은혜, 유애영, 임혜영, 장영희, 조혜진(2002). 효과적인 영아 보육을 위한 지침서. 서울: 다음세대.

김호, 노영희(2002). 그림이야기책 만들기 활동이 유아의 창의성에 미치는 효과. 어린이문학교육연구, 3(1), 75-99.

김희진, 김연아, 홍희란(2004). 영아를 위한 프로그램의 이론과 실제. 서울: 창지사.

네이버 국어사전(2023). https://ko.dict.naver.com/#/entry/koko/caf6fd5426634f7b9d33225c16e81 5ba, 2023년 10월 3일 인출.

노민자(2014). 누리과정에 그림책을 연계한 유아 사회·정서교육 프로그램 개발 및 효과. 목포대학 교 대학원 박사학위논문.

노영희(1994). 한국 유아의 쓰기능력에 관한 연구. 한국교원대학교 교수논집, 10(10), 12-56.

뉴시스(2023.08.06.). 독서모임, 북토크 즐겨요.우리동네 문화서점 20곳 선정. https://mobile. newsis.com/view.html?ar_id=NISX20230806_0002403994. 2023년 8월 6일 인출.

대한출판협회(2022). 2021년 출판시장 통계. 서울: 대한출판문화협회.

로버트 화이트헤드(1994). 아동문학교육론. (신헌재 역). 서울: 범우사.

로이스 피흐너-라투스(2005). 새로운 미술의 이해. 서울: 예경.

류재수(1985). 우리나라 어린이 도서 일러스트레이션의 현황 및 근본문제: 그림책 일러스트레이션을 중심으로. 월간디자인, 1985년 5월호, 38-44.

류혜원(2008). 동화구연의 이론과 실제. 서울: 동문사.

마리아 니꼴라예바(2011). 그림책을 보는 눈. 서울: 도서출판 마루벌.

마쓰이 다다시(2012). 어린이와 그림책. (이상금 역). 서울: 샘터사.

마쯔이 다다시(1997). 어린이 그림책의 세계. 서울: 한림출판사.

마쯔이 다다시(2007). 어린이와 그림책. 서울: 샘터사.

마틴 솔즈베리, 모랙 스타일스(2012). 그림책의 모든 것(Children's Picturebooks). (서남희 역). 서울: 시공아트. (원전출판, 2012).

문삼열(1990). Lawrence Kohlberg의 도덕 발달론과 도덕 교육론에 관한 연구. 경상대학교 대학원 석 사학위논문.

문학과 문학교육연구소(1999). 문학의 이해. 서울: 삼지원.

미셸 파스트로, 도미니크 시모네(2000). 색의 인문학. (고봉만 역). 경기도 고양시: 미술문화. (원전출 판, 2015).

박경희(2000). 어린이 그림책의 교육적 역할. 이화여자대학교 교육대학원 석사학위논문.

박미영(2011). 그림책의 Page Breaks를 활용한 토의 및 표상활동이 유아의 이야기 이해 및 추론 반응 에 미치는 영향. 원광대학교 대학원 박사학위논문.

박선희, 김현희(2015). 아동문학. 서울: 한국방송통신대학교출판문화원.

박소현 (2006). Nursery Rhyme Activities를 활용한 지도방안 연구. 단국대학교 교육대학원 석사학위 논문.

박유미(2008). 영아기 발달 특성에 대한 보육교사의 지식과 교사의 상호작용 행동. 건국대학교 교육 대학원 석사학위논문.

박일우(1995). 글과 그림. 문화와 기호. 기호학 연구 1. 서울: 한국기호학회, 383-407.

박진옥(2021). 그림책을 활용한 유아 놀이교육 방안. 경상국립대학교 대학원 박사학위논문.

박찬옥, 김영중, 황혜경, 엄정례, 조경서(2001). 유아사회교육. 서울: 정민사.

박혜경(1988). Piagetian 형식적 조작능력과 Cattell의 유동적·결정적 지능과의 관계. 중앙대학교 대학원 석사학위논문.

박화윤, 안라리(2006). 만 3, 4, 5세 유아의 연령별 사회적 능력과 정서 조절 전략의 관계. 유아교육연구, 26(4), 351-369.

백남원(2012). 채색의 기술. 서울: 연두m&b.

변윤희(2004). 그림책을 활용한 유아예술교육 프로그램이 창의성에 미치는 효과 및 유아 창의성 루브릭 개발. 성균관대학교 대학원 박사학위논문.

브루노 베텔하임(1998). 옛이야기의 매력 1, 2. 서울: 시공주니어.

서미지(2021). 유아교사의 읽기 습관 및 언어 교수 효능감과 교실 문해 환경 간의 관계. 연세대학교 교육대학원 석사학위논문.

서정숙, 남규(2015). 유아문학교육. 서울: 창지사.

서정숙, 최현주(2014). 그림책 장르별 만 3세 유아의 반응 분석. 어린이문학교육연구, 15(1), 1-23.

신명호(2017). 그림책의 세계. 경기: 주니어김영사.

신헌재, 권혁준, 곽춘옥(2007). 아동문학과 교육. 경기: 박이정.

신혜은(2005). 영아기 그림책 맥락의 발달적 적합성. 어린이문학교육연구, 6(20), 1-17.

심성경, 이선경, 김경의, 이효숙, 김나림, 허은주(2010). 유아문학의 이론과 실제. 서울: 학지사.

심향분(2012). 정보그림책 읽기과정에서 교사의 역할탐구. 어린이문학교육연구, 13(1), 155-179.

심향분(2019). 영아그림책의 시각적 표현 방식에 관한 비교문화적 탐구: 한국과 프랑스 수세기 개념 그림책. 어린이문학교육연구, 20(2), 21-40.

안은주, 이정욱(2018). 글 없는 그림책에 대한 만 5세 유아의 반응. 어린이문학교육연구, 19(4), 53-90.

안진현(2007). 6학년 초등학생이 선호하는 창작동요 분석 연구: 2005년 MBC, KBS 창작동요제 입선곡을 중심으로. 부산교육대학교 교육대학원 석사학위논문.

에릭 H. 에릭슨(2014). 유년기와 사회. (송제훈 역). 서울: 연암서가. (원전출판, 1950).

여성가족부. 2022년 6월 다문화가족 관련 통계 현황. http://www.mogef.go.kr/mp/pcd/mp_pcd_s001d.do?mid=plc503&bbtSn=704742, 2023년 7월 27일 인출.

오관순(2001). 토의학습과 유아의 언어능력. 생활과학연구논총, 4, 53-63.

오애랑, 이명신 (2022). 국내 창작 그림책에 나타난 시대별 놀이의 변화. 어린이문학교육연구, 23(3), 1-23.

오채선(2019). 누리과정, 놀이와 교육의 변증법적 이해. 유아교육연구, 39(2), 279-305.

유구종(2020). 4차 산업혁명 시대의 유아 스마트교육 및 매체. 서울: 정민사.

유리 슐레비츠(2017). 그림으로 글쓰기. (김난령 역). 서울: 도서출판 다산기획. (원전출판, 1985).

유시민(2018). 역사의 역사. 경기: 돌베개.

유애로(1983). 유년기 그림책에 관한 연구. 숙명여자대학교 대학원 석사학위논문.

유종호(1995). 시란 무엇인가. 서울: 민음사.

육아정책연구소(2021a). 3세 누리과정 유아관찰척도. 서울: 육아정책연구소.

육아정책연구소(2021b). 4세 누리과정 유아관찰척도. 서울: 육아정책연구소.

육아정책연구소(2021c). 5세 누리과정 유아관찰척도. 서울: 육아정책연구소.

이경우(1996). 총체적 언어-문학적 접근을 중심으로. 서울: 창지사.

이경우, 장영희, 이차숙, 노영희, 현은자(1997). 유아에게 적절한 그림책: 유아 도서 추천을 위한 기초 연구. 서울: 양서원.

이경하, 임영심, 한남주(2012). 만1세 영아의 그림책읽기에 나타난 행동특성. 어린이문학교육연구, 13(2), 99-117.

이대균, 백경순, 송정원, 이현정(2006). 유아문학교육. 서울: 공동체.

이돈희(1988). 도덕교육 원론. 서울: 교육과학사.

이미화, 엄지원, 정주영(2014). 영아 보육 질 제고를 위한 평가 도구 개발 및 활용방안. 서울: 육아정책연구소.

이상금, 장영희(2007). 유아문학론. 경기: 교문사.

이성동(2009). 1910년~1945년 동요 변천 경향연구. 한국교원대학교 대학원 석사학위논문.

이성엽(2006). 프랑스 그림책의 역사: 19세기와 20세기. 한국어린이문학교육학회 제8차 학술대회. 누가 그림책을 만드는가? 세계 여러 나라의 그림책 발전 역사. 207-238. 서울: 성균관대학교 600주년 기념관.

이성엽(2014). 그림책, 해석의 공간. 서울: 도서출판 마루벌.

이성은(2003). 아동문학교육. 경기: 교육과학사.

이세련(2020). 오락성을 향한 여정: 챕북과 탄생기 아동문학의 발달과정과 상호성. 18세기영문학, 17(2), 1-49.

이송은(2006). 2세 영아의 책에 대한 의미 탐색. 중앙대학교 대학원 박사학위논문.

이송은, 신일순, 김미라, 안혜련(2021). 누구나 할 수 있는 이야기 들려주기: 동화구연의 이론과 실제. 서울: 창지사.

이송은, 이선영(2008). 유아문학교육의 이론과 실제: 그림책 활동을 중심으로. 서울: 창지사.

이연규(1999). 글 없는 그림책과 교사와의 상호작용이 시각적 문해, 추론, 구두언어 및 확산적 사고에 미치는 영향. 이화여자대학교 대학원 박사학위논문.

이은경(2002). 동화구연의 이론과 실제. 서울: 창지사.

이재철(1998). 아동문학개론. 경기: 서문당.

이주헌(2012a). 서양화 자신있게 보기 1. 서울: 학고재.

이주헌(2012b). 서양화 자신있게 보기 2. 서울: 학고재.

이지현(2021). 그림책 연극수업. 서울: 학교도서관저널.

전인숙, 이숙희(1997). 유아음악교육. 서울: 한국방송통신대학교 출판문화원.

전진영(2021). 그림책 읽기에서 나타나는 유아 반응 탐색. 공주대학교 대학원 유아교육과 박사학위 논문.

정문경(2002). 창작동요에 관한 분석 연구. 대구가톨릭대학교 교육대학원 석사학위논문.

정옥분(2005). 영유아발달의 이해. 서울: 학지사.

정옥분(2017). 유아발달. 서울: 학지사.

조은숙(2006). 한국의 그림책 발전. 어린이문학교육연구, 7(2). 113-151.

조해연, 서정숙, 최은영(2019). 글 없는 그림책의 한국 번역판 변형 연구. 어린이문학교육연구, 20(3), 21-42.

주소연(2004).전래동요의 효율적 지도방안 연구: 초등학교 음악교과서를 중심으로. 목포대학교 교육대학원 석사학위논문.

천상현, 김수정(2014). 그림책 상상 그림책 여행. 서울: 안그라픽스.

천정환(2003). 근대의 책 읽기. 서울: 푸른 역사.

최대원(1992). 아동도서 시장 판도변화 조짐 보인다. 출판저널, 1992년 5월호, 6-7.

최성숙(2020). 한국어로 번역된 중국 현대 그림책의 문화적 요소. 성균관대학교 대학원 석사학위논문.

최운식, 김기창(1998). 전래동화 교육론. 서울: 집문당.

최윤정(2018). 북한의 그림책 장르인식과 아동 그림책에 나타난 탈이념성. 아동청소년문학연구, 23, 117-149.

출판문화(1990). 출판통계—아동도서 전집류 출판에서 점차 벗어나고 있다.

킴바라 세이고(2003). 동양의 마음과 그림. (민병산 역). 서울: 새문사. (원전출판, 1978).

패리 노들먼(1988). 그림책론: 어린이 그림책의 서사 방법. (김상욱 역). 서울: 보림.

하랄드 브램(2010). 색의 힘. 서울: 일진사.

한국민족문화대백과사전. https://encykorea.aks.ac.kr/Article/E0036605, 2023년 9월 4일 인출.

한국유아교육학회(1996). 유아교육사전: 용어편. 서울: 한국사전연구사.

한국출판문화산업진흥원(2021). KPAPA 출판산업 동향(2020) 하반기 조사. 서울: 한국출판문화산업진흥원.

한수진(2021). 사실 그림책에 나타난 놀이 유형과 놀이 환경 분석. 경인교육대학교 교육전문대학원 석사학위논문.

현은자(2006). 미국의 그림책 발전. 한국어린이문학교육학회 제8차 학술대회. 누가 그림책을 만드는가? 세계 여러나라의 그림책 발전 역사. 33-60. 서울: 성균관대학교 600주년 기념관.

현은자, 강은지, 변윤희, 심향분(2004). 그림책의 그림읽기. 서울: 도서출판 마루벌.

현은자, 김민정, 김주아(2018). 시와 시그림책에 대한 아동의 반응 분석. 어린이문학교육연구, 19(4), 117-144.

현은자, 김민정, 김지수, 김현경, 박상아, 국경아, 이보연, 권민주, 이지운, 김수빈, 정수미(2020). 군포시 그림책박물관공원 한국 창작 그림책 아카이브 구축 연구. 경기: 군포시 문화체육과.

현은자, 김세희(2005). 그림책의 이해 1. 경기: 사계절.

현은자, 김세희(2005). 그림책의 이해 2. 경기: 사계절.

홍지명(2020). 놀이중심 개정 누리과정에서 경험하는 유아교사의 갈등과 변화. 인문사회21, 11(6), 1667-1682.

황선정(2004). 영국 빅토리아 시기의 어린이책 삽화에 나타난 시대성. 이화여자대학교 대학원 석사학위논문.

황옥경(2016). 창작 동요를 활용한 유아음악교육 프로그램 개발 및 적용. 공주대학교 대학원 박사학위논문.

郝乔丽 (2014). 我国少儿类图书"走出去"现状与问题研究(硕士论文). 兰州大学, 甘肃.

聂文晶 (2011). 五四时期"儿童的发现"与国民性改造思潮. 西南民族大学学报, 32(11), 228-232.

Bloome, D. (1985). *Reading as a social process. Language Arts, 62*(2), 134-142.

Bromly, K. D. (1991). *Webbing with literature: Creating story maps with children's books.* Boston, MA: Allyn and Bacon.

Butler, D. (1979). *Cushla and her books.* Boston: HornBook.

Changar, J., & Harrison, A. (1992). *Storytelling Activities Kit.* New York: The Center for Applied Research in Education.

Cianciolo, P. J. (1997). *Picture books for children.* USA: American Library Association.

Clark, C. H. (1995). Teaching about reading: A fluency example. *Reading Horizons, 35*(3), 250-266.

Coody, B. (1983). *Using literature with young children* (3rd ed.). Dubuque, IA: W. M. C. Brown Company Publishers.

Deno, S. L., Martson, D., & Mirkin, P. (1982). Valid measurement procedures for continuous evaluation of written expression. *Exceptional Children, 48*(4), 368-371.

Frick, H. A. (1986). The value of sharing stories orally with middle grade of student. *Journal of Reading, 29*(4), 300-303.

Galda, L., & Cullinan, B. E.(2002). *Cullinan and Galda's Literature and the Child.* CA: Wadsworth/Thomson Learning.

Galda, L., Liang, L. A., & Cullinan, B. E. (2017). *Literature and the Child* (9th ed.). Boston: Cengage Learning Inc.

Goodman, K. S. (1986). *What's whole in whole language?* Portsmouth, NH: Heinemann Educational Books, Inc.

Graham, J. (1998). Picture Books. In K. Reynolds & N. Tucker (Eds.), *Children's Book Publishing in Britain Since 1945*. Scolar Press.

Heath, S. B. (1983). *Ways with words: Language, life and work in communities and classrooms*. NY: Cambridge University Press.

Heinich, R., Molenda, M., Russell, J. D., & Smaldino, S. E. (2002). 교육공학과 교수매체. [*Instructional media and technologies for learning* (7th ed.)]. (설양환, 권혁일, 박인우, 손미, 송상호, 이미자, 최욱, 홍기칠 공역). 서울: 피어슨에듀케이션코리아. (원전출판, 2021).

Hirsh, R. (2004). *Early childhood curriculum: Incorporating multiple intelligences, developmentally appropriate practice and play*. Boston: Allyn & Bacon.

Huck, C. S., Hepler, S., & Hickman, J. (2003). *Children's literature in the elementary school* (8th ed.). Columbus, OH: McGraw-Hill.

Jalongo, M. R. (1988). *Young children and Picture Books*. Washington: NAEYC(National Association for the Education of Young Children).

Johnson, E., Christie, F., & Wardle, F. W. (2005). 놀이, 발달, 유아교육(*Play, development and early education*). (이진희, 손민경, 안효진, 유연옥 공역). 서울: 아카데미프레스. (원전출판, 2005).

Johnson, M. H.(1998). The neural basis of cognitive development. In D. Kuhn & R. S. Siegler(Eds.), *Handbook of child psychology: Vol. 2. Cognition, perception, and language*(5th ed., pp. 1-49). New York: Wiley. (정옥분, 2005에서 재인용).

Johnson, P. (2006). 북아트를 통한 글쓰기(*Literacy through the book arts*). (김현아 역). 서울: 아이북. (원전출판, 1998).

Jolly, S. (1975). The use of songs in teaching foreign languages. *Modern Language Journal, 59*(12), 11-14.

Kiefer, B. Z., & Huck, C. S. (2010). *Charlotte Huck's children's literature*. Boston: McGraw-Hill.

Kinnell, M. (1996). "Early Texts Used by Children." International Companion Encyclopedia of Children's Literature. Ed. Peter Hunt. NY: Routledge.

Leal, D. J. (1993). A comparison of third grade children's listening comprehension of scientific information using an information book and an informational storybook. ED365954.

Lindberg, M. (1987). *Kindergarten writing assessment*. In D.C. Farran (Ed.), Educational reform in kindergarten: A multidisciplinary approach, Kindergarten Technical Report NO. 143, Project Team Center for Development of Early Education. Honolulu, Hawaii.

LST Publishing House 엮음(2021). 그림책 디자인도서관: 어린이와 작가를 위한 아카이브. (이현아 역). 서울: 미진사. (원전출판, 2017).

Lukens, R. J. (1995). *A critical handbook of children's literature*. NY: HarperCollons.

Marcus, L. S. (2001). From Mother Goose to Multiculturalism. In L. M. Pavonetti (Ed.), *Childeren's Literature Remembered: Issues, Trends, and Favorite Books*. Westport, CO: Libraries

Unlimited.

McGee, L. M., & Richgels, D. J. (1996). 영유아의 문해 발달 및 교육. (김명순, 신유림 공역). 서울: 학지사.

Moen, C. B. (1991). *Teaching with Caldecott books: Activities across the curriculum.* New York: Scholastic.

Morrow, L. M. (1979).Reading stories to young children: Effects of story structure and traditional questioning strategies on comprehension. *Journal of Reading Behavior, 4*(1), 273-288.

Morrow, L. M. (1984). Reading stories to young children: Effects of story structure and traditional questioning strategies on comprehension. *Journal of Reading Behavior, 16,* 273-288.

Morrow, L. M. (2012). 영유아 문해 발달과 교육(Literacy Development in the Early Years: Helping Children Read and Write). (권민균 역). 서울: 아카데미프레스. (원전출판 2012).

Moss, B. (2002). *Exploring the literature of fact: Children's nonfiction trade books in the elementary classroom.* NewYork, NY: The Guilford Press.

Nikolajeva, M., & Scott, C.(2011). 그림책을 보는 눈(How picturebooks work). (서정숙, 고선주, 송정, 오연주 공역). 서울: 마루벌. (원전출판, 2001).

Opie, I. (1951) *The Oxford Dictionary of Nursery Rhymes.* Oxford: Oxford Press.

Petty, W. T., & Jensen, J. M. (1980). *Developing children's language.* Boston: Allyn & Bacon.

Purves, A. C. (1973). *Literature education in ten countries: An empirical study.* New York: John Wiley and Sons.

Raines, S., & Isbell, R. (1994). *Stories: Children's literature in early education.* Albany, NY: Delmar.

Rand, M. (1991). *The role of planned sociodramatic play experiences in the development of story the main young children.* Routers: The state University of New Jersey New Brunswick.

Richards, J. C. (1969). Song in language learning. *TESOL Quarterly, 3*(2), 161-174.

Routman, R. (1991). Invitation: How young children learn to read? *Educational Leadership, 47*(6), 18-23.

Russell, B. (2009). *Literature for children: A short introduction* (6th ed.). Boston, MA: Allyn & Bacon.

Sargent, S. E. (2002). Oral reading fluency: A prediction of reading proficiency in fifth-grade students? Paper presented at the annual meeting of the International Reading Association. (ERIC Document Reproduction Service ED 465 996).

Schickedanz, J. A. (1986). *More Than the ABCs: The early Stages of Reading and Writing.* Washington, D.C.: NAEYC.

Schwarcz, J. H.(1982). *Ways of the illustrator;visual communication in children's literature.* IL: American publications.

Shapiro, J. (1979). Investigation the home environment for its impact on children's reading. Paper presented at the Annual Convention of the International Reading Association, Atlanta, Georgia.

Shinn, M. R., Good Ⅲ, R. H., Knutson, N., & Tilly Ⅲ, W. D. (1992). Curriculum-based measurement of oral reading fluency: A confirmatory analysis of its relation to reading. *School Psychology Review, 21*(3), 459-479.

Sipe, L. R. (1999). Children's response to literature: Author, Text, Reader, Context, Theory into practice, 38(3), 120-129.

Sipe, L. R. (2008). 유아교사의 그림책 읽어주기. *Storytime: young children's litterary understanding in the classroom.* (서정숙 역). 서울: 창지사.

Sipe, L. R. (2011). 유아교사의 그림책 읽어주기(*Storytime: Young Children's Literary Understanding In the Classroom*]). (서정숙 역). 서울: 창지사. (원전출판, 1982).

Smilansky, S. (1968). *The effects of sociodramatic play on disadvantaged preschool children.* NY: Wiley.

Stewig, J. W. (1980). From visuals to words. Paper presented at the Annual Conference of the Midwest Association for the Education of Young Children. (ERIC Document Reproduction Service No. ED 186-1).

Style, M., & Arizpe, E. (2003). 그림 읽는 아이들(*Children reading picture*). (이경은 역). 서울: 미진사.

Sulzby, E., & Teale, W. H. (1991). Emergent literacy. In R. Barr, M. L. Kamii, P. B. Mosenthal, & P. D. Person (Eds.), *Handbook of reading research, 2.* NY: Longman.

Sutherladnd, Z. (1997). *Children and books* (9th ed.). NY: Addison Wesley Longmanm Inc.

Sutherland, Z., & Arbuthnot, M, H. (1981). *Children and books.* Glenview, IL: Scott, Forestman,

Thatcher, R. W. (1991). Maturation of human frontal lobes: Physiological evidence for staging, *Developmental Neuropsychology*, 7, 397-419. (정옥분, 2005에서 재인용).

Townsend, J. R. (1996). 어린이책의 역사(Written for Children). (강무홍 역). 경기: 시공사. (원전출판, 1995)

Trealese, J. (1995). *The new read-aloud handbook* (4th ed.). New York: Penguin.

Trelease, J. (2007). 하루 15분 책 읽어주기의 힘(The Read-Aloud Handbook). (눈사람 역). 서울: 북라인. (원전출판, 1982).

Tunnell, M. O., & Jacobs, J. S. (1997). *Childeren's Literature. Briefly* (2nd ed.) Columbus, OH: Merrill.

Ungerer, T. (1998). Tomi: A Childhood under the Nazis. Colorado: Roberts Rinehart Publishing Group.

Vygotsky, L. S. (1962). *Thought and language.* Cambridge, MA: MIT press.

Winters, C. J., & Schimidt, G. (2001). *Edging the boundaries of children's literature*. Grand Rapids, MI: Allyn and Bacon.

Wright, A. (1995). *Storytelling with Children*. Oxford: Oxford University Press.

Zaro, J. J., & Salaberri, S. (1995). *Storytelling: A Handbook for the English Classroom*. Oxford: Macmillan Heinnemann English Language Teaching.

그림책 목록

저자 소개

김은심(Kim Eunshim)

국립강릉원주대학교에 재직 중이며, 예비유아교사 교육과 부모교육에 매진하고 있습니다. 한국어린이문학교육학회 회장을 역임하였고, 현재 한국영유아교원교육학회 회장직을 수행하고 있습니다. 대표 저ㆍ역서로는『영유아교사를 위한 언어지도의 이론과 실제』(공저, 2024),『유아음악교육』(공저, 2023),『영유아를 위한 교과교재연구 및 지도법』(2판, 공저, 2023),『유아언어교육』(공저, 2022),『유아동작교육의 이론과 실제』(4판, 2021),『유아미술교육』(공저, 2019),『출생부터 8세까지 유아를 위한 동작ㆍ음악교육』(역, 2021/원전 출판 2021) 외 다수가 있습니다. 또한「환경부 선정 유아용 우수 환경 그림책의 특성 분석연구」(2024),「유아 성인지 감수성 그림책 분석」(2023),「생활 그림책을 활용한 가정연계 놀이가 만 1세반 영아의 기본생활습관 형성에 미치는 효과」(2022),「그림책 '알사탕'의 온라인 독자 서평 분석 연구: 소통을 중심으로」(2022),「글자 그림책 선택 기준에 대한 유아교사의 주관적 태도 분석」(2019) 등 아동문학과 관련한 다양한 연구를 수행하였으며, 유아언어교육, 유아동작교육, 부모교육 등과 관련된 주제의 연구를 다수 수행하였습니다. 늘 아름다운 그림책에 매혹되며, 많은 사람에게 알리려는 마음을 가지고 노력하고 있습니다.

유지안(Yoo JiAn)

문경대학교에 재직 중이며, 예비유아교사와 현직교사, 부모 등을 대상으로 그림책 관련 강의를 하고 있습니다. 대표 저서는『유아미술교육』(공저, 2019)이 있으며,「층간소음을 다룬 그림책에 나타난 갈등 구조 분석」(2022),「창작 그림책에 나타난 동물권과 동물복지」(2021),「레미쿠르종 그림책에 나타난 유아 인성 교육 내용 분석」(2021),「그림책에 나타난 대중목욕탕 공간의 의미」(2020),「글자 그림책 선택 기준에 대한 유아교사의 주관적 태도 분석」(2019) 등 아동문학과 관련한 다양한 연구를 수행하고 있습니다.

문선영(Moon SeonYoung)

문경대학교 지역개발연구소(유아교육) 특임교수이자, 강원대학교, 공주대학교 등에서 아동문학을 강의하고 있습니다. 대표 저서로는『유아음악교육』(공저, 2023)이 있으며,「유아 성인지 감수성 그림책 분석」(2023),「층간소음을 다룬 그림책에 나타난 갈등 구조 분석」(2022),「생활 그림책을 활용한 가정연계 놀이가 만 1세반 영아의 기본생활습관 형성에 미치는 효과」(2022),「창작 그림책에 나타난 동물권과 동물복지」(2021) 등을 연구하였습니다. 아동문학과 그림책을 사랑하는 연구자로 한국어린이문학교육학회 도서이사를 맡고 있습니다.

유아교사를 위한
아동문학교육
Children's Literature Education for Early Childhood Teacher

2025년 1월 20일 1판 1쇄 인쇄
2025년 1월 30일 1판 1쇄 발행

지은이 • 김은심 · 유지안 · 문선영
펴낸이 • 김진환
펴낸곳 • ㈜**학지사**

04031 서울특별시 마포구 양화로 15길 20 마인드월드빌딩
대표전화 • 02-330-5114   팩스 • 02-324-2345
등록번호 • 제313-2006-000265호

홈페이지 • http://www.hakjisa.co.kr
인스타그램 • https://www.instagram.com/hakjisabook

ISBN 978-89-997-3295-9 93370

정가 26,000원

출판미디어기업 **학지사**

간호보건의학출판 **학지사메디컬** www.hakjisamd.co.kr
심리검사연구소 **인싸이트** www.inpsyt.co.kr
학술논문서비스 **뉴논문** www.newnonmun.com
교육연수원 **카운피아** www.counpia.com
대학교재전자책플랫폼 **캠퍼스북** www.campusbook.co.kr